总 主 编：苏文菁
副总主编：许 通　陈 幸　曹宛红　李道振　谢小燕

闽商发展史
·三明卷

李应春　主编

厦门大学出版社　国家一级出版社
XIAMEN UNIVERSITY PRESS　全国百佳图书出版单位

图书在版编目(CIP)数据

闽商发展史. 三明卷/李应春主编. —厦门:厦门大学出版社,2016.6
ISBN 978-7-5615-6087-7

Ⅰ.①闽… Ⅱ.①李… Ⅲ.①商业史-福建省②商业史-三明市 Ⅳ.①F729

中国版本图书馆 CIP 数据核字(2016)第 122863 号

出 版 人	蒋东明
责任编辑	韩轲轲
装帧设计	李夏凌　张雨秋
责任印制	朱　楷

出版发行	厦门大学出版社
社　　址	厦门市软件园二期望海路 39 号
邮政编码	361008
总 编 办	0592-2182177　0592-2181253(传真)
营销中心	0592-2184458　0592-2181365
网　　址	http://www.xmupress.com
邮　　箱	xmupress@126.com
印　　刷	厦门集大印刷厂

开本	889mm×1194mm　1/16
印张	16
插页	4
字数	350 千字
印数	1～2 000 册
版次	2016 年 6 月第 1 版
印次	2016 年 6 月第 1 次印刷
定价	64.00 元

本书如有印装质量问题请直接寄承印厂调换

厦门大学出版社

微信二维码

厦门大学出版社
微博二维码

《闽商发展史》编纂委员会成员名单

编委会主任：雷春美　张燮飞　王光远　李祖可
编委会副主任：翁　卡　臧杰斌　王　玲　张剑珍　陈永正
编委会成员：

陈爱钦	陈春玖	陈　飞	陈国平	陈建强	陈鉴明	陈景河	陈其春
陈秋平	陈少平	陈祥健	陈小平	邓菊芳	冯潮华	冯志农	傅光明
郭锡文	洪　杰	洪仕建	胡　钢	黄海英	黄健平	黄　菱	黄如论
黄　涛	黄信燨	黄忠勇	黄子曦	江尔雄	江荣全	景　浓	柯希平
雷成才	李海波	李家荣	李建发	李建南	李　韧	李新炎	连　锋
林国耀	林积灿	林荣滨	林素钦	林腾蛟	林　云	林志进	刘登健
刘用辉	欧阳建	阮开森	苏文菁	王亚君	王炎平	翁祖根	吴国盛
吴华新	吴辉体	吴泉水	徐启源	许连捷	许明金	杨　辉	杨仁慧
姚佑波	姚志胜	游婉玲	张琳光	张轩松	张祯锦	张志猛	郑玉琳
周少雄	周永伟	庄奕贤	庄振生				

专家指导组成员：

苏文菁　徐晓望　王日根　唐文基　王连茂　洪卜仁　郑有国　罗肇前
黄家骅

总　主　编：苏文菁
副总主编：许　通　陈　幸　曹宛红　李道振　谢小燕

闽商发展史·三明卷 编委会

主　任：林星入

副主任：余志勇　连期望

主　编：李应春

副主编：罗金华

编　委：杜香芹　李　彬　李金波　李清水　吴细玲

　　　　陈会明　熊华林　叶　宁　杨生仁　林志彻

总　　序

闽商是孕育于八闽大地并对福建、中国乃至世界都具有巨大贡献和影响的商人群体，是活跃于国际商界的劲旅，是福建进步和发展的重要力量。千百年来，为了开拓新天地，闽商奔走四方，闯荡大江南北；漂洋过海，足迹遍及五大洲，是海上丝绸之路最重要的参与者与见证者。他们以其吃苦耐劳的秉性，超人的胆略，纵横打拼于商海，展示了"善观时变、顺势有为，敢冒风险、爱拼会赢，合群团结、豪爽义气，恋祖爱乡、回馈桑梓"的闽商精神，赢得了世人的尊敬。

盛世修史，以史为鉴，利在当下，功在千秋。为了不断丰富闽商文化内涵，更好地打造闽文化品牌形象，持续提升"世界闽商大会"品牌价值，凝聚人心、汇聚力量，推进福建科学发展、跨越发展，我们把《闽商发展史》研究编纂工作作为闽商文化研究的重大工程，并于2010年8月正式启动。《闽商发展史》全书十五卷，除"总论卷"之外，还包含福建省九个设区市，港、澳、台、海外以及国内异地商会分卷，时间上从福建目前可追溯的文明史开始。2013年6月，我们在第四届世界闽商大会召开前夕出版了《闽商发展史·总论卷》，并以此作为献给大会的贺仪。今天，呈现在各位读者面前、还带着淡淡的油墨芳香的是《闽商发展史》各分卷。《闽商发展史·总论卷》和《闽商发展史》各分卷都是《闽商发展史》的重要组成部分。《闽商发展史·总论卷》的总论注重闽商发展历史的普遍性和统一性；设区市卷和港、澳、台、海外、国内异地商会卷侧重展示闽商发展历史的特殊性和多样性，以丰富的史料与鲜活的案例，为福建的21世纪"海上丝绸之路"核心区文化建设增添了厚实的基础，为中国海洋文化、商业文化建设提供了本土的文化基因。

欣逢伟大的时代，是我们每个八闽儿女的幸运；实现伟大的梦想，是我们每个八闽儿女的责任。今后，我们仍将一如既往地深入开展闽商文化研究，以闽商文化研究的优秀成果激励广大闽商，引领弘扬闽商精神，让广大闽商更加积极主动地把爱国热情、创业激情和自身优势转化成实际行动，融入"再上新台阶、建设新福建"的伟大实践中，为全面建成小康社会、实现中华民族伟大复兴的中国梦做出更大贡献！

中共福建省委常委　　　
省委统战部部长　　雷春美

序 言

一个地方的商业发展,最显著的特征就是商群的出现;反之,一个商群的形成与发展,必然标志着一个地方商业的繁荣昌盛。这是经济发展的一般规律。明商商群的形成、兴起与壮大就是这一规律的明证。

与泉商、榕商、莆商等一样,明商是闽商的重要组成部分,所不同的是,具有鲜明农耕文明色彩的明商也有浓厚的海洋文明气息。三明地处闽西北,山川秀丽,物产丰富。从魏晋隋唐以来,三明境内的先民就善于经营闽笋、茶叶、瓷器、木材、刻本、建莲等特色产品,开展商业贸易活动,进而涌现出一支专业商人队伍。这支商人队伍不仅足迹遍及中华大地,而且漂洋过海在全球经商贸易。如1497年,清流人赖罗到泰国经商并留居,是三明境内有文可考的"住蕃"第一人。1612年,沙县人卢君玉东渡日本经商,在长崎定居,并娶日本人为妻。明清时期的永安贡川笋帮公栈是我国东南各省中最大的笋干批发市场,每到笋干收购季节,来自全国各地的笋商在这里讨论当年笋干行情,确定笋干价格,然后将闽江上游沙溪流域一带的笋干贩运到各地,部分笋干则由贡川经水运直达上海,再销往日本、马来西亚等国。

新中国成立后,三明被确定为福建省重工业建设基地,到20世纪70年代,全市的重工业建设已形成较大规模,同时从上海、厦门、福州等地迁入的纺织厂、印染厂等与重工业基地相配套的轻工业也相继建成。与此同时,各地兴建农机、水泥、水电、化肥、造纸等"五小"工业,许多企业的经济指标上升幅度大,增产面广。统计资料显示,至1978年,三明的工业总产值首次突破10亿元。

改革开放以来,三明的商业和明商迎来了发展的黄金期。从党的十二大确认个体经济是"有益的补充",到十六大提出"必须毫不动摇地鼓励、支持和引导非公有制经济发展",再到十八大要求"保证各种所有制经济依法平等使用生产要素、公平参与市场竞争、同等受到法律保护",广大明商在美丽富饶、商机无限的闽西北中心腹地上创业、兴业、乐业,在各行各业书写了绚丽的诗篇。他们大多是草根出身,白手起家,是典型的"无资金、无技术、无市场";他们敢于开拓,勇于创新,甘于奉献;他们既有甘当配角的胸怀,又有承载主角的能力;他们无不因渴望摆脱窘境而百折不挠,为追求事业成功而奋斗不息。

在20世纪80年代成长起来的明商,已经基本走过了财富的原始积累阶段,新生代明商如今也已走上前台,开始崭露头脚,显示力量。2014年的统计数字显示,以非公有制企业家和个体工商户为主体的明商群体总数达11.9万人,对三明的财税贡献率达到70%以上。无疑,这是改革开放之后,三明出现的最为庞大的一个商业族群,也是为三明繁荣富强做出重大贡献的群体。

明商之所以能够成事,至少有四个方面的优势和条件。一是历届市委、市政府对明商采取了"鼓励、支持、引导"的方针,在政治上关心,在事业上支持,在政策上推动,为明商的发展创造更优更好的环境。二是三明是福建省新兴的工业城市,一大批国有企业建成投产,其上下游产业链需要一大批企业来对接,从而为商业的繁荣创造了必要条件。三是三明是个移民城市,人口来自全国各地,包容性较强,即使不是三明人,也可以很快"三明化",无论是谁都能凭本事各显神通。四是"开明、清明、文明"的城市精神,铸就了三明人豁达、勤奋、务实的性格和"爱国爱乡、敢闯敢拼、明理明信"的明商精神。讲合作、谋发展、求成功、重利润,是市场经济条件下商人成长的基本要素,明商群体的这种商业性格必然会造就出一批商业精英。

《闽商发展史·三明卷》一书翔实记录了魏晋隋唐至21世纪初的三明商业发展史、各领域的著名明商、商会组织的变迁、明商文化的渊源形成和继承发展、明商精神的内涵与表征等,既肯定了发展成就,又不避讳挫折失败,展现了一幅波澜壮阔的一代代明商成长历史画卷。我们知道,任何一部商业史,既与历史学息息相关,又与经济学紧密相联。《闽商发展史·三明卷》一书考证、收集的大量史料,填补了三明商贸史的诸多空白,是一部反映不同时期三明商贸发展全过程的百科全书。因此,《闽商发展史·三明卷》一书的出版,不仅是三明史学界的一件大事,更是工商界的一件盛事。

党的十八大以来,习近平总书记以全局视野和战略眼光,提出"四个全面"战略布局,确立了新形势下党和国家的战略方向、重点领域、主攻目标。近年来,三明传统产业不断提升,新兴产业茁壮成长,产业结构调整有序推进,各项改革举措不断深化,全市经济呈现持续向好态势。市委、市政府适时提出了坚持"念好发展经、画好山水画"工作主题,其核心是发展,特色是山水,关键是"念"和"画",追求的是"好"。希望广大明商传承前辈的优秀传统,吸收各地工商界的先进经验,学习现代商业发展的新理念,正确认识新常态,主动适应新常态,把握新机遇,谋求新发展,继续发扬"善于经营,勇于创新,长于兼容,勤于服务,精于品位,礼于文明"的经营之道,为三明科学发展、跨越发展和建设机制活、产业优、百姓富、生态美的新福建做出新贡献。

中共三明市委常委、秘书长　王　刚

2016年4月

绪 论/1

第一章 魏晋隋唐五代的商人与商业发展/7

第一节 经济社会背景/7

第二节 商业发展/13

第三节 主要商人及其活动/17

第二章 宋元时期的商人和商业发展/20

第一节 经济社会背景/20

第二节 商业发展/24

第三节 主要商人和商吏及其活动/28

第三章 明清时期的商人与商业发展/32

第一节 经济社会背景/32

第二节 商业发展/41

第三节 主要商人及其活动/62

第四章 民国时期的商人与商业发展/69

第一节 经济社会背景/70

第二节 工商业发展/77

第三节 主要商人及其活动/106

第五章 过渡时期的商人与商业发展/116

第一节 过渡时期商业发展背景/116

第二节 过渡时期商业发展状况/119

第三节 过渡时期的主要商人和劳动者典范/126

第六章　1958—1978年的商人与商业发展/128

  第一节　1958—1978年商业发展背景/128
  第二节　1958—1978年商业发展状况/136
  第三节　1958—1978年的主要商人及其活动/141

第七章　改革开放后的商人与商业发展/145

  第一节　改革开放后商业发展的经济社会背景/145
  第二节　改革开放后商业发展状况/151
  第三节　改革开放后的主要商人及其活动/175

第八章　三明商业组织/204

  第一节　三明商业组织的发展历程/204
  第二节　独具特色的三明商业组织/210
  第三节　新时期内外兼容勇于开拓的三明商会/214

第九章　明商文化/228

  第一节　三明商业发展的历史脉络和特点/228
  第二节　明商文化的渊源与形成/231
  第三节　明商文化的内涵/235
  第四节　明商文化的继承与发展/241

参考文献/245

后　　记/246

绪 论

三明市位于福建省中部，地处武夷山脉与戴云山脉之间闽中和闽西北结合部，辖永安1市，三元、梅列2区和明溪、清流、宁化、大田、沙县、尤溪、将乐、泰宁、建宁等9个县，土地总面积22959平方公里，总人口273万，是一方历史悠久、文化底蕴深厚、物华天宝、生态环境优美的土地，一座拥有国家卫生城、文明城、园林城、双拥模范城和中国优秀旅游城市等荣誉称号的新兴工业城市。

三明历史悠久，人文荟萃。20万年前的古人类活动遗址在万寿岩被发现，洞内两万年前的人工石铺地面改写了福建古人类活动的历史。由于独特优越的自然地理条件，古时候的三明成为古代中原人逃避战乱的世外桃源，三明市（宁化石壁）因此成为中国历史上由北向南客家人大迁徙的中转站，成为分布在世界80多个国家和地区1.2亿客家人的祖籍地，被誉为"客家祖地"、"客家摇篮"。三明独特的自然与文化生态环境孕育出以客家文化、闽学文化为代表的地方文化，滋养出重宗内聚、务实坚忍的三明人。三明人有经商的天赋，这种天赋渗入三明人的骨髓，融入他们的血脉，变成他们的行为方式，成为一股影响历史和现实的力量，成就一代代具有勤劳吃苦、拼搏进取精神的三明商人。

翻阅三明商人的奋斗史，展示在世人面前的是一个"善于经营，勇于创新，长于兼容，勤于服务，精于品位，礼于文明"的群体。品读三明商人的成功案例，呈现在我们面前的是他们源于地域文化滋养的刻苦耐劳、刚强弘毅、团结奋斗、内聚节俭的品质。"参天之木，必有其根；怀山之水，必有其源。"外来文化与本地深厚的文脉相结合，塑造了三明人诚实坚毅而灵性智慧的品格。三明商人正是秉承着这种品格，塑造了敢拼敢为、宽容相济、诚信为本的商业精神，并吸收现代管理理念的创新意识，在国内外市场由小变大，由弱变强，成为三明市场经济发展的领航者。如今，随着海峡西岸经济区建设的全面推进，"开明、清明、文明"的三明精神在广大明商的创业与发展中继续传承，发扬光大，形成独具地域品格的商帮文化。毋庸置疑，明商作为一个商帮群体已事实存在，他们书写了三明古老土地上的一篇篇精彩篇章，并将继续谱写今日和未来三明社会与经济发展成就的华彩乐章。诚然，我们在此所界定的明商，已经不再局限于过去走南闯北的三明商人，而是包括了在三明创业经营的企业家和在世界各地创业经营的三明籍企业家。

一、与时俱进话明商——历史沿革

秦汉以前,地处古越地区的三明偏僻闭塞,交通落后,开发迟缓,对外交流困难,古越人过着以农耕为主兼有渔猎的生活,经济十分落后。秦汉以后,中原汉人由于战乱、灾荒等种种原因离开居住地,翻山越岭,辗转南迁,在三明境域落脚生根,并与当地人和睦相处,生息繁衍。他们带来了中原先进的农耕技术,进行耕作开发,水利、牛耕、冶铁由此进入闽地,促进了南方经济迅速发展。就这样,他们把热闹带进千沟万壑,把繁荣带进穷乡僻壤,把文明带进蛮荒山野,促进了古三明地区的开发与发展。相对于战乱纷飞的北方,重山环绕的闽西北闭塞山区拥有得天独厚的偏安条件,成为一方避难乐土和世外桃源。数百年后,这里的人口、经济和文化得到发展,形成了客家民系,以三明(宁化石壁)为中心的客家人聚居地初现雏形。隋唐以后,中国封建社会进入鼎盛时期,疆域不断扩展,我国经济中心逐渐南移,至宋元时期,南方经济超过了北方。闽西北乃至整个东南沿海一带得到迅速开发,古代三明经济随之获得长足发展。概而言之,中原汉文化历经迁徙的苦难和痛苦在这里得到提炼和升华,刀耕火种、奋发图强之中涌现出众多杰出人物,成就了无数事业典范,凝聚成中华文化中一段波澜壮阔的三明商人发展历史。

(一)四海为家"客家商"

三明是客家人祖籍地之一。三明商人的发展历程也是一部客家人的迁徙史。在漫长的历史长河中,中原汉人因战乱、灾荒等原因不断南迁,自称客家,他们"筚路蓝缕,以启山林",有的远涉重洋,足迹遍及世界五大洲,在异国他乡定居下来,带着中华民族传统文化意识和客家移垦文化观念,融入当地社会,推动当地社会的进步和经济的繁荣。世界客属总会副理事长胡均先生曾有一句名言:"有太阳的地方就有中国人,有中国人的地方就有客家人。"客家人行走天下,移居海内外,不乏在商界成功者,因此有"东方犹太人"之称。

(二)风展红旗"革命商"

三明人民具有光荣的革命斗争传统。自隋唐至清代,境内各地曾先后爆发过吴笋、廖思、晏彪、谢五十、应必达、曹柳顺、邓茂七、罗南生等20多次农民起义,声势浩大,沉重打击了封建王朝的专制统治。

20世纪30年代,中国共产党领导工农大众闹革命,星火燎原,迅速燃遍闽西北大地。在红色政权的领导下,以"原耕不动"、"抽肥补瘦、抽多补少"的原则,代表工农利益的政府深入开展土地革命,推动各项经济建设;与此同时,当地群众积极开荒造田大生产,丰衣足食打破反动政府封锁。1933年春至1934年8月,仅宁化县就开荒造田6200亩,增产粮食,广收油菜,缓解了军需民用粮油之急。苏维埃中央和地方政府制定了发展私营商业的政策,规定商人遵照政府决议案及一切法律经商,照章纳税,政府予以保护,不准任何侵害。苏维埃银行发放贷款,扶持私营工厂和手工业作坊发展生产,鼓励私人集资合股办工厂。苏区各县纷纷兴办炼铁、造纸、被服、兵工、印刷、药材加工等各类小型工业,恢复和发展钨砂、煤、铁、石灰等矿业生产;组织粮食生产等合作社;建立银行、贸易、粮食调剂等部门,沟通商业渠道及苏区与白区贸易往来,输出土特产,购入食盐、布匹、医药等紧缺物资,丰富了苏区的物资供应,繁荣了市场,促进苏区经济的发展。同时,苏区还创办学校、娱乐场所和医院、诊疗所,大力发展苏区的文化、教育、卫生事业。那时的三明处处呈现欣欣向荣的精神风貌和"风展红旗如画"的壮丽景象,为巩固壮大苏区,支援前线战争,粉碎国民党军队的军事"围剿",奠定了良好的基础。

(三)勺扬天下"沙县商"

在武夷山脉与戴云山脉之间的沙县,东出南平至福州,西过三明至厦门,北上浙赣至中原华北,是一个建县1600多年的古邑,自古是商贾云集之地,素有"金沙县"之称。当地风味独特和经济实惠的小吃渊源于中原汉族客家人的饮食习俗,在长期的社会演变与文化交流中汲取了福建省会福州、闽南漳泉一带滨海饮食的特点,又融合了闽西汀州一带客家山地饮食文化的风格,形成了兼容并蓄自成一系的闽中美食文化——沙县小吃。

目前,1.3万多户5.2万沙县人走出家门,将游走于街市肩挑双隔锅(一种铝锅,中间隔成两半)煮卖扁肉的小贩经营模式演变为一场大市场经营"沙县小吃"的"农民运动",成为扩大城乡劳动力就业增收的有效途径,年营业额超过40亿元,年利润收入6亿元。沙县小吃进广东、广西、海南、新疆、黑龙江、香港,占北京、上海、广州、重庆、成都、武汉、深圳,遍布大江南北,甚至走出国门,在日本、新加坡、美国、澳大利亚等国家落户。而今,沙县"中国小吃文化名城"的品牌声名远播,沙县小吃成为中华饮食文化百花园中的一朵奇葩。原国家商业部部长、中国商业文化研究会会长胡平在首届中国小吃发展论坛上感言:"世界美食在中国,中国美食在小吃,中国小吃看沙县。"

(四)工业文明"现代商"

1958年,来自全国各地的10万建设大军汇聚三明,其中相当一部分干部、职工是东南亚的归侨或侨眷。到1959年底,钢铁厂、化工厂、重机厂、热电厂、自来水厂、水泥厂等80多个大小工厂完成基建投资达8982万元,三明重工业基地形成雏形,从一个小小山城一跃成为福建省的重工业基地。为了促使三明工业布局更加合理,20世纪60年代初,上海三星糖果厂、琦美内衣厂、金属制品厂、傅振兴五金厂、永生第十二皮鞋厂、五金厂、玻璃厂、印刷厂等轻工骨干企业,先后迁入三明。之后,又有神州华侨塑料厂、厦门杏林农药厂、上海国棉二十六厂、上海立丰染织厂、漳州东海机电厂等10余家企业相继迁入三明,并从福州机器厂、机床厂、工模具厂和漳州内燃机配件厂等抽调力量支援三明工业建设。自此三明先后组建了纺织厂、印染厂、塑料厂、农药厂、机床厂、齿轮厂、工模具厂等多家企业,现已形成冶金、化工、煤炭、机械、纺织、印染、塑料、造纸、森工、建材、电子、医药等门类齐全的工业体系,有大中型企业38家。福建省目前最大的钢铁、化肥、水泥、化纤等企业都在三明。三明现代工业的发展为三明商业发展注入新时代的元素。新一代的三明商人继承深邃的理学文化思想,吸收着现代化的经营理念,造就出新明商善于创新、敏于把握时代脉络的品格。新时代的明商把握时代之舵，凭借执着、智慧和勤奋，抓住一次又一次机会，驰骋商海弄潮，迅速在海峡西岸、全国乃至全世界扎根发展，用心血和汗水书写出一个个传奇商业故事。

二、一方水土养明商——经济资源

"八山一水一分田"的三明，蕴藏丰富的农、林、矿、水、旅游等资源，为勤劳智慧的三明人民书写三明的商业发展史提供了丰富的素材。

农业方面，三明是福建省主要商品粮基地和农副产品生产基地，其中八个县是国家级商品粮基地县，粮食产量约占全省三分之一；宁化、清流两县是福建省四大烤烟生产县之一；建宁莲子、黄花梨、猕猴桃、茶树菇，尤溪银杏、姬松茸，沙县芦柑等土特产品，享有很高的知名度；鸡、鸭、兔、牛、羊等畜禽饲养及加工产品极具当地特色。林业方面，三明是全国南方集体林区综合改革试验区，享有福建"绿色宝库"的美誉，森林面积2645.5万亩，林木品种繁多，森林覆盖率达75.8%，活立木蓄积量1.15亿立方米，为全省的三分之一。矿产方面，已发现金属和非金属矿种79个，已探明储量的矿种49个，大宗的有：煤、铁、钨、铝、锡、锰、重晶石、石灰石、大理石、蓝宝石等。重晶石为全国富矿之一，钨、锰、蓝宝石等在全国、全省矿产资源中占有重要地位。三明享有福建矿产"聚宝盆"之美称。水力资源方面，三明境内沙溪、金溪、尤溪总长875公里，年径流量达215.8亿立方米。全市水力资源可供开发发电装机容量达170万千瓦，已开发建成的水电装机容量130.9万千瓦，电力丰富。旅游资源方面，三明山川秀丽，风光独特，泰宁世界遗产地、世界地质公园，将乐玉华洞，永安桃源洞—鳞隐石林，宁化天鹅洞，沙县淘金山等众多著名旅游景区点，为三明建成安养休闲胜地和生态旅游胜地创造得天独厚的条件。

改革开放以来，三明市以经济建设为中心，对内联接，对外开放，抢抓机遇，务实求新，全市经济和社会事业相对平稳发展。"十一五"期间，三明市委、市政府深入贯彻落实科学发展观，在海峡西岸经济区中主动站位、主动融入、主动作为，经济和社会发展取得显著成就。至2010年，全市地区生产总值（GDP）达972.7亿元，年均增长14.7%，人均GDP突破3.6万元；财政总收入达82.2亿元，年均增长17.0%；全社会固定资产投资五年累计突破2500亿元；规模工业产值突破千亿元；三产比例由2005年的22.9∶40.0∶37.1调整为2010年的17.0∶49.6∶33.4，产业结构趋于优化。

三、富而思进育明商——明商之道

伴随经济全球化和区域经济一体化，明商以更加文明、开放和包容的胸怀迎接来自五湖四海的有志者来明投资经商办企业，共同为三明科学发展跨越发展贡献力量，同时也以更加自信昂扬、积极进取的姿态走出三明，将独具特色的明商群体形象展示于南北西东，将明商优秀的精神气韵和文化品格传播向五湖四海。成就于三明经济发展历史中的三明商人"善于经营、勇于创新、长于兼容、勤于服务、精于品位、礼于文明"经营之道，诠释了三明历代商人勇于拼搏、不断奋进的传奇,表现出不同于其他商帮的特点,即其商品贸易以特和精求胜,其组织形式因地制宜、灵活多样,其商业文化随着人口的交融汇合而变化发展。

(一)善于经营

受传统客家商人的影响,三明人骨子里就有经商的潜质。改革开放以后,三明商人在市场环境中更是如鱼得水,因善于经营而屡创佳绩。明商善于捕捉商机、精于经营管理、注重企业文化建设,为商界所乐道。

(二)勇于创新

三明是闽学发源地,闽儒鼻祖杨时"程门立雪"的典故收入各类成语词典,成为尊师重教和青少年思想品德教育的传统教材,激励着一代又一代的三明人善于学习、勇于坚持、勤于进取。三明商人勇于坚持,首先源于他们刻苦学习。早期外出经商办企业的三明商人绝大多数都是土生土长的农民,他们对"企业"、"经营管理"概念一无所知,但他们善于学习,学技术,学业务,在波涛汹涌的市场经济浪潮中逐渐学会了游泳。如大田籍华侨李发课15岁到印尼谋生,因吃苦耐劳,老板十分赏识,资助他独立开店。经过20多年的奋斗,他先后开办了铁厂、橡胶厂,经营石油、小车出租等生意,终成富甲一方的巨商。其次源于他们善于适应新形势,更新旧观念。受"父母在,不远游"等儒家思想的影响,早期的三明人满足于"种点稻田,再赚点零花钱,半年辛苦半年闲"、"家里粮满仓、鱼满缸、猪满圈"。改革开放以来,越来越多的人转变观念,"宁可外出闯市场,不愿苦苦守穷家",外出闯市场,赚了钱投入扩大再生产。

(三)长于兼容

历史上客家民系在南下大迁徙的长途跋涉中,沿途吸收了居留地的经济和文化因素,互相融合,互相影响,到达最终聚集地后,求大同,存小异,形成具有共同地域、共同语言、共同习俗、共同经济生活和共同心理素质的共同体,成就了他们善于兼容,集"万家之长"的优点。一方面,三明商人虽处陌生环境也具很强的亲和力,能迅速地融入当地民众,从而站稳脚跟,求得发展;另一方面,三明商人善于营造一个和谐文明的环境,持开放包容、热忱谦和的姿态接纳外来商人和企业家,团结外来商企共同繁荣三明经济。

(四)勤于服务

三明商人深谙服务与质量的关系,热心、细心、耐心的规范服务源于他们以人为本的理念,用心对待所有客户,源于他们秉持可持续发展的观念,走共同发展之路。真诚周到、质量上乘的服务,给客人送去和谐的扑面春风。精品质、高效率的服务,为他们赢得了市场的尊重,也赢得了可靠的市场。

(五)礼于文明

闽儒鼻祖杨时曾说过:"所谓理财者,非尽笼天下之利而有之也;取之有道,用之有节,各当于义之谓也。取之不以其道,用之不以其节,而不当于义,则非理矣。"这种思想深深影响了三明商人。因而,三明商人在经营之时坚持诚实守信,牢记"君子爱财,取之有道",讲究秤平斗满,买卖公平,童叟无欺。言于礼,行于信,叱咤商场的三明商人既懂得商海风云变幻,更得儒学为主干的传统文化精髓,堪称足具儒商风范。

四、商帮奇葩有明商——文化传承

厚重的文化底蕴,丰富的文化遗产,熏陶着三明商人的气质。明商文化融合了理学思想、客家文化乃至世界各地的先进文化和现代经营管理经验,在传承中创新发展,在交融中博采精华。明商文化汲取了客家文化的营养,又丰富和发展了衍播于全球的客家文化。三明商人兼具客家人勤劳吃苦的品格、重宗内聚的气质,大哲安贫乐道的儒风,闽人拼搏进取的精神,铸就了"善于经营、勇于创新、长于兼容、勤于服务、精于品位、礼于文明"的明商之道。他们祖先崇拜意识强烈,乡土情结深厚,他们崇文重教,注重文化传承,这样的品质凝聚成明商守望相助、团结协作的传统。改革开放以来,明商继承"敢拼敢为、宽容相济、诚信为本"的传统,弘扬"善于经营、勇于开拓"的精神,勇闯商海,勇立潮头,步出家乡,走向全国乃是世界,再一次成为三明经济发展的领航者。

抚今追昔,本书编者饱含无限的敬意,真实地记录历代三明商人经历过的政治、经济、文化的发展变迁及其重要历史人物的活动与成就,旨在凝练三明商人在中华文明发展延续过程中铸就的独有内涵,彰显前人的伟绩,激励后人前进的步伐。

第一章

魏晋隋唐五代的商人与商业发展

　　魏晋南北朝时期,战乱导致中原发展相对停滞,伴随着中原汉人的南迁,南方得到迅速开发,江南经济的开发为之后南方经济超过北方奠定了基础。至唐后期,江南地区成为粮食主要产地,五代时南方经济进一步发展,日益成为全国经济的先进地区,人口数量也超过北方,一个融合中原南迁汉族和南方土著的客家民系逐渐形成。在这样的时代大背景下,地处山区的古代三明地区经济和社会乃至商业得到长足发展,由原先的未开发、人口稀少的状态,逐渐转变为村落城镇遍布、人口大幅增加、欣欣向荣的繁华景象,并显现出明显的山地特色,反映出在科学技术水平和生产力低下的条件下人们靠山吃山的发展特征。此时期,三明境内的农民主要利用丰富的木材、山珍等山地资源,依靠原始的商业经营方式,走出大山,发展与外界的交流和贸易关系,积累资本,发展地方经济,进而涌现出了一支支专业的商人队伍。正是在这些商人队伍的带领下,三明古代经济的发展在继承中原传统文化积淀的基础上,充分利用紧邻沿海的地缘优势,汲取海洋文化的养分,逐渐融入海洋文明,使三明地域文化及其商业文化兼具了海洋文明的特征。

第一节　经济社会背景

一、经济发展的社会历史条件

(一)政区沿革与州县变迁

1. 政区沿革

　　三明所处区位的地理环境特殊,境域内行政建制和政区隶属关系屡有更易,历经几度演变而逐渐形成现在境域。三明,虽然是在1956年7月由三元、明溪二县合并各取首字而得名,但是今天称为三明的这片地域,历史源远流长,是福建省最早开发的地区之一。早在更新世晚期,即距今一万年前已有先民在此繁衍生息。夏商时期属扬州之域,但疆域尚未开发。周朝时属七闽地,战国时属楚国地。秦统一中国后,实行郡县制,三明地域属闽中郡,汉属扬州会稽郡的东冶县。

三国时期三明地域属孙吴,永安三年(260年),析建安县东部地区置将乐县,西部地区置绥安县,此即为三明地域最早建立的两个县,隶属建安郡,其辖区含今将乐、泰宁、建宁、宁化、明溪、清流6县范围,疆域东至南平界,西至永城界,南至虔州界,北至昭武(后改称邵武)界。东西广约110公里,南北袤约90公里,全境总面积约1.1万平方公里。

两晋时期,中原战乱,中原百姓纷纷南渡江淮避乱,散处闽西北各地,使闽西北地区的经济、文化、人口获得迅速发展,市井逐渐繁荣,辟圩设镇,并陆续增设州县。东晋太元四年(379年),析延平县南乡源地置沙戍堡。义熙元年(405年),升沙戍堡为沙村县,为沙县设县之始,同时改绥安县为绥城县,将乐县建制如故。此时,三明境内已有将乐、绥城、沙村3县,其辖区含今将乐、泰宁、建宁、宁化、明溪、清流、永安、沙县8县范围,疆域东至延平界,西至石城界,南至新罗界,北至邵武界。东西广约170公里,南北袤约140公里,全境总面积约1.73万平方公里。

隋开皇九年(589年),废将乐、绥城2县并入建安县。开皇十二年(592年),又从建安县析出原将乐、绥城2县,并入邵武县。开皇十六年(596年)又废沙村县。唐武德四年(621年),恢复沙村县建制,改名沙县,隶建州。唐武德五年(622年),绥城、将乐也从邵武县析出复置,同属建州。沙县复置不久,又并入建安县。将乐县曾几经废置和复置,保留至今,为境内最早的建制县,而绥安(绥城)县迄至唐贞观三年(629年)废置后未再复置。贞观三年(629年)废将乐、绥城县,分别并入建安县和邵武县。永徽六年(688年),复置沙县。垂拱四年(688年),复置将乐县。开元十三年(725年),置黄连县,为宁化设县之始。开元二十九年(741年),置尤溪县,隶福州。天宝元年(742年),黄连县更名宁化县,属汀州。乾元二年(759年),在原绥城县地分置归化(今泰宁)和黄连(今建宁)二镇。大历二年(777年),沙县由建州改属汀州。元和三年(808年),又废将乐县,到公元810年,再复置将乐县,仍属建州。五代后晋天福八年(943年),建州刺史王延政在福州称帝,国号殷,改元天德。天德三年(945年),升将乐为镛州,不久殷灭。南唐保大四年(946年),废镛州恢复将乐县建制,仍属建州。同年,改黄连镇为永安场,改归化镇为归化场。南唐中兴元年(958年),升永安场为建宁县,升归化场为归化县(今泰宁),隶建州。其时,三明境内已正式设置县级建制的有沙县、将乐、宁化、尤溪、建宁、归化6县,其疆域东至福州界,西至石城界,南至汀州界,北至邵武界。东西广约200公里,南北袤约150公里,全境总面积约2万平方公里。

2. 主要州县

三国时期,由于战乱,三明区域开始驻扎军队,促使了该区域的开发,将乐、沙县、泰宁、建宁等一些州县得以更改或建立,它们是隋唐时期三明的主要州县,也是三明区域开发和发展的基础。

将乐,隋开皇十二年(592年),曾并入邵武县,改属抚州。唐武德五年(622年),从邵武析出,复置将乐县,仍属抚州。武德七年(624年),又并入邵武县。垂拱四年(688年),再从邵武析出,合故绥城县地,再置将乐县。元和三年(808年),将乐县分别并入邵武、建安二县。元和五年(810年),再置将乐县,改属建州。五代后晋开运二年(945年),闽王延政升将乐县为镛州。次年,废州复县,仍属建州。

沙县,同样经历数次建制的变革。东晋太元四年(379年),延平县南乡沙源地(即今沙县城东古县村)始设沙戍堡。义熙元年(405年),沙戍堡升格为沙村县。隋开皇十六年(596年),废沙村县。唐武德四年(621年),恢复沙村县,并改名沙县。中和四年(884年),沙县治所由沙源地迁往沙溪水北杨篢坂(今县人民政府驻地凤岗镇),因县治所南端有沙源地,故名沙县,别称沙阳,又称虬城。唐代之前,沙县辖地南尽黄田岭(今龙岩市界),西及站岭(今江西石城县界),跨有如今的沙县、梅列、三元、永安、明溪、清流、宁化等7个县(市、区)的地域。南唐时沙县辖地曾远至闽西南的武平县地。

泰宁,魏晋隋唐五代时期主要作为军事聚集地。

建宁,唐乾元二年(759年),析绥城县分置归化(即今泰宁)、黄连(即今建宁)二镇;南唐保大四年(946年),改黄连镇为永安镇,翌年又易为永安场;中兴元年(958年),升永安场为建宁县,县治设于今濉城镇,隶属建州。

(二)人口与民系形成

1. 人口概况

西周前,三明境域就已经存在着土著居民——古闽族。

战国时期周显王三十五年(公元前334年),楚威王打败越王勾践七世孙无疆,越国遗民纷纷逃难入闽。外来的古越族与古闽族逐渐融合为闽越族。越王后裔无诸创立闽越国。

秦灭六国,统一中国后,推行郡县制,闽越故地设立闽中郡,无诸被降为"君长"。秦朝末年,中原各地爆发反秦战争,无诸率闽越兵北上,先是参与灭秦,后又帮助刘邦击败项羽,被立为闽越王。秦汉时期(公元前334—公元前110年),闽北地区的闽越族人口约20万人。西汉元鼎六年(公元前111年),汉武帝派兵征闽,废闽越王,大批闽越族人被强制迁移到江淮地区,也有一部分闽越族人逃入深山老林。东汉末,中原战乱,大批汉人南逃入闽定居。原来匿居的闽越族人陆续迁居到盆地河谷地带,逐渐与中原汉人同化。东汉永平元年(58年),平昌郡管氏从江西南昌迁居宁化水茜张坊。三国至两晋时期,两晋时期:由于连年战乱,灾害频繁,中原百姓纷纷南渡江淮避乱,大批难民入闽。此时,三明地域虽尚未开发,经济文化还很落后,但社会环境却相对安定,是北方难民所向往的避乱乐土,这些难民南迁后,散处闽西北各地和当地土著共同开发山区,经历代辛勤经营,使闽西北地区的经济、文化、人口获得迅速发展,市井逐渐繁荣,辟圩设镇,并陆续增设州县。西晋的"永嘉之乱"(307—313年),中原板荡,江左衣冠士族入闽者八姓:陈、林、郑、黄、詹、邱、何、胡。东晋元兴年间(402—404年),卢循所领导的农民军起义失败后,余部逃亡入闽。东晋元熙二年(420年),黄河流域及关中地区贫民百姓为躲避战祸和灾荒,举族入闽避难,仅迁徙建安郡(含三明境域)就有数千人。建宁县古谚称:"未有建宁,先有何姓"。宁化、将乐县一带的世居人口中,大多数也是从中原、北方迁徙而来。

唐总章二年(669年),河南固始人陈政、陈元光父子率官兵眷属共8000多人58个姓氏入闽,征剿平定泉、潮间畲族的"啸乱"后,定居于闽,军民人口逐渐融合同化。开元年间(713—741年),福建人口已达60万人,其中分布在建州(含三明境域)、汀州的人口约16万人。后因"安史之乱"和藩镇割据影响,人口减少近三分之一。大顺二年(891年),河南固始人王潮、王审知带3万余名官兵、民吏及36个姓氏入闽,这些入闽者有部分定居闽北。王潮、王审知治闽33年中,实行"劝农桑,定赋税,保境息民"的政策,"还流亡,定赋税,遣吏劝农,人皆安之"。不少中原士人、大族入闽,如徐寅的六世祖徐务入闽避乱,唐谏议大夫建安令杨齐也落籍于闽。天祐二年(905年)白马驿惨案后,大批官僚士大夫,甚至唐宗室也举家入闽,三明境域人口得到迅速增加。据宋代前置县的建宁、泰宁、将乐、沙县、宁化、尤溪等县人口数统计,总人口达60万人。南宋时期,中原兵争纷起,加之赋税徭役沉重,灾荒、瘟疫频繁,百姓纷纷南逃,而三明境域社会相对安宁,成为中原难民避难之地。这些汉人入闽,带来中原、北方的文化、技术,与当地居民共同开发山区,促进闽北地区的经济发展。

这些南迁者中有一支系统分明而又有自己文化、习俗和语言特征的汉族民系(后人称其为客家人)在三明境域聚居。客家先民祖居中原河洛,从晋朝开始辗转南迁,先聚居在鄱阳湖流域,在唐末黄巢起义军南下时,再次向闽、赣、粤结合部地区迁徙,多数进入宁化石壁。唐末,宁化县人口仅1万多人。从唐末至南宋进入宁化的中原汉民就有61个姓氏。至南宋宝祐年间(1253—1258年),宁化全县人口急剧增加到11万余人,经过几代繁衍生息,逐渐形成客家民系。后因战乱,这些客家先民部分迁往广东嘉应等地,也有的流亡海外,散居东南亚及港、澳、台地区。因此,宁化石壁被誉为"客家的祖地和摇篮"。

2. 中原汉人南迁与客家民系的形成

战国及其之前,三明境域居住的民族有畲、回、苗等少数民族。战国末期,越人大批南下,与土著居民融合,形成闽越族。从东汉起至两晋南北朝,中原汉族难民纷纷南下,进入三明境域各地。唐代陈政、王绪两次武装入闽,大量军队入住,使得三明境域逐渐形成以汉族为主的多民族聚居地区,姓氏也不断增加。战国末期至汉初越人迁徙入闽和魏晋南北朝中原汉族入闽避乱,带入汉族陈、林、郑、黄、詹、邱(丘)、何、胡、管、邓、钟、邱、巫等姓氏;隋朝有罗姓进入;唐朝有赖、李、陈、郑、雷、伍、欧阳、刘、杨、伊、温、唐、施、邬、官、甘、黎、滕、范、蔡、江、薛等姓氏进入福建,衍播至三明境域各地;五代有吴、张、谢、何、高、余等姓氏进入,形成三明多姓氏的结构,人口也大大增加。

为什么三明成为中原汉人(客家先民)的"避难良所"呢?从地理环境来看,三明地处武夷山的南麓,属于山区,地理环境条件优越,青山绿水、土地肥沃,冬暖夏凉、气候宜人,是客家先民南迁的"世外桃源"。客家先民从中原南迁,要在某地住下来,必然考虑当地的地理环境和社会环境等诸多因素。《三明政府志》载:三明属中亚热带气候,夏长冬短,气候温和,雨量充沛,日照和无霜期长,适合农作物和其他植物生长,因而,素有"福建粮仓"之称,享有闽西北"绿色宝库"的美誉。又如林华东先生在《明溪客家民系探述》中所介绍:明溪是闽江上游沙溪和金溪水系的源头,与宁化、清流和将乐、沙县、永安(还有建宁、泰宁、三元、梅列)等属同一地域特征,群山环抱,森林茂盛,"谷地平缓,低段广面,盆地相间"。由于自然环境优越,隋唐时就有"开山伐木,泛伐于吴"的商业活动,当地经济取得了一定的发展基础。由于这里社会安定,数百年没有战事,尤其是大战乱基本未涉此地,加上当时宁化黄连峒主巫罗俊祖上从中原迁入,率领本地人民"筑堡安民",发展农桑,既受到土著人的拥护,也得到客家人的支持,因而,大量客家移民能在这里安居乐业、繁衍生息。

宁化石壁是闽赣粤三省的交界区域,古时称为"百越之地"。周代以前,无汉人居住在这一区域,原土著居民为畲族和瑶族。这里山高林密、交通闭塞,百越、畲族、瑶族等当地土著处于刀耕火种的蛮荒时代,文化落后,生产力水平极其低下,主要以狩猎为主。但是,大山也造就了土著人山一般的性格,他们勇敢正直、诚实守信、宽容仁厚、助人好客、快乐无忧,大多数土著人比较乐意接纳远方的来客。

中原汉人的大量迁入,打破了这一区域长期处于原始封闭的状态,也使以古越族后裔和畲瑶等少数民族为主体的居民格局发生了变化,给这一区域注入了新鲜血液和勃勃生机。中原汉人为了在这块陌生的"蛮荒之地"有一个安定的生存环境,以积极的态度与当地土著人和平共处,表现出入乡随俗的胸怀。在长期的生产、生活和交往过程中,从中原迁徙而来的汉人与当地土著人之间互相帮助、互相学习、互相尊重、取长补短,逐渐建立了密切的关系。中原汉人不仅从中原地区带来了农作物种子、先进的农耕技术和建筑技术,还虚心学习当地土著伐木、捕猎、挖笋、制笋等技术。他们伐木垦荒,筑坝造田,把一个个小盆地或低缓的坡地开垦成片片井田或层层梯田。他们修渠筑坡,引水灌田,使寂静的群山阡陌纵横,昔日荒凉闭塞的山野变得人声喧闹,鸡犬相闻,生产力水平得到了很大的提高。他们逢山开路,遇水搭桥,把一个个村寨用盘山小径或通衢大道相连起来,使一些人口集中的较大村寨形成了集贸市场。就这样,中原汉人把热闹带进了千沟万壑,把繁荣带进了穷乡僻壤,把文明带进了荒峦山野。正是凭着他们特有的吃苦耐劳、顽强拼搏的创业精神,客家人不仅在恶劣的环境中求得生存,而且使荆棘丛生的沙砾变成车水马龙的通衢大道,使人烟罕迹的荒野变成花香鸟语的家园。

3. 职业基本构成

由于三明地处山区,占总人口90%以上的乡村居民以务农为主,少部分从事手工业劳动和经商。三明境域山区腹地有丰富的矿产资源,唐以来,即有人从事采矿冶炼,且境内三条重要溪流水源丰富,便利舟楫通行,有专门从事水运和造船业的工人,为三明对外交流、商品流通交换和商业发展提供了人力保障条件。

二、经济发展情况

(一)农业的发展

由于受自然条件和政治经济等诸多因素影响,且居民点的海拔多在200~400米之间,人口分布多集中在沙溪、金溪、尤溪流域的丘陵、河谷和盆地,古代的三明境域长期一直是单一的农业经济区域,经济落后,工商业不发达。西晋时"民始移居平地",多为"耕织自给"。历史上,三明境域农业以水稻种植为主,兼有种植小麦、甘薯、大豆、高粱、玉米等杂粮,是粮食输出地,同时种植茶叶、烟叶、苎麻等经济作物。建宁、泰宁、将乐、宁化、清流、大田、沙县盛产稻谷,不仅自给而且有余,历代均有集市进行粮油贸易。

唐代以后,耐水耐旱择地而生且成熟期短的优良品种越南占城稻传入,并得到推广,极大地补充了主粮。唐末,宁化县安远一带已有农户利用稻田养鱼。随着犁耕法和翻车、筒车在三明各地的推广应用,三明古代农业得到较快发展。农民还利用山地资源发展了具有地方特色的林副产品,如笋干、香菇、红菇等土特产品,成为交易买卖和农民增收的重要商品。其中三明所产的笋干称为"闽笋",相传为黄石公所创制,迄今有1000余年历史。闽笋肉质肥厚柔嫩、纤维质丰富、清鲜可口,有消除因油腻而引起肠胃不适的功能。擂茶也在这个时候传入将乐,此后成为当地百姓的一种日常保健饮品,并延续至今。

(二)矿产的开采

三明处于华南褶皱系的东南部,辖区内各县(市、区)分别隶属闽西北隆起带、闽西南拗陷带和闽东火山断坳带。将乐、建宁、泰宁及沙县、宁化北部属闽西北隆起带西南段。其中将乐经过多次褶皱断裂和多期次岩浆作用,形成有铁、硫、铅锌、铜和钨、锡、钼、铋及煤、石灰石、萤石等矿产。建宁、泰宁与宁化、沙县北部成矿特征迥然不同,主要有金、铌、钽、铍、铷及钾长石、白云母、稀土、高岭土等矿产。市区、永安、大田、清流、明溪南部、尤溪西部属闽西南拗陷带的东北段,是省内最重要的成矿带,主要矿产有铁、锰、硫、铅锌、铜、钨、锡、钼和煤、石灰岩等。尤溪的东部及大田的东南部为闽东火山断坳带,形成的主要矿产有金、银、铅锌矿等。分布于三明地区建宁一带的晚太古代天井坪组是华夏古陆核的组成部分,也是福建省最古老的岩石层代表。这是一套砂泥质岩为主,夹基性、中酸性火山岩类。早元古代末期的吕梁运动使华夏古陆全面隆升,三明境内也处于隆升剥蚀阶段。随地壳运动,境内曾发生多期次的岩浆侵入活动,形成了大小不一的侵入岩体,构成了三明区域丰富的地质历史和矿产资源,目前已发现金属和非金属矿种79个,已探明储量的矿种49个,使之享有福建矿产"聚宝盆"之美称,促进了矿产加工业的发展。英云闪长岩,分布于建宁上坪、上保、秦楼山、福前排、友兰坑。石英闪长岩,分布于沙县夏茂、泰宁李家坊等地。石英二长闪长岩,分布于尤溪溪坪、西华,永安前坪、贡川,沙县常溪,三明大垅等地。

三明境域内的冶炼业始于隋代(581—618年),当时宁化县、沙县已有铁矿开采,尤溪、将乐、宁化等县有银矿开采,将乐县有采金。至唐时,采矿炼铁、铜、铅、银、硫及开采高岭土烧瓷器,成为三明境内重要的工业生产活动。《唐书·地理志》里记载,将乐有金矿、铁矿。泰宁垒碌辟设有金场开采黄金,清流有钨矿,宁化有银矿,沙县有铜矿。《八闽通志》亦有记载:"银南平、将乐、尤溪、沙四县出,今无。铜尤溪、沙二县出。铁南平、尤溪二县出。"建筑也较前代有很大的发展,尤溪已能烧制石灰和砖瓦。

(三)手工业的发展

从唐代起,三明境域各县已有造纸,织布,制衣,烧瓷,纸制品,首饰,草编,藤品及铁、竹、木制品等家庭手工业作坊或工场。隋代及之前,三明境域将乐县、沙村县(沙县)等地开始出现一些零星的烧制陶器和采矿冶炼作坊。据有关史料记载,唐代时将乐大拔、水南等地建有陶瓷窑,大拔瓷窑生产的御瓷精品送往京都,供皇帝使用。唐代,将乐、黄连(宁化)等地出现了许多造纸作坊。

(四)交通和邮驿的发展

秦汉以前,三明境域交通闭塞。秦汉以后,始出现早期的山区小道。西晋永嘉二至五年(308—311年),中原汉人入闽避乱,陆续修建一些驿道,在河津要冲设置民间渡口或搭建简易木桥,之后,黄巢领导的农民起义纵横大江南北十数省,军队步行之需和客家先民大量的进入,推进了三明境内道路的发展。此时,道路大量增多,有军队行军的官道,有联系用的邮道,乡村里有村路,还有专门便于买卖的闽赣边境的商路。由于境内山路崎岖,难以行车,陆路往来多为徒步跋涉,货物运输多靠肩挑背负,少数为蓄力,故商贾攀崖蹑壁,十分艰难。

自唐代始,三明境域即有邮驿,设置递铺,铺兵专为官府递送军情、文书,也为商人传递书信提供了方便。当时,有一条出省驿道,经南平、顺昌、将乐、归化(今明溪)、清流、宁化、长汀、上杭、永安到广东的潮州。另有三条支路,即由南平沙溪铺经沙县、三元、永安至漳平的九鹏铺;南平的城西铺至尤溪;邵武的河源铺经泰宁、建宁到宁化。

(五)水利的开发

随着全国经济重心逐步由北向南推移和三明区域经济的繁盛,南方的人口也迅速发展。为了缓解粮食不足的矛盾,中原汉人南迁入境后,在"以农立国"思想的影响下,十分重视水利工程建设,在其居住地不仅开垦梯田,还开塘、筑坡、修圳、垒坝,蓄、拦、引水以保障农田灌溉,如建宁的大坡、高圳、葫芦塘、梅子坝等村,皆因该村构塘、坡、圳、坝等农田水利而得名。据《福建史稿》载:"唐代灌溉器具有翻车筒车,闽北山区可能有水砣使用。"翻车筒车是古老的提水灌溉方式之一,此外还有拉、手摇或脚踏水龙骨车和水筒车。水筒车结构简单,农民以斧凿锯刨等简单工具自行制造,一次建成,长期使用,造价低,无须看管,为沿溪农民所广泛采用,历久不衰。三明境内有文字记载较早的水利工程,仅有明嘉靖三十九年(1560年)永安贡川的护城堤防工程和万历六年(1578年)永安西洋的长元山圳灌溉工程。但是三明区域的古代水利设施大多为临时性工程,基础较差,大多已经损毁,遗存不多。

第二节　商业发展

一、主要商品

三明境内与外界交流交换的主要商品有木材、笋干、莲子、茶叶、毛边纸、烟丝等土特产品,远销天津、上海、江浙一带,笋干、茶叶甚至转口销往东南亚。这些商品主要是通过水路等各种渠道运送到沿海地区,继而通过海运出口到世界各地。在这些商品中,将乐的"西山纸"和建宁的"贡莲",尤其广为称道。

(一)将乐西山纸

将乐是我国最早出产毛边纸的地方之一。县内溪涧纵横、泉眼众多、水质优良,龙栖山的嫩毛竹为造纸业的发展提供了得天独厚的水资源和上等的原料,再辅之以客家先民从中原带来的先进技术,使将乐所生产的毛边纸具有质地优良、响张少疵、纤维细嫩、结实柔韧、光而不滑、吸水防蛀性强、书写字迹经久不变、色泽美观稳定、可保持长久等特点,深受书家的欢迎。

西山纸是将乐毛边纸中的佼佼者。西山纸完整地传承了蔡伦造纸工艺,选料考究,须是立夏小毛竹快长出叶子的那个特定时节采集的嫩毛竹。西山纸制作工序十分繁复,需经砍嫩竹、断筒、削皮、撒石灰、浸漂、腌渍、剥竹麻、压榨、匕槽、踏料、耘槽、抄纸、干纸、分拣、裁切等28道工序,每道工序都必须精工细作。所造毛边纸细腻柔韧,光润洁净少疵,吸水性强且久不变形,不腐不蛀,有"纸寿百年,玉洁冰清"之誉,适用于书法、修复印刷古籍。唐宋以来,优质的西山纸饮誉海外,一直延续至今。清代乾隆皇帝编《四库全书》时,特命钦差大臣到将乐调纸印刷。至20世纪70年代,西山纸还成为《毛泽东选集》、《毛泽东诗词》线装本的专门用纸。现今将乐龙栖山尚存一座"中国现存最原始、最完整的手工造纸作坊"。

图1-1　西山纸及工艺(郜华供稿)

造纸业的发展使专供造纸的石灰需求量越来越大,促进了石灰生产。唐代以来,将乐县就有大量的采运石灰石工人,建造了数量不少的石灰窑烧制石灰。

(二)宁化玉扣纸

宁化县以产玉扣纸而著称,系福建四大产纸县之一(即长汀、宁化、将乐、连城)。最盛时全县有纸厂500余家,产量高达5万多担;品种有玉扣纸、毛边纸,尤以玉扣纸驰名中外,产量占总数一半以上,产地十分之九集中在南乡治平区。

(三)建宁"贡莲"

建宁种莲历史悠久,可以查考的历史就有一千多年。五代梁时,建宁的金铙山麓金铙寺前有两口分别种植白莲和红莲的池塘。《建宁县志》记载,梁龙德年间(921—923年)建宁金铙寺前有白莲池。县志中还记载着建宁不少以莲命名的名胜古迹,如莲花寺、白莲寺、莲花庵、莲塘峰等,其中莲花寺建于唐垂拱二年(686年),说明最迟在唐代时莲已进入了建宁人的生活中。建宁因盛产莲子而被称为"莲乡",所产莲子称为"建莲",其中建宁县城濉城西门的百口莲塘因土肥水好,生产的莲子成为进贡皇宫的精品,被称为"贡莲"。《建宁县志》记载:"西门外池一百口,种莲……莲子岁产约千斤,为吾国第一。"它稍炖即烂,烂而不糊,汤清不浊,久炖不化。建莲是红花莲与白花莲的自然杂交品种,经莲农世代培育而成,属于子莲,其莲实即为莲子,且其花可赏,其藕可食。

(四)茶与豆类

唐时,福建就是重要的产茶区之一,所产茶叶被列为"贡品"。宁化种植和食用茶叶的历史都很早。20世纪90年代,三明市文管会与宁化县博物馆在石壁地区的淮土乡吴陂村翠子岭窑神排发现一座古陶窑址,面积达一千多平方米,文化堆积层三百平方米,采集的标本有各式擂钵、罐、烧罐、大盘等。经专家鉴定,这些窑址为唐代专烧擂茶器具的大型专业窑,烧制工艺与湖南长沙窑非常相似,但显得更为复杂多样,是中原汉人南迁时带来的制陶(瓷)工艺。唐时,宁化人喝擂茶已相当普遍,擂钵需要量很大,由此从窑的规模看,可以推定古石壁地区当时的人口众多,经济相对繁荣,也进一步证明了宁化县很早就种植和生产茶叶。

豆类是人们日常大量而普遍食用的一种作物,仅次于稻谷,按其种植和收获季节可分为春大豆、秋大豆、六月黄、田塍豆等。宁化等地很早就有种植,既是当地人的主要食物,也是对外贸易的一种主要农产品。清道光年间,沙县种"田塍豆"也相当普遍。

(五)小北斗红菇

小北斗红菇产于泰宁县西部小北斗山地,与别处所产红菇相比有明显的不同,其突出特点是:菇面色泽分明,色紫红,菇内页层规则,白泽泛绿,菇茎坚实粗短,颗粒均匀,肉质厚嫩;煮熟后,味清鲜甘美,入口细嚼不涩不滑,纤维细而易化,色、香、鲜、嫩出众,营养丰富,含高蛋白、维生素、无机盐、糖类和矿物质等。小北斗红菇不但是宴会佳肴,且可入药,有去汗、解毒、滋补之功能,因此是深受客商和百姓重视的土特产商品。至明、清两朝,每逢中秋节前,当地官府必派人护送一批红菇到京都进贡,小北斗红菇更是驰名遐迩。

(六)陶器与龙池砚

从商代开始,将乐先民便能制作陶器。唐代,将乐已开始用本地产的龙池石制碑、砚。龙池石竖碑多为名胜古迹碑记或碑赞等所用。

图1-2 商代陶器(李建军供稿)

龙池砚分为普通砚与工艺砚两大类。工艺砚注重选料,因料构图,讲究整体布局、雕刻技法等,工艺十分精细。上品龙池砚观之莹亮有光泽,抚之手感细腻、温凉润滑,敲之发声清越,悦耳动听,呵之顿生潮润,如沾薄露,有"呵气磨墨"之说。盂池盛水,经数日不涸。磨墨不滞不留,发墨匀细,黑亮如油,沾墨顺笔,不伤锋毫,具有很高的使用和欣赏价值。从将乐及省内出土文物来看,龙池碑、砚始于唐朝而盛于宋明。

图1-3 唐代马蹄砚(李建军供稿)

二、商业模式

古代"日中为市",是进行集市贸易的主要形式。唐代,三明境域即开始发展集市,出现了"草市"。唐乾封二年(667年),清流尚未建县,地属黄连镇,就开始有集市活动。唐开元二十九年(741年),尤溪县也出现集市贸易活动。据《沙县志》记载,沙县自古便是闽西北重要的物资集散地,五代(907—979年)时已有"千家街市",位于县城城东仙洲。除了集市,古时重要的商业模式还有商人们的肩挑走卖和"庙会"。庙会也称"庙市",其形成与发展与寺庙的宗教活动有关,是汉族民间宗教活动及岁时风俗,也是我国集市贸易形式之一。南北朝时,统治者信仰佛教,大造寺庙,菩萨诞辰、佛像开光之类盛会应运而生,商贩为供应游人信徒,百货云集,遂成庙市。

三、明商雏形

随着两晋时期中原人口的不断迁入和聚集,三明区域的资源得到开发,商品经济随着中原文化与土著文化的交融以及人口的迅速增加而逐步发展,农业手工业产品逐步丰富,开展商业贸易的庙会、集市等形式逐渐形成并得以繁荣。随着客家民系的形成,一个掌握着从中原地区带来的先进农耕技术,秉承中原文明气质,且兼具团结友善、吃苦耐劳、崇文重教、向外扩展精神的商群在商业活动中表现活跃,并表现出鲜明的地域特征与品质。

第三节 主要商人及其活动

历史上,茶叶、瓷器、木材、刻本等是福建对外贸易的重要商品,而三明地区农林资源丰富,是这些商品的主要来源地。人们普遍认为"闽商之旅从闽西北出发",是有其重要的史实依据的。闽江一头挑起内陆文明,一头连接海洋文明,把地处山区的三明与外面的世界连接起来,大批商品依靠闽江水路运往外界,商人们再将沿海和海外的先进的思想和文化带回内陆,一批杰出的商人也因此在获得财富的同时得大。据明嘉靖《延平府志》,唐宋年间沙县等境内形成以"士农工商"为职业层。本籍百姓安分守业,务本节用,富不喜外出,穷不嫌乡土。农事田园,无纸,无文绣,而"商贾工技之流,视他邑为多"。本籍商人以经营粟米、豆麦、烟等土特产品为主,贸易近及南平、福州,远达江浙、上海、天津。

一、开发宁化的领袖巫罗俊

巫罗俊(582—664年),字定生,号青州,是开发宁化的领袖人物。宁早,隋末大业之季,巫罗俊就组织民众在石壁的西南淮土、方田等山场砍伐大杉木,通过横江溪流放到赣江,再经长江运送到吴、楚等地出售,巫罗俊因此成为有名的大木商,获得了巨大的利润。自此,砍伐杉木,经营木材,成为宁化的一大产业和重要经济来源,一直延续到二十世纪四五十年代。

巫罗俊利用出售木材所获得的丰厚的资金积累,对黄连镇即现今的宁化县进行大规模的开发。开发的范围东自桐头岭,西至站岭,北自乌泥坑,南至杉木堆,包括现今清流县境的八分之六和明溪县的一部分,面积约达4000多平方公里,为五十年后宁化建县奠定基础。巫罗俊不仅是开启宁化生产、经营木材的第一人,更主要的是,他还开辟了闽西山区宁化西南至长江中、下游地区的水上通道,为此后一千多年间宁化县域经济发展奠定了扎实的基础,具有重要的促进作用。

二、永安贡川的陈姓望族

陈雍,字月铭,唐龙朔二年(662年)生于浙江吴兴,是永安贡川望族始创者。陈雍年少时勤奋好学,博才善辩。永淳元年(682年),当地郡守以陈雍"贤良方正"举荐于朝廷。唐高宗亲自考核来自全国百余名应召对策的学子,对陈雍的渊博才学和独到见解极为赏识,授予中丞。开元二十九年(741年),陈雍举家南徙入闽。入闽后,其长子陈苏迁居宁化石壁,三子迁居闽县(今福州一带),陈雍携次子陈野迁居南剑州沙邑固发冲(今永安市贡川)。陈雍充分利用贡川丰富的物产资源,尤其是当地盛产的笋干、毛竹、木材,进行开发、生产和商业发展。由于陈雍及家人善于经营,陈雍家族很快就成为当地的望族。陈雍平生沉默好学,潜藏不露,以孝悌修家,以忠信交友,以礼义处邻,以廉耻存身,蹈中守常,从容不迫,为当时名良所敬慕。

据《宋史》载:"陈世卿字光远,南剑人(今永安贡川)。雍熙二年(985年)登进士第,解褐衡州推官。再调东川节度推官。"之后,陈世卿又出任四川梓州从事。景德元年(1004年),陈世卿调任福建建州知州。

宋真宗十分器重陈世卿的才干,数月后又升陈世卿为福建转运使,负责南剑州(今福建南平)安仁等地银矿的开采。安仁各处银矿在陈世卿的有效管理下,年产量增产许多。后又出任广州知州。广州不仅是个国家盐税的主征地,而且是对外贸易的通商地。那时的广州限制食盐供应,按人口买盐的制度令老百姓的生活非常不方便。陈世卿上任后,立即向朝廷上疏,请求废除这一制度,放开食盐供应。同时,上奏朝廷说,外国运来的货物一律免税是不对的,大多数外国商人来华的目的都是从事商业贸易活动,应该照章纳税。朝廷批准了陈世卿的请求,从此,广州财政税收大增,促进了地方经济的繁荣。

三、将乐功业卓著的廖前

唐咸亨三年(672年),将乐人廖前任南剑路刺史。据清乾隆《将乐县志·名达》记载,他在将乐"教树畜,竖宇舍,拨街渠,建学宫,分四郊团、里、社。东郊外有两湖池,其四畔坦而广,草木蕃蔽,日影少临,龙、蛇、虎、豹多居焉。命斫伐焚烧,[...]胡池水,开垦田园为新开龙池团。仍巡属乡子校、黄潭、蛟湖、万安、光明、永吉、[...]桃源等团及顺昌石坑寺等处,安插居民,分里布种。积谷二十余万石,盖三大廒于龙池团,又建龙池桥。仪凤三年(678年),赤地千里,发所蓄谷,民赖获苏。垂拱四年(688年),人民乐业,笙歌载道。"他所建立的卓著功业可见一斑。

第二章

宋元时期的商人和商业发展

南宋时，南方经济发展水平已经完全超过北方，形成了南方经济领先于北方的格局，南方成为全国的经济重心。三明地域的社会和经济随着当时的经济大潮获得发展，政区地域不断扩大，交通道路更加发达，人口不断增加，农业手工业产品纷呈，商人遍布各地，商业呈现出前所未有的繁华。至元代时，三明商业经济虽历经历史的不断变更仍取得不断的发展。宋时，随着统治者推行"开洋裕国"的国策，福建成为世界海洋经贸交通与文化交往的重要枢纽。元朝，统一的中国将版图几乎扩展为整个欧亚大陆，使得中国成为当时世界上最大的海洋贸易国家。纵观宋元时期，三明社会与经济随着福建海洋文化的发展获得发展机会，较之前朝取得较大的发展，商业贸易拓展至海外的领域更加宽广。然而，其所依托的资源仍是丰富的山地资源，经营活动以木材和具有地方特色的土特产的运销为主，如莲子、笋干、香菇、茶叶、土纸（将乐西山纸、宁化玉扣纸、毛边纸等）、兽皮、竹木、柴碳等。来自中原的客家人不断融入三明经济社会和商业发展过程中并获得繁衍，在为三明地域经济发展做出贡献的同时，塑造了三明人的气质和品格，特别是客家人重宗内聚的气质、大哲安贫乐道的儒风、拼搏进取的精神和勤劳吃苦的品格，为后世"明商"文化及其精神的形成积累了厚重的文化底蕴。

第一节 经济社会背景

一、经济发展的社会历史条件

（一）政区沿革

北宋建隆元年（960年），升永安场为建宁县，隶建州。太平兴国四年（979年），归化、建宁二县由建州改隶邵武军。哲宗元祐元年（1086年），归化县改名泰宁县，隶属如故。元符元年（1098年），福建提刑王祖道以便于履行政务为由，奏析宁化县六团里、长汀县二团里增置清流县，隶汀州。理宗绍定元年（1228年），废清流县。元朝至元八年（1271

年),恢复清流县置,隶汀州。十三年(1276年),元兵占领邵武军,改军为路,泰宁、建宁、将乐等县隶邵武路,清流、宁化属汀州路。明景泰三年(1452年),析沙县新岭以南地、尤溪县宝山以西地增置永安县。成化七年(1471年),析宁化、清流、沙县、将乐4县部分地方增置归化县。嘉靖十四年(1535年),析尤溪、永安、漳平、德化4县部分地设置大田县。隆庆元年(1567年),析龙岩、永安、大田3县部分地设置宁洋县。至此,三明境域范围初具雏形,辖区计有沙县、将乐、宁化、尤溪、建宁、泰宁、清流、永安、归化、大田、宁洋11县,其疆域东至福州界,西至石城界,南至泉州界,北至邵武界。东西广约220公里,南北袤约170公里,全境总面积约2.3万平方公里。

(二)人口状况

宋元时期,大量中原汉人迁入,构成三明境内人口的重要组成部分。这些被称为客家人的南迁人与当地的古越人及畲族等少数民族融合,以宁化石壁为聚散地,不断向外拓殖,宁化石壁因此成为客家摇篮。如今,三明客家人主要分布在宁化、清流、明溪、建宁、泰宁、将乐各县,永安、大田、沙县等山中也有部分客家乡村。至宋祥兴二年(1279年),三明境域人口有59.72万人。

石壁位于宁化之西南,闽赣交界的武夷山脉东麓,是一块比较开阔的盆地。其地势平坦,土地肥沃,周围群山起伏,森林茂密,西北边境高峻的武夷山脉作为天然屏障,故有"玉屏"之称,防阻着北方南来的兵祸之灾,其间又有一条较为平坦狭长的地带,作为从江西入闽的通道,为南迁的客家先民提供了迁徙方便。石壁地处闽粤赣三省交通要道,雄居闽、赣、韩三江的上游,水资源丰富,水路交通方便,沿赣江而下可达鄱阳湖、九江以至长江下游,经汀江入韩江到粤东各地,从沙溪河入闽江可以出海。这种地理优势,使石壁在相当长的历史时期内,成为客家先民南迁栖居的集结地,不失为逃难者理想的世外桃源,因而成为客家民系形成的中枢区,客家人辗转开疆辟土的中转站和客家后裔子孙衍播的始发点。

(三)交通发展状况

自宋时起,三明境内交通运输较之前朝有较大发展,不仅陆路上的驿道和驿站得以增加,水路交通也有所发展,山区大宗物资如木材、粮食、笋干、香菇、茶叶等,可以从水路运输出境,山区所需日用物品,如盐、布等也靠水路运入。《尤溪志》记载:南宋时"买仓舟皇携家下南剑入尤溪",尤溪通过船运外销商品。沙溪是闽江上游三大主要支流之一,也是对福州商贸的大水道,商品通过沙溪水路运输到南平、福州,再把三明区域所需要的物质从福州运回。宋代时,输出的商品以茶、纸、笋、木、烟为主。输出货物经福州转口销往其他地区,茶叶曾大量运销东南亚、英国、日本,纸、笋运销上海、无锡、常州、天津等地,烟叶和烟丝主要在省内销售。通过沙溪航道输入的商品主要有布匹、海味、京果、洋粉(面粉)、洋油(煤油)等。

陆路交通方面,三明境内与外地的交通主要有尤溪县城到延平府(今南平市)的大道,全长80公里,曾是铺递通道;尤溪县城到尤溪口的大道,全长60公里,是尤溪对外经济联络的大动脉。泰宁的缘道是通往闽北重镇邵武的必经之地,宋咸平年间,为适应日益频繁的商旅往来,将其修为石道,历时7年完工。其时,南剑州有3条驿道分别通向将乐、沙县和尤溪,还有邵武军通往泰宁、建宁,泰宁通往建宁,汀州通往宁化、黄土铺、清流等多条路线。驿道上著名的古驿站有:清流的皇华驿、九龙驿;宁化的石牛驿、宁阳驿、长乐驿、鱼鳞驿;沙县的七峰驿、同爵驿;建宁的风山驿、绥城驿、洛阳驿、都溪驿。驿道之外,还有沟通乡村间的大道。

为适应商业活动和人民生活需要,许多城镇还就地取材架设了桥梁,多为桥亭合一的桥梁,著名的有:建宁的万安桥,三元的祥云桥,宁化的寿宁桥,沙县的平津桥、翔凤桥、登瀛桥,泰宁的丰泰桥,清流的龙津西桥等。

(四)文化发展状况

随着中原汉人的南迁,儒家的文化传统随之传入并不断发展。杨时,字中立,号龟山,宋南剑州将乐县北龟山人,是北宋时期著名的思想家、教育家、闽学鼻祖,是集"道学、经济、文章、气节四者合而为一者"。他立雪程门,"学传东洛,道倡南闽,辟邪冀正,继往开来","有功于前圣,有功于后学",被推为"程氏正宗"、"八闽理学之始"。"四方之士,不远千里从之游","一传而得豫章,再传而得延平,三传而得紫阳朱夫子,集诸儒之大成,绍孔孟之绝绪,其道益光"。他爱国恤民,敢于抗佞排和,为民请命,曾多次对理财和实行茶、盐、酒法提出建言,以减轻人民(特别是商家)的负担。他关于"所谓理财者,非尽笼天下之利而有之也;取之有道,用之有节,各当于义之谓也"等论述,对于理财和经商,至今仍不失其积极意义。

他淡泊名利,安贫乐道、公正廉明,直至告老还乡时,仍不要皇帝的赏赐,但"乞恩惠于八闽,山无米,地无租",以至于逝世后"家徒壁立,身后萧然"。他的一生中有40多年是在将乐度过的,为将乐人民留下了宝贵的精神财富,将乐商家也深受其影响,在经商和做人方面,讲道德,重诚信,乐于报答社会。如宋将乐北隅人陈髦,"好善乐施,每岁发廪济贫,随其自斛,不计偿贷。间有偿者,必从原斛中实一木锭,示不全取意。乡民感其德,为立匾曰:'惠施'"。

罗从彦(1072—1135年),字仲素,沙县城西洞天岩人。早年师从吴仪,以穷经为学。宋崇宁初(1102年)曾与宋代理学奠基人程颢、程颐的首传弟子杨时讲易至乾九四爻,杨时喜曰:"惟从彦可与之言道,吾弟子千余人无及得从彦者。"致和二年(1112年),师从杨时于龟山,学成后筑室山中,倡道东南,往求学者众。当年南宋理学大师朱熹的父亲和老师李桐都曾拜罗从彦为师。程、罗、李、朱后来成为闻名后世的四大名儒。朱熹评价:"龟山倡道东南,游其门者甚众,然潜思力学,但仲素一人而已。"从彦有《遵尧录》、《春秋指归》、诗卷等著作遗世,大部收编入《四库全书》。其著作《诗解》、《春秋解》、《春秋指归》、《语孟师说》、《中庸说》、《台衡录》等均已失散,现存清乾隆十六年(1751年)重刻出版的《宋儒罗豫章先生全集》共十二卷,收有《遵尧录》八卷、《二程先生语录》及《问答》一卷、《议论要语》一卷、其余的杂著和诗各一卷。

厚重的文化底蕴,丰富的文化遗产,熏陶着三明人的气质,铸就了三明商人独立的商族文化。

二、经济发展情况

(一)农业

宋朝时期,三明地域的耕地被大量开垦,"四望无平地,山田级级高",其中泰宁梯田占耕地面积的73%,梯田的开辟,反映三明人民改造自然的能力大大增强。粮食种植面积随之扩大,粮食产量增多,三明地域成为闽中重要的商品集散地,商业更加繁荣,出现了诸如称为"千家街市"的沙县仙洲等商业繁荣之地。

宋代,三明还引进了"占城稻"。占城稻是中国古代典型的外来农作物品种,原是印度支那古国的占城人培养出的一种良种稻,唐末五代传入福建,随后在宋政府的主导下向北扩散。1011年,宋真宗因江淮、两浙地区遇旱少水,遣使到福建取占城稻,多达三万斛,分别在长江、淮河以及两浙地区推广,并命转运使张贴榜文:"……稻比中国者,穗长而无芒,粒差小,不择地而生。"占城稻出众的优良品性使其成为长江流域占统治地位的粮食作物,且伴随着地理环境不同,相继演化出繁多的新品种,对长江流域稻作系统产生深远的影响。

(二)手工业

农业的发展促进了手工业的兴盛。随着冶炼技术的不断提高,手工业作坊增多。两宋时期印刷技术得到改进和发展,出现了活字版,印刷业成为该时期的新兴手工业。据记载,泰宁县此时已经采用活字印刷族谱。印刷业的发展促进了造纸业的发展,使造纸业仍保持着其时重要手工业的地位。宋代著名的优质名纸有将乐的青丝扣纸、西山纸,永安的西庄扣纸和宁化治平的"重纸"。"重纸"也称为"玉扣纸",纸质光滑细嫩,色泽洁白,质量很好,是书写文献、奏章和印刷线装书的上品纸。尤溪县常平乡生产活纸、苦竹纸、棉纸,年产量达4700担。

丝织业以家庭纺织为主,所使用的原料以苎麻和棉为主,所生产的传统手工纺织品主要有麻线、夏布等。泰宁生产的麻夏布和百姓自种三角草编织的草席是家庭的重要副业收入。将乐生产的白苎布,质地很好,在市集上十分畅销。

制瓷业也是当时的重要行业。两宋时期名声远扬的瓷器有宁化泉上青瑶、谢坊的白瓷,济村的黑瓷和青瓷,泰宁上青的影青瓷。沙县宋代烧制的砖瓦质地细致而坚硬,建宁石门汪家铺的白瓷,透光度好,温润如玉。宋德祐元年至景炎二年(1275—1277年),建宁人到江西景德镇学习陶瓷烧制工艺,后在都下保的汪家铺、村头、石门等村建窑生产日用瓷器。现存汪家铺至村头的古窑址相连2公里多,有近百孔窑址。残存的碎瓷中薄的呈半透明状,厚的击声清脆,质地细腻。永安贡川下甘地、大田奇韬洋地村的瓷器,也均工艺精良,是深受百姓喜爱的日用瓷品。

(三) 矿冶业

三明地处闽西北山区腹地,蕴藏着丰富的矿藏,是福建矿产资源富集地区,境内各县都有矿冶业,矿冶业获得长足发展,成为三明较为发达的产业,使福建采矿业在全国中占有重要地位。如泰宁有江源银场银矿、垒磜村金场,大田有银丁坂银矿,宁化有龙门新、旧银场、长永银坑、大庇银坑。尤溪的矿冶业尤为发达,有安仁、林塘、洪面子坑等银铜混合矿。北宋时,三明境内各地的采矿冶炼铁、铜、铅、锌等产品,因生产技术落后,原材料消耗大,成本高产量低,规模小质量差,获利甚微。南宋宝庆二年(1226年)兵部尚书翁景生遭贬谪漳州路尤溪县聚贤里早达(今大田县桃源翁厝早达),掌管银炉18炉,采矿108硐,是三明境内最早的银矿。据《宋会要稿》记载:光泽、泰宁、建宁,宋时有(银)场,后废。据《大田县志》记载:北宋乾德年间(963—967年),大田县境域发现铁矿,经冶炼可利用于制造铁制农具犁耙及生活用具。南宋嘉泰三年(1203年),济阳乡陈启阳在当地开采铁矿。明溪县从出土的宋代墓葬中发现铁鼎铜镜,被认为是三明境内最早的铁矿冶炼业的佐证。

大田县是福建省最重要的成矿带,有铁、铜、铅锌等几十种,品质优良、储量多,许多矿产品在北宋时期是朝廷的主要供应地。据《福建经济发展简史》称,福建宋朝时有银矿72个,居全国首位,占总数的38%。而宋、明时期的三明又是福建重要的银矿产地,规模较大的在大田、尤溪、永安。大田银丁坂银矿遗址位于大田县前坪乡黎坑自然村东北面,至今仍保存众多原始的银矿采矿硐群、矿渣、石磨、作坊、水沟、淘洗池、桥墩、税收场等遗迹,宋、明时期选矿、碾矿、炼矿、筛洗、入窑等工艺流程的平台、窑炉、作坊等遗迹至今保留完好,一些工棚、矿工住所、厨房、工具房、矿区道路等遗迹清晰可辨,还可看见用土、石垒建的矿窑内壁表面上,闪烁着绿荧光芒的矿汗烧结物。

第二节 商业发展

一、集市和商业网的形成

历史上三明境内商店较少,自唐代起开始发展农村集市,农副产品交易多在圩集进行,摊点小卖遍布三明境内,交易商品多为粮食、禽蛋、猪肉、畜禽苗、土纸、火薪、菇、笋、蔬菜等农副产品。如唐开元二十九年(741年)尤溪建县之始就有集市贸易活动,至宋代,商品交易已扩展到县城各个街巷。宋咸淳二年(1266年),建宁全县城乡有七街十墟市,城关设衙前、城隍两个圩市,四乡有枧头圩、永安圩(今里心)、塘坑圩(今仍田)、燠圩(今客坊)、三滩圩、蓝田圩(今渠村)等六个圩场,这些圩市均以农历每月逢一、六日为圩期。每逢农历五月二十八日城隍诞辰,城关的城隍庙举行庙会,四方商旅云集,百货具备,贸易活动持续半月之久。泰宁商贾多在墟市、码头聚集货物,坐店买卖,沿街摆摊或推货郎担走乡串户,坐商大多资金微薄,前店后家,经营单一。

元朝,由于海运、漕运开通,沿海省份的商业随之盘活。据元朝邵武人黄镇成《济川桥记》记载,至正三年(1343年),邵武已成商旅汇聚之地,以至"陆驰川载,衔尾接踵"。泰宁毗邻邵武,是连通邵武与汀州之间商贸往来的交通要道,商贸活动也因此而繁荣。

二、商业中心

随着商业的发展,一些乡镇的经济迅速崛起。宁化延祥村在历史上曾经一度商贾鹊起,兴旺昌盛,素有"商贾古邦"、"文化之乡"的美誉,是客家历史文化名村的杰出代表。延祥地处宁化东部门户泉上镇之南,位于宁化、清流、明溪三县交界处,东临清流林畲乡、南接清流嵩溪镇、西毗宁化湖村镇、北界宁化泉上镇、东北连明溪盖洋镇,均相距15~20公里,村域面积41.25平方公里。四周崇山峻岭,村治所在地为一山间小盆地,地势平坦,有"五里横排十里岭"之称。大自然鬼斧神工,造就了"狮象交牙"等十处天然景观,美不胜收,被誉为"世外桃源",发挥集聚人气的作用,吸引了众多商贾闲暇之际前往游览。

北宋乾兴元年(1022年)以前,延祥乃荒芜之地,无人定居,名不见史。延祥开埠,始于北宋天圣元年至九年(1023—1031年),江西瑞州高安刘凝之后裔刘东升,为避战乱,从南剑州沙县徐兰角里携家迁徙至此,开荒垦殖,安家立业,居地时取名刘源。南宋绍兴末年(1162年),著名理学家杨时四世孙、龙图阁直学士杨万福为避战乱,从将乐九龙玉华大铺上(今明溪县瀚仙镇龙湖村)携家迁徙鹞子窠,更名为丁贵坊。元泰定以后有官氏、曾氏(年代不详)分别陆续迁徙官坑、曾家围开埠。南宋淳祐元年(1241年),杨时七世孙杨五九见有瑞鸡、玉兔出现,以应其祥,更名为延祥至今。

古延祥经刘氏、杨氏、官氏、曾氏后裔数百年垦殖开发,辛勤创业,在清康熙至道光年间,曾经一度兴旺昌盛,成为远近闻名的大村落。古延祥人曾经发出"上有天堂,下有苏杭,除了苏杭,只有延祥"的豪情,自喻"延祥庄园,世外桃源"。古延祥经济以农业、林业和商业为主,农业耕作使古延祥有稳定的生活来源,保村民衣食无忧,后来拓展到经营土地、木材和商业,商贾鹊起,古延祥经济得到了飞跃式的发展,积累了大量财富(货币形态),成为富庶之村。到清康熙至道光年间,古延祥的繁荣达到鼎盛,古延祥人拥有耕地4000余亩、山林7万~8万亩,甚至在宁化、清流、明溪三县的不少乡村购置土地,大量木材通过盖洋、嵩溪水路顺沙溪、闽江而下,源源不断销往南平、福州等地,获得甚丰的木材销售收入。杨氏公堂在宁化的泉上、清流的林畲及嵩溪等地建有商号(店)5处和宗祠,经营商业、旅店业等。昔时,商贾频往于延祥的古道上,或销售木材,或收取地租,或经商购销商品等,络绎不绝,出现了杨希曾、杨恩佛、杨希孟、杨助福、杨含章等方圆百里有名的大财主、大商人。

古延祥孔坑"贡茶"颇值一提。孔坑"贡茶"产于古延祥村内孔坑,质优品佳。明正德年间(1506—1521年)古延祥拔贡杨得安出任浙江金华府经历,清康熙年间举人杨大翔经常赴京,将孔坑茶奉供皇帝品尝,得名"贡茶",成为宁化茶之茗品。但由于种植面积小、产量少,未发展成为古延祥的大宗商品,对古延祥的经济发展未起多大作用,更多的是作为馈赠、待客佳品,对交往礼仪、丰富饮食文化倒是起到一定作用。

古延祥经济富庶后,十分注重家园建设,讲究艺术造型、陈设高雅、装饰美观和文化品位。至兴盛时期,杨氏后裔在村内、傍岭上、下村等居住地建起了布局科学、结构合理、用材考究、规模宏大、居住舒适、外观精美的府第豪宅百余座,从村内孔坑至下村两条村道(约1公里)及横街直弄,全用条石铺设,俨然像一座繁华城池,十分气派。整个建筑技艺精湛,飞檐翘角,雕梁画栋,美轮美奂;装饰格调高雅,金字楹联、名人字画、各式宫灯、彩绘围屏、奇花异草点缀其间,赏心悦目。最具代表性的数延祥下村墩丘土堡和下村坪上百间房。古延祥历来十分注重文化生活,在长期的生产生活中,孕育形成了形式多样的主流文化形态,加之精美建筑本身及装饰内涵深厚的文化底蕴(建筑文化形态),呈现出虹彩斑斓的文化景观,是远近闻名的"文化之乡"。

古延祥在宁化治下的诸多村落中,从自然与社会等各方面条件看,并非最优,但却最为兴盛,探究其原因,明显与商业发展有着密切的关系,其中五个方面最为突出:

(1)经营木材为古延祥完成了原始资本积累。在中国漫长的封建社会里,如果一个村落缺乏优势资源,世代仅仅依靠农耕,是难以完成原始资本积累,少数村落就是依赖其丰富的优势资源,才得以完成原始资本积累,走上富庶之路,延祥村便是其中一例。古延祥拥有丰富的林木资源,原始森林面积7万~8万亩,林木茂盛,材质良好。于是,古延祥人立足林木资源优势,将经营木材作为发家致富的重要渠道。在长达几百年的时间里,古延祥木材经营形成了伐木—运输—销售产业链,换回了大量货币,大约至明末清初,古延祥便基本完成了原始资本积累。

(2)公堂制度为古延祥奠定了厚实的经济基础。在封建社会,中国土地实行私有制,农村土地大部分集中在少数人(地主)手里,广大无地佃农世世代代在贫困线上挣扎。而在古延祥,虽然少数人占有大量土地、山林,但到明末清初时,杨氏族人中的大户把大部分分散的土地、山林纳入杨氏宗祠大小公堂,折成股子(股份)分至本族人名下,成为本族人人有份的公产。这些公产由宗祠公堂统一经营,到外地建农庄、开商号(店),所得经营收入按股子分红。这样,一方面实行了规模经营,减少了分散经营的风险;另一方面,一定程度上兼顾了小范围的公平,既带来了稳定的经济收入,使富有者更富,贫穷者脱贫致富,避免了贫富两极分化,又为族群发展奠定了厚实的经济基础,积累了大量货币财富。

(3)私塾教育为古延祥提供了智力支撑。古延祥自古重视教育,杨氏族人倡导捐资兴建了私塾学堂。据杨氏族谱《家塾志》载,"后人礼祖意,隆师重道,广构书室,文风益振"。在兴盛时期,古延祥有私塾学堂20余处,如田井余堂等,一般人家子弟就近入学就读,入学者甚众,教育得到了普及。明、清两朝,延祥考取举人、贡生、秀才、太学生、邑庠生等功名者220余人。良好的私塾教育,除培养考取功名者外,更多的是使百姓受到良好教育,一代又一代受过良好教育的古延祥人,为古延祥积累了文化积淀,为古延祥的兴盛提供了智力支撑。

(4)社会安定为古延祥营造了和谐创业氛围。大凡盛世,则百业兴旺,国泰民安。"山高皇帝远"的古延祥在清道光末年以前,并未受到乱世影响。清康熙至道光年间,外部社会环境相对安定稳定,保障了百姓的生命财产,为古延祥的兴盛营造了和谐创业的氛围。

(5)优势族群为古延祥发挥了榜样带头作用。南宋绍兴末年杨时四世孙杨万福迁徙古延祥后,经十数代繁衍,至兴盛时期,杨氏后裔最多达 390 余户、4000 余人,成为古延祥的第一大优势族群。杨氏族谱之《家塾志》载:"潜学于家,不求闻达,以修其身",杨氏后裔秉承一世祖杨时遗训,勤创业、重教化、守族规。杨时后裔为首或独自进行建立公堂制度、办农庄、开商号、兴学堂、建土堡、修宗祠、搭戏台、设游神灯会等活动,为族群力量的集聚发挥了积极作用。

宋元时期,沙县商业中心有城东仙洲的崇安镇、沙阳镇(县东 1 公里)、洛阳口镇(县东南 5 公里)等。五代(907—979 年)时崇安镇已形成"千家街市",为沙县最早的集镇。

三、商业模式

至南宋时,三明境内城乡集市贸易已经形成较大规模。在地处交通要道的村落,每隔数天一集墟,八方民众客商云集,互易有无。

农村集市形成是定期聚散交换的墟。宁化县治所自后唐同光二年(924 年)自黄连冈迁至竹筱窝后,花心街即为最早的集市贸易场所,工商业者同街而居,随地经营。到了宋代,县城已有相当规模,随着城市的扩展,又分为城东、城南(城内、城外)二个墟场。农村有墟场 7 个。乌村墟建墟于宋中业,墟场在距今湖村五华里的龙头伍家墟。至宁宗年间(1195—1224 年),乌虎洞周围邓、黎、王、罗等姓陆续迁入建村,人口逐渐增多,于嘉定元年(1208 年)设墟于乌虎洞温氏祠右侧一片桐木林地,故该墟名为桐木市,墟日逢四、九,每五日一市。桐木市设墟后,原伍家墟逐渐衰落,成为上八乡(陈家、邓坊、官家墩、鱼钦、张家湾、炉坊头、陈家墟、东山)来赴桐木市墟的搭脚墟场(即帮墟)。湖村墟集自伍家墟始,后又为桐木市墟所代,至今已历 800 多年,自古至今集市繁荣,上市交易的农副土特产品品种多、数量大,是宁化东部最大的墟市。

泉上墟开墟历史悠久,相传隋末唐初,宁化县辟土拓疆先锋巫罗俊及其夫人柴氏,就率领一支垦荒队伍在泉上的茅岗坪一带山场垦荒造田,并在山口土坡上建窑烧制陶瓷,因烧制的陶器呈青铜色,又因该地原居瑶人很多,此后就把该地称为青瑶,此地名一直沿用至今。唐末,原居住在青瑶的人转迁到较平坦的荒草林竹霸及地势较高的茅纲坪一带垦荒、居住,人口发展到 90 多户 300 多人,至北宋元祐二年(1087 年)前,周围村庄多,住户集中,茅纲坪成为一个有粮食、猪肉、青菜等物品买卖的墟市场所。后来由于赶集的人多,原墟场所小,至政和六年墟场先后迁到冈背、下坑律。至南宋嘉泰三年(1203 年)再迁到岩前。岩前墟街头周围居住农户有 3000 多户,街道扩伸,店铺林立,有米行街、粉行街、菜行街、桥北街(专卖猪肉、仔猪)。墟期为十天四墟,即逢一、三、六、八日为墟日,赴墟的人群多,商品交易量大,因此群民间流传说:"岩前(墟)是个小福州,京果、食杂、布匹、肉类、鸦片、客店、赌博、逍遥样样有。"可见其繁荣景象。

各地墟期多相互错开,时间不一,赶集者大多日朝而聚,日暮而散。例如岩前墟(今泉上墟,每十天四墟,每逢一、三、六、八日)、湖窟墟(今泉下墟,每十天三墟,逢二、五、十日)、乌村墟(十天二墟,逢四、九日)、中沙墟(十天二墟,逢二、七日)、水茜墟(每十天二墟,逢一、六日)、黄土墟(今安远墟,每十天二墟,逢三、八日)、杨家墟(今河龙墟,每十天二墟,逢三、八日)、安乐墟(每十日二墟,逢五、十日)、滑石墟(每十天二墟,逢四、九日)等等。

还有年墟,如济村墟(每岁一墟,即每年的三月二十九日)、石壁墟(每岁一墟,即每年二月二十九日)、怀土墟(今淮土墟,每岁一墟,即每年三月二十日)。

随着山区开发,墟市贸易日益扩大,走乡串户的小商小贩应运而生,摊铺和店面也日益增多,许多墟地成为商品集散的码头或小集镇。随着县城逐渐成为商业中心,各种商店陆续兴起,大小商贩日益增多,资本多的商人开展批零兼营的购销活动,突破了墟期限制,每日都有持续不断的集市贸易活动。

除"墟"之外,商业活动还有庙会、赶会等"会"的模式,每年一会,会期集市数日。盛会期间,各地客商纷至沓来,货物云集,交换所需,持续时间有的多达半月之久。庙会、集市对商品流通和商业发展发挥了很大的作用。

此时,政府开始设置一些专门机构,以加强商业活动管理,即在县行政管理机构中设立税课司。税课司除了收取税款外,还兼有市场管理、平抑物价等职能。政府还另设河泊所,收取捕鱼户渔税银,把布帛、什器、香药、宝货等纳入商税征收范围。宋建隆元年(960年),开始出现商标管理,其时三明境内已有"白兔"等较为著名的商标。北宋时期,三明境内曾查禁私贩食盐等非法交易行为,官府介入市场交易活动的管理。

第三节　主要商人和商吏及其活动

宋元时期,三明区域又涌现出一些站在经济发展潮流前头的有识之士,他们的商业经营行为和经济管理活动体现了该时期三明人所具有的开拓进取和务实亲民的精神。

经商办企业是宁化客家人的传统,他们的祖先不少就是经商贸易到宁化肇基创业的,族谱上写明因经商贸易而迁入宁化的有吴、连、毛三姓。济村杨地《延陵郡吴氏族谱》载,纶公第八子宝公之长子吴举,因贸易,于宋大中祥符八年(1015年)自建宁徙居宁化安远肇基。宁化石城联修《上党郡连氏族谱》:始祖光裕公八世孙祥公,字肇祯,原居邵武禾坪,后徙建宁南乡三滩,因商于汀州宁化县城,遂卜居上进贤坊,为入宁始祖。河龙《毛氏族谱》载:宋元丰时,维瞻,仕筠州,生二子,长子仁懋居饶州,次子仁修居余姚。仁懋裔孙槐公,行商到宁化,自宁都东山坝迁居宁化禾口,后又徙县城永福坊。

宁化客家商人的商品贸易发展还可从民间流传的谚语中得到反映。"要想富得快,作田加买卖","肥田不如瘦店","家有万贯不如一店","小小生意胜做工"。这些谚语说明客家人不只是把商业贸易作为补贴家用的手段,而是把商业贸易作为发家致富的途径。

宋时,宁化商人的活动范围遍及大半个中国。木材经营的品种主要是油杉,行销长江中下游、闽江中下游、汀江中下游地区；土纸行销湘、鄂、赣、粤、桂等地；苎布、生猪、鸡、鸭行销将乐、沙县、顺昌及闽西、广东等地。他们卖出当地的农林土特产品，又采购回丝绸棉布、京果百货之类商品。外出经商人员以罗氏、刘氏、张氏、孙氏、丘氏为主，这些姓氏的族谱记载了他们外出经商的事迹。宁化《罗氏族谱》载：忠房景春之子万发裔孙宁祥，祖居宁化石壁，宋时，因贸易江西，遂家于鹳树下。上杭县《罗氏万三郎公族谱》载：万三公次子罗十郎，居宁化石壁，宋末元初，到上杭属地杨公岭贸易经商，择县治架屋安居。景新裔孙尚立，名忠古，字念壹，行五四，生于南宋庆元六年（1200年），原籍宁化石壁，经商江西吉安，后徙居上杭。扬州、徽州、赣地、福州、汀州等商人也开始到宁化进行商业购销活动。三明其他县域的商人也如宁化商人一样为三明的商业发展做出积极贡献，出现一批有代表性的人物。

一、宁化晏彪——著名盐商

晏彪，一名梦彪，又名晏头陀，宁化潭飞磜人，是宁化著名民间私盐贩运商人。北宋以来，尽管社会经济有较大发展，但由于土地兼并现象日益严重，不少农民因丧失土地而沦为佃客，遭受地主、豪强的高利盘剥，甚至剥夺人身自由，地租高达五六成，阶级矛盾日趋尖锐。到了南宋中后期，朝廷赋税更加苛重，特别是在福建、江西等地实行食盐官卖政策，官府不仅大幅度提高官盐价格，还把灰土掺入盐中，以增加斤两。当时，宁化、清流、长汀三县食盐从福州运来，而上杭、武平、连城三县食用的是漳盐。由于官吏的垄断居奇，汀州等地每斤盐价高达一百八十文，而私盐为广东的潮盐，通过水陆运输到达汀州，不仅洁白干净，且价格便宜，每斤仅卖二十文，因此，闽西宁化一带的百姓都不愿购买质劣价高的官盐，而乐买质纯价廉之私盐。在这种情况，晏彪伙同汀州、宁化等地的私盐商贩，通过汀江、韩江大量贩运潮盐，然后由小私盐商贩销售。

据马先富《客家祖地经济史论》载："汀州人欲贩盐，辄先伐鼓山中召愿从者与期，日率常得数十百人以上俱行"，每岁秋冬田事才毕，十百为群持甲兵旗鼓，往来虔、汀、漳、潮、梅、循、惠、广八州之地。私盐从集体走私发展到武装走私，规模不小。晏彪贩销私盐，不仅使广大百姓得利，食用质好价廉的潮盐，他本人也从中盈得大利，更主要的是打击了封建统治者的食盐官卖政策。为此，朝廷采取了严厉措施，取缔私盐运销，采取"计口敷盐"的办法，强逼百姓按户定量购买官盐，甚至不给食盐而强迫民户交纳盐钱，激起了盐商和广大百姓的强烈反抗。

宋绍定二年（1229年）二月，晏彪在潭飞寨聚集盐贩、乡邻，剃发刺字，喊出了"吏贪暴，民无所于诉，我为直之"的口号，打出了为民消除贪暴之吏的旗号，举行武装起义。周围数百里七十二村寨的村民揭竿响应，一时声势浩大，队伍迅速发展到数万之众，席卷泰宁、将乐、宁化、清流、长汀及江西石城诸县。邵武、南剑州因朝廷派兵增援未克。绍定三年（1230年）初，晏彪领兵从潭飞磜出发，再次攻克宁化、建宁、泰宁，直逼邵武；另一支农民军克清流，绕汀州，破龙岩、长泰，越漳州，攻永春、德化，抵邵武，两军合围攻下邵武城，兵逼南剑州。此次起义虽因南宋朝廷派重兵镇压而失败，晏彪被统治者杀害，但迫使封建朝廷于绍定五年（1232年）改变过去陆运福盐、漳盐，正式改由汀江水运潮盐，"每岁约三纲，每纲一十船，共搬盐四百箩，每箩二十足钱"，从而使得汀江流域各县的官卖盐价由过去的每斤一百八十文，降为每斤九十六文，食盐走私蔓延近百年的社会问题遂告解决。

二、宁化廖卿祥——著名纸商

南宋纸商廖卿祥，又名五七郎，生于宋高宗绍兴二年（1132年），是宁化廖氏始迁祖（一世）达郎公的六世孙。其父来郎，原居宁化龙上下里磜下村，为求更好的发展空间，卿祥（五七郎）于隆兴年间，迁居新村里竹子窠（后改为磜上村，现为安乐乡黄庄村境），以养鸭为业，生活艰辛。

竹子窠山旷地少，荒草丛生。住山靠山，卿祥从山上做文章，找出路，于是投入自己所有的积蓄，再向亲朋借贷一部分资金，购买了大片荒山野坡，在山上种竹、护笋。经过艰辛努力，不久竹山成片，竹林郁葱。此时，嫩竹造纸技术，已从汀州传到宁化治平，再传到安乐。卿祥及其子孙即筹资在村中办起了第一个纸坊，从长汀请来做纸师傅，用自己竹山上生产的嫩竹（笋），经沤成浆，生产毛边纸。年产毛边纸达一百多担。当时，纸价昂贵，每担纸一般卖银十多两，高的可卖二三十两。所产纸均雇人挑运到汀州出卖，获得较为丰厚的回报。尝到甜头后，他们又在村中办起第二个纸坊，两个纸坊年产毛边纸可达二百二十多担，卿祥家族成为远近闻名的造纸商户。

卿祥家族富裕后，仍勤俭度日，积累起大量资财，又用于买山造林、种竹、护笋。至明、清时期，廖氏家族已有竹木七千多亩，共办纸坊十六个，年产毛边纸2600多担，成为年进数十万银的富豪之家。

三、沙县张若谷——财政专家

北宋"财政专家"张若谷，字德繇，沙县城关兴义坊人。宋淳化三年（992年）进士及第，先后任巴州军事推官、提举诸司库务、权判大理寺、枢密直学士等职。曾任专管铸钱的广宁监，一年余所铸钱币超额30万贯，被提升为处州知州。1023年，他奏请朝廷恢复蜀地"交子"交易制度。获准的第二年，中国首批国家纸币由益州交子务发行流通。后任江淮制置发运使、三司度支、盐铁副使等经济部门要职。任并州（今太原）知州时，重开边境贸易。《宋史》称他为"循良"。

四、沙县陈偁——法治惠民

陈偁（1015—1086年），字君举，沙县城西劝忠坊人，父陈世卿官至秘书少监。天圣八年（1030年）榜特奏进士，有"以治行闻，善于惠政"之誉。嘉祐五年（1060年），陈偁任惠州（今广东）知州时，主持开凿丰湖，恢复渔业生产，又教农民种麦，指导推广，百姓受益匪浅，建祠奉祀陈偁。他在开封府任职期间曾动用官币济民，造成府库亏损5000余万缗。受查处后,泉州民众闻讯于3天之内积钱5000余万缗,相与进谒户部使者,为陈偁请命。

五、建宁谢䚮——为民请命

谢䚮,字德章,建宁人,哲宗绍圣元上(1049)考中进士。谢䚮任吏部员外郎时,曾作为宋国的外交国出使高丽。谢䚮幼时即才华出众,十二岁时跟随父亲在清江,郡守闻其才,让其当面作一文,䚮一挥而就,郡守惊异,夸其为神童,前途不可限量。后提举河北平仓时,上书反对改铸大钱,说是"于民不便",因而冒犯了权相蔡京,被贬谪。

第三章

明清时期的商人与商业发展

明清时期,随着农业、手工业的不断发展,商品经济有了一定的进步,政府对商品经济的管理政策也有了相应的变化。明清以降,政府对市场的管理经历了一个从禁止到放任,再到清理、整顿,并逐渐走上制度化、规范化的过程。如明初实行"轻徭役、薄税赋"、"严惩贪官污吏"等政策,而清初则采取了"添丁口、耕地,不再添加赋役"的做法,这些措施均促进了经济的复苏。

三明地处崇山峻岭阻隔的山区,由于交通不便,商品经济发展受到诸多限制。不过,正是这种地理环境,使得三明人更需要与外界建立比较频繁的贸易联系,通过交换获取各种必需品,获取更多的财富。明清时期,三明的农业和手工业较之前又有了一定的发展,农副产品和手工业产品商品化趋向强劲,农村墟市、圩市和专业集市增多,商品交易会也逐渐形成,与外界商贸往来更趋频繁,逐渐涌现出一批专门从事商贸活动的商人。土纸、茶油、茶叶、桐油、牛皮、笋干、香菇、红菇、木材、中草药等丰富特产是三明出口的主要商品,进口的商品主要是布匹、食盐、海产干货以及日用百货,商品的进出口促使商品经济得到蓬勃发展。

第一节 经济社会背景

一、经济发展的社会历史条件

(一)政区沿革

明清时期(1368—1911年),三明地区分属汀州府、延平府、邵武府、永春州、龙岩州。不同时期不同县虽然行政划分有些差别,但全境统一实行里甲制是一致的。如将乐县于明朝改附县为隅,改乡为都,计分2隅、39都、67图,清沿明制;泰宁县在明清两代仍袭宋元建制,保以下分图划甲,实际是取代宋元时期"里"一级职能。此后直至民国初期,境内行政区划基本稳定。

表 3-1　明清时期三明境域各县行政区划表　　　　　　　　　　　　　　　　（单位：个）

县　别	乡数	里数	隅数	坊数	都数	图数	保数	甲数	庄（村）数
将乐县		2			39	67			576
沙　县				2	24				
宁化县		12				51			
尤溪县					31				
泰宁县	2	4				52		520	
建宁县	5						34		
清流县		7		19	56				114
永安县				12	13	64			
明溪县		7				45			
大田县	2	4			15	34			
宁洋县		2			11				

注：1. 沙县明成化六年（1470年）以前设32都。
　　2. 尤溪县明洪武元年（1368年）设50都。
　　3. 宁化县清雍正十二年（1734年）在泉上设分县，辖3个里。

表 3-2　明清三明境域建置沿革一览表

汀州府〔洪武元年（1368年）改路为府〕	宁化县	
	清流县	
	归化县	明成化七年（1471年），析宁化、清流、将乐、沙县4县部分地设置
延平府	将乐县	
	沙　县	
	尤溪县	
	永安县	明景泰三年（1452年），析沙县新岭以南地、尤溪宝山以西地设置
	大田县	明嘉靖十四年（1535年）设置。清雍正十二年（1734年）改隶永春州
邵武府	泰宁县	
	建宁县	
漳州府	宁洋县	明隆庆元年（1567年）设置。清雍正十三年（1735年）改隶龙岩州

(二)人口状况

三明地处福建中部及西北山区,居民点海拔高度多在200～400米之间。三明境域人口分布多集中在沙溪、金溪、尤溪流域的丘陵、河谷、盆地。

表3-3 明清若干年份三明境域人口数量表　　　（单位:万人）

县　别	明嘉靖二十一年（1542年）	清道光九年（1829年）
永　安	2.89	18.89
明　溪	3.37	11.57
清　流	3.91	9.3
宁　化	4.21	37.92
大　田	2.61	9.98
尤　溪	4.14	19.43
沙　县	4.38	14.88
将　乐	3.2	19.65
泰　宁	2.72	8.8
建　宁	2.14	10.8
合　计	33.57	161.22

从上表中可以看出,在不同的时间段,三明境域内各地人口的分布也不相同。明嘉靖年间,三明境域人口主要集中在沙县、宁化、尤溪、清流这些历史比较悠久,建县较早,经济也比较发达的县域。这些县人口占全境人口比重分别在11%～13%之间。到清道光年间,三明境域人口的分布有了变化。宁化县石壁因是客家祖地的缘故,聚居大批客家移民。宁化县的人口从明嘉靖二十一年(1542年)的4.21万人,上升到清道光九年(1829年)的37.92万人,占全境总人口的24.61%,比明嘉靖二十一年上升12.06个百分点。其次是永安县和将乐县,由于经济的迅速发展,两县人口也得到较快的增长。其人口占全境总人口的比重分别从明嘉靖年间的8.61%、9.53%,上升到12.26%和12.75%。

至明洪武二十五年(1392年),三明境域总人口为46.5万余人,比宋朝时期减少13.2万人,下降22.1%。明洪武后,社会逐渐安定,但人口发展缓慢。到了明朝中叶,由于政局动荡,宦官专权,榨取民脂民膏,"差役任其飞洒,丁口听其增减。指一派十,无所不至",民不堪奴役,大批逃亡,人口也逐渐下降。如:沙县由明初18万多人,至明中叶仅剩7万人。永乐十年(1412年),三明境域总人口为36.37万人;正统七年(1442年),下降到32.31万人,减少4.06万人,下降11.2%。正统十三年(1448年),人民"苦不堪言,难以活命",沙县邓茂七揭竿而起,宁化、将乐、尤溪等地纷起响应。朝廷调兵残酷镇压,起义军失败,被杀戮无数,人口大为减少。旧《沙县县志》记述:"赋税则自少而多,户口则自多而少。"成化八年(1472年),三明境域人口降为30.01万人,比正统年间又减少2.23万人,下降7.1%。至明弘治后,三明境域人口才逐渐恢复。嘉靖二十一年(1542年),总人口发展到33.58万人。从明正统七年(1442年)到嘉靖二十一年(1542年)的100年间,三明境域人口才增加1.27万人,增长3.9%,平均每年增加127人。明末清初,由于战火屡起,赋役加重,官逼民反,爆发多次农民起义。尤其是清军入闽后,闽西北地区人民纷纷举起抗清旗帜,如泰宁从清顺治年间起历经15年的抗清斗争,永安小陶营的农民起义、"红钱会"起义以及太平军转战三明等地。这些抗清斗争均惨遭清兵镇压,株连百姓,杀伤甚多,造成人口减少。至清康熙十年(1671年),三明境域人口减为27.83万人,比明末万历年间减少2.86万人,下降8.4%。康熙后期,清廷推行"滋生人丁,永不加赋"的政策,雍正年间实行"摊丁入亩"的税赋改革措施,刺激人口增殖。到清道光九年(1829年),三明境域总人口发展到161.22万人,总户数达35.02万户,比明末清初时的人口增长4倍以上。

鸦片战争后,清朝统治者更加腐败,盘剥人民,苛征暴敛,差役派粮,加上鸦片毒害,瘟疫横行,致使百姓流离失所,逃亡他乡,人口一减再减。据统计,到清宣统三年(1911年),永安、清流、宁化、沙县、建宁5县人口降为128.51万人,比清道光年间人口减少25.58万人,下降16.6%。

二、经济发展状况

明初朱元璋统一全国后,实行休养生息政策,鼓励垦荒屯田,促进了社会秩序的安定,社会经济得到恢复和发展。满清入关后,宣布废止明末三饷加派,对汉族官僚地主阶级的免赋免役特权做了种种限制,并着手整理田赋制度,实行田赋与丁银并征,只造册报查,永不加赋。这些政策促进了全国经济发展,三明经济也得以复苏并缓慢发展。

(一)农业

明清时期三明境域的农业以种植水稻为主,兼有种植小麦、甘薯、大豆、高粱、玉米等杂粮,同时也种植茶叶、烟叶、苎麻等经济作物。水稻品种有早籽、大稻、秋、金城早、八月白、长芒等,种类相当之多。而茶叶产区则遍布各县,并种晒烟,其中夏茂晒烟、茶叶、花萘最为出名。相传夏茂晒烟是明万历年间从吕宋(今菲律宾)经泉州港转道引进,晒烟种植从育苗、栽培、管理和加工都有一套成熟的技术。清乾隆时期(1736—1795年)至民国抗战前夕(1912—1936年),为夏茂晒烟种植和经营的黄金时期,年种植6000~8000亩,产量110万~152万斤。1936年最高年产152万斤。光绪十五年(1889年),沙县全年出口茶叶66.5万公斤,创出口茶叶最高纪录。夏茂栽培花萘的历史至少有三四百年以上,最早的产地在黄坑垅、南斗曲、崩溪、土堡等地。清光绪三十三年(1907年),夏茂地区种植100多亩。

明洪武至弘治年间(1368—1505年),三明各县耕地面积共约155.28万亩,人均4.9亩。明朝的耕地主要分为官田、民田、山塘。据万历《将乐县志》记载:将乐县在明弘治十八年至隆庆六年(1505—1572年),全县17.9万亩耕地中,0.49万亩为官田,17.2万亩为民田,0.21万亩为山塘。沙县24.85万亩耕地中,3.09万亩为官田,21.76万亩为民田。泰宁县在明永乐十年(1412年)有耕地13.04万亩。至明末,三明境域的耕地面积变化不大,为156.52万亩,而在明末由于人口一度有所减少,人均耕地面积增加为5.1亩。

清代,三明境域耕地面积基本保持在150万亩左右。根据各县资料统计,至清末,三明境域耕地面积为151.03万亩,仅比明朝末期减少5.49万亩。但是,由于清代时期三明境域人口大量增加,尤其是清乾隆年间、嘉庆年间大力推行"滋生人丁,永不加赋"、"摊丁入亩,口赋既免"的政策,刺激了人口增殖,三明境域人口从明万历四十年(1612年)的30.39万人,增长到清道光九年(1829年)的154.1万人,增加4.07倍,所以人均耕地面积减至不足1亩。清末,三明境域人口骤减。宣统三年(1911年)降至128.5万人,人均耕地面积上升为1.18亩。

农业水利建设方面。康熙《宁化县志》载:大陂在县东百二十里,自宋(960—1279年)迄今为利。《泰宁县志》记述:米家坊引水工程,旧名鸬鹚陂,明天顺五年(1461年),县令胡陂重筑,后被水毁。明正德《归化县志》载:黄窠妇人杨家富孀居,捐资开凿杨母陂;《大田县志》载:明正德年间(1506—1521年),铭溪乡郑隆四出钱开筑洪兜圳陂;《建宁县志》称:明嘉靖二十四年(1545年),县令何益伦重修李家陂;《永安县志》载:明万历二十年(1592年),知县苏民望赍费千金,筑千金陂。但自古兴建河坝多是临时性草木坝、干砌石坝,屡修屡毁。清乾隆二十七年(1762年),县令王润相度水势,移筑坝址,民感其恩,更名乐思坝,不久冲毁。沙县最早的水利工程是南霞乡龙泉村的水尾坝,有550多年的历史。明嘉靖四年(1525年)纂修的《延平府志》收录的沙县水利有20处,"陂七、圳一"、"水碓十二处"。民国十七年(1928年)编修的《沙县志》记载,全县有陂58处,圳6处。有的水力站与灌溉工程相结合,民间称之为"车碓陂"。

三明境内多水道,时常发生水涝灾害,极大地影响农业发展,为此各地修筑堤防,以保障农业生产。据《泰宁县志》记载:明万历二十九年(1601年)和万历三十七年(1609年),城北北堤两次水毁。推官钱名世报邵武府修复,由义仓积谷变价和民众募捐,集银659两,在原堤址用松木作基,上垒大石筑堤。永安贡川于明末清初,在沙溪左岸砌筑石堤868米,保护四村居民。沙县琅(南)溪流域琅口一带农民历史上有用沙土、笼箕草、木桩筑堤并栽种苦竹固堤的习惯。清康熙年间夏茂罗其熊主持在茂溪上游搞崩溪防洪堤。民国三十六年六月,省政府曾拨给赈米27.55吨,建设夏茂崩溪护岸防洪工程,但只完成新河道开挖及左岸440米长的护岸,翌年6月17日即被洪水冲毁150米左右。

水利工程兴修促进了粮食产量的增加,为省会及其邻近县提供了充足的粮食和交易货源。当时将乐的万全码头、水口码头、桥门码头和积善码头,均成为粮食中转的重要集散地。除了明代在水南建造的三处大型水磨外,清光绪二十二年(1896年)又在光明村的下墟建了以水车带动石磨的粮食加工厂。

农业休养生息的政策和水利设施建设,加之政治统治相对安定,有效地促进了三明地区农业经济的发展,为手工业、矿业和商业的发展奠定了坚实的基础。

(二)手工业

1. 苎布

苎布,亦称夏布。明嘉靖十年(1531年)《德化县志》载:"苎产小尤中、黄认团(大田石牌、武陵和谢洋一带),岁三割,曰:春苎、夏苎、寒苎,女自衣著,纺者名苎布;不纺者刷之以糊名糊布,漂而熟者名纱布,极细,十七、八升,贵重不逊丝,然女工之巧者不可多得。"

清代,宁化苎麻种植面积大,绩苎、织布发展到高峰期,"男耕女织"、"乡无不绩之妇"。以泉上和禾口官坑及淮土淮阳苎布最为有名。泉上苎布质量最好,有细等纱縠。《临汀汇考》载:"宁化四乡皆有苎布,乡无不绩之妇,惟泉上苎布,有细等纱縠者。"禾口官坑苎布产量最大。该村刘氏龙郎公于明弘治年间自江西高安迁来,其裔孙于清嘉庆年间开始织苎布,后发展到30多户(其中吴姓3户,其余均为刘姓)织苎布。每户均有数架织机,多的一户,有七架织机。其产品有禾口和宁化县城的布商来收购,本村也有布商直接贩运到建宁、泰宁、将乐等地销售。淮土在明末清初,苎麻种植很有名,家家户户均有种植。村里上新屋设有苎麻收购站,苎麻除供应本村织布外,还运到江西去销售,村无不绩之妇,家家户户都织苎布(夏布),机声扎扎,织成的苎布除自用外,都由苎麻收购站收去远销外地。

据明黄仲昭《八闽通志》卷二六《食货》载:"木棉布、白苎布各县俱出,将乐尤佳。"另据王应山《闽大记》载:"夏布,长乐、建阳、邵武、将乐俱细",说明当时将乐生产的土布(夏布)质量上乘,占有重要地位。

2. 造纸

明清时代是宁化造纸业大发展时期。清末,全县造纸作坊(纸槽)500户左右,年产纸40000担,最多年产50000担。主产地有治平,其次是安乐、泉上、济村、湖村等地。治平竹林面积七至八万亩,占全县竹林面积的80%以上,为使用竹材料造纸提供了条件,因此居民均以造纸为主业。安乐早在南宋时就已建纸坊生产毛边纸,到明时已有43处纸坊,至清末民初纸坊(槽)增至108个,旺(大)年纸产量15000担左右,背(小)年产量3000担左右。泉上有纸厂(坊)80多个,多分布在当坑、梅子坪、东坑、酒罗坑、将军坑等地。湖村,清末有纸坊(槽)30余个,造纸工人210多人,年产西庄纸4000担左右。

明溪造纸历史也很悠久,繁盛期从明清一直延续至民国初期。民国《福建通志》29册载:"……所鬻竹纸、贡纸则来自归化、连城内地"。有关历史文献也记述汀州府的纸以归化、连城、长汀为最,曾为贡品。清乾隆四年(1738年),归化生产土纸有3户,分别在旦上的洋坑、长兴的切坑和林地坑。民国初期,明溪纸槽作坊主要分布于龙湖、坪地、常坪、夏阳、御帘、岩前、沙溪等60多个山村,槽户有110户,从业人员达1600人,全县最高年产量可达1万担,均系私营,自产自销。纸的品种有大广纸、毛边纸、玉扣纸、青皮纸、内山纸等,其中玉扣纸为书写纸,青皮纸作为加工五色纸用,内山纸用作加工迷信品。

明代,大田已有土纸作坊,以毛竹、石灰为主要原料,进行季节性生产。清顺治八年(1651年),吴山阳春林氏生产的土纸,以"玉峰"商标饮誉,畅销泉州等地。清乾隆十二年(1747年),均溪金岭村也有生产土纸。

最早文字记载西山纸的是弘治《将乐县志》卷之三《食货·土产》篇,篇中记载:"纸,竹穰、楮皮为之,出于义丰,地名挽船。"可见,当时的西山纸还不是纯粹用竹子为原料制成的。另据《将乐县志》卷之二《食货·坑冶》中记载,境内有石灰窑51座,分布在玉华等11个都,所产石灰除用于建筑外,大部分还用来造纸,可见当时将乐县造纸已相当普遍。明万历年间,将乐毛边纸生产进一步发展,品种进一步增多,技术更趋成熟,已出现优质的竹造纸。万历《将乐县志》卷之一《舆地志》中记载:"毛边纸,池湖、安仁中都出"、"南京纸,高滩、湖管都出"、"书纸、义丰都出"、"龙栖山者佳"、"龙栖山……其地所造竹纸极细薄,文士多用之。在义丰都"。明代中、晚期,将乐毛边纸开始畅销省内外。据清代叶梦珠的《阅世编·食货》载:"古筀将乐纸,予幼时,七十五张一刀,价银不过二分,后渐增长,至崇祯三季、顺治之初每刀止七十张,价银一钱五分。"当时将乐毛边纸之畅销可见一斑。

清乾隆五十三年(1788年)长汀人黄泰妹在沙县夏茂高际头创建纸厂,生产广联纸,是沙县最早的手工业造纸厂。清道光年间(1821—1850年),沙县手工造纸业已相当发达。同治年间(1861—1874年),县内以制茶、手工造纸、砖瓦和陶瓷制造等为主的手工业具相当规模,销往口外的茶叶、毛边纸数量创历史高峰。光绪中叶(1890年前后)发展到"凡有竹山,皆有纸厂"。主要产品海纸、大广纸销往天津、上海、无锡、杭州、福州及闽南等地。清光绪二十八年(1902年),富口乡共兴办纸厂96家,年产纸18万刀,是沙县历史上兴办纸厂最多的乡。夏茂的造纸历史悠久,夏茂扶延、高际头、倪居山、板山、银溪、东坑等自然村地处高山区,山高林密,毛竹资源丰富,山间泉眼多,水质优良,具有得天独厚的自然优势。据扶延村《廖氏族谱》记载,扶延村民廖上辉先在长汀人办的夏茂高际头纸厂当学徒,清嘉庆四年(1799年)回到扶延村,独自在茶溪建毛边纸厂,造纸技术代代相传。清至民国期间,夏茂高山毛竹林地区先后建立许多纸厂。民国后期,夏茂全镇有毛边纸厂28家,造纸人员200多人,多时300多人。民国三十七年(1948年),产毛边纸5400担,时每担售价20元(银圆),总产值10.8万元(银圆)。其时,毛边纸纸质细腻光滑,纸面洁净,吸水性强,质量上乘,久存不变色、不发脆,宜书、宜画、宜作簿籍,适于印刷、裱褙等。夏茂商人邓景霞主营毛边纸、笋干,在沙县城关设"裕源纸笋行",福州开"元亨省庄",上海开"元亨申庄",月均营业毛边纸2万~3万刀,笋干30多万市斤。民国后期,夏茂镇有牌纸厂14家,造纸人员140多人。民国三十七年(1948年),产牌纸9500担(每担100刀,每刀20张),产值9500元(银圆)。这种纸质量次于毛边纸,纸色稍黄,但光滑细腻,多作迷信纸使用,销往本县和将乐、顺昌等地。

清流生产土纸的历史也很悠久,明代即有用毛竹造纸,清代道光四十一年(1845年)开始造毛边纸,延续至今。清流的纸厂主要分布在竹林茂盛的地方,如沙芜洞口、温郊温家山、林畲岭干、田元廖武、余朋太山和城关的大横溪、拔里等处都有多个分散在竹山里的纸厂。

3. 陶瓷业

宁化陶瓷业的发展始于唐代,至清代时有新的进步,但主要是日用陶瓷。宋、元时期的旧窑在明清时期不少仍继续生产,同时又新辟了不少新窑,如济村碗窑上瓷窑,自宋代建窑延续七八百年,直至二十世纪六十年代仍在生产。石壁张家地的瓷器生产历史也很悠久。清乾隆三十四年(1769年)建的石壁溪背瓮钵窑(陶窑),产品销遍宁化及江西石城等地。

明弘治《将乐县志》记载,将乐有瓷器窑九座(三座在龙池都,六座在南胜都)。明万历《将乐县志》载:"窑器,隆溪都出。"清代,将乐有安仁大南坑瓷窑、万全竹舟瓷窑、光明苦兰村陶瓷厂等,生产碗、碟、盘、壶、擂钵等,多为青釉,也有黄、黑灰釉。

图 3-1 明代青釉饼底斜腹桶式炉、明代青釉扁鼓腹三足炉

明清时期,不少来自永春、德化等县的农民到大田,在奇韬洋地村建窑烧瓷,工艺精良。沙县夏茂陶瓷生产历史可以追溯到上古时代。有百年历史的陶瓷作坊有夏茂水头村烧瓦碓仔、中堡村陶器厂2家。水头村烧瓦碓仔的瓷厂产品有各类碗、盆、盖、碟、茶具等,釉为白色,每月可出1窑。中堡村陶器厂主要生产缸、坛、钵、瓮、罐等日常生活瓷器。

图 3-2 清代青花涩圈人物龙纹中盘、青花团菊敞口浅腹碗

4. 造船业

清中叶,梅列造船业崛起。列西大厝罗家是沙溪流域著名的造船世家,从罗起鹦开始,可查的大师傅传承谱系至今已九世,历时三百多年。鼎盛时期有十几个船厂同时开工,祖孙三代齐上阵,列西河岸码头和从梅列门到康乐门这段河岸车水马龙,景象蔚为壮观。列西大厝罗家也因此成为鼎食钟鸣之家,至今在沙溪流域的原住民中仍享有"造船世家"、"船业鲁班"的美誉。

清光绪元年(1875年),宁化城郊连屋村人张佛吉在距县城20里的茶山下建造船作坊,建造载重4吨的木船,年造船4～5艘。

5. 矿冶业

明代时福建矿冶业起伏较大。英宗(1436—1449年,1457—1464年)时曾下诏封坑穴,禁止开采金银矿。正统十三年(1448年),邓茂七、叶宗留等率矿民在沙县、福安等县起义,震动了浙、闽、赣三省边区。后朝廷又派宦官开采,至嘉靖二十四年(1545年)又在建宁、延平诸府开铁冶。据清《福建志·特产志》载:"今郡境金、银、铜、铁皆无所出,询以诸场所在,无有知者。"但是,我们从《明一统志》、《读史方舆纪要》和《明史·地理志》中可以看到,当时的银矿主要分布在福州府的古田,建宁府的浦城、政和、松溪,延平府的南平、大田、将乐、沙县,汀州府的长汀、宁化,漳州府的龙岩,福宁州的福安、宁德等县。据民国县志记载,大田仙翁(峰)太平桥及熟地等处,田阳十有五炉鼓煽,货于四方。至清朝、民国年间,大田的"铁银课税,系省之众"。

据《明太祖洪武实录》,洪武十九年(1386年),大田银屏山银矿(原尤溪县管辖)为全省最大的银矿,"置炉冶四十有二座,座置炉首二人,煎炼银矿,三次增额……岁收银课2295两",占全省银矿税收的90%以上。明万历十三年(1585年),朝廷在大田梨亨乡(今黎坑村)开采银矿,耆宾陈龙山竭力协助朝廷办矿炼银有功,皇帝欲封赐公不受,赐鼓一架以示褒奖。《黎坑陈氏族谱》记载,陈龙山的炼银技术很高,"龙山一到炼银场炉火就旺,然后出很多银子",他的后裔继续对大磨山银矿核心区进行了长期的开采和经营,之后于明末清初和清朝中晚期两度发迹。

宁化地处南岭钨、锡稀有金属成矿带,矿产资源较为丰富。在唐、五代、两宋时期,宁化矿冶旺盛一时,至明、清时已经衰落,仅有一些小炉炼铁铸锅。石灰在工业、农业上的用途甚广,建筑、造纸、农田改良土埌等方面都要用石灰,每产一担纸,需用一担石灰。因此石灰石的开采利用较为广泛。治平、安乐由于发展造纸业石灰需要量大。明初,安乐龙地刘姓人家始建一座石灰窑,采石烧灰。到万历间,邓、黄两姓又共建一座。每窑产石灰300担,每年每窑可烧15～20窑,二座窑年产石灰12000担,基本可满足全乡造纸需要。明永乐十三年(1415年)泉上建起了第一个石灰窑(厂),至清嘉庆、道光间,已建五座石灰窑,每座窑10个工人,年产石灰20万～50万斤,五座窑年产石灰达200多万斤。因泉上所产石灰质量好,周边的明溪、建宁等县也有人前来购买。湖村石灰石储量最多,至清末,计有石灰窑32个,石灰产量居全县之冠。

大田烧制石灰的历史悠久。据太华乡仕坑《陈氏宗谱》记载,元朝至元三年(1288年),陈氏在当地开采石灰石,烧制的石灰洁白、质纯、黏性好,多用于造纸、建筑、肥田等,畅销四邻。清乾隆《大田县志》载："锻石成灰，功与蜃灰同，现三十六都苏坑（仕坑）所煅最为上品"。本地所产石灰被肩挑至永安、永春、德化、泉州等地贩卖。

第二节 商业发展

明清时期，三明境内各县的木材、笋干、茶叶、毛边纸、烟叶等土特产品畅销天津、上海、江苏、浙江和省内各地。但因地处山区，均为转口贸易，主要通过厦门、福州、广东等地商行与外商交易。三明与外界商品贸易随之增多，商路也逐渐形成。

一、商路的形成与发展

(一) 陆路交通

1. 驿道、铺馆与乡村大道

明代，政区改州为府，将乐、沙县、尤溪、永安各县和三元镇属延平府，泰宁、建宁两县属邵武府，宁化、清流、归化3县属汀州府。明代邮驿有所发展，并渐趋完善，上述各县共设5驿93铺。清代，除大田县隶属永春州外，其余政区设置与明代相同。为加速公文传递，在驿道线上增设了铺或馆，在山路陡峭的驿道上每10华里设一铺，当时，共增设58个铺。驿道多是石砌山路，宽1~1.5米，翻山越岭地段则筑成石阶。三明境域各县驿铺仍分属延平、建宁（今建瓯）、长汀三府和龙岩直隶州所辖，计有6驿100铺。各府通向县的驿道路线不变，但增设7铺、1驿，即：宁化县的罗溪铺（在宁化县张地铺通向石牛驿的中间）、尤溪县的鸠源铺（在尤溪县通向延平府的驿道中源铺和大盖铺之间）、泰宁县的龙源铺（在邵武府通向泰宁县的驿道上，游源铺和交溪铺之间）、建宁县的源口铺（在建宁县通向泰宁县的驿道上）、沙县的琅口铺（在沙县通向延平府的驿道上，高砂铺、七峰铺之间）、永安县的县前铺、贡川铺，以及明溪驿。其他县际驿道还有：建宁—宁化，沙县—尤溪，尤溪—德化，永安—大田，大田—德化，尤溪—南平。

到清末，全境驿道总长达2010华里。省内有一条福州至广州的驿道，经顺昌的双峰驿，将乐的三华驿和白莲驿、归化的明溪驿、清流的玉华驿、宁化的石牛驿、长汀的馆前驿，最终到达广州。延平至龙岩的驿道经沙县的七峰驿，向南经三元镇，再向南经永安的贡川铺、县前铺，通宁洋县（今漳平县双洋镇），过万安最后到达龙岩，全长620华里。邵武府通向江西省南丰县的驿道经过泰宁、建宁，从邵武府的拿口驿，经泰宁县的县前铺，向西南经建宁县的县前铺，再向西经福建、江西交界的甘家隘到达江西省南丰县。清光绪二十八年（1902年）以后，各县陆续设邮政所，驿邮事务转化为邮务。

明清时期，除驿道外，还有沟通乡村间的乡村大道，这些乡村大道也是石砌山路，宽度约为1米。

2. 主要陆路交通

泰宁 泰宁县境四周多高山,往东北去邵武,要上"高坡岭";东去将乐,要翻"苦岭";西走建宁,要越"挽舟岭";西北到江西黎川,要登"巫寮隘"(或称"茶花隘")。这些高山,大都海拔千米左右,路途相当艰苦。明清时期泰宁的商贸往来和对外联系的陆路通道主要为古驿道和大小古山道。

古驿道主要有两条,一条是泰宁—建宁驿道,另一条是泰宁—邵武驿道。古时泰宁与建宁同属邵武军,故这条驿道也可以看成是邵武—泰宁—建宁的一体式驿道,而泰宁处在中间点,所以就起到了中转站的作用,通往两端的货物商品,也表现得较为频繁。因隶属关系,这条驿道从唐朝起,就由官方负责修筑,并在沿途设立驿站(古时称铺)。古时邵武军通向泰宁的驿道线路是邵武水马驿—游源铺(邵武、泰宁分界处)—朱口铺—泰宁县前铺。通往建宁县的驿道线路是泰宁金富街—长滩铺—梅口铺—挽舟铺—建宁县前铺。各处的驿站成为商旅汇集与饮食歇脚的地方,促进了驿站所经之处的繁荣。

至清朝,为加速公文传递而增设了由泰宁至邵武的驿站,县境内共设七铺,城西至建宁设四铺,然后进入建宁境,依然保持了十里设一铺的水平。同时,邵武府还有一条直通江西省的驿道,途中经邵泰建一体式驿道,通往江西南丰县城。

除了驿道,泰宁县境内还有数条出境古道。其中最繁忙的,当属泰宁至江西黎川县古道。此道从泰宁县城北门出发,至黎川县境60华里,抵其县城140华里。途径泰宁县境的村庄有梅桥、邱洪、狮子山、调村、排根、新桥、大源等,其中最末的大源村曾一度成为商贾歇脚饮食之地。过了大源,就要登"巫寮隘"(或称茶花隘),翻越三十华里长的武夷山支脉大杉岭,抵达江西黎川县境内的得胜关,然后抵达黎川县城。该古道沿途重峦叠嶂,树高林密,尤以三十里长的大杉岭为最,商旅往来,徒步跋涉,翻山越岭,行旅十分困难,特别是货物运输,肩挑背负,费时费力,异常艰苦。但它又是通往外省最近的道路,是解放前泰宁陆路交通的主要运输线。泰宁产的木材、笋干、香菇、西纸等土产,多由此道运往内陆,再转销各地。而本地日常所用的布匹、食杂、药品等也由此道输入。

泰宁另一条出境古道,是从城南至邻县将乐的线路。泰宁县城距将乐县境20华里,距县城120华里。至清朝初期,驿道废除,仅留古道,以方便两县民众往来,或进行一些简单贸易。

泰宁第三条出境古道,是从城南至明溪县的线路,水陆兼行,全程180多华里,抵明溪县境100华里。出县城南门过金富街,一路顺泰宁—建宁的古驿道前行到梅口铺,然后乘船顺流直下,过弋口,翻越陡峭的猫儿山,计60华里,再到官江,往东南行,走邓家坪,经李地,转西南过叶家地、张地南下到龙安,路程总计90华里。龙安曾是两县的商品贸易中心。由龙安西南行五华里到君子峰下的村头、下岭,再行五华里,到明溪县境的龙坑、峨坑,再行80华里,到明溪县城。二十世纪三十年代,红军从泰宁撤退,有一部分部队就是沿着这一条线路,然后经明溪,再到宁化集中开始长征的。旧时明溪输出的粮食、木材和进口食盐、布匹、药材等生活用品,部分也由这里进出口,然后经官江,由水路往池潭—将乐—顺昌洋口—福州等地。明溪于明朝成化六年(1470年)建县,其县境北部辖地,原属泰宁县,所以自古以来,两地来往相对密切。

此外,在古时,县与乡(或保)村之间,也都有道路相连。这些道路不仅方便民众出行,也方便商贾游走四乡。各乡村集市,亦星星点点分布于全县。

宁化 唐宋以来,宁化原有通往京城、府治及邻省、邻县的古道6条,但只是便道。明末清初,宁化铺设古道4条,均为官道,不铺设的2条,一条是出东门往清流县,全程60里;另一条是通往江西石城县全程120里,均为商道。铺设的4条官道是宁化至长汀、宁化至连城、宁化到明溪、宁化至建宁县。商品经济的发展加速了商品流通,明清时期宁化各地又逐渐形成几条商业贩运通道:

一是途经宁化坪上的南汀大道。自江西南昌出发经南城、南丰、广昌、石城过宁化石壁、方田、曹坊坪上、下山地、黄屋岭下、燕子塘、长汀馆前、新桥至长汀,全程610里,其中南昌至宁化曹坊坪上480里,坪上至汀州城130里,这是贯通闽、赣商贸的重要通道,从长汀通过汀江水运、江西货物可直达广东梅州、潮州、汕头等地。

二是黄南商道。自江西宁都黄陂出发经安福、宁都、石城过宁化石壁、宁化县城、湖村、泉上、明溪盖洋、南口、将乐、顺昌洋口,最后至南平,全程800多里,往返需时20多天。到南平再通过水运可延伸到福州。

三是泉广通道。从宁化泉上出发经水茜、安远、营上达江西广昌。广昌通过水运至南丰、南城、南昌,延伸至湖北、汉口。

四是安远至连城的商道。从安远出发经中沙、宁化城、丁坑口、安乐、清流里田和长校、连城四保、北团达连城县城,全程280里。

五是安远至永安的通道。自安远出发,经河龙、中沙、半溪、鱼潭、廖家、李畲、下巫坊、清流城、嵩口坪、沙芜塘、安砂、坑边达永安,全程320里。

以上几条通道,南汀大道主要是运送江西沿线的粮、豆、油、牛、猪、鸡、鸭及夏布等农副、畜禽产品,通过宁化石壁、坪上,源源不断运往汀州,而汀州的京果、百货及漳、厦、潮、汕等地中转的海产品销往江西南昌沿线各地。在清代,此道非常繁忙,每天经过坪上的商贾挑夫达数百人。黄南商道主要是运送黄陂盛产粮油、鸡、鸭,且价格便宜,宁化石壁淮土商贩就从黄陂贩回粮、油、鸡、鸭,再肩担转运至顺昌洋口、沙县、南平一带出售。泉上至广昌通道,主要将宁化东部泉上、湖村地区的玉扣纸、毛边纸发运广昌,再水运南昌、汉口出售。安远至连城、安远至永安的商道,主要是将安远河龙、中沙等地的粮、油、豆、牛、猪、鸡、鸭、狗等产品肩运至该两地销售。

沙县 早在宋代,沙县就是闽县(今福州)经剑浦(今南平)、宁化入江西的要道。城内设有七峰驿,离城20公里设有同爵驿。元代的古道无考。明代,驿道较为发达,境内普遍建有公馆、铺驿。离城25~40公里处建有湖山、历山、官庄、华阳4个公馆,用以接待来往官员。驿道则以县前总铺为中心同邻县沟通,往东经琅口铺、高砂铺、馆前铺、青州铺到南平70公里,以青州峡为界,距县城40公里;往南经赤岩铺、官庄铺、华口铺到大田90公里,以华口为界,距县城50公里;往东南经大基铺、罗岩铺到尤溪70公里,以界头隔为界,距县城35公里;往西经洋口铺、尾历铺、荆村铺到永安80公里,以莘口新岭为界,距县城45公里。此外,还有5条通邻县的山路:往北经倪居山分水岭入将乐县,经枯藤岭入顺昌;往南经坞空隔入大田县,经坊牌岭入尤溪县;往西北经灵源、潩岩入归化县

(今明溪县)。县境内的各村庄之间也有山路互相连通。这些驿道和山路多为逶迤曲折的土路。清代各铺舍均配备有司兵、马夫、民壮。

(二)内河水运

三明地区河流纵横,水运是重要的通行方式,各地大宗商贸往来都要通过船只运输。明清时期,三明各地渡口、码头星罗棋布。

1. 主要码头

大田:明清时期,"在县溪之三十一都昆演坂、暗坑乡有小船十余艘,在朱坂溪之四十七都胡厝坂乡、大安乡亦有小船十余艘,载货驶往尤溪三日可达,直驶福州八日可达,复由福州驶回大田则经半月或二十余日,第船小价昂,故平时载运多至尤溪而止"。

县内航道码头有均溪的镇东、京口、昆山、高才和文江溪的琼口、朱坂、文江、沧州等8处。这些码头均是利用水势及岸边地势选定货物装卸点。

泰宁:泰宁县境内的干流主要为朱溪、杉溪和金溪,其实是随着水流量的增大,而衍生出的一溪三名。朱溪发源于邵武南部禾坪镇,然后集禾坪、大埠岗诸路之水,由泰宁东北部的朱口镇游源村入境,再一路顺邵武—泰宁的古驿道而行。中途纳萧家坊溪、交溪、梅林溪、上将溪、双溪、下将溪、上青溪、长兴溪诸水之后,水势逐渐浩荡。至县城东北部,东纳由将乐县境发源而来的黄溪,北纳由县境北部新桥乡发源而来的北溪,形成三溪汇流的场面。溪流由此向下,称杉溪。杉溪一路西行,又纳福冲溪、均福溪、城步溪、瑞溪、石塘溪,至梅口,与来自建宁方向的睢溪会合。因水陆两便,古时梅口为商贾汇聚之地。两县溪流交汇之后,折向西南,称金溪。再纳泰宁县境内的草塘溪、永兴溪、仁寿溪、大布溪,最后与来自明溪方向的铺溪汇合。如此,金溪上游的杉溪、睢溪、铺溪终于汇为一水,通过泰宁县境东南端的良浅界头渡流入将乐县境内,然后又于顺昌县,同富屯溪交汇,流入闽江。由此形成了小溪口码头、梅口码头、弋口码头、池潭码头、良浅码头、城关小南门码头、城关水南码头、城关小东门码头、城关小北门码头等。各码头将当地生产的稻米、土产、竹木等在此处汇集,由船运(或流放)至顺昌洋口、南平、福州等地。

2. 水路运输

古时泰宁的水路运输,主要分为竹木排筏运输和木船运输。泰宁盛产竹木,陆路除新桥乡有少量木材用肩扛的方式运至江西黎川外,其他各乡多利用河道流放竹木。原木砍倒后,去枝截成筒状,肩扛或拖运至河边集中码放,待春汛时投入溪水流放。其中新桥、上青、朱口、城关等地,将竹木散乱流放到杉溪的梅口渡之后,再行扎排流放。大田乡竹木则沿大田溪散放后,于睢溪汇合处扎排。原龙安乡竹木沿铺溪流放后,至池潭扎排。扎排后的竹木,沿金溪运往顺昌、南平、福州等地。

木船运输方面,据清朝乾隆三十四年(1769年)《泰宁县志》记载,元朝至正年间,乡里人颜均庆购船,在梅口设义渡,以方便来往于泰宁、建宁两县的民众与客商。又据明嘉靖《邵武府志》记载,至明朝弘治十五年(1502年),泰宁有民船63艘。当时使用的船只多是江西式扇舵平底船,载重约五吨。这种船适用于水面稍宽阔水势较平稳的河段,在河道狭窄水流湍急的地方则显得笨重,且容易翻船。至清朝末年,闽清麻雀船传入泰宁。

这种船狭长吃水较深,分"三仓"和"五仓"两种,分别可载货物三吨和五吨。由于更适合在河道狭窄的地段航行,麻雀船遂逐渐取代平底船。长期以来,泰宁都是本地造木船,民国时期的大田乡鱼川造船厂颇有名气。船只运送货物到顺昌洋口、南平、福州等地之后,通常连同船只一同卖掉。

泰宁木船运输的主要航道在金溪,然后沿富屯溪入闽江到南平、福州等地。输出的货物主要有大米、纸张、茶叶、笋干、香菇、薏米、大豆等。运进的货物以食盐为主,此外还有京果、药品、布匹、棉花、五金、肥皂、煤油、糖类、干果、杂货等。有些商品还通过良浅及小溪口码头,上陆路中转运往邻县的明溪、清流、宁化、建宁,以及毗邻的江西省部分乡村。

古时沙县的水运主要靠流送和船运。沙县地处闽江上游三大支流之一沙溪下游两岸,沙溪河横贯沙县全境,有沙溪航道和东溪航道。沙溪从三明洋溪入沙县境,经凤岗镇、虬江乡、琅口乡、高砂乡、青州镇,在青州流入南平。县境内航道50公里,河段落差46.36米、比降0.769%,其中城关至沙溪口47.2公里,河段落差34.86米、比降0.739%。历年最大流量7000立方米/秒,最小流量32立方米/秒,年平均流量290立方米/秒,保证率90%时的流量为70立方米/秒。从大洲至东门,近5公里无礁滩险阻,河面宽,水流平静。明清时期,沙溪航线上主要码头有马坑、西门、小水门、师古门、南门、庙门、文昌门、琅口、高砂等。东溪是沙溪的主要支流之一。东溪航线上主要有夏茂、水头、池村、桂口、潦砂、东门。其中西门、小水门、师古门、南门码头,主要集散三明、莘口、南平、福州的来往物资。从夏茂流经梨树、高桥、富口,在县城东门外注入沙溪。航道全长43公里,河段落差84米,比降2.1%。沿线滩险主要有宗石港、马林港、黄溪坑滩、龙港、三层港、长港、牙齿滩、单清高、八字水、滑心滩、池窠滩、师徒港、二层港、墓坪下等。

明嘉靖年间,利用沙溪流送竹木已相当普遍。沙县城关和高砂乡、潮阳乡(今南阳乡)组织以利用沙溪将木排流送至福州的杉松运销合作社。木排每连长约24米,宽4米,装运16~18立方米,竹排每连装运毛竹600多支或竹筒280支左右,杂竹则有一万多支。每排配备2人以上,一般二连排以上同行,到古田水口后(水位高时到南平),由6~10连排重新编队扎成一体,直达福州。一般3天可达南平,10天可抵福州。东溪、洛溪等支流则采用简易排或"赶羊"(即不扎排)的形式流送少量木材或薪柴。清代开辟了永安顺沙溪下延平抵福州的通道,水上运输逐步发展为对外贸易的重要渠道。

清同治之后,沙县船数逐年增加,木帆船成为沙县土特产外运福州的主要运输工具。沙县木船以货运为主,偶尔也捎带少量乘客。往返福州大水时需10多天,小水时需20多天,上溯三元需3天,小木船往返夏茂约需5天。清同治之后直至1960年船运一直是沙县最主要的运输方式,1961年之后,才逐步被公路运输所取代。

二、商业发展形式

(一)集市与庙会的繁荣

1. 墟市、圩集的扩大与分布

自古以来,人们为了余缺互惠而形成了日中为市、以物易物、互通有无、各得其所的墟市商贸活动。明清时期,山区得到开发,圩市贸易日益扩大。

明嘉靖四年(1525年),沙县有市场5个:大市,在县治大街,即今府南路;洛阳口市,在八都,又名衙前,即今琅口乡镇头;高砂市,在今高砂乡高砂村;尾历水东、尾历水西2市在今三明市梅列区列东、列西。明嘉靖四年(1525年),沙县主要墟集有:华岩墟,在十三都与南平交界处,即今高桥乡桂岩村;新桥墟,在十五都,即今梨树乡新桥村;高桥墟,在十三都,即今高桥乡高桥村;黄沙墟,在十五都,即今梨树乡月邦村黄沙桥;下茂墟,在十七都,即今夏茂镇;墩墟,在八都,在今南霞乡境内;新坊墟,今址不详。

嘉靖十四年(1535年),大田建县时商人在三十三都镇东桥沿河开铺摆摊,形成一条长达600余米的商业街。嘉靖二十一年(1542年)冬,大田县城市场已粗具规模。

清乾隆年间(1736—1795年),三明境域各县圩市更加繁荣。沙县有圩市11处、宁化县13处、清流县14处、归化县14处、尤溪县12处、建宁县12处、永安县14处、大田县22处。各地圩期一般每旬2集,少数有每旬3集或4集。还有个别专业性市场,如建宁县溪口米圩。山区城乡圩场规模多属中、小型,大型的不多;上市物资量少类多,交易时间多在上午进行,午后集散。大田县的汤泉、湖美、林兜、早兴、前坪等圩,则定为下午2—4时左右。各地圩场由于地理位置和自然环境不同,商品交换自成一体。

清康熙三十五年(1696年)以后,朝廷奖励垦荒,减轻赋税,外地人口输入。至道光九年(1829年),宁化县人口已达37.92万人,成为当时全境内人口最多、物产最富饶的地区;土纸制造槽户多达500户;县内的油杉板运往广东销售;粮食船运永安或肩运长汀,换回食盐;常年约有2.5万头猪运销连城、长汀、龙岩等地;家禽多运往永安、沙县、顺昌、将乐等县;西乡禾口自纺自织夏布,每圩上市千尺;陶器除销售省内,还运销江西、浙江;年产香菇三四万斤,畅销广东潮州和福州;城东农民自编自织草席亦外销邻县。

清代,沙县圩市也更加发展。道光年间,沙县墟集发展为21个:涌溪墟,在今青州镇涌溪村;渔溪湾墟,在今高砂乡渔珠村渔溪湾;三八墟,在三都,今郑湖一带;湖源墟,俗称下湖源,即今郑湖乡郑湖村;高砂墟,在今高砂乡高砂村;水潮洋墟,在今南阳乡南阳村;镇头墟,在今琅口乡镇头村;后湖墟,在今南霞乡松树坑村附近;富口墟,在今富口乡富口村;柳源墟,在今富口乡柳坑村;高桥墟,在今高桥乡高桥村;中堡墟,在今梨树乡中堡村;黄沙墟,在今梨树乡月邦村黄沙桥;夏茂墟,在今夏茂镇;碧玉墟,在今三明市梅列区碧口附近;盖竹墟,在今富口乡盖竹村;洋溪墟,在今三明市梅列区洋溪乡;历东墟,在今三明市梅列区列东;杉口墟,即莘口墟,在今三明市三元区莘口乡;杜水墟,在今三明市三元区境内。

2. 明溪县墟市与庙会

明溪县的"墟"、"市"贸易有例行的城乡"墟"（墟市）和依附于寺庙宗教活动或地方性节日活动的"市"（庙会）商贸活动两种形式。墟市和庙会沿革见下表：

表 3-4 明溪县历代墟市沿革一览表

明正德十一年 （1516 年）	明万历四十二年 （1614 年）	清康熙三十七年 （1698 年）	民国三十一年 （1942 年）
吉口墟	吉口墟：逢三、八日（阴历）	吉口墟：逢三、八日（阴历）	吉口墟：逢三、八日（阴历）
沙溪墟	沙溪墟：逢二、七日（阴历）	沙溪墟：逢二、七日（阴历）	沙溪墟：逢二、七日（阴历）
王陂墟	王陂墟（后废）		
明溪墟	明溪墟：逢三、六、九日（阴历）	明溪墟：逢三、六、九日（阴历）	明溪墟：逢三、六、九日（阴历）
			画桥墟：逢二、七日（阴历）
	扬地墟：逢五、十日（阴历）	扬地墟：逢五、十日（阴历）	扬地墟：逢五、十日（阴历）
	大陂墟：逢三、八日（阴历）	大陂墟：逢三、八日（阴历）	大陂墟：逢三、八日（阴历）
常坪墟	常坪墟：逢二、七日（阴历）	常坪墟：逢二、七日（阴历）	常坪墟：逢二、七日（阴历）
盖洋墟	盖洋墟：逢四、九日（阴历）	盖洋墟：逢四、九日（阴历）	盖洋墟：逢四、九日（阴历）
	苎畲墟：逢二、七日（阴历）	苎畲墟：逢二、七日（阴历）	苎畲墟：逢二、七日（阴历）
	鳌坑墟：逢五、十日（阴历）	鳌坑墟：逢五、十日（阴历）	鳌坑墟：逢五、十日（阴历）
	枫溪墟：逢二、七日（阴历）	枫溪墟：逢二、七日（阴历）	枫溪墟：逢二、七日（阴历）
	夏阳墟：逢五、十日（阴历）	夏阳墟：逢五、十日（阴历）	夏阳墟：逢五、十日（阴历）
	胡坊墟：逢五、十日（阴历）	胡坊墟：逢五、十日（阴历）	胡坊墟：逢五、十日（阴历）
			龙湖墟：逢一、四、七日（阴历）

资料来源：正德《归化县志》、万历《归化县志》、康熙《归化县志》、民国《明溪县志》及 1997 年《明溪县志》。

表 3-5　明溪县历代庙会(市)沿革一览表

明正德十一年 (1516年)	明万历四十二年 (1614年)	清康熙三十七年 (1698年)	民国三十一年 (1942年)
六月市:在县治四街。每年是月客商大聚于此,各贮所货,至八月罢	六月市:在县治四街。每年六月十一日惠利夫人华诞,四方商旅辐辏列肆交易,至十八日始散	六月市:在县治四街。每年六月十一日惠利夫人华诞,四方商旅辐辏列肆交易	六月市:即惠利夫人庙会。每年六月十一日惠利夫人华诞,初五日至十一日为会前
岩前市:每年九月九日,客商收拾明溪"六月市"余货而交易之,数日而止	岩前市:每年四月八日集货交易	岩前市:每年四月八日集货交易	岩前市:每年四月八日集货交易
	陈村市:每年九月九日重阳节集货交易	陈村市(在北坑):每年九月九日重阳节集货交易	陈村市(在柏亨):每年九月九日重阳节集货交易
		五月市:在县治右。清康熙十八年七月七日城隍庙火毁。康熙二十年重建落成。从五月初六至十六日止,倡为城隍庙会,集货交易	五月市:即城隍庙会。今废
		盖洋牛会:每岁七月二十四日,各郡客商集为胜会	盖洋牛会:每岁八月二十四日,各地客商集为胜会,以牛为大宗
	龙湖、黄土二市		

3. 清流县的墟市与庙会

据嘉靖《清流县志》"户口"统计,明代清流县人口洪武二十四年(1391年)时为5.1068万人,永乐二十年(1422年)为4.8954万人,景泰三年(1452年)为4.8608万人,嘉靖二十一年(1542年)为3.9049万人。全县乡落分坊郭里、仓盈里、永得里、四保里、梦溪里、罗村里和北团里共七个里,圩市有白石圩、嵩溪圩、林畲圩等11个圩市;庙会计有樊公会、余朋会等7个。

清流1098年置县之前即有墟市,与外地进行商贸往来,人们以墟市的形式,开展物资交流,进行商品贸易,解决生活必需品问题。墟市视人口分布情况而定,城区和各个集镇所在地按各地习俗来确定墟日,或十日一墟,或五日一墟。每至墟日,乡民由四面八方各个村落齐集,运来各自生产的农产品,诸如鸡、鸭、猪、羊、牛肉、菜蔬等,有的商人从外地运来布匹、食盐、糖等到市场贩卖,民众根据各自所需以及不同的经济能力购买商品。墟市是清流城乡历千余年而不衰的一种商品交易形式,至今(除城内)各乡镇仍以墟市形式开展贸易活动。

墟市的另一种形式是专门经营某一种特定商品的交流会,一般确定在一年中特定的2～3日,如长校镇、嵩溪镇的耕牛交易会期,或仔猪交易会期,在会期的几天中,墟场上主要以买卖耕牛或仔猪为主,辅以其他商品交易。

庙会是客家乡村与外界沟通信息的桥梁,也是经济发展的标志,它不仅进行物质交流,开展互通有无的经贸活动,还是集民俗文化之大成的舞台,发挥着活跃山区的物质和文化生活的作用。以清流樊公庙会为例:"每岁八月二十八日,相传樊公诞辰,邑人每岁于是日迎神赛会,先期八月初,直隶江、浙、闽、广各处客商,俱赍其土所有货物集于县中,至期各以财货互相贸易。四方人欲市货者,俱如期至会。至九月间,方散。"庙会延续近一个月,仅宰牛就近百头,除祭祀樊神的大型活动外,还有踩街、装古事、汉剧连台演出等,热闹非凡。随着山区开发,墟市贸易日益扩大,走乡串户的小商小贩随之应运而生,摊铺和店面也日益增多,许多墟地成为商品集散的码头或小集镇。

4. 宁化县的墟市与庙会

明、清时期,宁化由于农业的发展,手工业产品的大量增加,水陆交通的进一步改善,商品流通量加大,速度加快,促进了商品经济的蓬勃发展。乡村集市的设立及其上市商品交易数额,是一个地区经济发展的具体表现。明代,宁化已"四乡有市,无日不墟"。据明崇祯《宁化县志》载:明崇祯以前宁化乡村墟市共十七处,其中以禾口、乌村两个墟市最盛,当时墟市有"一禾二乌"之说,即从赶墟人数和商品交易额看,均以禾口墟为最多、最大,其次是乌村墟,再次是安远墟和水茜墟。

清代,宁化墟市增加很多,墟市交易空前活跃。全县共有乡、村墟市37处,其中"帮墟"2处。"帮墟"即歇脚墟,某大墟市墟期赴墟经此地歇脚,亦买卖商品,时间很短。

表 3-6　清末宁化县墟市一览表

乡里	墟市名称	开墟时间	墟期	备　　注
在城里	城东墟	唐代	日市	原设花心街后改城里下南门
	城南墟	宋代	日市	城外水南街
	猪子墟	明代	二、七	专卖仔猪
兴善里	吴坊墟	明代	三、八	
龙上下里	禾口墟	明万历十四年二月十四	四、九	立新《邹氏族谱》载:开墟于明万历十四年二月十四
	石壁墟		四、九	日明以前为一岁一墟,后改二、七为墟,清康熙后改四、九
	邓坊墟	清代	二、七	
	凤凰山墟	清代	一、六	

续表

乡里	墟市名称	开墟时间	墟期	备注
龙上上里	淮土墟	明初	三、八	
	竹园里墟		五、十	
	方园里墟		一、六	
	岭下墟	清代	二、七	
	坪上墟	清嘉庆间	三、八	
	南城堡墟		五、十	
	爱福亭墟	明、清间		
	泗溪坝墟		一、六	方园里墟的帮墟
龙下里	济村墟	明代	三、八	
永丰里	中沙墟	明代	二、七	
	武昌墟	明代	二、七	中沙墟的帮墟
	河龙排墟	清乾隆间	五、十	
新村里	安乐墟	宋代	五、十	明时废后又恢复
	丁坑口墟		四、九	
	横锁墟		一、六	
会同里	曹坊墟		一、六	
	滑石墟	宋代	四、九	明时废后又恢复
	寺背岭墟		四、九	
招贤里	水茜墟	清乾隆初	一、六	
	庙前墟		三、八	
	沿口墟		四、九	
招得里	安远司墟	明代	三、八	原名黄土墟
	营上墟	明代	二、七	原名围上墟
	伍家坊墟	明代	四、九	原名杨家墟
	芒东桥墟		一、六	
泉下里	泉下墟	宋代	二、五、七、十	原名芜窟墟
	店上山墟	清乾隆间	一、六	
泉上里	泉上墟	宋代	一、二、六、八	原名岩前墟
	乌村墟	宋代	四、九	原名桐木市

清代，宁化乡村墟市仍以禾口墟为最盛，其次依序是乌村墟、安远墟、水茜墟、安乐墟、寺背岭墟、曹坊墟、凤山墟、中沙墟、泉上墟、泉下墟。至民国时期，禾口墟每墟交易额在6000银圆以上，乌村墟则在4700银圆以上。

宁化的墟市均由所在地区一村或数村，一姓或数姓联合发起设立，由一姓或数姓推举德高望重、有较高文化素质和管理才能、做事公正、廉洁的人士组成管理机构，管理市场的建设、交易、收费及排解集市交易中的纠纷等具体事务。管理机构名称有的叫墟案或墟场管理股东会,每墟向上市交易的摊、点、货主收取一定的实物或现金作为摊点交易费,其收入都归墟案和股东会所有,除给墟场管理人员适当报酬外,其余全部积存作为墟市的建设、维护或墟市庙会期间菩萨出巡游街、装古事或演戏时开支使用。

明清时期是宁化自唐宋以来商业最繁荣鼎盛时期,特别是自清康熙三十五年(1696年)至道光九年(1829年),百余年不闻兵革,生产发展,人口急增,商业贸易活跃,全县城乡,除数十个定期墟市外,还有一些颇具特色的定期商品交易会。这些定期的商品交易会源自各地不同的迎神庙会,具有深厚的客家文化内涵。

迎神"过漾"庙会。宁化客家先民来自中原各地,他们为避战乱、饥荒,举家、举族南迁,来到宁化新的栖息地后,又聚族居住在一起。随着时间的推移和人口的繁衍,逐步形成一族一村或数族一村,各村、各族都建有神庙、奉祀不同的神灵作为保护神。随着经济的发展和农民生活的改善,各村各乡的神庙都根据不同的农事季节和神灵(菩萨)的生诞(或升天)日期,确定适当时日举行迎神庙会,庙会期间要抬菩萨巡村,同时要装古事办灯会,请戏班演戏,客家各户举办宴席,招待前来赴会的亲朋好友。各地庙会名称和会期不同,宁化县城有39座庙宇,庙会很多,各坊都有自己的庙会会期,较大的庙会有"夫人庙会",每年举办二次,一次在农历六月十一,叫严(迎)神;一次在八月十八叫"游宫"。宁化南乡横锁、安乐即新村里八排30多个村都叫古佛庙会,自正月初六起,每天一村,轮流迎神过漾。泉上延祥则叫社神庙会,漾期正月十三至十五连续三天。禾品、安远、店上均叫张公庙会,店上庙会期每年七月二十四至二十六日,连续三天,中沙、武昌叫李公庙会,漾期正月十三。宁化客家人把这种迎神庙会称为"过漾"。过漾(庙会)期间来的客人多,有的客人来时顺便带一些农副土特产品前来销售,商贩也抢机会前来销货购物。至清代,有些乡村庙会便形成各具特色的定期商品交易会。

县城农历八月十八日夫人庙会。源自夫人庙游宫庙会,清代形成定期物资交流会。夫人庙,亦叫天后宫、天妃庙,建于明永乐间,原址在城西郊陈家坊,奉祀林、陈、李三位娘娘。后遭回禄,庙被毁。清康熙间,迁建于城外水南街左侧,按康熙皇帝对林氏的封号,新庙更名"天后宫"。

夫人庙信众多,常年香火不断,庙会亦称特殊,一年两次,一次在农历六月十一日,白天迎神遍游坊境,叫作"严(迎)神"。另一次在农历八月十八日,则为晚上迎神游坊境,叫作"游宫"。庙会由庙案负责组织。庙案由当地群众推选热心公益、德高望重的地方乡贤和殷户富商等社会名流组成,设总理一人,理事五人,职责是管理庙产,组织一年两次的庙会。夫人庙庙产多,收入大,除庙会开支、庙宇修缮和添置设施外,还有余资资助社会福利事业。

夫人庙会会期五天,正日十八是全县虔诚信徒对天妃娘娘顶礼膜拜、迎神求福、许愿祈祷的大喜节日,前来赴会的人很多,闽、浙、赣、粤边境几十个县都有商贾、贩家提前数天就运来大批货品物资参加交流,为商家提供了很好的商机。县城各商号,提前数月,就派出人员,前往武汉,南昌,上海,杭州等地采购商品,为庙会做好准备。从八月十三日起,各地前来赴会的商贩就开始摆摊卖货,到十七日,一连五天,各街坊都轮流举办灯会踩街,名叫"漾街"。十八日大早,从全县各地前来赶会的人便塞满大街小巷,他们顺便带来自产的农副土特产品,这一日,城里、城外商店货物满架,街巷地摊农副土特产品琳琅满目,随处成市,买卖双方讨价还价,交易热烈。此后,每年八月十八日夫人庙会逐渐形成一年一度的定期物资交流会。

5. 将乐县的三会一节

自清代中期,将乐逐渐以"三会一节"形成商品交易会,传盛不衰。

(1)万安耕牛会。清道光二十二年(1842年)五口通商后,上海屠宰商经常来将乐各都购牛,促进了全县牛市发展。万安等庙会逐步兴起耕牛交易。

万安,古时又叫"万寨",去县北60里。西北通往泰宁,东西达邵武,北经朱口可抵江西黎川,是将乐北面人口相对集中,地形相对平坦开阔,土特产交易最繁荣的集散地。传说这里曾设有大赌场。每年八月庙会(迎张睢阳)时,四面八方的人都会来赶会和进行商贸活动。各地的"赌棍"也带着金秋的收获聚集到这里大赌一场。赢者眉飞色舞,输者痛哭流涕。有的人钱输光了,只好把耕牛牵来作抵押。这种牛多数是不好用的。谁料那些牛被赢者牵回后,经过一段时间的饲养,多半变得力气大、好使唤。人们才从中悟出耕牛素质会随着环境的变迁而改变的道理。后来每年的八月初八,人们就自然而然地牵着耕牛来万安交换、买卖,久而久之,便形成了"八月耕牛会"的习俗。

每逢农历八月初八,江西、浙江省的部分乡村以及建宁、泰宁、邵武、顺昌、沙县、明溪、宁化、清流等县的一些农民、牛贩子便会从四面八方牵着耕牛赶来赴会。有弱牛换壮牛的,水牛换黄牛的;也有公牛换母牛,出卖老牛换牛犊的;还有只买不换或只卖不换的;等等。不管以哪种形式交易,都凭耕牛的"年龄"、"性别"、"个头"、"肥膘"作为标准,若差不多,则以等价成交;若差价较大,就采取差价相补贴的办法。成交率一般都在90%以上。"八月牛会"一般二三天,每次交易在五六百头之数,最多的达上千头。那些易牛改变了环境,随着水土、气候的适宜和新主人的饲养,更加肥壮起来。同时,牛会期间,人们也带来了各地的土特产进行交易,使牛会显得更加繁荣。因此,"万安耕牛会"在历史上对发展农业起了间接的促进作用,同时也在一定程度上促进了经济的交流。

图3-3 万安牛会

(2)白莲妈祖会。清代,白莲有一座妈祖庙,每年农历九月初一至初三为妈祖庙会,以交易西山纸和耕牛为主。沙县、归化、清流、宁化的纸商、牛贩子以及远在福州、江西、汀州的纸行老板都会前来交易。庙会期间,白天,几百米长的小街万头攒动,人山人海;

入夜,灯火通明,小曲绕梁,人们扶老携幼观花灯、听小曲、欣赏土京戏,所以妈祖会又称花灯会。庙会期间,小镇上的汀州、福州、江西会馆和大小客栈皆住满商客。赶会者多达上万人次。久而久之,便形成了一年一度的物资交流会。

(3)安仁抛鸡会。清代,每年农历十月初一至初三,安仁要举办独特的庙会,叫作抛鸡会。相传古代有周、王两将军狩猎到安仁时,看到该村山清水秀、地脉灵异,就留居该地,以德化民,让村民安居乐业。后人为纪念这两位将军,便集资建庙供奉。每年十月初一,村里请戏班唱戏3天,举行迎神活动。返庙时,道士手执公鸡,口念咒语,将鸡冠割出血后抛向空中,人们一窝蜂冲上去疯抢。谁能抢到鸡,便意谓鸿运当头,吉(鸡)星高照;抢不到鸡肉,即使能撕扯到一毛一爪,乃至沾点鸡血,也兴高采烈,预示着一年到头全家幸(腥)福。

庙会期间,县北各都和泰宁县、邵武县的百姓都会前往赴会,以交易耕牛和土特产品为主。后来随着庙会影响力的扩大,沙县、归化、顺昌、邵武、建宁等地乃至远至江西、浙江的牛贩也都来赶会,人数达上万之众。

(4)城关竹竿节。清代,在正月十三城隍爷的寿诞日,将乐城关热闹非常。善男信女早饭后便带着小孩汇集城隍庙焚香礼拜。县官要带领参加庙会的人三拜九叩,祈祷一番,然后举行游神活动。队伍前有灯笼和"肃静"、"回避"开路牌;中有锣鼓队、执事队、彩旗队、銮驾队、抬香花亭队、琴笛队、顶马队、抬铁枝队、高公矮公(黑白无常)扮演员、拜香队;最后为八人抬的木雕城隍爷像。队伍游遍全城大街小巷,家家摆供桌焚香迎接。商人富户还把城隍爷抬进大厅礼拜后再抬出。街上,人们舞龙、舞狮、划旱船、踩高跷、表演神怪故事,沿街成千上万人围观,直到深夜才抬城隍爷回庙。

这一天,乡村民众纷纷进城逛庙会,迎城隍菩萨,观看迎神场面,顺便捎带些晾晒衣服的竹竿、竹叉以及家常日用的爪篱、饭勺等竹、木制品馈赠亲友。青青的竹竿生发开叉,含有新年添丁发财的意思,而且这类竹制品城里人使用一年后正需要以新换旧。后来,有人特意在这天运了这些物品来市场上卖,人们于是把这一天定为"竹竿节",有"正月十三卖竹竿"之说。据说这天买的竹竿和竹制品不会长虫。之后,买卖的商品逐渐发展到竹竿、竹叉、土箕等竹制品,锄头柄、牛押等小农具,切菜板、擂茶棍等厨房用品,以及各种中草药、果树、菜苗等农家春耕和日常生活用品,时间也提前到十二日开始。此节延续至今。

图3-4 正月十三竹竿节

(二)专业集市的形成与发展

商品决定市场,市场的发展又促进商品生产的发展。随着商品交易额和墟市集市的增多,逐渐出现了专业的集市。以宁化县为例,明、清时期,宁化县商业经济快速发展。明崇祯《宁化县志》根据全县十二个行政建制里所处的地理位置、气候特点、土地、山林资源以及百姓的生产、生活方式和习惯,将宁化县域划分为四类经济区:一是县城中部地区,其田多腴,其民多读、多耕,工商杂处;二是北部、东部地区,其田腴、瘠各半,其民农、贾相半;三是北东部,及与城郊毗连地区,其田腴、瘠相半,其民多耕少贾的;四是其余六里,土地多瘠、旱,其民惟耕。故除在城里及其近郊(兴善里)外,自古安远(招得里)、泉上(泉上里)两地行商、坐贾众多。

1. 宁化城关和安远的仔猪市场

明清时期,随着各种商品性农副产品的生产和发展,宁化逐步形成某些特色产品的专业市场。除安远、河龙、中沙、水茜等墟市的粮、豆外,还有耕牛、肥猪、仔猪、淮土茶油、木竹、禾口夏布和治平、安乐土纸等专业市场。明代,群众把养猪作为家庭的主要副业,肥猪产量大增,仔猪需要量也很大,于是母猪饲养量也相应增加。成年母猪,一年产仔两窝,产后两月即出栏,于是在城里最早设立仔猪墟市,每到二、七墟期,上墟交易仔猪数百头。全县一般较大的墟场都有设猪仔行,专卖仔猪。清代,安远各地所饲养的猪品种好,安远墟仔猪上市量多,邻近江西石城、广昌及福建建宁等地的仔猪也运来交易,一般墟日上市交易五六百头,最多的一墟上市达两三千头,成为远近闻名的仔猪专业市场,清流、明溪、长汀、连城以及远至广东的商人都会专程前来贩运仔猪。至清末民初,安远发展成为闽西北闽赣边境最大的仔猪市场。

2. 寺背岭和安乐的土纸市场

宁化南部的新村里(今安乐乡)和会同里的寺背岭(今治平)是玉扣纸、毛边纸的主要产地。寺背岭竹林面积十多万亩,占全县的一半以上,明、清时就有纸坊100多所,年产玉扣纸和毛边纸一万多担。每到寺背岭墟日(逢四、九),挑纸来卖的人络绎不断,除米、豆、油等主要食用商品外,满墟所见都是纸担。纸均由汀州或宁化的纸行坐店收购。因该地绝大多数人都做纸,粮、油等食品都靠外地供应,于是墟日里运进来的是粮、油食品,运出去的是纸张。到明朝末年,新村里有纸坊(厂)43所,年产玉扣纸五六千担。安乐墟每墟上市纸上百担,由二个汀州纸行老板坐庄收购,也有槽户(纸坊)自己发运到汀州纸行销售。玉扣纸,又叫重纸。"扣"是计量单位,一扣即一刀,每刀纸200张、重12斤,每担纸为七扣(刀)。毛边纸亦叫长行纸、玉版纸或称官堆,每担纸10刀,每刀200张,重七八斤。当时,毛边纸的收购价每担在11至15块银圆,仅纸一项就占每墟交易额的一半左右。泉上、乌村的毛边纸,每墟由宁化或当地的纸行老板坐庄收购,直运南昌、武汉、长沙或四川等地销售。

3. 淮土木材市场

木材是宁化传统的外销产品,尤以油杉为最。清代曾有福州木商记载:"闽江上游九龙溪六龙以上多产油杉,尤以宁化量多、质好闻名。"早在隋大业之季,宁化人巫罗俊就率众在石壁西南的淮土、方田一带山场开山伐木,通过横江溪,经琴江、赣江筏运至长江中下游地区销售,在此后的一千多年时间,延续不断。宋元时,宁化木材在长汀中、下游的吴、楚各地闻名一时,明清时期,形成木材专业市场。淮土墟的木材市场在淮阳村的杉子岗,每墟木材销售均达四五百根,占据整个墟市商品交易额的相当数量。来宁化交易木材的商人,不仅有本省的,如福州木商,还有远自长江三角洲、山西乃至琉球等地的商人。粤商中常有潮汕木商前来宁化泉上、湖村、安远、治平、曹坊等地采购长尾(桅杆木)、短筒(杉木、寿板)等。徽商、晋商、赣商中的木材商人也到宁化淮土等地采运木材,尤其是徽州木商往往以低价购买青山,派专人驻守淮土。由于他们过于重利,在采运流放中常有损坏道路、桥梁等不当行为,引起当地民众及商人的不满,促使宁化商人转营木材生意,逐渐取代徽州木商。当地比较出名的木商有明天启间的刘克微、明末清初程家窑的程十万、蔡家坑的蔡十万、清光绪年间的黄金銮等。

4. 禾口的苎布市场

明清时期禾口、淮土盛产苎麻,村村户户妇女都接绩、织布,清代以后改为机织,苎布产量大增。苎布亦叫夏布,夏天乡村男女都穿苎布衣服。与淮土相邻20多里的禾口官坑30多户刘姓,在清嘉庆年间就开始纺织苎布,清末民初,全村织机达120多台,日产苎布六七十匹。与该村相邻的瑶背江村有十多户张姓,专做苎麻和苎布贩运生意,于是禾口墟首先设立苎布交易行,逐渐发展到邻近淮土、济村及江西石城的苎布也挑来交易。每五天一墟,一般上市苎布都在千匹以上。上市苎布大多由禾口布商伍达月和宁化县城布商李恒章等收购,再由他们运销各地。禾口的夏布交易市场自清代一直盛行到民国时期。

5. 淮土的耕牛市场

宁化自古以农耕为主,农家多数都饲养耕牛。耕牛是大牲畜,老牛要淘汰,小牛长大要出栏,成年牛有的也要调剂,于是一批较大的墟场如安远墟、禾口墟、淮土墟都开设有牛市。尤其是淮土墟牛市最大。淮土地处闽赣边界,南昌至汀州商道中途,周围村庄密集,又都是粮食产区,耕牛饲养多,每至墟期,除宁化本县济村、禾口、方田等地外,江西石城、宁都、瑞金、广昌的牛贩都三五成群,赶着牛群来交易。每墟上市耕牛多达六七百头,成交销售四五百头。本地买牛者多为耕田使役,连城、长汀的牛贩则都买老弱伤残的废牛为宰杀菜用。淮土牛市已有一百多年的历史,除二十世纪六七十年代外,久盛不衰,成为自清至今宁化唯一保留的大型专业牛市。

6. 店上的牛会

店上牛会源于张公庙会。张公庙始建于明万历三十九年(1611年),奉祀唐代为抗击安禄山叛军死守睢阳城(今河南商丘)而英勇献身的张巡、许远两忠臣。安禄山叛乱平息后,唐皇同时谥封张、许为大元帅,其忠君报国事迹便在民间广为传颂。店上地处宁化至归化、将乐、顺昌洋口古驿道上,往来商贾很多,途中常有匪盗拦路抢劫。相传张巡、许远常在距店上5里之将军岭显圣,庇祐行人,避凶化吉,平安过关。于是邻近张坑、丰畲、枫树咀三村官、张两姓,共同捐地、筹资在店上村中建庙,崇祀张、许二神,故庙名为双忠庙,亦称张公庙。

张公庙会期为每年七月二十四至二十六日,连续三天。据传因不少信众常宰牛祭神,于是清乾隆间逐兴庙会牛市。店上牛市兴起的主要原因是:一是周围各乡村均以农耕为主,水草旺盛,明、清之际,耕牛饲养量多,老牛需淘汰,小牛长大需出手,役牛需更换。二是在周边四五十里范围内均无耕牛市场,无法进行余缺调剂。三是农历七月时值秋季,夏收夏种已经完成,正是耕牛育肥长膘阶段,是耕牛调节的最佳时期。四是有些合股饲养的耕牛,也需上市重新比价定值。五是店上牛市场所好,牛岗处于村庄东部数个矮山冈上,坡缓宽旷,上有大树蔽荫,岗上杂草茂盛,岗下水塘连片,既可放牧,又可畜饮,更主要的是有一批成熟老练的牛牙人(中介人),是个良好的耕牛交易场所。因此,店上牛市耕牛上市量逐年增多,一般年份在八九百头,多则在一千二三百头。

每到牛会会期,来自宁化、清流、明溪、建宁及江西广昌、石城、宁都等地的农民和牛贩,数以千计,于七月十九、二十日便赶着牛群,陆续来至店上及周围村庄,耕牛贩家则主要来自闽西的连城、长汀、上杭、广东、江西、浙江等省地。二十四日、二十五日,店上村中数百人家,户户住满商客。

七月二十四日上午,耕牛陆续登记上岗,采购者开始物色耕牛,二十五日上午,买卖双方讨价还价,但很少有成交的,下午二时左右,在牛牙人中介下,一旦价格议定,数十、数百头耕牛便同时成交。整个牛会期间,五六成的上市耕牛都能成功交易。店上牛会自兴市至新中国成立,历时二百多年,除寇乱、兵扰、洪荒外,从未间断,是当时闽西北、赣东南最兴盛的牛市之一。

7. 陈坊的蛇糖会

陈坊蛇糖会源于陈坊水口庙会。陈坊位于翠江下游与安乐溪的交汇处,自古是个水运码头。岸边有块台地叫蛇眼窝,居住着30多户闽越族。唐时迁进雷氏,雷氏是畲族,信迎神农,在村里建有神农庙,奉祀五谷真仙。宋代后陆续迁入陈、刘、姜等姓,陈氏在村口建有水口庙,奉祀华光菩萨。后古闽越族和畲族雷氏先后外迁。村中刘、姜两姓重建水口庙,将原神农庙与水口庙合二为一,同时奉祀五谷真仙、华光菩萨。

陈坊水口庙会期为农历九月二十八日。每到会期,村中到处都是卖蛇糖的货担摊点。据传最早在陈坊居住的古闽越族人崇拜、信仰蛇,不仅十分关爱自然界的蛇类,而且把麦芽糖(用麦芽和米粉熬制而成)加工成的白色圆条一圈圈盘成饼,就像蛇盘一样,故叫蛇糖,经常食用。这种古老习俗被陈坊人接受并继承下来。每到九月二十八日会期,邻近十里八乡的人们,齐集陈坊走亲会友,烧香朝神,而村中和附近各地的蛇糖加工户也不失时机纷纷赶来赴会卖糖。到了清代,陈坊水口庙会逐渐形成蛇糖会,每年会期一般上市蛇糖有一百五十多担,多时达二百多担。赴会者几乎人人均会买些蛇糖回家供子女、家人食用。陈坊蛇糖会已盛行一百多年,流传至今。

表 3-7　三明境域清代市场分布表

县　别	茶　市	木　市	纸　市
永　安		安砂、县城	县城
归　化	县城	梓口坊	梓口坊
清　流		嵩口坪	下窠、大横溪、嵩溪
宁　化			县城、泉上
沙　县	富口、琅口、渔溪湾	莘口、琅口、水壁	玉口、县城、富口
将　乐	县城	观化楼、水口、积善	水口、县城、高滩
泰　宁		池潭	县城、大田、新口
建　宁		均口、县城	均口、县城

三、商业组织的发展

会馆是明清时期一种主要的商业组织,是以乡土为纽带、流寓客地的同籍人自发设置的社会组织,是商品贸易发展的集中表现。随着商品经济和社会的发展,还产生了另一种商业组织形式——商会。商会既是代表工商业者利益的法人团体,又是国家商政的有力辅助和支持机构。清光绪变法维新时期,曾成立农工商总局,实行所谓恤商政策。清光绪二十九年(1903年)成立商部,颁布商务法、公司法、商标注册章程及商会简章等,通令各省各埠成立商会,旨在搜集国内外市场情况、调处工商内部纠纷、介绍进出口贸易、代表商人利益向政府陈述意见。商会自1904年正式成立后,清光绪三十一年(1905年)泰宁县设置了福建省商务会泰宁分会,并确定该商会的宗旨:一是加强商人运动提高商人地位。"过去我国闭关自守,以农业经济为社会基础,因之传统思想,发生抑商的错误倾向,自五口通商欧风东渐以后,商业日趋发达,商人地位始为社会所尊重,各地商会先后成立,商人始有组织。六七十年来,商人运动渐有相当的开展。惟大家要发挥商业的功用,争取商人的权益,尚有待不断之努力。今后商人应该更加团结起来!以集体的力量,一致的步伐,使商人运动更可加强,商人地位更可提高。"二是积极参加政治解除商人疾苦。"政治原是众人的事,经济与政治尤有密切的关系,过去商人抱'在商言商'的态度,对于政治不愿过问,实属莫大的错误。现在一般商人所最感苦痛者:如法令烦苛,贪污盛行,捐税过重,管制失当,劳资纠纷,官僚资本猖獗等,无一不是由于工商业未能参加政治,立法行政与生产者脱节而起。今后必须有此觉悟,积极参加政治,使工商业所认为应兴应革之事,吾人均获有'自为''自助'之权力与机会。工商事业之利益方有保障,工商的疾苦方可彻底解除。此次实施宪政,举行国代立委选举,大家尤不可不慎重从事,选贤与能,以求工商治权的确立。"该商会的宗旨是当时各地和各行业商会设立宗旨的基本反映。

明清时期,三明境内的会馆和商会对地方经济的发展起到了重要的促进作用。

(一)三山会馆

据清乾隆《将乐县志》载:"三山会馆,福建各商公置。金溪门登高巷下山之麓(南门大街自由巷)。中祀天后之神。凡盐馆典铺及榕城游客,每岁时伏腊,会叙于此。萧正模有记。"萧正模为明末清初人,为清初将乐"五才子"之一,与康熙时户部侍郎廖腾煃是同学。他曾为三山会馆作记,说明该会馆至少在明末清初时期就已经有了。该馆坐西北朝东南,为穿斗木架土围屋,由上、中、下厅堂,两个天井,两侧厢房和大门后回廊组成,上厅堂有小阁楼,围墙为夹土风火墙,一尺多厚。因其位于巷头,后该巷遂改名为会馆巷。清宣统三年(1911年),县城三山同乡会经整顿后,仍以该会馆为会址,并由入会的51个商户捐资整修馆址。会员主营粮食、木材、京果行业。较大的商号有义源京果酒店,其资金雄厚,货源充足,其土黄酒较著名,销路较广。三山同乡会有商户51家,占县城商户总数的21.7%。

(二)江西会馆

清宣统元年(1909年),将乐县城豫章同乡会成立后,由入会的69个江西籍商户捐款,在西门大街关岳路北侧建江西会馆(又名豫章会馆)。该会馆坐西北朝东南,前有二层楼房,建筑面积2000多平方米;后为戏台,砖木结构,戏堂可容纳观众600人,观众厅右侧有厕所。会员主营药材、布匹、京果,较大的商号是吉昌京果店。江西同乡会有商户69户,占县城商户总数的29.36%。

图 3-5　清代江西会馆

(三)汀州会馆

清宣统三年(1911年),龙岩、汀州籍商户成立汀州同乡会,并在将乐南门外下府庙路设立汀州会馆。会员主营纸业、烟丝业,较大商号有广和牲、大昌两家,资本雄厚,批零兼营。汀州同乡会有商户19家,占县城商户总数的8.1%。

(四)兴化会馆

清宣统三年(1911年),莆田、仙游籍商户成立兴化同乡会,并在将乐县城南大街土地堂巷设立兴化会馆。会员主营布匹,较大商号有三泰和布庄、姚瑞成苏广布庄。兴化同乡会有商户21家,占县城商户总数的11.91%。

(五)白莲汀州会馆

图 3-6　白莲汀州会馆外墙及大厅

清末,以造纸业为主的汀州籍人士在将乐白莲老街建起了汀州会馆。会馆占地面积 600 多平方米,曾做纸行场所。由于白莲著名的西山纸都是由小船(俗称棺材船,小船头尾向上翘起)经池湖溪运到南口乡的水口码头,或由人工挑到水口码头,再由大船水运至将乐、南平、福州等地销售。故汀州会馆的上厅设有天后宫,供奉妈祖神像,以祈求保佑水路安全。神像两旁和厅柱的楹联为:"海不扬波稳渡星槎远迩;民皆乐业遍歌母德高深";"水德配天海国慈航永济;母仪称后桑榆俎豆重光"。会馆四周有封火墙,冬暖夏凉。

1960 年后,该会馆改为供销社仓库。十一届三中全会后,部分汀州籍人士集资购回会馆前半部分约 300 平方米(后半部分 300 平方米已出售给居民建房),并稍加修葺,保存至今。

(六)白莲江西会馆

旧时,将乐白莲老街 90% 的住户是江西籍人士,开店经商,主营纸业。清末,他们在

图 3-7　白莲江西会馆外墙及屋顶

老街5号对面建起了江西会馆,建筑面积200多平方米。会馆内供奉有"许仙真仙神像",即《白蛇传》中的许仙,是当地江西人最崇拜的神。解放后,该会馆也曾一度作为白莲纸行的场所。

(七)宁化的江西会馆

明清时期外出经商的人越来越多,特别是肩挑小贩,如宁化安远或禾口至汀州的米贩、猪贩,禾口、淮土至将乐、顺昌洋口的鸡贩、鸭贩,上路三五成群,有时一帮数十人,结伴同行,以便互相照应。生意买卖中,为了防欺诈和排解各种纠纷,也需同行、同伙中互相帮衬,因此,逐渐产生了"帮",这种帮比较原始,没有明确的组织名称和职责分工,头领由大家推举,没有报酬,只是为了自身利益和生产、生意的需要。到了清末,一些地区或行业的商人开始组织同业会、同乡会或互助会,如安远墟市,居住在三条街上的江西商人或住家计33家,他们共同出资在最繁华的大街上兴建面积数千平方米的江西会馆,其中设有神龛,奉祀他们各自的祖先牌位。除江西商人日常商务活动外,每年冬至日,全安远的江西人都到会馆相聚、会餐,并请戏班做戏。

(八)永安的笋帮公栈

明末清初,贡川时年盛产猫儿笋(毛竹笋),笋农们将笋采集后用水煮、晒干,长短分类,篓装上市,取其品名为白笋干。因白笋干味美易存而又价廉,故而招来八方客商到贡川收购。

当时贡川堡内有两个青年男子,一个叫杨宫,是宋理学家杨龟山之裔苗,其先祖在宋末从将乐龙湖迁居贡川后,后裔多从事经商买卖。杨宫学至贡生,满腹经纶,却不思功名利禄,袭父业往来于省城、延平、沙县一带经商做买卖。另一人叫严然,为贡堡名家严九岳的后裔,先祖三五郎公,于宋中叶,从明溪迁往贡川定居,后代多从事耕种为业,至明代出了进士严九岳后,族人倾向诗书,设书田以励之,严然学至贡生,与杨宫同年同窗,并一道往来于沙溪闽江之间买卖为生。

杨宫、严然两人见到许多商贩竞相来贡川采购笋干,就一同商议,决定利用去省城福州办货时顺水空舟,收些笋干到省城贩卖,得好价后再集本做大。于是他们先从市上购来三五百斤笋干带到榕城试卖,果然一本数利,得心应手。两人就在省城台江租用店面,开设笋干专卖铺。此举很快被当地的大户商贩得知,他们纷纷效仿,至顺治元年(1644年)冬月,更有各地笋老板在贡川堡内开起数家笋干收购店,一时间贡川笋价与日俱增。外地人在贡川城里开设笋干收购店的举动,不仅给当地笋老板收笋带来影响,而且其每担笋干十块光洋的收价也是他们不能接受的。

于是当地的笋老板们常聚一道商议对付外地笋老板的计策,防止丢失笋业行当,买卖被外人垄断。针对外来的笋老板肆意哄抬笋价,意欲侵占贡川笋行的目的,当地的笋老板们决定联合起来,组成贡川笋帮,以入股集资,集体经营,风险共担,赢利同享,合理挣钱,以期重整旗鼓。经多次反复酝酿,终于在顺治二年春(1645年)成立贡川笋帮商会,当时加入笋帮的人数不多,只有杨、严、高、刘、李、陈六户人家。大家推举杨宫为该帮第一任帮主,榕城笋行总代理。严然为笋帮商会总管。高世超、刘其轩为沙溪河水运总监。

贡川笋帮商会成立后,他们不仅在堡内设有多家笋干收购店,而且还到乡下去收购,其价格比外地笋客收的高,使那些在贡川开笋干收购店的外地老板没法承受,个个关铺而去,贡川笋行逐渐被笋帮商会占领。永安贡川因位于水陆交通枢纽,成为当时全国东南各省中最大的笋干批发市场。

笋帮公栈又称笋帮公业堂,坐落在古镇贡川进士巷,始建于清顺治三年(1646年)秋,占地面积97.15平方米,东西两侧防火墙镶有4块"笋帮公业"刻块,门额上刻着"笋帮公栈"四个大字,门厅上方悬挂乾隆年间所立的"正直无私"牌匾,大厅地上正中有一块赤石,称为"公平石"。据《永沙笋帮簿册》记载,清朝时期,笋帮公栈不仅是我国东南各省中最大的笋干批发市场,也是沙溪流域民间经营笋干的一个帮会组织办公所在地,是福建、浙江、山东、江苏、安徽等地笋业商贸组织的中心联络机构。每到笋干收购季节,笋帮公栈商贩云集,来自福建、浙江、江西、江苏、安徽、上海等地的笋商,他们在这里结成帮会,讨论当年的笋干行情,确定笋干的价格,然后将沙溪流域永安一带的笋干贩运到各地,影响波及全国笋干业。部分笋干直接由贡川经水运直达上海,再销往日本、马来西亚等国。笋帮公栈是迄今为止我国发现最早的笋商会址。

图3-8 永安贡川笋帮公栈

(九)沙县商会与会馆

1. 沙县商会

清光绪二十九年(1903年),清政府设立工商部,颁布《商会简明章程》。光绪三十四年(1908年)沙县商会成立,商会由各行业的同业公会组成,首任会长魏子贞,俗称"跛脚增",经营木材行业。会址设在西门外沙阳会馆(土产公司宿舍),民国七年(1918年)迁城内西山坊(今城关派出所)。

县商会是商界的协调机构,除了协助政府推行政令以外,还负责调剂货品供需矛盾、平抑物价等事项。遇有天灾人祸,常由商会出面募捐,对灾民进行赈济。商会的宗旨是以谋求商业及对外贸易之发展,增进同业之间的公共福利。商会的主要任务是筹议工商业之改良及发展事项,工商业之征询及通报事项,国际贸易之介绍及指导事项,工商业之调处及公断事项等(共10条)。

2. 沙县的会馆

会馆作为议事、聚会、接待乡亲、互通信息、祭祀等场地，是旧社会外地来沙经商、做工、考举等人士共同筹建的，既属庙堂，又似馆驿、同乡会。明清时期，沙县有据可考的会馆主要有沙阳会馆、福州会馆、江西会馆等。

天后宫（沙阳会馆、本地会馆）：坐落在西门外西郊南路东段（现废品仓库旧址）。据《沙县志》记载："天后宫在无双坊，乾隆十三年（1748年）知沙县汪捶倡捐士民出建，光绪年间重修，祭'天上圣母'。"

福州会馆（榕城会馆、三山会馆）：坐落在西门外西郊北路中段（旧名后薛坊，现为农业局、种子公司），左侧有吕祖庙，据《沙县志》卷八记载"吕祖庙坐落城西后薛坊，在福州会馆之左，光绪十三年（1887年）福州邦董事募捐所建"，福州会馆建筑年代应在光绪十三年之前。

万寿宫（江西会馆、豫章会馆）：坐落在城内府西路中段（电影院旧址）。江西邦在沙县从业绸缎布匹、中药材、染坊、木器、棺椁等较大行业，人数众多，其会馆经济来源充裕，会馆建筑富丽，会馆后进为江西邦集资兴办的"豫章小学"（城三小学的前身），供本籍子女及附近居民子女就读。

此外，自清朝道光年之后，沙县人也在南平、福州、天津、上海、北京等地建立沙阳会馆或沙延会馆，负责了解当地"行情"，组织商品调运（北京的沙延会馆记载于道光《沙县志》）。沙县内较有影响的推销机构为上海沙永公所。沙永公所成立于清末，由各商号集资，在上海龙德桥附近购置房屋，负责县内纸、笋在上海、江苏一带的销售业务，为各商号厂家提供服务。

第三节 主要商人及其活动

明清时期，随着三明境域商业的发展，逐渐涌现出一批专门从事商贸活动的商人，商品经济得到蓬勃发展。

一、宁化忠君爱乡谢祥昌

谢祥昌，宁化人，少时喜文习武，成年后，为人不衿细行，好驰马击剑立崖岸，家中农事生产全然不管，有人讥笑他，他坦然曰："是斗筲者，亦骄人耶"，对人生未来充满自信。

宁化盛产杉木，杉木又有赤、白二种。赤者实而多油，白者虚而干燥。宁化尤以油杉最多，此材为栋梁、棺椁、舟船之需，利用最博，先时，徽贾常来买山，连伐数千为梱，运入瓜步，赚取大利。徽贾财大气粗，骄横不顾百姓利益，每当木材采运流放季节，常冲毁路桥、堤坝，民众对此实为厌恶。谢祥昌面对骄横跋扈的安徽木商，乃尽废家中余产，变资为生，累致千金，决心经营木材，与徽商一争上下。

祥昌出生于本地，熟悉山场，专选靠近溪河的山场巨杉砍代，经横江溪流放至琴江，经赣江出长江,运到今江苏的瓜步出售。赚得大利后,便在瓜步设行开店,他则往返于瓜步、宁化之间,以后生意越做越大,越做越红火,采运的木材越来越多。在赣江、长江筏运木材时,按照幼时所读兵书所说而为,将"所运木筏,首尾互衔,蔽江极望,每筏设丁壮三四十人,合三百许众,阴以兵法部勒之"。祥昌"以巨贾雄长江淮间者十余年",成了瓜步有名的富商巨贾,同时,还带出了一批宁化木商,压制了徽商的骄横之气。

谢祥昌在经营中以诚信为本讲求货真价实,买卖公平,见有不平之事,拔刀相助。初寓瓜步时,一天,见群僧合击一位孤贾,祥昌见状上前解救,一人搏击群僧,东西披靡,使孤贾幸免于难。故谢祥昌又有"任侠"之名。

崇祯之末,祥昌知天下且大乱,乱必及瓜步,遂收庄弃商归家从农。未几,甲申变作,时宁化有长关之乱,知县于华玉闻祥昌之名,劝其率众抵御,卫乡护民,很快乱即平定。南明皇帝隆武入闽,授漳州把总。粤寇清流,祥昌往援,寇闻风而走,又以功擢守备。隆武方议移跸赣州,兵部侍郎于华玉率祥昌迎于延平,雄伟动左右,上赐银牌一,授御都司,命还汀,戒徒以等待。适赣围急,既调往,而尚书郭维经复请撤还,祥昌旋感风痹,不能治军事,后隆武败于汀州,清帅署名祥昌,令缴纳明札,赴军前调用。祥昌曰:"吾虽为武人,颇识大义,谁为他姓鹰卢乎?"赂帅三千金,乃免。后,祥昌长期卧病,尝捡箧中逋贷之卷千余两焚之,以不责偿。顺治五年(1648年)戊子,岁大饥,斗米一金,祥昌犹减食出谷,以饲饿者。其豁达不以窘困,失常如此。祥昌性质,垣无委曲,恒面刺人过,遇事果决,闻悍卒吡咤声,辄呼曰:"郭冢宰误我,若当日听往赣州,获与杨万诸公同毕事,吾今在碧霄中唾笑龌龊奴矣。"不久祥昌在病中郁郁而卒。

二、清流文雅重义裴镒

裴镒,字厚卿,号西樵,生于明正德乙亥(1515年),先祖裴三郎元季因避兵乱,自三山(福州)迁清流县开基创业,族人称为始祖。至裴公为第八代,因"幼患痘,少一目",虽入学举业,却放弃科举。垂髫之年便"以家务付中壶,以儿子付经师,以不系之身付江湖",远游吴越(江浙一带)、岭海(广东、岭南及沿海)经商,从事贩运山区土特产品、日用百货,以及海产干货,期间也从事"牙商"(中介)职业,前后计三十年。

从嘉靖、道光《清流县志》和乾隆续修的《清流裴氏族谱》记载中,可见裴镒的为人品性和经商理念十分值得称道。《县志》"乡行"说:"裴镒,字厚卿,尚书应章之父。秉资朴茂,制行直方。性孝友,生平慷慨轻利,宁化某姓者负金数百,弗能偿,公怃然曰:'夫夫也,急矣!待冯欢而市义,岂真豪哉?'遂焚券不复问。延师课子,丰腴无所爱。"《族谱》详尽记述裴公"商游吴越、岭海间殆三十年,所至则交其英贤,自文以儒雅,人不知其商也。温厚和气,常以遇人,人皆称之曰:长者然。公虽业于商,不屑于锥刀之利,人贫而负公者,公不责以必偿。""公事末业而轻财重义,勤教子而成孝,为忠其所,积素行皆是以培植世德。"

从事长途贩运非一人所为,一要有相当的资本,通过集资方能解决;二要有帮伙,即陆路挑运,水路舟载。清流山区出产的土特产品,如香菇、红菇、笋干、牛皮、玉扣纸等,属于干货便于贮存；返程购买日用百货、海产干货，钢材也在其中。经商线路计有三条：水路由九龙溪而下，入沙溪、闽江，经福州入海北上；或由水路到延平再从陆路过浦城抵浙江；由陆路到长汀，乘舟经汀江入韩江抵广东。

裴镒是个有文化的商人，明代的牙商行业已相当兴行，既有官牙，也有私牙。官牙由政府指定，私牙也需要政府批准，取得印信文书后才能营业。裴镒在经营货品期间，兼职牙商虽无文字记录，也在情理之中，在其行状中有与当地牙侩打交道的文字："公虽商游，乎用不尽，于商所至，以儒行之，遇贤豪则交，即牙侩下走亦欢，以和无忤色，于是人人善裴公。"全身心执着于经商，是裴公的品性之一，当时有人劝说裴公不必远道奔波，还是在家过"膝下欢"的日子，他婉言道，世界很大，到处都适合拼搏，整日在家倒受束缚。当儿子应章于隆庆元年（1567年）中福建乡试举人时，他还居住在吴越，直到次年进士及第，才结束经商生涯，时年已五旬有余。

经商与旅游相结合，是裴镒的一大创新。在经商期间，他游览名山大川，"匡庐、吴山、罗浮之胜，也时时寓目焉"。裴公常对人说："乃公逍遥游，取适耳，不必如白圭、乌猓、狡兔，逐而鹜发也。"原来他的经商理念是，不必像战国时代的白圭商人那样，终日绞尽脑汁，也不必像猿猴、狡兔那样终日东奔西跑，疲于奔命寻食，而要像雄鹰那样展翅高飞！

裴镒有四子，长子应章、次子应珊、第三子应征、第四子应试。经商积蓄，家境殷实，故在儿子还年少时，便"购名籍以给之，择名师以教之，旦夕最诸子数自课其习业"。长子应章九岁时托付设馆于上阳山的赖仁敷老师，整整七年，学有所成，由进士留京任行人司行人、吏科给事中、都察院右副在都御史、吏部左侍郎，官至吏部尚书。三子应征以岁贡赴湖北汉川县任知县，四子应试以岁贡赴常州府任通判兼署理无锡印务。二子应珊加赠奉直大夫南京前军都督府经历司经历、吏部员外郎，也曾在吴越经商，三十一岁便早逝。裴镒于万历癸巳（1593年）卒，享寿七十有九。

三、清流剪钻鼻祖王忠明

明代嘉靖年间，清流城内直街上住了一户王姓人家。其祖上原是官宦人家，据传先祖是清流宋代建县时第二任知县，由于清流山清水秀景色优美，卸任后即留居清流。此户王姓人家独传一子，名忠明，号三乙，长得很是英俊高大，聪明好学。由于家境清贫，无法靠读书走考举之路，家中田地又少，只得时不时靠帮打工维持家庭生活，一次偶然的机会，在江浙为官的堂叔返乡省亲，送给他父母的礼物是油纸布包好的一把杭州剪钻，忠明的母亲爱不释手，这在当时的山区小县可谓珍贵的礼物。王忠明心中萌生了一个大胆的念头，这种东西家家户户都需要，如果能到杭州学习剪钻生产的技艺，在清流生产剪钻，那该是多好的事情啊。堂叔要继续赴任时，王忠明即随堂叔到杭州，找到了当时杭州城剪钻生产工场，拜张小泉为师。三年学艺，王忠明吃苦勤奋，已经掌握了各类剪钻生产的全部工艺，返回清流家乡。

回乡的王忠明和两位同年好友立即筹钱在自己的家中砌起剪钻打制炉，到汀州府购回一批铁件,在家门口挂起了王氏精造名剪的招牌,乡亲们都来放鞭炮祝贺。

王忠明第一批生产的剪钻,很快就被街坊邻居抢购一空。此后王忠明的剪钻在清流城乡的名气越来越大,无论谁家女孩出嫁,或远方亲朋走亲访戚,必定要王忠明生产的剪钻作为礼物,如果女方家在女孩出嫁时没有剪钻陪嫁,不仅女孩不高兴,到了男方家也会被看不起。制剪钻虽然本小利微,但是在当时交通闭塞的闽西山区小县,却比一般农业家庭有较可观的收入。于是街坊亲友邻里的青年都纷纷拜王忠明为师,学起了打造剪钻这门手艺,明代时清流直街上有20多户人家开起了剪钻炉,近百人从事剪钻生产。从晨曦到暮霭,锤声叮当,整条直街上炉火通红,十分热闹。清流剪钻由于产品质量好,钢水好,一把剪钻可用上十年八载。同时,不论是民用剪、布剪、花剪,还是锋利无比的铁皮剪,以及方钻、三角钻、弯钻、勾钻、槽钻均适于各种需要,因此清流王氏精传剪钻从明代至清代、民国乃至新中国成立后的八十年代初期,300多年来清流剪钻生产从未间断。清流生产的剪钻由小商小贩运至广东梅州、蕉岭,江西石城、宁都、瑞金,本省的永安、沙县、南平、明溪、将乐、长汀、顺昌、上杭、建宁、宁化等县。清流城关成为福建省生产剪钻名优产品的主要基地,而王忠明(或称王三乙)师傅的名字流传数百年。

四、清流富甲木商徐贵生

清流龙津镇拔里村,有一个十分美丽的小村庄叫左拔,在二十世纪八十年代,当地有一块面积很宽靠山的平地被选中建小学,平地上长满了茅草,当工人们清除杂草后,现出了屋基和许多又宽又厚的清代砖头,待地面泥土清理后,可以清晰地看到平铺的地砖,原来这里曾是一座面积相当可观的住房建筑群。

据当地老人说,这里是清代咸丰年间大富翁余贵生的房屋,由于房屋很多,连成一片,周围有围墙,这里的人都称徐贵生的房屋为徐庄,即徐姓庄园的简称。

徐贵生原来是一个普通的种田人,过着日出而作,日落而息的乡村农民生活,然而徐贵生的老婆却是一个很能干、很热情好客的客家女。一次非常偶然的机会,徐贵生家中来了一位不速之客,这位客人来自福州,满口福州腔,原来是来联系木材生意的。他要找的东家不在家,东家的妻子看到这位衣衫不整的外地人就把他辞出门。已是傍晚时分,农村的农户又住得分散,福州客人连住的地方都没能解决,好不容易大着胆子敲开了徐贵生的家门,徐贵生正好走亲戚不在家,徐贵生的妻子问明了来历后,让他住到家里,和子女们一起以农家礼节招待他。第二天,这位福州客人起身告辞,他们又劝这位客人多休息一天再走,徐贵生正好回来,客人和徐贵生谈起这一次需要在深山里采购一批长尾松木,作为造船用。找原来的东家又不在,空手回去交不了账。徐贵生想,这里的大松树满山都是,就是运输有一定困难,要等到春天发大水时才能从小河里运到九龙溪,到了九龙溪,再扎好木排运到福州倒是一路顺风顺水的事。福州客人的恳切要求打动了徐贵生,于是商定今冬伐木,明春运送长尾松到福州。福州客人回去后不久按照协议送来了一大笔预订金。第二年春天徐贵生将第一批木料运到福州。由于徐贵生诚信可靠,连续几年福州木料商指定要徐贵生在拔口砍伐的木头,来多少买多少。通过几年的交往,徐贵生成了福州木料商的好友,徐也因此成了当地的富户。

有一年春天,闽江发了一次大洪水,而徐贵生那次组织人砍伐的木材是历年来最多的一次,木材起运后正值大洪水,徐贵生以为这次大洪水定会将木料冲入大海,血本无归。然而这次特大洪水却让他发了大财,因为九龙江上游多年来有不少沉在河底的水浸松木,被浑浊的洪水一冲全部浮上来,闽江下游河面宽,虽然上游大洪水,而入海口水势相对平稳,徐贵生这次运来的十余排松木、杉木丝毫无损,而大水漂来的所有沉水木全部成了徐的额外收入,比他运来的木材多几倍。凭借他多年与福州木材商的交往,福州商人收购了全部木材。徐贵生此番真正成了大富翁。

徐贵生发财后在左拔村选址建房,据传房内加工米的米臼就有36对(一般农户一户一对),徐贵生的富有和他的庄园——徐庄的华丽气派远近百里闻名。

清咸丰七年五月十三日,太平天国石达开的残部万余人,由江西进入,围攻清流城。清流知县陶成章告谕各地派人支援守城,并在各要隘组织村民砍伐木头,堵塞道路抵挡太平军的进攻。从宁化泉上经湖村进入清流一定要通过拔口村,徐贵生是当地的富户,带头组织村民把湖村至拔里山路两旁的树木砍下,堵塞了各条山道,太平军马队无法从这条道路进入清流,于是改道由暖水村进入清流。清流城被攻下后,太平军为了报复拔口村堵路,突然杀入拔口村,烧毁了大部分房屋,杀了许多村民,而徐庄因房主人徐贵生组织砍木头堵路,全家被杀,徐庄也变成一片废墟。

五、清流银艺匠人李紫微

李紫微(1870—1841),号金壁,清同治九年(1870年)十一月出生于素有银艺之乡美誉的清流县四堡里长校乡。

宋初,长校先人即从苏州引进打银手艺。明代始,长校打银艺人的足迹遍及广东、江西、福建等诸多城市。民国时期,闽西、赣南一带,每个城镇都有长校打银店,仅宁化淮土村就有10家打银店。长校从事打银行业者的户数占了10%,前往外地开银店谋生的百余户。李紫微便在这个银艺氛围浓厚之乡备受熏陶,自幼拜师学艺制作金银首饰。金银首饰既是供人欣赏的艺术品,又是珍藏品,制银艺人不但要掌握制银工艺术,而且要有美术鉴赏能力和工艺美术基础。李紫微刻苦学习,勤奋琢磨,精益求精,不泥古,不守旧,努力创作新品种。他制作的八仙图、庆子、鞭子手镯、竹节镯、金链、银链等金银饰品成为当地有名的代表作。其庆子、手镯造型美观,尤其是他制作的锁扣非常精美,双面雕龙刻凤,中间雕观音造型,周边刻十二生肖,图案清晰,立体感强,是儿童佩戴胸前的吉祥物,更是珍贵的艺术品。其八仙过海飘飘欲动,麒麟狮象栩栩如生,花卉鸟兽千姿百态,成为远近闻名的"红炉献瑞,黑炭生花"的名匠。在他带动下,长校银饰业获得很大发展,银匠传人尽显风流,如李德风等银匠背着银箱走南闯北,长校金银首饰远销东南亚,近售闽赣,当地不少人抬轿子请他去为女儿出嫁打嫁妆。抗战期间,一位邹姓银匠在长汀开设打银店,曾制作一批寓意含蓄、小巧玲珑、内可藏放珍珠宝贝的微型银棺材,很受当时各地商人青睐,销售各地,制品供不应求。李紫微毕生从事金银饰业,不断探寻金银饰品的创新之路,把精湛的制银技艺和银制精品留给后人。长校乡由于制银工艺的流传成为远近闻名的银品制作之乡。

六、明溪住番米商陈启韬

清朝时,归化县的陈启韬是出外营生的米商。据民国《明溪县志》载:陈启韬是今明溪县瀚仙镇洋龙村洋坊人。他自幼聪明伶俐,善于交际,十六岁就远赴广东经商。有一次他乘船在海上航行,遇大风迷航,飘至暹罗国(今泰国)登岸。幸亏他在广东就有跟泰国米商交往,略通泰语,于是在泰国立足谋生。后来,泰国国王召他进宫面谈,见他身材魁梧仪表堂堂,言谈举止颇有风度,就委任他担任官职。陈启韬果然不负所望,充分发挥了自己的智慧和才干,深得泰王的信任。不久以后,泰王就招他为驸马,累官升至泰国丞相。国王驾崩后,还继承了王位。至清雍正、乾隆年间,陈启韬还时常寄一些珍稀物品回家乡。民国《明溪县志》编者说,上文所记的,只是洋坊村父老中的传闻而已,虚虚实实,还有待考据。经查,洋坊村父老所珍藏的清道光十四年(1835年)重修的《西颖郡陈氏族谱》仅载有"启韬,字于龙,出往暹罗,为暹罗相。生于顺治十八年辛丑(1661年)七月二十六日"等语。又查该姓南城祖屋(注:南门"陈家围",又叫"陈家大厝",其址今为县卫生防疫站)有楹联云:"连艟春汛撼暹罗,信是丞相名驰功垂不朽(此系指韬相暹事);一剑秋风横薄海,端的旧臣身死气自长存(此系指陈平章忠烈事)。"又,韬亦自撰有一联寄悬洋坊祖屋,云:"先君遗体,天各一方,生西颖而老他乡,遂使衿祠失祀;小子远游,心怀两地,相暹罗而思故国,顿教寝食难忘。"观此,则相暹罗事已信而有证。至进位国王一节,则尚在存疑之列也。

七、泰宁热心公益江钟

泰宁县大龙乡善溪村人,约生于明朝嘉靖初年,因善于经营田产,很快成为泰宁首屈一指的大财主及粮食供应商。他的田庄遍布泰宁、建宁、将乐三县。虽然极其富有,江钟的家居生活却非常简朴。至二十一世纪初年,善溪村依然保存有江钟故居,房屋外观与内装饰,同周边房屋无异,看不出特别的奢华。但江钟非常热心地方公益事业。据传,建宁县城原先的三孔河东石桥,其中的一孔,就是江钟独力捐资修建的。

善溪村位于泰宁县南端,距县城相对遥远。但是若从善溪出发,北上至大布,再折向西,顺驿道越过金铙山,便很快到达建宁县城,故此,原大布乡(大布与龙安两乡合并后,改称大龙乡)一带,与建宁县来往更为频繁。

某年,江钟到建宁赶墟,见一屋檐下围了许多人,正在办着什么事情,打听后才知道,原来是在募捐建造河东石桥,于是挤上前去想看个究竟,账房先生看一个穿着破衣烂衫的小老头在人群中挤来挤去,便停下笔来对他呵斥道:"我这里是在写乐助建石桥的,你一个穷光蛋跑这里来干什么,你能拿出钱来吗?"江钟本来只是想捐两个小钱的,听完这话之后就被激怒了,一把夺过毛笔就在功德簿上写下了"建宁河东建造石桥,泰宁江钟一人担当"几个大字。账房先生不认识江钟,但江钟的大名却早就听说了,见此情景,不由得吓得面如土色,连忙起身说道:"您就是江公啊,得罪得罪,里面请,里面请。"

消息传开,建宁人议论纷纷,有人说:"建宁人建石桥,要泰宁人出钱,那我们建宁人还有什么面子?"最后答应让江钟捐建石桥的其中一孔。期间,有个小后生争强好胜,说:"你江钟有本事,就不要用建宁的石料,从外面运来的石料,也不准卸到河岸上。"江钟听了回答说:"这有何难?"后来,江钟请了上百名石匠,在泰宁的梅口乡开山取石,又雇了三百多条木船,沿滩溪将石料运往建宁。木船在建宁河面上排成长长的一队,工匠们直接从船上取石砌墩,用完一船,撑开一船,再靠上一船,就这样将河东石桥的中间一孔最先建造完成。石桥建成的那天,过往行人个个赞不绝口,只有原先给江钟出难题的那位小后生羞愧难当,跑到远远的乡下躲藏起来,好久不敢见人。

八、沙县商会首任会长魏子贞

魏子贞(1852—1911),沙县城关和仁坊人,经营茶叶、木材生意,在琅口设立"茶行",从事收购、加工、包装出口,从琅口码头沿沙溪水运到福州转销各地。魏子京善于经营,成为县内的殷商,在沙县中山路建有一幢大房子,从池尾巷到清水巷边有数千平方米。魏子京为人勤快、老实,深得同行赏识。光绪三十四年(1908年),沙县商会成立,魏子贞任沙县商会首任会长。

第四章

民国时期的商人与商业发展

鸦片战争后,大量的"洋油"、"洋布"、"洋粉"等舶来品涌入三明山区市场,刺激了三明山区商品经济的发展。但是,由于清政府的腐败,民族资本主义工商业发展处境维艰。国民党统治时期,军阀割据,战事频繁,土匪猖獗,社会动荡不安,加之苛捐杂税繁多,经济落后,商业萧条。特别是地方军阀卢兴邦,对三明百姓横征暴敛,勒索抢掠,无恶不作,在水口、尤溪口等处设"厘金局",征收木排捐、百货捐、丁粮附加捐等,并三次私造纸币,强令发行流通,人民遭受巨大损失,众多工商业者倾家荡产。

土地革命战争时期,中国共产党在三明境内建立各级苏维埃政权,开展了一系列打土豪、分浮财、焚烧地契债约、分配土地、筹款筹粮、支援红军和扩大革命根据地的工作,大力发展根据地的经济建设。在商业方面,建立公营红军商店、红色饭店、苏维埃中药部队、粮食调剂局和消费合作社等,保证了苏区军民生活急需品的供应。

1938年,省府内迁后,由于省属机关、企业、学校等部门的迁入,人口增多,人民生活需要日增,促进了三明经济的发展,不但私营商业行业网点逐增,且有了自古以来未有的官办商业。当时永安县内,各地商贾云集,拥有造纸、布业等30个行业,其他行业如茶店、书店等也应运而生。三明各地的经济也迅速发展,商业繁荣。省府迁来永安,虽然给三明商业带来了繁荣,但由于货币贬值,通货膨胀,且货源时断,供求不调等问题,也使商人难以安心,尤其是日本飞机不时侵袭,使三明人民生命财产与商业发展得不到保障。

抗日战争胜利后,省府迁回福州,三明境内经济发展失去外部动力,尤其是国民政府发动内战,抓丁派款,工商税赋沉重,生产力受到严重破坏,市场物资匮乏,再加上滥发货币,导致恶性通货膨胀,国民经济日益衰退,百孔千疮,百业萧条。

第一节 经济社会背景

一、经济发展的社会历史条件

(一)政区沿革

1. 民国初年

民国初年,改府为道,并改厅、州为县。福建全省分东、南、西、北4路,各路设观察使署,以执行政事。三明境域属北路观察使署。民国三年(1914年)改路为道,全省设闽海、厦门、汀漳、建安4道。沙县、将乐县、尤溪县、建宁县、永安县统属建安道;宁化县、清流县、归化县、宁洋县统属汀漳道;大田县统属厦门道。民国十七年(1928年),废道制,实行新的省、县制,各县直隶福建省政府。民国二十二年(1933年),归化县因与绥远省归化城同名,而改称明溪县。

2. 土地革命战争时期

三明是革命老区。自民国十六年(1927年)开始,中国共产党就在宁化、清流、归化、建宁、泰宁、将乐、沙县、永安、尤溪、大田等县传播革命思想,进行革命活动。此后,工农武装斗争的星星之火四处点燃。进入30年代前期,境域内红、白两种政权、两种行政区域并存,并普遍建立工农政权苏维埃政府。

民国二十二年(1933年)十一月,"闽变"发生,国民党第十九路军在福建成立中华共和国人民革命政府(即福建人民政府),下辖闽海、延建、兴泉、龙汀4省及福州、厦门两个特别市。三明境域的沙县、将乐县、尤溪县、永安县、建宁县属延建省;清流县、宁化县、宁洋县属龙汀省;大田县属兴泉省。民国二十三年"闽变"失败,4省撤销。

民国二十三年(1934年)七月,改组后的福建省政府实行行政督察专员制,将全省划分为10个行政区。三明境域的沙县、尤溪属第三区(称南平专署);大田属第四区(称仙游专署);永安、宁洋、清流、明溪、宁化属第八区(称长汀专署);将乐、泰宁、建宁属第九区(称邵武专署)。民国二十四年(1935年)十月,又将全省划分的10个行政督察区缩并为7个行政区。尤溪、永安、将乐、沙县属第二行政区;大田、宁洋属第六行政区;宁化、明溪、清流、建宁、泰宁属第七行政区。

3. 抗日战争时期

民国二十七年(1938年)四月,省政府内迁永安。六月,省保安处、县政人员训练所、三青团等一些国民党党、政、军机构相继迁到三元、梅列。民国二十八年二月,为便于管理,福建省政府决定以三元镇为中心,划出人口万余人的各乡,成立三元特种区,辖三元城关、列东、列西等地,仍视为沙县境内的一部分。

民国二十九年(1940年),由于三元特种区辖境小,财政入不敷出,遂将原沙县、永安、明溪3县属地各划出部分并入三元特种区,成立三元县。全县土地面积为1031平方公里,人口约3.8万人,隶属第二行政区。

民国三十五年(1946年)九月,全省行政区调整为9个行政督察区。三明境域的沙县、将乐、泰宁、建宁、尤溪仍属第二区(南平专署);宁化属第七区(长汀专署);永安、宁洋、大田、清流、明溪、三元改属第九区(永安专署)。民国三十六年,全省行政区又调整为7个行政督察区,永安专署改称第六区,三明境域各县隶属不变。

1949年冬至1950年春,三明境域各地先后解放,分属龙岩、永安、南平专署。

(二)人口

1. 人口的变动

民国时期,北方军阀混战,南方匪患滋生,闽西北地区社会极不安宁,人口大多外逃。民国十八年(1929年),红军进入福建,在闽西北开辟革命根据地。民国二十三年(1934年),第五次反"围剿"失败后,国民党军队和地方反动民团对闽西北根据地进行"清剿",血腥镇压革命群众,仅建宁县就有4000余名干部、群众被屠杀,闽西北苏区百姓背井离乡,三明境域人口再次下降。至1937年,全境总人口为84.65万人,比清道光年间减少69.44万人。抗日战争中期,福建沿海县、市相继沦陷,省政府及文教机关迁入永安、沙县、三元等地,大批沿海居民逃难山区,三明境域人口大量增加。民国三十年(1941年),全境总人口达92.16万人,比民国二十六年增加7.51万人,增长9%。抗日战争胜利后,省政府及文教机关迁回福州,大批难民也陆续返回故里,境域人口减少。民国三十四年(1945年),全境总人口85.07万人。到中华人民共和国成立前夕,全境人口下降到82.20万人。

民国时期,由于经济落后,生产力发展缓慢,加之卫生条件差,各种疾病、瘟疫流行蔓延等因素,死亡率居高不下。国民党福建第九行政区专员秦振夫曾说,民国二十四年(1935年)泰宁县"原有2万余户,历经战乱,现仅有12065户;原有7万多人,后因死亡与逃亡者多,现仅在47572人。东面西区10余里,因流亡末归,田多荒芜,伤心惨目"。三明境域人口总量呈下降的趋势,从道光年间的154万余人,至1949年降为82万余人,下降46.75%。人口寿命短,平均寿命仅35岁。

2. 人口分布与构成

民国时期,三明境域人口分布多集中在沙溪、金溪、尤溪流域的丘陵、河谷、盆地。到1949年,各县占三明境域人口比重前4名的分别是尤溪县(14.78万人,占17.98%)、宁化县(12.28万人,占14.94%)、大田县(9.92万人,占12.07%)、沙县(9.30万人,占11.32%)。由于地广人稀,人口密度低,民国二十六年(1937年)人口密度仅为36人/平方公里。

三明境域居民主要为汉族,同时还居住畲、回、苗等少数民族。由于地处偏壤,教育落后,人口文化程度低。据民国三十六年(1947年)统计,三明境域受各种教育(包括私塾)人口19.06万人,占总人口的25.77%。而文盲人口达54.92万人,占总人口的

74.23%以上。由于劳动者的专业技术水平低,劳动技能差,城镇劳动者只能从事一些简章的手工劳动,乡村农民只是从事粗放式农业耕作的体力劳动。

(三)交通运输

民国十七年(1928年)九月,统治闽北的地方军阀卢兴邦在南平成立六县(南平、顺昌、尤溪、沙县、建阳、建瓯)公路委员会,开征公路捐,摊派公路开发费,借修路之名,行搜刮民脂之实,仅沙县就被搜刮大洋7万多元,却未修一寸公路。民国十八年九月,公路委员会以六县丁粮附加二成作为修路资金,除南平、建瓯开工筑路外,尤溪县计划的尤溪城关通尤溪口公路只挖了不足10公里的路基就停工,沙县未筑。

民国二十一年(1932年),国民党军队为围攻革命根据地,强征大量民工修建延(南平)沙(沙县)永(永安)连(连城)和延(南平)顺(顺昌)将(将乐)泰(泰宁)以及南(江西南丰)建(建宁)3条公路。其中南建公路84公里和延沙永连公路245公里分别于民国二十三年六月和翌年六月建成通车(延顺将泰公路因资金不济未修成)。三明境内大部分乡村订有八月修路的乡规民约。在"修路积善"传统思想影响下,不少乡村大道是由乡村名流、富豪首倡,群众募捐集资建成。到了修路季节,各村由长者出面召集乡亲义务修路,由各姓氏分别包修一段路或同姓各房包修一段路,其修整质量须经长者检查认可。有些大道后来成为构筑公路的路线,如民国二十三年六月建成的延沙永公路就是在南平—永安大道基础上构筑的。

民国二十四年(1935年)六月,南平至沙县客运开通,为三明境域交通史上第一次出现汽车商务运输。而后,陆续开通南平至永安、南平至将乐等数路客班车。这时期,生产力有了发展,自然经济缓慢地向商品经济转化,农产品转化为商品的数量逐渐增多。县际大道成为商品流通的主要通道,三明境内土特产品如香菇、笋干、土纸、牛皮、陶瓷等均通过县际大道输向外地区、外省,外地区、外省的食盐、布匹、百货等日用品也经县际大道输入。

土地革命时期,苏区县、乡苏维埃政府下设桥路委员会和运输委员会。委员会发动群众对龙岩至永安、长汀、宁化、清流和长汀至建宁、泰宁等14条长达1000公里的古道、驿道加以改建。在宁化县禾口乡,红军还发动群众修建长达120余米的石台墩木面桥(群众称之为"红军桥")。这些路、桥对改善根据地交通状况,促进根据地物资流通和经济发展都起了积极作用。

民国二十七年(1938年),省府内迁永安,促进了永安县水陆交通的发展。当时永安境内公路里程短、质量差,与邻近各县的陆路运输主要靠手拉板车和畜力车,需要扩展大车道。民国二十九年二月,福建省主席陈仪训令永安县政府:征工赶筑县城与各区、各区与各乡以及乡与乡之间的大车道,费用从当年地方预算经费中开支。民国三十一年(1942年)八月,永安建成宽2米的大车道5条,计165公里,如永延公路(永安至南平)、永德公路(永安至德化)、永上公路(永安至上杭)等,并在县城周围开通公共汽车。永安与广东、江西实行省际公路干线联运。抗日战争胜利后,国民党发动内战,造成国内经济崩溃,民不聊生。随着内战再起,刚刚兴起的汽车运输又陷入困境。至解放前夕,三明境域 417 公里公路仅剩勉强可通车的 220 公里,货车 14 辆,且破烂不堪。

二、经济发展情况

(一)民国初年与国民党统治区的经济状况

1. 军阀割据,土匪猖獗

鸦片战争后,大量"洋油"、"洋布"、"洋粉"等舶来品涌入三明山区市场,刺激了三明山区商品经济的发展,但由于清政府的腐败,民族资本主义工商业发展处境维艰。北洋军阀时期,军阀官僚横征暴敛,欺压民众;军阀之间明争暗斗,战火不断;人民生活困苦,生命财产难以保障。特别是大小军阀虎去狼来,你争我夺,"匪军遍地,暴敛横生,农辍于耕,工失于肆,商罢于市,百业凋零,金融混乱"。土匪更是猖獗,打家劫舍,掳人勒赎,无恶不作,民不聊生。1949 年 4 月国民党将乐县县长章源所编的《将乐县政》也不得不承认:"灾害频繁,高利贷剥削,农村人口剧减,生产日趋薄弱,农村经济几濒破产,民生日见贫穷。"

2. 苛捐杂税繁多,经济落后,商业萧条

民国初,由于驻军掌权,横征苛杂,聚敛钱财,强行摊派征收。而后,又在实行国税、地方税外,乡镇保甲乘机无节制地摊派。县一级地方没有独立税源,其财政收入主要取之于旧赋附加。抗战爆发后,通货急剧膨胀,粮价迅速上涨,加剧财政困难。民国二十九年(1940 年)秋,决定旧赋改征实物。当时,三明境域征收的工商税就有盐税、厘金、烟酒税、货物税、营业税、所得税、遗产税、印花税、契税、房铺宅地税、房捐、屠宰税、营业牌照税、使用牌照税、筵席及娱乐税,地方杂捐等。人民负担沉重,经济落后,商业萧条。

(二)革命根据地的经济建设

1. 革命根据地的创建与发展

1927 年,蒋介石在上海发动"四·一二"政变,闽西发生了"五·七"清党,根据福建临时省委指示,在"汀属八县社会运动人员养成所"学习的革命骨干返乡开展革命斗争,宁化、清流、归化等县先后建立了各级党组织。在红军的帮助下,先后建立了宁清归、建泰将等革命根据地,建立各级苏维埃政权。

2. 苏区土地革命运动与农业生产的恢复和发展

为了粉碎国民党对苏区的经济封锁,各级苏维埃政权开展了一系列打土豪、分浮财、焚烧地契债约、分配土地、筹款筹粮、支援红军和扩大革命根据地的工作,大力发展根据地的经济建设。如 1931 年 1 月宁化开展分田斗争,认真贯彻"必须正确地对待中农和富农"、"抽多补少、抽肥补瘦"的原则,坚持团结中农、保护富裕中农、给富农经济出路也给一般地主以生活出路的正确主张,基本执行了以乡(或村)为单位,以原耕地为基础,按人口平均分配土地。在苏区军民的共同努力下,开荒造田,发展农具、农资等生产合作社,根据地的农业生产得以恢复和发展,不仅改善了人民的生活,而且有力地支持了革命战争。

3. 工商业的恢复与发展

商业是苏区一条极为重要的战线。国民党为了达到扼杀红色政权的目的,除了发动反革命军事"围剿"外,还进行严密的经济封锁,破坏根据地的商业和对外贸易。国民党福建省政府制定了所谓的《闽省封锁推进办法》,划定靠近根据地的漳平、南靖、平和、华安、永安、宁洋、德化等28县为封锁区域,对食盐、火柴、煤油实行公卖,采取官督商办、严密控制,查获商人或群众私运者以"甘心赤化"、"通匪"论罪。同时严禁根据地所产货物输入白区,这样断绝红白区域商品流通,造成工业品紧缺昂贵,农产品价格猛跌的反常现象。食盐由一元十斤上涨到一元几两,给苏区军民生活造成严重的困难,所以苏区除发展工农业生产外,还必须发展商业,沟通内外贸易,搞活商品流通,开展反封锁的斗争。

发展公营商业。1933年8月中央在瑞金召开17县经济建设大会后,各县先后建立起粮食调剂局和对外贸易局(支局或分局)。国家从经济建设公债中拨款支持,组织货源。粮食调剂局,主要是新谷登市收购,青黄不接时卖出,以抑制市场粮食粮价,调节余缺地区粮食,保证红军供养,以及反对奸商哄抬价格。对外贸易局主要组织粮食、土纸等土特产品出口,通过各种渠道输入食盐、火柴、煤油、布匹,搞活商品流通。福建省苏第四次扩大会议,表扬宁化、上杭、新泉对外贸易取得相当成绩,积极组织进口物资,经济较前活跃。

发展合作商业。1932年4月底中央政府颁发《关于合作社暂行组织条例》中,指出合作社组织是发展苏维埃经济的一个重要方式,是抵制资本家剥削和怠工,保障工农利益的有力武器。中央17县经济建设大会后,各县合作社运动蓬勃发展起来,发动群众集资投股,大部分县、区都建立合作社、消费合作社与粮食调剂局门市部,大都联营,主要经营粮食、食盐、布匹、火柴、煤油等一些工农产品。由于受国民党经济封锁,营业品种不多,首先保证军队、机关、烈军属的优先供应,也向群众营业,保证苏区军民生活急需品的供应。机关、红军也办有红军合作社和红色饭店,这样,广大工农便可以买到廉价的工业品,高价出售苏区产品。

发展私人商业。中央和省苏区政府制定了关于私商的政策。1930年3月,闽西第一次工农兵代表大会通过了《商人条例》,明确规定"商人遵照政府决议案及一切法令,照章缴纳所得税者,政府给以保护,不准任何人侵害"。允许"商人自由贸易",保护商人政策(不没收),对于遵守法令进行生产与贸易的商人和资本家保护他们生命与财产的安全及营业生活上的自由,坚决反对过早消灭资本家的"左"倾错误。红色区域的商人到白区办货只需与外贸联系。可按牌价卖给外贸局,牌价低于市场价的允许商人自行卖市,对于根据地军队必须又紧缺的物资和出口农副产品,实行减免税办法。白区商人进入根据地经商,取得根据地护照的实行不检查、不过税、不没收政策,鼓励群众到白区,用巧妙办法采购紧缺物资,以粉碎国民党对红色区域的经济封锁。同时又坚决反对商人囤积货物,有意抬高物价,无故停工停产,扰乱金融,投机买卖,对破坏苏区经济地主残余和商人资本家的不法行为,处以罚款、苦工、禁闭、没收直至枪决。苏维埃政府还分行业组织工会,领导工人(店员)向资本家老板进行斗争,反对资本家阴谋怠工、停产,建立监督生产委员会,督促资本家老板利用各种社会关系,各种路线到白区去办货,或把苏区的生产品输出,以流通商品。资本较多的商人资本家大多外逃到白区,资金较多雇用少量店员的商人不过百家,小本生意数十家,一些流动小商贩,摆摊经营小百货,走墟窜村,以及肩担贩运亦工亦农小买卖,他们在活跃苏区经济,打破国民党对苏区经济封锁,流通商品解决军需民用困难方面,起到积极作用。

(三)地方军阀卢兴邦的经济政策

1. 尤溪军阀卢兴邦

卢兴邦(1880—1945年),尤溪县六都人,1913年投奔德化县苏益部为匪,1915年离开德化潜回尤溪,自立山头,聚众为匪。大革命时期,卢兴邦通过投机和钻营,招兵买马,拉起队伍,大获其利。大革命失败后,在闽西北势力最大的卢兴邦部队于1928年初被国民党改编,番号由国民革命军新编第一独立师改为陆军第14师。同年冬,又改为国民革命军新编第2师。1929年秋,卢部又被改编为国民革命军新编第2师,何应钦把从北洋军阀手中接收下来的福州洪山桥兵工厂和造币厂车间交给卢兴邦。随后,卢兴邦把该厂设备搬至尤溪湆下(今团结乡湆下村),大量修造枪支弹药,加强装备。此时,卢兴邦统治范围包括延平(今南平)、顺昌、将乐、沙县、永安、建瓯、建阳、崇安、浦城、松溪、大田、清流、连城、归化、古田、屏南等22个县,在延平设立"福建临时军务处"和"福建临时政务处",上述各县县长均由卢兴邦委派,卢兴邦成为闽西北的土皇帝。

2. "厘金局"与三次私造滥发纸币

卢兴邦摇身一变成为蒋介石正规师后,其匪性不但没有收敛,反而变本加厉,对百姓烧杀抢掠,奸淫勒索,无恶不作。除大量勒索抢掠外,还在水口、尤溪口等处设"厘金局",由其外甥林大茂任局长,征收木排捐、百货捐、丁粮附加捐等。在闽北各县贩卖鸦片,设赌场,开妓馆等。苛捐杂税多如牛毛,连从江西流放的变相妓女"弹子班"也要抽花捐。当时有人粗略统计,卢兴邦通过各种捐税每日收入达1万银圆之多。

卢兴邦对人民的勒索掠夺,最让人愤慨的还是三次私自滥造伪钞。

1925年8月,福建督军周荫人部署重兵,企图一举消灭卢兴邦部队。卢部自知不敌,撤出尤溪县城,卢兴邦设在尤溪口的"厘金局"被攻占,使卢兴邦发不出军饷。于是,卢兴邦自行印制发行"广豫票",分一千文、二千文、三千文三种面额,以济军饷之急,强行在市面上流通。

1930年卢兴邦被刘和鼎打败后,退守尤溪、大田、永安、沙县四县,财政拮据,于是第二次发行"广豫票"。这次发行的"广豫票"由上海中华书局承印,长方形横式,票面为一元、三元、五元、十元四种,强令在四县流通。1932年7月12日,卢兴邦以有人仿造这批"广豫票"为由,突然宣布停止使用,一夜之间,"广豫票"成为废纸,使千家万户遭受损失,不少工商业者因此倒闭破产。

1934年,卢兴邦又大量发行"华通券",票面为一元、二元、三元三种,原定发行50万元,实际滥发了上百万元。由于"广豫票"失信于民,群众纷纷抵制,卢兴邦就强迫使用,4个月后,仅以4折收回,广大商民再次遭受巨大损失。"广豫"、"华通"两票,使尤溪、大田

图 4-1 "广豫票"

等县众多工商业者倾家荡产。此外,卢兴邦还在兵工厂将饷银和捐税所得的银圆,秘密改铸成低劣的"黄花岗"小银币,强行投放市面使用,仅此一项一年就赚 28 万元。

卢兴邦虽为恶多端,但也曾下令清葬停棺,革除陋习,重修书院,倡办师范、中小学校和图书馆等文化教育事业。倡修尤溪至南平、尤溪至尤溪口等道路,倡办南平闽北中学,建瓯乡村师范,捐修福州孔庙,捐助南街、茶亭街等街道救火会和协和大学、开智中学等校基金会。

(四)抗战时期的经济发展

1. 福州沦陷,省府内迁永安

1937 年 7 月 7 日,日本制造"卢沟桥事变",发动全面侵华战争,中国人民的全面抗战开始。福建省省会福州、重要港口城市厦门等地,也遭到日军海上封锁,1938 年 5 月厦门沦陷。国民党省政府主席陈仪决定搬迁省府,1938 年 4 月 29 日,先由国民党省保安第 8 团开进永安,做好保卫工作。随后,省参议会、省政府所属行政、经济、文教机关迁到永安;省保安处和省社训团迁三元;福建省军管区司令部、国民军训处迁沙县;驻闽绥靖主任公署和第二十五集团军司令部,省贸易、运输、企业"三公司",水警总队迁南平;国民党省党部、省抗敌后援会迁连城。沿海地区的一些公、私立学校、文化团体也相继内迁永安或闽西、闽北。小小永安山城人口剧增,据有关资料统计,1936 年永安县总人口 64292 人,14621 户,战时省会内迁永安后,1938 年人口骤增至 96788 人,23011 户,净增了 3 万余人。

2."统制经济"的策略与官办商业的出现

统制经济政策是抗战时期国民党和国民政府,在以国防建设为核心的总方针下,制定和推行的最重要的经济政策。1939年3月,国民党五届五中全会明确宣布"依于战时人民生活之需要,分别轻重,斟酌缓急,实行统制经济"。统制经济政策是政府在控制国家财政的前提下,通过法律、行政的手段,直接干预生产、流通、分配等社会再生产的各个环节和国民经济各个部门,大力发展国有经济,以确立国有经济在国民经济中的主导地位,以及对金融、税收、物价、外贸等各种经济活动施行强力管制。

陈仪在福建实行统制经济,创办企业公司、贸易公司和运输公司三大公司,作为省政府垄断全省经济的基础。抗战开始后,创设公沽局,统制收购民间粮食,然后由政府配售;设置驿运管理处,苛征船舶、汽车乃至肩挑负贩的捐税;设烟酒专卖局,管理烟酒的购销;设置"营造厂"控制建材;等等。

随着厦门的沦陷,沿海被日寇封锁,进口粮食受阻,而永安人口骤增,粮食日益紧张。为加强对粮食的管理,省政府于1938年底设福建省粮食管理委员会,并由陈仪兼主任委员,永安也相继成立县粮食委员会。这是省、县有粮食专署机构的开端。

3."地方自治"的策略与私营商业规模的扩大

省府内迁永安,人口剧增,打乱了原来的经济生活秩序,一时曾出现住房紧张、物资奇缺的现象,原来的商业网点已无法满足消费者的需要,商业投机资本开始活跃。市场的发展也招来不少外埠客商,增加行业、添设商店、多方设法、开辟货源。同时金融业也通过信贷关系(这时中国、中央、交通、农民四家银行和省银行已相继迁永)以"透支"、"押汇"、"抵押借款"等方式,扶植中小商人个体手工业。刘建绪主闽后又推行"地方自治"策略,使商业呈现一片繁荣现象,商店增至400余家,商品交换和手工业生产,均得到进一步发展。据1945年的统计,永安笋干生产增至5760担,纸业生产达1003340担,香菇产量达380市担,木材有214580株。民国二十七年(1938年),沿海一批军、政、文教机构内迁沙县,商业更加繁荣。民国二十九年十一月,沙县登记的商号有594家。其他各县的私营商业规模也有很大的发展。

第二节 工商业发展

一、工业的快速发展

(一)省府内迁后永安工业的飞速发展

随着省政府内迁永安,永安的商业、工业、交通、金融突飞猛进,扶摇直上,而进步最速者为工业。在政府扶植与社会需要下,官办的电力、煤炭、砖瓦、锯木、汽车修造、林产化工等企业应运而生,近代重工业开始起步。至民国三十四年,永安全县已有官办、股份合作制和私营的重工企业14家,职员、工人总数973人,总产值近300万元法币。民国二十七年(1938年)5月,省中南旅运社在永安西门外创办电机锯木厂,次年有职工31人,产值3万元法币,这是永安首家官办重工业企业。民国二十九年,省营和县办的重工企业有永安汽车修造厂、永安电厂、省赈济会第三难民工厂、省会工务局永安锯木厂、省建设厅第八工厂、虾蛤煤矿、曹远煤矿等7家,职工总数570多人,总产值约200万元。这期间,机器碾米、铅字印刷、机械缝纫、日用化工等现代工业兴起,食品、家具、鞋革、洗染、铁器、竹器、五金制品等行业繁荣一时,全县手工业行业扩展到30多个,从业人员最多时达2000多人。民国三十二年十一月,新增省营锯木兼碾米企业1家,职工25人。抗日战争胜利后,上述企业陆续外迁或停办,仅留下一家电力企业。永安修造厂最后一批员工于1950年2月由省公路局接管并迁往福州。

1. 官办企业

省会在永安期间,开办了一批官办企业,其中省营的工业企业最主要的是永安电厂,该厂不仅自身发展盈利,还促进了永安工商业的发展,为当地民众带来光明。

永安电厂成立于1938年7月,附属于福建省公用事业管理局,不久改隶省会工务局,后又改属建设厅,1940年8月,又划归福建省企业公司管理,定名为福建省企业公司永安电厂。初开办时,在西门外桥尾设一发电所,资本8000元,装置40开维爱发电机两座。如此小规模,根本无法供应大批迁入的机关、企事业单位用电。于是,省府决定在离城10公里的桂口建设水力发电站,划拨工程开办费12万元。1940年2月,桂口水电站建成,装机容量264千瓦,有员工及徒工60余人,是当时全省最大的水电站。与此同时还架设完成桂口至城区、至吉山的电线,基本满足了机关单位及部分商民的用电。1940年10月,电灯用户已有800多户。电厂还有附属工场,经营碾米、磨粉、灰炭以及材料库等。

赈济会第三难民工厂于1939年5月筹办,划拨资本3万元,7月正式成立,以安置沿海难民烧制砖瓦为主业。砖瓦供不应求,随即在南门外第一桥增设第一分厂。至1940年,第三难民工厂每月可生产砖5000块,瓦22万片。

卫生厅制药厂于1936年9月开始筹办,1937年4月成立,1938年迁至永安下渡,资本原定1万元,1940年增加1万元,生产药品150多种,年营业额10万余元,产品除供应本省,还销往浙江、江西、广东。

省政府秘书处印刷厂于1937年7月在福州成立,资本1.6万元。1938年随省府迁至永安。有铅印、石印、浇字、刻字、装裱等设备,其中对开机、三开机各2座,石印机3座,脚踏机4座以及发电机、切书机、订书机、烫金机等。工厂员工70多人,年营业额7万余元

省会工务局永安锯木厂原是1938年5、6月间,由中南旅运社在西门外创办的锯木厂,因设备、技术原因,营业不振,由工务局接办,资本2000元,员工30余人,年营业额3万余元。

福建省企业公司营造厂成立于1940年夏,省会工务局永安锯木厂、赈济会第三难民

工厂均划归企业公司营造厂。该厂员工近千人,下设锯木、砖瓦(在渔潭、第一桥)、石灰、木工、营造等工场以及材料库、小工队,分厂及办事处等。

建设厅第七工厂永安工场是生产香烟的工厂,总厂在福州,永安工场于 1940 年 1 月,每日可制香烟 4 万支。

建设厅第八工厂是木材干馏(烧木炭)烧石灰的工厂,在城郊虾蛤,1940 年 2 月筹办,6 月正式生产,有员工 50 多人,每月可产石灰 1500 担,木炭 600 担,净木醇、粗木酮、轻油各 1 担,木焦油 400 担,总计约值 6700 元。

建设厅省营造厂于 1940 年 2 月筹办,资本 5 万元,有员工 20 多人。其主要业务一是经营土木建筑工程,二是代办设计、监工业务,三是研究改良建筑材料,四是训练培植匠工。

2. 合作工业企业

中国工业合作运动,乃倡自抗战以后。中国工业合作协会(简称工合)于 1938 年 8 月成立,历史虽短,但发展甚速。因这种运动于中国合作经济上极有裨益,不仅可以发展工业,增加生产,建设经济国防,而且可补救失业之劳工大业。故倡行以来,不仅为全国民众所爱护而获得迅速之推展,而且得世界各国人士之赞助。1939 年 5 月,工合东南区办事处在永安设事务所,随后,工合永安事务所在城内外创办了一批手工业合作社。合作社属股份制、理事会管理的新型工商业组织,管理相对公开、公平、合理、合法,各社统一全称为保证责任永安县××××合作社。

表 4-1 主要合作社企业一览表

合作社名称	成立时间	社员人数	资本总额	月营业额
大同路缝纫合作社	1939.06	8 人(其中雇工 1 人)	12000 元	800 元
南郊大细木合作社	1939.07	11 人(其中雇工 5 人)	11000 元	2000 元
西郊大细木合作社	1939.07	8 人(其中雇工 4 人)	12000 元	1500 元
伍师路肥皂生产合作社	1939.08	7 人	35000 元	1200 元
下渡村雨具生产合作社	1939.08	10 人	20000 元	600 元
第一桥酱油生产合作社	1939.09	10 人	14000 元	1300 元
下渡村皮鞋生产合作社	1939.11	7 人	14000 元	1000 元
建国路机器锯木合作社	1940.01	7 人	28000 元	2200 元
南城印刷合作社	1940.02	8 人	32000 元	900 元
马夷口砖瓦生产合作社	1940.02	8 人	8000 元	

1940 年 4 月,又开办城北机器锯木合作社、清水池石灰生产合作社、吉山砖瓦生产合作社。据 1940 年底统计,全县共注册登记 12 家保证责任合作社,按其产品性质分类,其中土木石工业 6 家,化学工业、服装工业各 2 家,文化工业、杂项工业各 1 家。主要产品有板材、砖瓦、石灰、大小木器、肥皂、酱油、皮鞋、服装、雨伞、书簿、表册等。12 家合作

社共有社员97人，雇工13人，认缴股金42.2万元，平均每月生产估值229.5万元。

3. 民营企业（一般企业）

一般企业以营造业（建筑企业）、印刷厂、造纸厂、石灰厂等发展较快。

营造业又称建筑业，指经营建筑及其他土木工程业务的企业单位。在抗战前，当地无此类企业，其业务由木匠、泥水匠、石匠等工匠承担。省会迁永后，建筑工程日多，且工程量大要求高，一般工匠无力承担。备有专门技术人员、工匠和资本、设备的大来营造厂和东南营造厂率先迁到永安，获利丰厚。随后，各营造厂陆续迁入永安。至1940年建筑企业多达33家，均经省会工务局登记核准在案。全部厂家中，大部分承接房屋建筑工程，少部分承接公路桥梁及水利等工程。按等级分，其中：乙等营造厂3家，乙等者需2万元以上资本，曾承办10万元以上工程，且经证明成绩优良，其主管人员系专业技术人员，可承接20万以下工程；丙等营造厂2家，丙等企业需5000元以上资本，可承接5万元以下工程；丁等营造厂28家，丁等企业需500元以上资本，可承接3000元以下工程。在永安的著名营造企业有大来营造厂、东南营造厂等。

印刷业有万有、玉生林、文明、民有、醒华、启新、接通、风行等，还有改进出版社印刷厂、福建省银行印刷厂以及机关单位自设的印刷厂。

永安造纸原料丰富（幼竹），土纸生产古已有之。土纸厂又称槽户，均在山村。主要分布在罗家山、岩头、桂溪、洪田黄坑、板坑、小陶、麟厚、苦竹、安砂、水碓岭、岭后十八村等。省会迁入，土纸需求量大增，特别是洋纸（机制纸）进口被封锁后，土纸更趋紧俏。1940年，全县槽户达165户，造纸工人达1400多人。年产量16000多担，其中白料类6000多担，甲纸5000担，海纸400担。除供应当地外，还外销福州、泉州2000多担。

永安多石灰石，就地采石烧石灰由来已久。石灰主要用于建筑，亦用于造纸。省会迁永后，石灰需量大增，石灰业快速发展。至1940年，石灰厂（窑）有28家，主要分布在清水池、曹岩、龙水岩、岭干、胡峰、谢头、抚头坪、虾蛤等地。年产约6万担，产值约18万元。其大窑年产可达4000多担，小者年产1000多担。石灰有幼白、中白、灰浦之分，各有所用，每种价格相差无几。

省政府内迁永安后，大批福州手工业工匠流入永安避难或谋生，翌年出现首家私营轻工企业——新光肥皂生产合作社。到民国三十四年四月，全县手工业行业已有30多个，除原有的行业外，新增针织、弹棉、西装、鞋帽、皮革、五金制品、纸制品、煤制品、衡器、雨伞、日用化工品以及修配服务的洗染、刻印、钟表、自行车等行业，全部从业人员达2200多人。

（二）三明境域各县工业的发展

省政府内迁永安前，三明境域各县工业生产落后。省府内迁永安后，为了支持抗战与发展经济，除永安临时省会工业迅速发展外，三明境域各县工业也有长足发展。据《福建民国史稿》记载：福建省保安干部训练所迁往梅列（后迁三元县）、福建省县政人员训练所迁往梅列（后迁三元县）、福建省警官训练所迁往梅列。因为这个缘故，梅列出现了木材业、造船业、笋业、米粉业、酿酒业等较大工商业主。

民国十七年(1928年),大田县涂清万等合资在济屏乡和平溪建炉炼铁。民国二十九年福州建华火柴厂在县设立分厂,有工人200多人,日产火柴10万盒。民国三十二年,武陵林笏隆等集资在建设铜锣坪办铁厂。民国三十四年,肖冠英在上京桂坑建天南化工厂。

至1949年,明溪全县经县政府登记注册的手工业户约100户,行业门类有造纸、迷信品制作、染布、补鞋、烧砖瓦、烧石灰、棕棉加工、铸锅、缝纫、刻印、制陶瓷、金银首饰加工、打铜锡、酿酒、色纸染制及木器、竹器、铁器制作等20多个。

二、商品与商贸的发展

(一)商品

民国年间福州郑丽生写有《福建物产歌》一篇,系按新中国成立前全省两市六十六县的建制,编为七则;内中保留了三明当时当地的土特产生产情况,反映了三明物产的富饶,《福建物产歌》如下:

> 南平隽绝玉兰片,皮枕轻柔工独擅。
> 鼠船街尾下尤溪,纸笋木茶恣取携。
> 夏茂名烟出沙县,后起之秀赝上选。
> 永安原野生桕桐,夏橘山庄酿可沽。
> 三元设立新县治,沙永土产别无异。
> 将乐玉华古洞天,垂帘竹纸日毛边。
> 顺昌重镇在洋口,客来留醉密冬酒。
> 大田竹器特朴茂,虎鼻崎茶医病疲。

从《福建物产歌》可以看出,三明境域各县物产有自己的特色,亦形成了各县不同的商品及商品市场。

三元县土特产主要有:笋干、原木、香菇、红菇、毛竹、蔗糖、竹木制品、油茶、棕、板栗、茶叶等,其中大宗商品是笋干、木材、菇类、土纸等。商店经营的主要有米、食杂、糖烟、油、布匹等,供居民日常消费,其余商品需在集市上购买。列西街头的传统美食类小店和私人移动式摊位也一度繁荣,主要经营:扁食、咸饼(木炭烧饼)、鸭汤面、碗糕、灯盏糕(油饼)、粿条、龙门饼、艾粿等。在三元城关豆腐店之多,令人眼花缭乱,大约每25户居民就有一家豆腐店,常年经营的豆腐店就有37家之多。在墟市上除了农副产品外,还有远近闻名的徐坊(徐碧)、列东仔猪,质地纯白而又幼嫩的龙岗粉干,列西的红柚,洋山的芦苇扫帚等。

永安县土特产主要有:笋干、木材、土纸、香菇(红菇)四大宗。抗战前,笋干最高年产量达近二百万斤,主要销往福州、上海、江苏、浙江一带。永安山林资源丰富,森林覆盖率达56%,木材积蓄量达2157万立方米,民国时专门做或兼做木材生意的私商就约有20

图 4-2　笋干与香菇

多家。土纸抗战前最盛期全县纸厂达160多个,年产土纸约一万三千余担,品种以毛边纸为主,还有文纸,销往福州等全省各县。香菇在抗战前后,全县大小香菇厂约有百多个,最高年产量约有十余万斤,香菇基本上是浙江庆元县一带菇农种植,除部分由菇农带回浙江外,一部分供应本县,外销去路仍是福州、上海等地。本县商业网点不足,经营品种单调,京果、鱼货、药材、布匹、染坊、百货业则为外籍人所垄断。本地人多经营米豆、日用杂品等小宗交易。

图 4-3　木材、竹林

沙县土特产主要有木材、毛竹、土纸、香菇、晒烟、茶叶、笋干等。民国期间,县内木材购销由木材商自行经营,大部分销往福州,再转口销往其他地区。正常年间,木材商年收购量约为5万筒。民国二十五年前后,县内较大的木材商行有建昌木行、宏大木行、秀生发木行。民国二十九年,县内木材商行有7家,年输出杉木2万筒、松木1.5万筒。民国三十四年分别增至6万筒和4万筒。民国二十六年县内纸类产品年输出量最高约800

吨,主要销往天津、青岛、浙江、江苏、福州等地。民国二十六年香菇年输出量最高50吨,民国三十三年为5吨。民国二十六年笋干年输出量最高1050吨,民国三十四年最低为45吨,主要销往上海、浙江、江苏等地。沙县种植的烟叶主要是晒烟,夏茂、梨树、富口一带盛产晒烟,晒烟最高年输出量770吨(民国二十五年),最低约150吨(民国二十六年),主要销往福州、南平、江西和邻近各县;夏茂晒烟刨制的烟丝有"烟魁"之称,民国初年年产约50万公斤,民国三十四年年产约36万公斤。据县志记载:民国十七年富口、琅口、渔溪湾、管前、涌溪等地茶庄林立,尤以琅口为最盛,主要生产乌龙茶及红边茶。清光绪十五年即1889年茶叶最高年输出量约1500吨,民国初尚有60～100吨,主要销往福州,并转口销往英国、东南亚地区。民国初年,沙县的双凤商标茶叶在东南亚一带享有盛誉,民国二十七年尚有5吨茶叶出口英国。笋干的主要产区是大洛乡,分布在宝山、前村、华口、后溪、文坑、中洋、陈山等村,主要生产白笋干。香菇的主要产地是高桥、高砂、富口、夏茂、青州等乡镇,出口量占全县出口量的大部。民国期间,地产药材外销品种主要有:厚朴,销往福州、尤溪、大田、三元等地;金蝉蜕和蝉花,销往上杭、广东和香港等地;淮山,销往福州等地。年外销量500～2000公斤不等。土特产品除了各商号自行购、销之外,成立专业生产合作社、同业公会开展推销工作。县内较有影响的推销机构为沙永公所。沙永公所成立于清末,由各商号集资,在上海龙德桥附近购置房屋,负责县内纸、笋在上海、江苏一带的销售业务,为各商号厂家提供服务。

  大田县土特产主要有:苎麻、夏布、香菇、红菇、木材、笋干、土纸、茶叶、桐油(山苍子油)、兔毛、瓷器、铁器等。民国时期,土纸业有所发展,主要产区有广平、东西坑、谢洋、早兴和屏山,而以广平、谢洋为盛。民国三十六年(1947年),仅谢洋科里村就有72家纸寮,主要品种有粗纸、大海纸、毛边纸。民国十七年《大田县志》载:"农家多种苎麻,出产夏布为上品,农家妇女皆能纺织,每年运省内外甚多。……有苎布与腰机布两品种,苎布用于生产,如做苎谷袋等;腰机布以苎为经、以棉(棉纱)为纬,细嫩似绸为衣裳。"清至民国,湖美、均溪、太华、早兴、梅山、建设和石牌等地为苎麻盛产地。其时以湖美产夏布最盛,90%以上人家,均种苎麻纺线,产量多,质量优,用木质纺车,一妇日可纺纱八钱至一两。夏布除销县内,还销往永安、安溪、德化、泉州和仙游等地。此外,大田还生产陶瓷、豆豉、豆腐、糕饼、油支、粉干等,均溪华安村盛产麦芽糖,至今仍有美誉。这些土特产由商贩收购,肩挑至永春许港和本县溪仔坂(昆山村)、文江村集中,再装木船至永春、泉州、福州,运销海外。输入商品有食盐、棉布、日用杂货、中药材等。竹木输出都靠溪河单排漂放筏运,每排6～7立方米,从均溪或文江溪筏运到水口,仁福小溪从三角尾(谢洋)进入九龙江筏运到漳州。民国初期,大田没有专营的米行、粮商,粮油自由经营,城关有7家、桃源有3家杂货店小量兼营。城乡23个墟场中大部分设有米坪(米市),用米斗计量,供需直接成交。较大的有城关"消费型"米市、桃源"输出型"米市、三保(建设)"集散型"米市、广平"购销型"米市,粮食销往永安、沙县和德化、永春、安溪等闽南一带。

  明溪县在民国前后有由手工制成而行销甚广或脍炙人口之特产是五色纸、锡纸、肉脯干三种。五色纸为明溪出产大宗,行销湖广、广东、江西、福州等地。运往湖广销售者

图 4-4 苎麻、夏布

有汉口帮,运往福州销售者有榕城帮,两帮皆利市三倍。从前巨商富室多由此发迹。在清嘉庆、道光年间,设厂制造,出产甚富。五色纸的店铺达二百余家。到清咸丰、同治以后,生产锐减,从事此业者寥若晨星。清时锡纸亦为明溪出产的大宗商品。(此产品皆用女工,女人借此营生者达数千家。)行销江西、邵武、泰宁、福州等处,以行销江西数量为最大。每年有赣客数十家派员驻县采办出口,并由陆路运载棉夏布及棉花、糖、油、丝绸、火炮、药材、杂货入境,商业异常繁盛。自民国以后,禁止迷信,锡纸生意一落千丈,产销甚微。肉脯干为旧汀属八干之一,系用肥猪精肉,浸以多年红酒糟精制而成,色香味俱佳,销售颇广,是糕饼铺的附产品,解放前夕,因肉价高昂,产销甚少。其他主要商品有红菇、金针菜、草席、细花竹篮、土纸、玉扣纸、复写纸、石印墨等,参加 1940 年 10 月在福州召开全省地方商品展览会,受到各地行家好评,也使明溪特产在全省产生良好的商业影响,拓展了商家贸易渠道。

图 4-5 肉脯干、五色纸

宁化县农副土特产品以稻谷、猪、家禽、土纸、木材、香菇、红菇为大宗。商贩收购后,粮食多销往长汀、永安;家禽销往永安、沙县、顺昌、将乐;土纸、红菇、香菇、木材分别销往广东、汉口、福州及附近各县,转口销往香港、东南亚各地。禾口陶器亦运输江西各县。据民国三十三年(1944 年)统计,宁化县主要农副土特产品年外销量为:稻谷 1.2 万吨、土纸 1650 吨、香菇 14.6 吨、大豆 50 吨、生猪 1 万头、木材 2 万株、花生 25 吨。其他农副产品如水果多从江西石城贩进，仅有桃、李、梨、桔、枣等品种。水产品历来以池鱼为主，咸鱼、冰冻鱼、虾米、海带、紫菜从沿海购进少量销售。食糖多食用江西黄砂糖和板糖。民国二十八年（1939年）统计，从石城贩进黄砂糖10吨、板糖1.5吨，另有少量冰糖和洁白糖。烟叶生产方面，宁化农民自产晒烟有较长历史，民国时期宁化烟店仅仅出售旱烟及水烟，也有极少量的卷烟（称纸烟）。酒类酿制方面，宁化历来自产水酒、冬酒和谷烧酒，解放前家酿酒较多，酒类购销量不大。食盐销售方面，多从长汀贩进潮盐，民国二十八年食盐销量为435吨。工业品多从福州、上海、广州等地生产输入，如针纺织品、五金交电、煤油、石油、药材等，另有头梳、剪刀、针线、牙刷、肥皂、毛巾、袜子、文具等日用小商品。宁化具有特色的菜点和风味小吃有鱼生（生鱼片）、烧卖（用芋子和地瓜粉作皮）、韭菜包（米作皮）、蒟子冻、炒三冬、马鞍鳝、凉拌粉（冷菜）、灯盏糕、印盏糕（碗糕）、仙草（冷食）、辣豆腐等，形成了客家风味小吃。

将乐县土特产主要有：粮油、毛边纸、石灰、木材、笋干、香菇、红菇、蔗糖、龙池砚碑、陶瓷、酒等。将乐盛产稻谷，是福建省的主要产粮区，民国初年，全县有13个粮油墟场，城关粮食市场为全县粮食集散地，除运销县城居民用粮外，大部分粮食转销洋口、福州等地。将乐县毛边纸驰名中外，它具有纸质优良、响张少疵以及纤维细嫩、结实柔韧、不易折断、光而不滑和吸水防蛀性强、书写字迹经久不变、色泽美观稳定、保存长久等特点，宜于书画、簿籍、印刷、裱褙、包裹及卫生用纸等。自20世纪30年代起，以"大广纸"为商标的将乐毛边纸一直畅销于国内各地及日本、新加坡、泰国、柬埔寨、菲律宾、马来西亚等10多个东南亚国家和地区。当时较为出名的有"美大仁"、"天美仁"、"福昌义"等三个纸行。民国十八年（1929年），将乐县产纸50000担，居全省第二位（长汀第一）；产值910000元，居全省第四位。民国二十五年（1936年），将乐毛边纸产量达到了最高水平，纸的产量达345000刀，占全县国民经济的25%。石灰为造纸之必需原料，故本县烧石灰业亦随造纸状况之兴旺而相当繁荣。据《福建省地政丛书·将乐卷》所载："境内现产石灰区域有民族、古镛、高唐、白莲、光明、万安、增源等乡镇，共大小灰窑三十余座，年产石灰二万五千余担，价值三万七千余元。其产品除一部为本地建筑之用外，大都供给造纸之需。"民国三十年《福建省地政丛书·将乐卷》还记载了将乐木材、笋干、香菇、红菇、蔗糖、龙池砚碑等商品的生产销售情况："将乐县境内山峦重叠，雨量充沛，树木滋长甚易。全县竹木林地146万余亩，除竹林可供造纸之外，其他杉、松林以及杂树林等，生产木材颇富。抗战以前，福州木商来县，雇工伐树，扎成木排或锯成木材赴省内外销售，每年输出杉木一万余株，松木五千余株，樟木、楠木二百余株，价值三万七千多元。""本县产笋干区域，与造纸地点大致相同。年产笋干九百余担，价值二万七千余元，大部分运往福州出口，转销外省。""本县出产菇类有香菇、珠菇（即红菇）之别。香菇需人工培植，珠菇乃天然野生。每年香菇约产六百担，珠菇八十余担，其行销地点，香菇以外省为大宗，珠菇则专售往莆田、晋江一带。全年输出价值不下二十余万元。""境内金溪两岸，土质均带沙性，适于栽蔗。故高滩、积善、龙池、祖教、黄潭各保，皆有大量糖蔗栽培。全县种植面积据此次调查共1406.5亩，产蔗四万九千余担，均供本地制糖之用。境内共糖厂十五家，每年产赤糖一千四百余担，大都行销境内及邻县。""本县产砚石，色黑质坚，自具片段。

以海棠洞产者为最佳,文理大者可制为碑,小者可琢为砚,故制砚工业甚盛。所产墨砚,不但石质优良,且刻工精细,驰名远近,为士林所赞赏。"著名的商号有"施仁记"。民国期间,本县的万全、南口、安仁、光明等乡仍有生产陶器和瓷器,大多为日用的钵、碗、碟、盘等,但也有一些老窑生产的瓷器仍十分精美,由清末民初将乐县证觉寺高僧监制的青花瓷佛,乃当时瓷佛中的优秀代表作。1933年,本县林增棋与其弟林增华利用前店后坊,在城关南门角施厝对面办起"永隆"酒店,主要生产老五酒、五加皮酒、鸡老酒与米烧,年产4吨左右,产品销往福州、泰宁等地。

图 4-6　造纸、毛边纸

清流县农副产品极具特色的是高地贡米、遍布各村寨的茶油,明清时期已遐迩闻名。清代民国时期,优质茶油、茜坑晒烟、赖坊大蒜、林畲淮山已享誉闽西。外运的商品主要有竹、木、纸、菇(红菇)及部分粮油等,由江西、广东或长汀等运入的商品有烟草、药材、家用杂货、布匹、食盐等。民国时期,江西及本省长汀、连城等外地商人进入清流开糕饼、烟酒或药材店铺逐步增多,有不少商人也就留居本地。主要的工业产品和日常用品由江西、广东和本省的长汀运入,由于清流多山,进货全靠人力肩担。传统手工艺产品主要有剪钻、留坑锡壶锡器、杨源铸锅、木尺、根雕、土纸、东山草席等,产品销往闽、粤、赣周边省份,有的产品甚至远销北美、欧洲、亚洲、非洲各国。

泰宁县主要商品有:矿产品(金、银、铜矿)、瓷器、木材、峨嵋茶、方竹、苎麻、西纸、活石、草席、稻米、木船等。民国时期,金溪航道就成了泰宁与建宁两县的交通运输命脉。大宗的木材、粮食、土特产都从金溪的梅口码头起运,顺水驶往将乐,经顺昌洋口、南平,直抵福州。民众日常的生活用品,如食盐、白糖、布匹、燃油、食杂等,亦从这里输入。

(二)商贸

三明境域地处福建西北,山区资源与农林产品丰饶,其大宗商品主要有茶叶、木材、笋干、纸等,渐渐形成相应初级市场,有的仅系某一种商品的集散地,如沙县的高沙、高桥的茶市;有的甚至形成多种大宗商品的集散地,如沙县的富口同为茶、纸的集散地,是闽江上游三个内地中心市场之一,商人云集,贸易极其繁荣。此外,这些初级市场还大多同为山区其他产品如笋干、香菇等的集散地,因而这些市场的商品流通量是较大的。但这些初级市场只是商品集散地,必须以各溪流为网络,以沿溪散布的初级市场、内地中心市场及福州中心市场为环节,形成物产产地→初级市场→内地中心市场→福州中心市场的流通。

三明境域地处山区,交通不便,村落分散,商业发展受到限制,商店较少。买卖交易主要靠墟集、庙会、水运等,形成了独特的山区商贸之路。

1. 墟(圩)市与庙会

民国时期,三明的商品流通模式仍主要是集市贸易。"墟"、"市"贸易仍是例行的城乡"墟"(墟市)和依附于寺庙宗教活动或地方性节日活动的"市"(庙会)商贸活动两种形式。

图 4-7 庙会

墟(圩)市。"墟日"是农民自产自销农副产品,交换工业品和其他生活必需品的农贸交易市场,也是小商贩远途贩卖、摆摊设点的好时机。墟市视人口分布情况而定,城区和各个集镇所在地按各地习俗来确定墟日,或十日一墟,或五日一墟,有时为方便物资交流,墟日甚至有意错开。每至墟日,乡民由四面八方各个村落齐集,墟场有的运来各自生产的农产品,诸如鸡、鸭、猪、羊、牛肉、菜蔬等,有的商人从外地运来布匹、食盐、糖等到市场贩卖,民众根据各自所需,以及不同的经济能力,购买商品。墟市是三明城乡历千余年而不衰的一种商品交易形式,至今各乡镇仍以墟市形式开展贸易活动。

民国初,沙县墟集保持清道光年间的数量,共有21个,民国十七年(1928年)新增曹源墟(在今琅口乡曹元村),废梨树月邦仔的黄沙墟。民国三十四年全县墟场减为15个,其中夏茂、高砂等墟集交易时间长,赶圩人多,交易十分活跃。1949年,宁化全县墟集有28个,另有2个"帮墟"(离主墟场不远,过路客商歇脚时形成的短暂交易)。大田县民国十七年(1928年),全县有集市26处,民国二十一年减为21处,民国三十六年又减为16处。民国时期清流主要的墟场有城厢、嵩溪、嵩口、沙芜、曾家、洋塘、长校、里田、林畲、田口、芹溪、罗口洋、邓家、龙元等处。三元有六个墟场,其中莘口墟场,是三元、永安、沙县、明溪四个邻县的自然经济区域的中心,每逢四、九为墟日,赶墟者有近万人之众;行商、坐商、摊贩各自按行业区划设点摆摊,出售工业品和人民生活日用品,农民则出售土特产和手工产品,因此市场商品花色品种齐全、数量多、销售额大,各种干鲜笋、菇类、瓜果蔬菜、盐油酱醋和布匹百货、铁制农具、猪、牛、鸡鸭、蛋类、大米、黄豆、笋干以及竹木柴炭,样样都有,琳琅满目,任你选购,皆能"负其所有而来,购其所需而归",因此莘口曾被称为沙溪的"小上海"。

此外,墟市的另一种形式是专门经营某一种特定商品的交流会,一般确定在一年中特定的2~3日,如清流的长校镇、嵩溪镇的耕牛交易会期,或仔猪交易会期,在会期的几天中,墟场上主要以买卖耕牛或仔猪为主,附以其他商品交易。泰宁县朱口牛会,每年二月初四为第一次会期,大闹花灯;七月二十五至二十七日是第二次牛会,为期3天。牛会期间,邻近的江西省宁都、黎川等县都商贾前来交易,上市耕牛多达千头以上,交易场面十分壮观。

除墟市外,民国期间利用庙会进行商品交易,是宋代延续下来的另一种圩市形式,也是三明山区商业活动的特色。每次庙会自然形成一次物资大交流,不仅本县人争相奔走,外省外县人也络绎而来。其时各县庙会甚多:宁化县店上乡七月二十五日的张公庙会,以耕牛交易最盛,参加交易耕牛最多时达五六千头,成交数百头至千头,粤、赣、浙、湘数省均有人赶来赴会。八月十三至十八日,宁化翠江镇天后宫庙会最盛,赴会者不仅有省内邻县商人,亦有来自江西、广东、浙江等省客商,带来各地出产的货物,与本县的农副土特产品进行交流,十三日起赴会者云集,至十八日达顶峰,通宵达旦,随处成市,两三天后散去。清流县城庙会甚多,自正月初起至三月底,历时50余天,如清流城区每年正月十五日的元宵节会,正月初六至三月底,各村轮流择日举行的金莲会,农历二月二十八、二十九日的城隍庙会,三月初二、初三的镇武庙会、三月初三的三圣隆庙会,三月初的欧阳真仙会,农历五月十一、十二日的龙舟赛会,农历八月二十五日的樊公庙会等等。尤溪县城关每年元月十九、二十日夜的迎灯庙会,自明代起相沿成俗,虽是新春娱乐,实际成为民间贸易,借以招揽生意,洽谈买卖,清理悬案,还旧债赊新账,成为尤溪商场独特年会。

2. 水运

商品的流通依赖于交通。三明境域崇山峻岭,溪流湍急,交通极为不便,素有"闽道更比蜀道难"之说。近代以降,虽然由于主要运输商道的改变,交通运输有了一定发展,但总的看来,仍然是非常落后的。民国时期,三明境域陆路商道一直是一些盘旋于高山峻岭间的山间小道,路宽1米左右,因此挑抬是主要运输形式。民国二十三年,当时沙县至永安83公里土路通车,三明境内始有24公里公路,永安商民始见汽车,汽车货运由此开始。至1949年底,永安有公路102公里。此后三明各县虽有所兴建但终因路程较短、路面崎岖不平而废弃无用。因此,水路运输成为三明境域最主要的运输渠道。当时,木船运出木材、笋干、香菇、竹木制品等。毛竹、木材则扎成排筏,顺流而下,直达福州。返程时运进食盐、布匹、日用百货。

三明境域较大的航道有沙溪、金溪、尤溪,均属闽江水系。民国时期,这三条航道及其主要支流是三明境内的水路交通要道。其运输工具有十余种溪船,主要是麻雀船、鸡公船、小鼠等小型溪船。由于溪水湍急,险滩较多,溪船事故频生,船户称"铁艄工",寓其不怕粉身碎骨之意。而民国时期,沙溪是三明区域的交通要道,当局也设法加以治理。

图 4-8 木排

民国二十六年,福建省建设厅组织沙溪整治工程处,炸除一些险滩,使河道拓宽,能通行 10 吨的小汽船。

三明至沙溪口航道,明代就是沙县至南平的水上驿道,正常水位可航行 10～12 吨的木船。民国十一年(1922 年),英两商人先后在长乐县营前镇(马江河边)开设锯木厂,为采购木材,用 5 吨木船斗胆配煤油发动机,命名祥泰号,悬挂英国国旗,航行于福州—南平的闽江航,曾深入到沙溪水域或金溪水域。民国十五年,英国同昌洋行制造"飞鹰号"小汽船,航行于闽江上游,同时开辟南平—沙县航道。民国十九年,沙县工商业者潘伊铭购置 2 艘汽船,分属"闽沙"、"福沙"两航运公司(均为私营)。民国二十五年,省汽车管理处自购汽船 2 艘,航行于南平—沙县航道,与延沙永公路永安—沙县段衔接,办理水陆联运业务,主业为运客。40 年代,沙溪成为沙县对外重要交通线,木帆船最多时达 150 多艘,最大的木帆船被称为"大木舸",载重可达 30 吨。

三明境域的茶叶、木材、纸等这些大宗商品,通过水路运至福州后,销往上海、天津、广州、烟台等国内市场,也销往英国、美国、欧洲大陆、新西兰、日本、东南亚等国外市场。

3. 福建省工商品展览会

省政府内迁永安后,永安成为全省的政治、经济、文化中心。为了扩大闽省工商品的知名度,促进战时经济的发展,1940 年 11 月 12 日,在永安县公共体育场召开了盛况空前的闽省首次工商品展览会。此次展览会的参展单位共有 1642 家,展品共 16065 件,分四个陈列馆展出,展品分成十三个大类,分别是加工农产品、加工水产品、矿产品、染织品、机器及机械品、手工制造品、美术品、化学工业品、建筑工业品、饮食品、医药品、教育用品、工业原料及其他工商品。此外还设有贩卖部,出售各类商品,因商品质量好,价格便宜,参观者踊跃购买。尤其是企业公司出产的布匹,妇女争相购买,很快销售一空。

图 4-9　小汽船

参加展览会的除在永安的省政府各机关、各界人士外,还有来自福州、南平、建瓯、沙县、三元及连城等永安周边各县市的团体,还有永安各乡村的民众,共计10万多人参观了展览。

为了对外扩大此次展览会的影响,永安县邮政局特别刻用了永安有史以来的第一枚纪念邮戳,用于加盖在展览会期间收寄的邮件上。此邮戳为方形、分下小下大两格,上格自左至右横书"福建省工商品展览会纪念戳"几字,下格分为两行书"促进生产　发展工商　欢迎参观　敬请指教"。

工商展览会盛况空前,不仅扩大了闽省工商品的知名度,也为全省(特别是永安县)工商业人士提供了一个难得的切磋交流的好机会,也为民众扩大眼界,增长了见识,促进了工商业发展。

三、商业发展形式的多样化

(一)主要商业资本

1. 借贷资本

当铺　民国初年,三明境内有当铺8家,永安有"集益"、"积成"、"刘时性"、"陈记永"4家;宁化一家,即宁化城关黄贤瑞1万元,设于宦家巷的"泰和典"号当铺;将乐一家,即将乐城关南街张顺森开设,资本1000两,经营金银首饰、古玩等典当;建宁有"元彬"等2家。

民国七年(1918年),粤军许崇智部入城,勒令永安的4家当铺全部停业。民国十一年,建宁2家当铺倒闭。民国二十年,宁化城关"泰和典"当铺破产倒闭。民国二十三年泰宁有典当4家,资本金共1万元,月息2~4分,押件做价抵,赎回限期严。此外,尤溪、大田也有当铺,详情无考。始于明末,盛于清代中叶的境内典当业,至民国期间一蹶不振。

钱庄 三明境内钱庄分为两类,资本三四万元以上,发行兑换流通券,办理全部存、放、汇业务,称出票店,为数甚少;资本微弱,万元以下者,主营或兼营银钱兑换业,称钱样店,为数较多。清末民初,境内有钱庄8家,其中大田城关3家,宁化城关5家,主营兑换业。

民国十四年(1925年),卢兴邦在尤溪开设广豫汇兑庄,资本较为雄厚,办理全部存、放、汇业务,并先后两次发行广豫票。民国十九年,卢部在永安、沙县城关开设广豫汇兑分庄,发行广豫票,办理当地银钱存、放业务。其他由木材商、粮商、烟纸商兼营零兑、汇兑业务,有恒生、谦益泰、泰茂、通源、同源、茂源等商号签发的出县汇票叫"金蝴蝶",也有印发"本票"在沙县流通。此间,还和当地商号合股在大田设分庄。后因无限量滥发广豫票,强行流通,导致贬值,失信于民。民国二十二年(1933年)7月22日,以有人仿造广豫票为借口,宣布作废,广豫汇兑庄就此停业。

民国二十五年(1936年),境内有钱庄9家。其中泰宁1家,系民国二十五年泰宁城关经营笋干、纸业富商黄石保在民主街开设独资的"至诚"号钱庄。抗日战争期间,江西南昌商人内迁到宁化安远继续经营钱庄业,直到抗日战争胜利后迁回。民国三十年,福州资本雄厚的祥康、厚余、升和、天泉等钱庄内迁永安继续营业。民国三十四年省政府对钱庄重新登记,永安7家,兼营银钱兑换业,资本较多的有店址小北门的九安顺布店,店址小水门的邓炎辉杂货店。民国三十四年,泰宁有4家钱庄相继开办,均为商家独资,有王仁恒创办的王和泰号钱庄、傅正顺创办的傅正顺号钱庄、杨志光创办的志光号钱庄、吴富祖创办的公诚号钱庄,各钱庄办理存、放款,并与外地笋行、香菇行、木材行、纸行等签约,委托办理汇兑。

民国期间,泰宁人李昭纯等两户钱庄在建宁办理银钱兑换业务,逢圩日设摊于衙前街,为赶圩农民兑换小钱,元宝、银圆换银角,铜板或零碎钱换整钱,并为农民鉴别银圆,从中收取手续费。

此外,清流、明溪、将乐、宁洋、三元等县亦曾创办过以银钱兑换为主的兼营、主营商号。民国三十七年(1948年),境内钱庄全部关闭。

汇兑庄 民国初年,市面使用银圆银两,携带不便。连城人在宁化开设汇兑庄,签发申票。客户在宁化用银购买申票,在规定期间到上海(简称申)兑取,正常兑率为0.72:1,卖票者视行情升降兑率。嗣后,宁化人叶镜明亦开设专营申票的汇兑庄,因本钱少,开业不及一年即歇业。宁化大商号,如大隆兴、荣昌松等经营木材生意,在外地存有银两和银圆,有时也出售申票,兼办些零星汇兑业务,至民国二十一年停办。民国二十四年,尤溪刘畏三、刘庆清、刘观泗合资筹办通汇兑庄,因信誉不好,仅营业4个月散伙。

民国二十五年(1936年),三明境域共有汇兑庄9家,次年减至5家。民国二十七年为6家。民国二十九年建宁城关正华京果店主周世铭开办汇兑业务,客商外出办货,以现款交正华店，正华店签发汇票一式三联，一联存根，一联寄往对方，一联交持票人，至对方指定地点商号兑取。正华店不收费，用所得的现款，充实经营大米生意的周转金。与正华店有往来的外地商号，有江西的曹玉仁，南丰东门的包缙云，福州米行黄钦元等。民国三十五年，建宁朱卫华在溪口开设卫华米店，资本雄厚，颇有信誉，亦兼办汇兑。该店开出汇票，可到福州其开设的卫华米行取款，直到解放前夕停业。

此外，商贸较发达的永安、沙县、将乐、泰宁等大商号也兼营汇兑业，加入汇兑总会还有5家。

银楼　银楼业务主要是金银买卖，兼营银钱兑换、代客鉴别黄金成色和银圆真伪、经营珠宝首饰买卖、加工金银饰品。分布最多最广的店是资本少、专营金银加工的金银首饰加工店。

民国十九年（1930年），将乐城关黄顺民兄弟开设源兴号与源泉号银楼，专营首饰加工。民国二十年，伍浆富又开办聚珍号银楼，专营首饰加工。民国二十八年，兰春炎独资开办聚兴号银楼，从事买卖金银珠宝首饰，兼加工金银首饰和办理银钱兑换。同年底，有危依举、柯永铨、林玉英3人合股开设华珍号银楼，专营金银首饰加工。民国三十七年全部停业。民国时期，明溪县有银楼4家，分布在城内中正路、东大路、胡坊街，各楼资本各500万元左右。规模不大，专营金银加工。

抗日战争时期，永安银楼业兴旺，计有天泉、克记发、宝盛、祥泉、宝祥、宝和、克记中、天顺8家。民国三十年，有江西丰城人蔡先礼独资在建宁开设宝凤银楼，店址在衙前街，店员4人，民国三十六年倒闭。另外还有专营金银加工的小店5家：信文号，业主陈信文；义保号，业主李义保；祥景号，业主廖景行；久华号，业主陈炳炎、龚文安；贵祥号，业主王贵祥。

民国三十七年（1948年）8月5日，三明境内实行银楼业许可证制度，经呈报、审查、批准，发给执照的银楼有8家。此外，还有小规模专营金银首饰来料加工的银楼分布三明境内城乡。

这些银楼虽然规模不大，大多也是经营金银加工业务，但金银为硬通货，对三明境域商业的发展起一定促进作用。

2. 官僚资本

民国十四年（1925年）卢兴邦创办广豫钱庄，为三明境域最早的官商合办金融业。民国二十四年福建省银行成立，旋即派员到各县设立金库，办理存、放、汇业务，一年多后改称办事处。这些金融机构虽未涉及商业领域，但对三明境域的商业发展有一定的促进作用。

民国二十八年（1939年），福建省政府内迁永安，省银行总管理处及民国中央政府的中央银行、中国银行、交通银行、农民银行等设在福州的十七家省级机构也相继内迁永安，并在各县增设分支机构，金融业一度兴旺。

1941—1946年，迁入或在永安成立的非营业性金融机构主要有：中行、中央行、交行、农行四联办事处福州分处（1941年迁入）；永安区银行监理官办事处（负责监督闽浙两省银行、钱庄遵守政府非常时期管制办法，1943年2月成立）；福建省银行同业公会

(1944年成立);永安县银行业同业公会(1946年成立)等。

表 4-2　抗战时期永安主要金融机构一览表

单位	设立时间	地址	备注
福建省银行永安县金库	1936.07	新街	新设
福建省银行永安分理处	1938.02	新街	升级
福建省银行永安办事处	1938.04	新街	升级
福建省银行总行	1938.11	横街一号	迁入
中国农民银行永安办事处	1938.12	晏公街	迁入
交通银行永安办事处	1938.12	忠义街	迁入
福建省银行永安分行	1939.11	新街	升级
中国银行永安办事处	1940.12	晏公街	新设
中央银行福州分行	1941.04	东门街	迁入
交通银行闽行	1941.04	忠义街	迁入
中国农民银行福州分行	1941.04	晏公街	迁入
中国银行福州分行	1941.04	晏公街	迁出
福建省邮政储金汇业局永安分局	1941.04	分司前	迁入
中央信托局福建代理处	1943.05	分司前	迁入
集友银行总行	1943.10	江边路	迁入
华侨联合银行永安分行	1944.08	江边路	新设

1942年,各银行发放农业、土地和合作事业贷款计1700多万元(法币),各银行汇入汇出总额计达8亿元(法币)。由于抗战时实行"统制经济"策略,这些金融机构直接或间接地投资商业,到1945年6月,永安官办和私营的电力、煤炭、建材、印刷、化工、机械等近代工业企业已有43家,手工业行业扩展到30多个,大小商店有530余家,从水路运入和输出的商品总值达4亿元(法币)。官僚资本与商品经济相结合,促使三明境域特别是永安商业经济有很大的发展,永安商业亦从原始状态的农贸市场转化为一个初具近代模式的城市消费市场。

(二)商业模式

1. 个体、私营商业

民国年间,经商自由,即人人都可经商,但那时商人并不多。除少数职业商人外,更多的是农民兼营商业。亦农亦商者或在农闲经商,或将自家生产的农副产品就地销售或运往外地销售。在城内或在集镇开商店的商人,多数也有田地、山林,可坐收田租、林产品。亦商亦农者是民国初年商人的主体,也是该时期三明境域商人的主要特征。因此,三明境域商人小经营、少资本,生意做得不大,即使富裕之家也不肯将全部资本投入经商。其主要原因是经商风险多,不如农耕收益稳妥。但也有少数商人资本雄厚,进入民

图 4-10 中央银行发行的纸币

国后,思想随之开放,把生意做到海外。如1914年,永安城关的永昌栈以经营大宗土特产闻名。该栈将一批笋干经沙溪航运至福州马江,再转销至上海和广东乍浦。其中精选的一部分白笋干(又称文笋干)作为闽笋上品运往香港,然后再由香港商行销至暹罗(泰国)曼谷、缅甸仰光,这是永安商品首次出口。其后,由此路径出口笋干外,还有香菇等永安土特产。

民国时期,三元县著名的商户有木、笋巨商邓纪于的"金吉桓",邓际和的"王昌忠",邓善如的"金吉如",还有李景扬、邓增喜、邓际清。列西有"苏州超",张坑有揭姓家族揭朝顺、揭升顺、揭廷祯(住莘口),均是大笋商。莘口木笋巨商有邓家进等。这些人皆来往于福州、苏州、上海,专门经营笋干、木材。除以上少数大商贩外,三元县以中小商业为主,全县有280多户,其他的则是诸如卖豆腐的小商店。

民国二十九年(1940年),三元县莘口镇圩集较为闻名,有闽西北"小上海"之美称。笋干上市季节,福州、南平、宁波、上海、汉口、湖南等48个县(市)的客商云集于此采购,数量达100万~130万斤。每年在莘口集散的还有木材2万~3万立方米,土纸400吨,米麦100万斤。"小上海"圩场物资交流的年输出量:粮食1680吨,木材18000立方米,毛竹8万~10万株,香菇、笋干、菜油、桐油等农副产品3200吨,毛边纸上万刀,草纸10万余担。

沙县商业历来繁荣,自古便是闽西北重要的物资集散地。民国时期,县内商业以私营为主。民国二十五年(1936年)县内商号50余家,不及清同治年间的十分之一,年营业额约大洋80万元。民国二十九年十一月,全县私营商号(含饮食服务业)达594家,其中城区368家,农村226家,资本总额30.43万元(法币),年营业总额为351.03万元(法币)。民国三十四年,随着内迁机构的迁出,商业日趋清淡,民国三十六年已有113家商号停业。当年发生的通货膨胀又导致商号倒闭。至沙县解放前夕,全县仅有商号276家。据民国二十八年(1939年)《沙县工商业联合会志》记载,沙县殷商富户有:纸商业恒生长号的陈缉熙,邓裕源的邓天影,黄正茂号的黄颂慈,金茂裕的张钟镛,裕源景的罗寿如等,资金都在4000至6000元不等;笋业有潘伊铭、黄载禄、邓天影、余培英等,资金都在5000元;粮食业有陈绍恩、邓才妹、徐铨妹等;香菇业有吴汝铭、胡睦民、胡明德、吴光勤等;糕饼业有高士华、潘日清、游庆迎、马桂庭等。纸、笋、香菇、粮食、糕饼业同业公会名册登记的会员有82人,此外还有屠宰业、酱园业、菜馆业、五金电料业、杂货业、盐业、柴炭业、民船业私营商人。据《沙县工商业联合会志》记载,民国二十五年(1936年)县城有各种工艺匠,分别是泥水匠200人、木匠30人、刨烟匠100人、瓦匠120人、裁缝匠120人、石匠20人、篾匠60人。民国二十六年(1937年),全县输出大广纸1.6万担,杉木1000连,笋干2.1万篓,香菇1000担,烟叶1000担,茶叶200担,松木10万筒等;输入大米3000市担,食盐2400包,香港太古糖1000包,香港冰糖100包,板糖1000箱,上海洋粉4000包,福橘800篓,上海布匹3万匹、英国毛毕支10匹、棉花5000市斤和煤油、火柴、元钉、漆、玻璃、锡药、肥皂粉、电池、钟表等。抗日战争期间,沙县城区有饮食店(不含小吃摊点)32家,其中较出名的有百雅楼(闽菜)、聚春园(本地菜)、天府园(川菜)、观我颐等。1950年全县有私营饮食业156户161人。民国二十七至三十四年,沿海一批军、政、文教机构内迁沙县,促进商业迅速发展,商号骤增。至民国三十九年达758家,资本总额30.43万元(法币),年营业额351万元。

抗日战争前,永安主要商品的贸易多为客籍商人所掌握:开设京果鱼货店的多为仙游人;药材、布匹、染坊为江西人占多数;百货业则为龙岩人所垄断。本地人多经营米豆、日用杂品等小宗交易。抗日战争时期,福建省会迁至永安,永安县拆除城墙,扩大商业区,各地商贾云集。按当年官方统计分类,全县一般商业分作6类33业,共735家,年营业额约500万元(1939年统计)。饮食类分菜馆业、饮食店业、水作业、粮食业、京果业、调味品业、糕饼糖果业和炊切业。服饰类分苏广业(百货)、成衣业、花纱业、鞋帽业、洗染业、金银首饰和钟表眼镜业。住用类分旅馆业、茶室业、砖瓦业和藤竹器业。医药卫生类分中药业、西药业、理发业、澡堂业和洋洗业。文化娱乐类分文具纸张业、书籍业、照相业和刻字业。日用杂物类分批发业、陶瓷业、铜铁业、租车业(自行车)和杂货业。从数量看,以杂货业最多,城乡共274家;饮食店业次之,87家;三为中药业,42家。其余为水作业(制售豆腐等),38家;绸布业,30家;理发业,26家;糕饼糖果业,25家。当时,安远圩成为潮盐中转交易处,每圩多则千担,少亦六七百担。民国二十九年四月,永安县有私商622户,其中城关有证商店364家,资金41.93万元。随着省会内迁,以"三刀"(即:厨刀——闽菜,剃头刀——西方发型,剪刀——西装缝纫)著称的福州工艺也传入永安市场。由于大批文人、学者荟集永安,各种茶馆、书店应运而生。至抗战胜利前有各式茶馆、茶园、茶室10多家,仅复兴路就有罗克、闽南、乐乐、华侨、露天、胜利、新青年7家,义和路的三民、中华路的摩登等茶馆均是城内有名的大茶馆。永安主要土特产有笋干、木材、土纸、香菇四大宗,主要销往福州、上海、江苏、浙江一带。当时永安笋行里资本较大的首推严国材的进益行、邓炎辉的益大行,其次是刘裕勋的先裕行、赖松湘的裕达行等,其中以进益行的进益牌笋干最著名。永安闽笋甚至销往暹罗（泰国）和缅甸仰光等地，深受东南来各国人民欢迎。

清末至民国初，尤溪县城已有"十三大店"，市场颇为兴盛。民国十一年，成立商会，有百货、木材、土纸、酱园、烟丝、屠宰、酿造、国药、京果等9个同业公会。宁化地处闽赣边界，农产品丰富，粮食船运永安、肩运长汀，换回食盐；年产土纸五六万担，运销上海、浙江、南昌、汉口、福州等地。

地处闽赣两省交界的建宁县，地广人稀，交通不畅，商品经济不发达，行商利用濉溪航运、肩挑和木轮车经江西接浙赣铁路或经赣江达长江，从事长途运销，颇有厚利。民国初年至抗日战争时期，湘籍商人李金城在建宁下坊街设栈，收购毛边纸，运销湘、赣、苏、浙等地。聚居在溪口的船帮多兼营盐、米、土特产、京果杂货等业务。

抗日战争前，大田县贸易以晋江、永春、福州居多；战时以德化、涵江为重心，输入棉纱、布匹、煤油、火柴、蜡烛等，输出大米、黄豆、花生、苎麻等。民国二十八年大田全县有私商96户，其中城区24家，资金1.4万元，经营布业、粮食、国药、糖业、京果等。民国三十四年全县有私商101家，多为小本，经营饮食、京果、国药、布业等。民国三十五年全县私营商业拥有资金86.7万元。民国三十六年全县有私商124家，较著名商号有苏隆美、新万兴、万珍、建全等布业，新生、协成等百货业，复泰兴、源太、永美、广全等京果业。

民国二十七至三十四年，沿海一批军、政、文教机构内迁沙县，促进商业迅速发展，商号骤增。至民国三十九年达758家，资本总额30.43万元（法币），年营业额351万元。

民国三十年（1941年）调查统计，宁化共有私营商业970家，城关占1/3，有木材、土纸、米谷、棉布、京果、百货、药材、香菇、屠宰、烟、酒、糕饼等行业。城关著名商号有：棉布业怡昌、联昌、新宁源；京果业海丰、廉兴、一泰荣；纸业荣茂昌、吉顺源、乾成泰；烟业大有；药业协和等。有些木商、纸业在外地设有分号。商店之外，又有摊庄、货担，经营百货、饮食、蔬菜等买卖。行商小贩来往于墟场，理发师、竹木匠游村串户，服务上门，大多系个体经营，本小利微，集股合伙或雇请店员的甚少。集市上更多的是农民出卖剩余产品或经营一些小买卖。

将乐县经商户以江西、福州、兴化等外地人居多。民国三十年，将乐商业颇为繁盛，全县有私营商业569家1041人，经营商品有京果、棉布、土纸、药材、山货、酒酱、烟丝、粮油等8类，营业额115万元。较出名的商号，京果业有正太、公裕、正兴；酱园业有立兴隆、姚协珍；酿酒业有义源、福顺；苏广棉布业有三泰和、姚顺泰；医药业有黄大成、复泰生、吉大生、谦益泰、马伟大；烟丝业有广和生、胜兴；糕点业有聚盛、立兴隆；纸业有建美仁、美达仁、乾丰隆；银饰业有聚珍、华珍、源兴等。

清流市场商品交易大部分都在圩期和庙会进行，平时市面冷清，商人进货大部分靠肩挑，从长汀、永安、连城和江西石城、广昌、南丰等地购进，木材、土纸、香菇、笋干、芳樟油等土特产水运外销。民国期间，清流全县据统计有坐商、行商、摊贩、小食摊等177户，南昌祥张璞的卷烟土纸店，万盛森罗善森的布匹杂货店，万春祥汤先的杂货店，伍荣记伍绍荣的布匹百货店，发顺昌兰桂林的杂货店等算是有商号的富户，其资金占全县私商资本的三分之一以上，其余的小店资金仅在几百银圆、几十银圆左右。此外小商贩贩运贩卖商品也是当时农村开展商贸的一种形式。这些商贩常年走村串户,靠肩挑叫卖,活跃了农村的贸易。民国三十六年,经国民政府核准登记的商户有 35 家。这一时期清流外运的商品主要有竹、木、纸及部分粮油等,由江西、广东或长汀等运入的商品有烟草、药材、家用杂货、布匹、食盐等。

民国三十四年(1945 年),明溪县城关有坐商、行商 152 户,大部分是父子店、夫妻店以及走乡串村的货郎担。

泰宁县河流滩多水急,河道太浅,无法常年通航,商品运输大部分靠人力肩挑,当地所需生活用品及输出农副产品主要通过顺昌洋口镇,少部分也与建宁、将乐、邵武、福州及江西往黎川等地交流。民国初年,泰宁商业基本维持了清朝末年的发展态势。从清代开始,经营的多为外籍人士。坐商中,因地域环境的关系,以江西籍商户来得最早,开的店铺也最多,经营范围最广,几乎遍布城乡。他们经营的种类包括布匹、百货、药材、纸、笋干、京果、客栈等。而福建省内的坐商,主要来自龙岩,经营的货品以烟丝、杂货为主。行商方面,以福州一带的人士为最多,他们从事的行业,包括贩运粮食、木材、布匹、百货、海产、干果、漆器等。其中有些在沿河集市开设酒酱类商店。而来得比较迟的商人,是莆田和仙游籍的,他们大多以开设小百货与摇货郎担为主。本县籍商人中,资金充足的商户,则与福州客商一样,贩运粮食、木材,由杉溪下顺昌、福州,再带回货物转手售卖。其他小商户,则以开设豆腐、酒类商店,以及肩挑贩运粮食、贩卖牲口和屠宰卖肉为主。抗日战争时期,随着福州等沿海城市相继沦陷,当局机构及民众纷纷内迁,其中不乏极具实力的商户。这一时期的泰宁,因地处山区,远离战火,商业方面,曾一度呈现畸形的繁荣。许多有名的商号,如正盛发、益顺生、王和泰等,都在泰宁开办商店。从事行商、摊贩以及肩挑小商贩的人数,仅在城区,就多达千人。

民国时期,境内共有私商包括小商贩 4905 户。

2. 公办商业

抗战时期,省政府内迁永安,由于采取"统制经济"的策略,官僚资本通过"官办"或"商办"机构,深入大后方,采购商品,收购原料,控制和垄断许多重要原料和商品市场,出现在从未有过的官(公)办商业。这一时期不仅商家(商店)、商品品种和数量骤增,商业资本和商店营业额也都激增,形成一个商业门类齐全、商品品种众多的繁荣局面。

(1)临时省政府的公办商业。

中南旅运社永安分社　为了提供高级人员及盟国贵宾的交际娱乐场所,省府在永安城内中正路(今新华路广播站地址)创办了中南旅运社永安分社。这是永安有史以为第一家公办商业机构。该分社有职员 10 人,侍应生 11 人,还有领班、副领班等,内设有旅社、商场、饮食、理发、摄影 5 部。楼上正厅是百货商场,经营金银首饰、钟表等高档品,是当时最热闹的商场;楼下大厅是食堂,陈设美观大方,餐具整洁,名菜佳肴,品种繁多。高级客房摆设讲究,有弹簧床、沙发椅等,浴室里用的是高级的瓷盆。理发为福州第一流理发师,发型新颖美观。除旅社自营外,其余采用"包商制",抽其营业收入 15%～30% 为上缴利润。百货商场则由省社商品部直接经营。1939 年 9 月 18 日,中南旅运社遭日机轰炸后,迁到横街(今银行宿舍处)租房恢复营业,分社年营业额约 15 万元。其中:旅社部地址适中,设施洁雅,居永安旅社业之首,年营业2万多元;饮食部除常备客餐,还兼包饭和酒席,年营业1万多元;理发部设备充足,卫生雅致,年营业约5000元;摄影部年营业约1万元;商场部对外称永安百货商场,进货由总社商场部供给,年营业达10万。1946年2月1日,省中南旅运社永安分社改名永安招待所。1948年1月24日,省属永安招待所移交给永安县政府,改名为永安县社会服务处,由地方财政自主经营,自负盈亏。

贸易公司永安办事处　成立于1939年8月,社址在复兴路。该社设主任1人,下设会计、仓务、业务、总务4组,主要经营大米、火柴、改良纸、奎宁丸、植物油灯、打眼扣等批发业务,年营业约30万元。

四维商店　1940年9月,永安县政府在下吉山开办四维商店,经营百货及食杂等生活日用品,是永安新办的商业机构,受县府建设科管辖。资金10000元由地方款项拨付。店内员工由县政府统一安排;现金上缴国库,店内经费由县政府支付。于1941年4月迁入县城,8月被日机炸毁倒闭,损失万余元。

福建省日用必需品商业同业公会购运联合办事处　1945年,省政府以永安县为实验区,以布匹、百货、杂货、国药、京果、屠宰、粮食、棉花、酱油等九个行业的商业公会为主体,组成"福建省日用必需品商业同业公会购运联合办事处",采取特约供应、委托代办及派员采购等三种措施,进行联购分销,这对抗战时期因交通受阻导致的物资短缺起到很好的补充调剂作用。

(2)三明境域各县的公办商业。

省府内迁后,三明境域各县也相继成立一些公办商业。如民国二十二年(1933年)2月16日,宁化县成立对外贸易局和粮食调剂局,并成立宁化县中华纸业贸易公司,开展城乡的物资交流和对外贸易。民国二十八年(1939年),福建省贸易公司宁化办事处成立,主要经营木材、纸品和食品。福建省建设厅纸业管理局派陈国珍、陈曾在宁化县建立改良纸生产基地,当年向安乐乡槽户订购纸料500担,是当时全省最大的一批订货量。民国二十九年,福建省贸易公司粮食部改为公沽局,统制全省粮食购销,宁化于民国三十年在中山路设县公沽局,不到半年撤销。民国三十二年(1943年),福建省合作社物品供销处在宁化县设立供销分处,经营布匹、纸张、文具、火柴等商品计40多种。

民国二十九年(1940年),将乐设立公沽局,推行粮食统制,向全县各乡派购平价粮。此外公营机关还有数处,省营者有:福建省银行分理处及贸易公司分理处;县营者有:民生商店、新将印刷所、新将旅运社等。

民国二十九年(1933年),福建省贸易公司在大田县设立分理处,经营粮油土特产品;民国三十二年大田县还成立合作社物品供销处监理委员会,对市场负责监督。

民国二十五年(1936年),沙县政府成立福建省农村合作委员会沙县办事处,开始组织各种合作社。合作社系由政府牵头,私人集资联办的经济组织,有信用合作社,生产合作社,消费合作社和县联社、乡镇社、保合作社之分。沙县解放前夕,各类合作社自行解散。①信用合作社:民国二十六年四月沙县彭梨乡、夏茂镇、儒罗乡建立首批信用合作社,翌年全县共建信用合作社86个,有社员2607人,贷款总额4.45万元(法币)。民国二十九年改组合作社,不专设信用合作社。②生产合作社:民国二十九年一至八月在富溪乡、扬光乡、兴义镇等7个乡镇建立13个专业生产合作社。民国三十五年全县共有专业生产合作社39个,其中笋干合作社17个,纸业合作社13个,烟叶合作社4个,垦殖合作社2个,石灰、妇女缝纫、酱油合作社各1个,股金约15万元(法币)。民国三十七年全县17个笋干合作社生产笋干356吨,13个纸业合作社生产毛边纸7.55万刀。③消费合作社:民国三十一年建立1个,有社员100人,股金890元(法币),民国三十四年发展到29个,社员1441人,股金5.59万元(法币)。主要供应社员食盐、食糖、毛巾、肥皂等,但食盐仅占社员使用数的20%,其余的占社员使用数的5%弱。④县联社、乡镇和保合作社:民国三十四年,全县有保合作社90个,股金5.8万元(法币);乡镇合作社12个,股金7.09万元(法币);县联社1个,股金0.33万元(法币)。县联社由于资金不足,时设时停,乡镇及保合作社大都掌握在县参议员、乡镇长、保长之手,一般民众受益极少。

四、商业组织的发展

(一)商人的亲缘组织——宗族商帮

商帮,是由亲缘组织扩展开来,以地缘关系为基础的商业组织。由于籍贯相同而具有相同的口音,相同的生活习惯,甚至相同的思维习惯和价值取向,从而形成同乡间特有的亲近感。商帮就是建立在亲缘、地缘基础上的商人组织,按地域划分,有本帮和客帮之分;按行业划分,又有行帮之分。在民国时期,三明境域的商帮著名的是梅列造船世家罗家和永安的笋帮公栈。

1. 梅列造船世家列西大厝罗家

梅列列西大厝罗家是沙溪流域著名的造船世家,历时三百多年,从罗起鹨开始,可查的大师傅传承谱系至今已九世,鼎盛时期有十几个船厂同时开工,祖孙三代齐上阵,列西河岸码头、从梅列门到康乐门这段河岸车水马龙,其景象蔚为壮观。列西大厝罗家也因此成为鼎食钟鸣之家,自今在沙溪流域的原住民中享有"造船世家"、"船业鲁班"的美誉。

民国时期,作为列西造船世家的大厝罗氏有罗植政等几十家专门造木船。大的运货船,运货七八千斤至上万斤,船员有六七人,来往南平、沙县、永安之间;中等的可载货三四千斤,为列西、列东小商贩来往莘口、洋溪圩用,也为三元、长安、白沙、荆东、荆西小商贩来往莘口使用;再小的载重两千斤,为本地列东、城关等地人交通、农业、砍柴运输用;还有梅列、三元、荆东、莘口等地过渡船(运载30人);三元、列西等地停泊在河中急水间碓(碾)米船,形似小轮船,利用急水冲力转动木轴,一天之内可碓米达千斤。这些船只均为列西大厝罗植政等数十家的世代产业。

梅列大厝罗家造船业崛起沙溪流域后,促进了与外界的商业贸易往来,并使本地的

图 4-11　梅列列西造船世家

笋干、原木、香菇、蔗糖等远销福州、苏州等地,同时带回了时尚的布匹、洋油、洋车(缝纫机)、洋表等大城市的诸多信息与思想,梅列的商人在这个阶段开始把眼光投向大城市,梅列一些大的商户在福州、苏州等地开有商行,大量梅列的笋、木材、香菇等商品由梅列商船运往苏州、杭州和南京等地的商行交易。

图 4-12　梅列浮桥

抗战时期国民党保安处进驻梅列,当时保安处处长黄珍吾多方联系梅列造船世家,列西大厝罗氏祖孙三代齐上阵,为赶制浮桥所用船只通宵达旦,教育长许国均、梅列乡长林思泉通力合作,克服重重困难,最终于 1940 年 6 月建成梅列浮桥。梅列浮桥牵起来以后,促进了沙溪两岸的往来,结束了梅列东西两岸仅凭摆渡交往的历史。因为浮桥的建成,列东、列西老街市面景气开始升腾,同时列东开始设集市,后来洋溪集市逐渐被列东集市取代。

2. 永安笋帮公栈

永安是中国笋竹之乡,是"闽笋"、"贡笋"的主产地。永安贡川笋帮成立后,由于分工合理,管理规范,经营有方,笋帮的贸易越做越大,当时经营的笋干年销售量在80万~100万斤之间。贡川堡内的高、严、刘、张等几座豪华府宅均是参与笋帮经营者所建,当时贡川有这样一首歌谣:"乌笋兑白银,转手一瞬间,诸般生意好,哪有笋挣钱。"据《永沙笋帮簿册》记录,贡川笋帮先后在上海、苏州、常州、无锡、嘉兴、福州兴建了堂皇富丽的永沙笋帮公所。《永沙笋帮簿册》一书为楷体活字印刷,由贡川人高新如编写而成,高新如带着4人到各地笋帮测绘画图,标明各地笋帮的四周界线、范围,书中详细记录了笋帮的平面图、地形图、地契、税款、告示等等。其中购地款一户在30~50两银子不等,税款最高的达五千串铜钱。笋帮公栈在六大城市建房造居,安家落户,势力影响之大可见一斑。

图4-13　永安笋帮公栈

笋帮的信誉得益于笋帮的灵魂。笋帮的灵魂是建立在中国传统伦理道德基石之上的。春秋战国期间,儒家兴起。自汉朝的大学者董仲舒"罢黜百家,独尊儒术"以来,儒家思想一跃而为统治思想,在思想、文化和生活中占据着绝对的主导地位。儒家思想的精髓主要表现在仁、义、礼、智、信。这些成为中国人做人、做事的准则,做生意自然也不能脱离这个范畴。笋帮公栈"正直无私"的牌匾和"公平石"正是儒家经济伦理思想的体现。笋帮公栈的成立和昌繁,也是得益于儒家思想的浸润,它的灵魂就是宽厚仁慈、诚实守信、有理有节、童叟无欺。中国传承了几千年的伦理道德观,是千百年来人们做人的准则,它造就了人们特有的气质,赋予了人们正直、诚信、智慧的面容,公平公正无私的胸襟,它在人类精神上闪烁着人文之美、人道之美。

时至清末,军阀混战,土匪横行,天下大乱,经济萧条,永安笋业也大受影响。从北伐战争,辛亥革命,抗日战争,解放战争长达近半个世纪的连绵战火,使笋帮的老板们心灰意冷,他们渐渐地退出笋帮另谋他业。这个时期的贡川笋帮只有陈常兴、杨子明、刘宗滨、张有富、邓炎辉、严国材几位,他们皆不舍得笋帮百年基业,常冒着时刻遭匪劫之危,将一船船闽笋送往福州、上海等地去销售,他们不像以往一样的集体经营,而是个人自负盈亏。于是就有了闽笋的商号,有严国材的进益行,邓炎辉的益大行,刘裕勋的先裕行,赖松湘的裕达行等十二家。

1939年,国民政府福建省机关,为了避免日本抗战的骚扰,从福州迁到永安,闽浙两省盐务局相继迁往贡川,办公地点就设在机恒杨公祠,而笋帮公栈也成了贡川人民抗战的中心,成为联保处办公地点,其堂内上厅中央和两边回廊壁上的墨迹"天下为公"及"遵守五权宪法,实行三民主义",就是当时历史的写照。

(二)商人的地缘组织——会馆、公所

中国商贾建立会馆、公所等团体组织,无非是为了避免同行倾轧,两败俱伤,"乃邀集同行设立行规,相约遵守,俾有资则均沾,有害则共御"。因此,通过会馆集合同籍商人共同制定或修改本行本帮行规业律并刻石勒碑以示严正就成为会馆的基本功能。

三元县商人在福州有专设的延平会馆,在上海、苏州有沙永公所,它们既是土特产交易所,又是贸易业务机构,均设有仓库。据估计,每家年经营额少则几万块,多则十几万块光洋。经营产销较稳定的白笋干单项,年总金额二百万块光洋以上;有的年份木材经营金额要超过白笋干。其他各县商人也在福州、杭州、延平等地设有会馆。

抗战胜利后,三元县老商户、新发户,随着省属机关跟到福州,在省城开展商业活动。首批有邓绍乾等十多人筹资一百股,每股二两黄金,开办"敦泰商行",综合经营木、笋、纸等土特产。接着又有邓荫梧、邓象义、邓老增、邓清晏、李布同、林某某、邓衍庠、邓绍禹等三十多人筹募投资二百股,每股一两黄金,开设"三元商行",专营木材。不久又有邓哲夫、陈祥坛、林幼石等筹二千两黄金开办"永泰祥商行",后来列西黄子宁用他自己的资本经营木材,赚到几百两黄金,招了一些股东,开办了"瑞元商行"。这些商行,不但直接经营木、笋、纸,还搞代购代销,手续费3%~5%,同时贷款投放给木、笋小商小贩,生意做得灵活,商行利润很高,头年就把六七千元的商行房产买下来,第二年又扩大商行房地产和资本,并大分红利。

永安历史上大资本家,如严国材、邓炎辉等都是做笋干致富的,当时福州、苏州、无锡、嘉兴、上海、乍浦等地都设有商会馆,名之沙永会馆,是沙县永安商人在省内外货物集散地和图谋商务之所,出去的是笋干、土纸、香菇等土特产,进来的是京果什货或棉布、百货。

除了福建三明同籍商人建立会馆、公所以规范、发展商业外,外籍商人也成立商业组织以促进三明商业的发展。1948年7月7日,冀、鲁、豫、苏、浙、皖六省同乡会在将乐县成立,会址设在县城西门坑边巷,理事长宋觉民。从事商业的有22人,占总商户的9.36%。主营毛边纸、香菇、杂货。较出名的商号有大成庄纸行,资金有1000多万元。

(三)商人的业缘组织——同业公会、商会、商会联合会

到了20世纪初,商人的社会地位大大提高了,原来的行会性的商人团体与新建立的商人团体商会等,都成为商人维护自己经济、政治利益的组织。

1. 同业公会

民国十八年(1929年),国民政府公布《工商同业公会法》,同业公会成为商界的协调机构,协助政府推行政令,负责调剂货品供需矛盾,代征各种税费,调解商人纠纷,平抑物价,对本业人员进行管理等。

沙县同业公会从民国二十三年(1934年)起陆续成立,其宗旨是维持、促进同业的公共利益,力谋本行业业务上的改良;纠正同业之弊病,促进努力从业,服从国策;抑平物价等。凡在本区域内从事同一行业的商号者都应加入同业公会成为会员。民国二十三年(1934年),沙县有18个行业的同业公会。民国二十五年(1936年)商会会员发展为370人,其中同业公会的代表会员有21人。民国三十三年有同业公会21个,会员524人。民国三十七年全县有京果业、木业、纸业、盐业、酱油业、酒业、糕饼业、烟丝业、丝绸绒呢布业、教育图书用品业、百货业、国药业、屠宰业、笋业、米业、柴炭业、民船业、糖业、五金业、电料业、菇业、粮食业、烟业等同业公会及县商会共24个商业团体。

1938年1月,宁化成立纸业同业公会;1939年又成立纸业工会同业公会;1941年,旅馆、香菇、民船三个同业公会相继成立;1945年,理发业也成立同业公会,连原有的共十四个同业公会。

民国二十九年(1940年),永安县政府强制工商业者一律加入同业公会,未入会者取缔经营权。到民国三十四年八月,全县已有京果、棉布、百货、国药、杂货、茶点、酱油、烟业、棉花、屠宰、盐业、豆腐、理发、民船、酒业、香菇、汽车、裁缝、糕饼、旅社、鞋业、金银、印刷、钟表等26个同业公会,会员883人。如1941年,"永安县民船商业同业公会"成立,共有大小船只211条,船员1412人,肖上广为理事主席。1942年3月,永安有多家金银器业成立金银商业公会,1945年6月改组为永安银楼业同业公会。永安商业同业公会的主要任务是:定期召开理事会及成员大会,图谋本行业业务改良和发展;优待华侨归国,开展对外贸易;协助税务部门计征税金;实施物价政策;增进本行业公共福利等。

1935年3月,明溪根据省党部民字第1537号令,拥有七家以上同业内商号均应组织同业公会。是年成立同业公会的有国药、糖果、烟丝、糕饼四家公会。1936年成立的有布业公会、裁缝公会、屠宰公会、豆腐酒公会。1939年纸业公会、百货公会相继成立。

1931年9月,将乐县京果、绸布、国药、烟丝同业公会成立;1940年7月,纸业、香菇业同业公会成立;1943年10月,盐业同业公会成立;1948年9月,木业、五金、屠宰、民船业同业公会成立。

这些同业公会通过设立会馆、公所来设立行规、调节贸易,促进各行业的发展。

2. 商会

商会是指商人依法组建的,以维护会员合法权益、促进工商业繁荣为宗旨的社会团体法人。商会是市场经济条件下实现资源优化配置不可或缺的重要环节,是实现政

府与商人、商人与商人、商人与社会之间相互联系的重要纽带。商会一般具有以下四个法律特征：公益性、民间性、自律性、法人性。作为商人的团体组织，商会当然以"经济方面的职能为主"，商会自身也往往把"保商利、扩商权、开商智"作为自己的宗旨和任务。

清光绪二十九年（1903年），清政府设立工商部，颁布《商会简明章程》。清朝成立商务总会后，1907年宁化成立商会。民国时期，宁化商会在各个时期主办的较突出事项有：调整货币比值，以利商场交易；维护商民权益，打击恶棍恶捐；调解商民纠纷，评议分派捐税；应付过境军队，统一采购食盐；开展抗日活动，检查仇货防火；分摊救国公债，慰劳将士家属；等等。

光绪三十四年（1908年）沙县商会成立，商会由各行业的同业公会组成，首任会长魏子贞。会址设在西门外沙阳会馆（土产公司宿舍），民国七年（1918年）迁城内西山坊（今城关派出所）。沙县商会在各个时期主办的较突出事项有：协助政府推行政令，向政府建议工商事项；负责调剂货品供需矛盾、平抑物价；赈济灾民，凡遇水、火、敌机轰炸等天灾人祸，常由商会出面募捐，对灾民进行赈济；先行给付派饷，保地方安宁；成立救火会，添置救火水龙；调解商民纠纷，维护商民利益；建桥兴学，为商民谋利；等等。民国二十五年（1936年）4月，商界、学界人士募集银圆800元，兴建豫章小学校舍。民国三十年（1941年）7月，茂丰等4号的绸布813匹被稽查处南平分处以"通敌"扣留，人也被扣押，沙县商会不辞辛劳，经交涉，终于人、货全部领回。民国三十六年（1947年）府西路火灾，商界捐款240万元，购米4500斤发放给灾民。郭凤鸣、卢兴邦驻扎沙县期间，遇有国民政府军队过境，常有派饷之举，一般由商会派员出面应酬，将所索款项先行给付，后摊派到各商号，以保地方一时安宁。

民国初年永安商会成立，首任会长为陈佛钟，主持日常工作。商会是人民团体组织，以图谋工商业及对外贸易之发展，增进工商业公共福利为宗旨。民国二十四年，商会理事长是钟川如，下辖国药、布业、屠宰、民船、旅社等同业公会。民国二十四至二十九年，永安县商会协助政府推行政令，进行工商业的调查统计，调处同业纠纷，维护同业的公共利益和市场的正常活动。民国三十年，劝募青年慰劳金，捐献慰劳征属的款物。民国三十一年，商会协助政府推行限价议价政策，要求各会员检举同业中的囤积居奇等非法行为。同时，进行商业登记，颁发会员证，举办商业讲习班。同年，因棉花缺乏，要求县政府转函贸易公司永安办事处照章发售应市。民国三十二年3月，评议鸡、鸭、鱼三项市场价格。民国三十四年，商会协助征税，并以停止营业、不配物资、警察执行等手段强制商户入会。民国三十四年，商会筹办共同购运业务，成立福利社、俱乐部、阅览室、诊疗所、救济会、生活询问处，为抗战服务。同年，汽车同业公会推行战时燃料缺乏互让和车辆中途损坏互相接济的做法。

1917年，泰宁县商务分会更名为泰宁县商会。

1936年3月，明溪县商会筹备会组成。是年5月31日明溪县商会成立大会召开，推选出第一届商会。1938年城关西门街发生大火，此段街上开业商号损失严重。商会代表商民向政府恳请救济，并由商会代为发放救灾款，解决了部分商会会员燃眉之急。

1946年,东门白沙桥被洪水冲垮,县商会及各店铺老板迅速解囊捐款,募集重建资金,很快就凑足资金,修建桥如期动工。

1922年,将乐成立了"将乐县商会筹备会",1934年,县商会筹备会按新商法于该年10月改组,正式成立了"将乐县商会"。商会的主要职责是:搜集商业市场信息和研究促进商业发展方法;调处商业内部人员业务、财务的纠纷及争议事项;执行政府命令,平抑物价,催缴会费,处理政府的差役和摊派捐款;上报发表关于商业活动的意见和统计情况;协助政府禁止非正式商人经商以及兼管商业公益事业。之后各届商会根据职责负责开展各项工作,如第一届:整顿会务,调整金融,端正商业风气,发展工商业务,组织募捐团及宣传队。筹建商业补习学校,提高会员商业知识。第二届:训练会员行使四权;策动会员分业组织公会;举办民船登记;筹募慈善经费,兴办救济事业;募集清道费,改善环境卫生。第三届:继续推进团体中心工作;协助政府加强经济管制;倡导勤俭建国运动;厉行节约守法;促进交通建设;策动分业组织;健全干部机构。他们还举行宣誓大会。誓词是:"余当恪遵宪法及国家法令,忠诚服务,报效国家,绝不营私舞弊,妄费公款,如违背誓言,愿受严厉处罚。"

1935年10月,大田县成立商会,管理全县私营商业的经营活动。

3. 福建省商会联合会

1941年4月,福建省政府为加强对私营商业的管理,在永安组建福建省商会联合会,这是福建有史以来第一个全省性商会组织。省商会联合会配合永安县商会在改善永安私营工商业的经营措施方面,做了一些工作。1945年4月,组成"福建省日用必需品商业同业公会购运联合办事处",补充调剂战略物资。6月,省商会联合会与永安县商会合办第一期商人专业讲习班,进行商业专业技能培训,参加培训的有百货、杂货、京果、粮食等行业各10人。

1947年11月1日,全国商会联合会举行成立大会,福建省商会联合会推蔡友兰、林子明、胡梦洲等人组成代表团出席,福建省商联会主席蔡友兰公开发表了《商人节之意义及其重要目标》一文。该文高度肯定了商人的地位与需要承担的责任,认为作为商人的重要目标有:第一,加强商人运动提高商人地位;第二,积极参加政治解除商人疾苦;第三,推进工商建设挽救经济危机。1947年12月17日,中华民国商会联合会理事长王晓籁由此将11月1日定为全国商人节。

因密切的亲缘关系,中国商人形成家族和宗族组织,借助宗族经商成为中国商人的传统之一;因地缘关系,中国商人的地缘组织会馆、公所得以建立,为依靠群体力量经商提供了诸多便利;因业缘关系,商人的行会组织——同业公会、商会应运而生。相对而言,作为地缘组织的会馆、公所比作为亲缘组织的宗族商帮进步;而作为业缘组织的同业公会、商会又比作为地缘组织的会馆、公所进步。因为地缘组织,特别是亲缘组织大多具有不可选择性,属于不随意的自然团体;而业缘组织大多具有可选择性,属于自由加入的志愿社团。所以由亲缘组织、地缘组织向业缘组织的演变,是社会发展的必然趋势,也是商品经济发展的必然结果。但是,这三种组织之间并非是依次取代的关系,它们既有时间上的交叉并存也有组织上的相互重叠。

第三节　主要商人及其活动

所谓商人,根据民国初年的《商人通例》,就是"商业之主体之人"。所谓商业,包括:买卖业,赁贷业,制造业或加工业,供给电气、煤气或自来水业,出版业,印刷业,银行业、兑换金钱业或贷金业,承担信托业,作业或劳务之承揽业,设场屋以集客之业,堆栈业,保险业,运送业,承揽运送业,牙行业,居间业,代理业。除以上各项外,"凡有商业之规模布置者,自经呈报该管官厅注册后,一律作为商人"。

一般认为,民国时期是我国早期现代化阶段。而在这个涉及社会各个层面的历史进程中,商人是与现代化进程关系特别密切的一个社会阶层。

民国时期,三明境域商人活跃于各个行业。三明境域的大宗货物贸易依然是笋干、木材、菇类,与福州、苏州等地的交易频繁,商船远航外省。其他如制酒、米粉、制糖、苎麻、土纸、茶叶、瓷器等土特产品,销往永春、泉州、福州,输入商品有食盐、棉布、日用杂货、中药材等。这个时期三明境域商人活动频繁,他们调运闽笋出口、抵制日货、捐建小学等,商业得以快速发展,涌现出一些著名的商人与商号。

一、三元商业救国——王芳五

王芳五,三元莘口人,清监生,生于官宦之家,三代联堂功名,家境小康。自幼勤读诗书,知礼明义,从业为商,经营有道,爱国爱民,和睦乡亲。民国初年,国家有难,官员号召爱国爱家,挽救中国,王芳五克勤俭朴,尽力筹集爱国公债,深受福建巡按使许世英赞赏,奖给爱国奖章。其母在世时常教导王芳五要多积善德,王芳五孝从母训,修神仙岭道路并设凉亭,沙县县令叶新第甚至为该亭题名"长春";名扬四方,民众与行人无不赞美,至今遗迹尚存。同时出资修附凤阁、龙凤阁二庙,促以二庙焕然一新。经商期间,王芳五常住上海、榕城等地,均以经营木材笋干为主货,并开设商行,一为经商盈利,二为沙永两县商人住食联络办事方便,由此更成为客行。远近商客几遇事难,必进公门求助,来者当待更无不助之理,况且既付无吝。四海商人均称王芳五是仁德双全之贤人。王芳五还尊祖敬宗,热爱祖业,乐理族事,才能出众,智慧超群。民国五年,出资出力修族谱,族众无不称赞其生平诸事乃合当今文明时代之颂德之意,是仁义道德之美,乐赞传之。

二、三元破除盐荒——罗植巽

罗植巽原籍三明梅列。随父业从小到三元区岩前镇忠山村经营食杂小商店谋生。商店招牌取名"仁裕"。其经营宗旨是:"对人亲善,与客诚信"。经营作风是货真价实,量足秤准,买卖公平,童叟无欺;同情苦难,热心助贫。经营态度是买卖不以赚赢为赢,以公共的利益为重而愿舍弃个人利益。在经营指导思想方面,能想顾客之所想,急顾客之所急,帮顾客之所需,解顾客之所难。

1943年间,战争时期,福州沿海等地沦陷以后,盐场生产受破坏,交通堵塞,运输困难。忠山等地发生了"盐荒",老百姓买不到盐用,当时省盐务局设在永安贡川,忠山离贡川30华里。各家挨户带饭跑到贡川去购买食盐。一天来回步行60华里才买到一小袋的盐巴。仁裕老板不顾自己的商店经营,到贡川、永安等地,打报告要求按忠山村的总人口供应食盐,免得民众各家自己到外地购盐。经过20多天的与政府有关部门申请要求,全村食盐的供应量终于批下来了。食盐整批购到忠山后,接着是要确定谁来出售这批食盐。仁裕老板不经营这批食盐。特地请了赖用六经营这批食盐,并将自己的店铺划出一角,做为售盐基地。后来,赖用六另找地点,经营食盐生意。其经营利润由他个人所得,从此再也不怕买不到盐用了。罗植巽为全村破除"盐荒",办了一件好事,深受群众的好评。

三、三元冒险贩笋——邓俊鹏

民国元年时局不稳,三元县商人邓俊鹏却敢于冒风险,他借资将三百多担笋干运往福州出售,每担二十五光洋,顺利地获利一倍多。从此他的胆子更大了,扬言要去上海做大生意,城关、梅列、莘口等地老笋商,都愿将笋干交给他。他定价收购每担十二元,且只要回头钱,邓俊鹏将大批笋干运至上海,每担笋价三十六块光洋,大获巨利,然后,他将银圆装入水缸底层,上层以许多铁钉伪装,共分十三条船运回三元。据说,此举扣除一切成本和开支外,就获纯利七十万块光洋。

四、永安著名笋商——李翔富、李宝镛父子

民国初年,永安从事笋干生意最有名者当属贡川人李翔富(1857—1917年)、李宝镛(1876—1927年)父子。贡川洋峰李氏是当地旺族,李氏迁居洋峰已有千余年历史。洋峰林木繁茂,水土宜人,是生息繁衍的好地方。至清代,洋峰李氏已十分富足,拥有大片山林和田地。李翔富之父李时创(1826—1903年)在管理林田之余,还经营土特产生意,因勤劳而致富。李翔富少读诗书,明理知礼,秉承父业,做大笋干行,因善于经营,李氏笋干行遍及贡川、永安、南平、福州、上海,且生意兴隆,收入丰厚。1890年,李富翔大兴土木,在洋峰坑头盖新厝,取名永福堂,占地约2000平方米,为当地第一大厝。

富翔有三子:宝镛、宝璿、宝焌。宝镛、宝璿考取秀才后,随父从商。宝焌则在父兄关爱下,奋发读书,于福州全闽师范学堂毕业后,获政府选送日本留学,先入同文、宏文书院,后入早稻田大学深造。宝焌思想进步,崇尚科技,在日本加入同盟会,研制飞机。1910年,奉召回国在北京制造飞机。民国政府在南京成立,孙中山令李宝焌为飞行营营长。为制造飞机,宝焌向父兄设在上海的笋干行筹款。筹款不足,李氏父兄又向沙县人章庆侯的笋干行借款。不久,孙中山辞职,袁世凯窃取大权,李氏筹借巨款无法偿还。上

海李氏笋干行不得不倒闭。章庆侯又上诉法院,将李翔富关押。宝镛不忍父亲坐牢折磨,遂代为父亲还债坐牢。宝焌因奔走南京上海,积劳成疾,于1912年10月6日逝世,年仅25岁。不久,李氏变卖家产还债,各地笋干行先后关闭,李氏商行宣告结束,回洋峰务农,但李氏父兄全力培养中国航空先驱李宝焌,倾其家产支持孙中山的南京政府制造飞机的事迹却永留史册。

五、永安闽笋填海——陈长兴

抗战时期,为了阻止日本的轮船进入福州码头站,有人建议闽笋填海。因为闽笋投入海口码头,经水浸泡后,呈半浮沉状态,与船的深度差不多,轮船的螺旋桨如果挂到闽笋,会被韧性十足的闽笋搅断,从而不能登岸。这个建议很快得到了永安笋帮成员的响应。为了不让日本侵略者的轮船进入福州,笋帮公栈老板陈长兴于1937年秋,在马尾入海口,毅然投下了30船近30万斤的闽笋,打破了日军挟其海空优势军备,以空间换取时间,消耗敌人战斗力,分散敌人兵力,从而达到阻止敌人前进及建设长期抗战力量之目的。闽笋填海,谱写了一段可歌可泣的历史,再现了那不屈不挠同仇敌忾的民族气概。

六、永安笋业名流——严国材

严国材(1916—1979年),字大花,号良有,乃宋入贡川始祖三五郎公之裔苗,自幼聪颖,乐于经商,二八之年开始随父贩卖陶瓷器,往来了沙县、延平及省城之间,后改经营笋干生意。抗战爆发后,日军入侵省城,严国材见时局不稳,遂将闽笋辗转到上海,改水运为陆运,先将闽笋干用船运抵建瓯、浦城,然后用牛车运往浙江,再转火车到上海。时年因沙溪河匪患猖獗,原贡川笋帮的老板们均不敢贸然出门买卖,贡川闽笋大量积市,其价随之下跌,严国材即从上海雇来镖局压货。由于经营有方,生意红火,不几年便成为当时贡川的首富。1921年,严国材在贡堡内后街建造了永安第一座中西合璧的楼房,时称洋楼。洋楼占地1000平方米,建筑面积700平方米,所用水泥为日本进口的"洋灰"。1946年,严国材举家移居上海,1950年春将这座洋楼无偿赠给贡川区公所,后为贡川人民公社、学校、派出所的办公场所,现为贡川历史文化陈列馆。

七、永安客家名商——邱映光

邱映光(1891—2010年),字曙甫,福建省永安市小陶镇洪沙上坂村人。1937年抗战爆发时,邱映光任南平县木商公会理事长。战事乍起,福建省第二区行政督察专员兼南平县县长林志棠接国民政府军事委员会关于储备战时军用物资的命令,扣留西北木商运抵南平之木排。邱映光与县党部队秘书乐天一前往专员公署,拜会林专员,答应木商公会能随时负责征用军事木材,被扣木材获准发还,准予运销福州。邱映光办事果断利索,勇于承担责任,受到同行和各界人士称赞。为兑现承诺,作为理事长的邱映光肩负重大责任。抗战期间,政府曾多次传令南平木商公会征用木材,数量多达27万余筒。每次征用,邱映光经营的邱森泰商行总是领头承担,共计分摊7万余筒,约占总数四分之一。此外,他还疏通木材外销渠道,解木业之困;协助木材布匹交换,利后方民生;关照外地赴延商人,助同行购销。

抗战时期,邱映光还出任南平商会会长,主持商会工作,为地方效力。期间,商会秉公查究县营民生碾米厂承办公粮舞弊案,涉案县长万心权被省政府撤职。商会推行商品限价政策,依进货成本议定售价,稳定战时市场价格,受政府和民众拥护。商会制发采购商品通行证,便利了商人往来沦陷区与大后方物资购销。邱映光发起组织福建省商业联合会,得到广泛响应,邱映光被推举为执行委员、常务执委。邱映光在南平经商有道,资本日增,事业日益发达。在他用心经营自己的森记庄、永绥转运公司等外,还主持筹组南平民营粮食联营公司,负责供应战时军粮民食。邱映光为人处事有理有节,颇受同行尊重。虽然时逢战乱,他办事有条不紊,机敏果断;在夹缝中周旋有度,左右兼顾,为地方和抗日做出了贡献,受到社会各界人士的好评。他还热心参加军政组织和各种社会团体活动,成为南平地方举众皆知的著名人物。

1948年冬,邱映光赴台湾推销木材,后因时局变化,定居台湾基隆,后又迁居台北。1989年,邱映光率子孙回到福建探亲。1993年,他决定回闽定居,捐资家乡公益事业,累计捐资30多万元。在南平,邱映光捐资20余万元兴办圣光幼儿园,并向南平市教育局捐资20万元,设立"邱映光教育奖励基金会",奖励优秀教师。

八、永安岭后女杰——张秀葵

张秀葵(1881—1943年),女,永安大湖岭后山坑墩(现属大湖镇高增村)人。出生于耕读之家,其兄张君仁字作霖,号雨膏,系清末秀才,为岭后十八村人头之一。秀葵从小粗通文字,精明能干。下嫁岭后李坊富户李正坤为妻。李家有山林、纸厂,却不善经营,丈夫抽大烟,懒管家事,李家山林、田产、纸厂遂交由张秀葵掌管。

张秀葵虽是农村妇女,却因采购、雇工、销售,奔走于永安、明溪、清流、宁化四县边区各乡村,见四县边区商贸不畅,物资交流不便,认为有必要在其中心位置设一墟场。其想法得到兄长的支持。1925年,44岁的张秀葵决定在岭后高增来利桥(又名龙凤桥)前辟一墟场。由其兄张君仁书写开墟通告,派人到明溪胡坊、宁化林畲、湖村,清流吴地、包地、泰山,永安大湖、曹远、安砂各乡村张贴,邀集村民、商贩每逢农历一、三、六、八到岭后高增赶墟。

张秀葵在墟坪搭一大草棚,供赶墟人交易买卖。墟场虽简陋,但因位置适中,受到临近乡村村民的欢迎,赶墟的人虽都是走山路肩挑手提,但赴墟者仍很多,开墟成功,永安农村增加一新墟,来利桥前陆续盖起店铺,不久,形成一条街,高增墟闻名永、明、清、宁诸县。

高增墟(又称岭后墟、来利桥墟)交易货物以大米为主,次为土纸、红菇、香菇、笋干、猪仔、鸡鸭、粉干、榹桶以及百货、布匹、药材等。

永安人喜吃胡坊米,胡坊人挑一担米到高增出售,往返80华里一天可达;大湖人到高增采购一担米到永安出售往返也差不多80华里。高增墟成为胡坊米的中转站,永安缺粮,胡坊米需求量很大,但每墟供需不可绝对平衡,凡来米多,接米少时,均由张秀葵以稍低价收下,待来米少,接米多时售出,由此一进一出,从中获利不少。为便于囤积大米、土特产等货物,张秀葵在墟坪前盖起店铺、楼房,一座又一座,高增一条街,大半是张秀葵的。

张秀葵不仅精打细算,商于买卖,还善于管理。墟场难免有纠纷,一人是管不过来的。她就和当地有势力者联手,如刘华旺、张远蛟等都是她管墟的帮手。为此,张秀葵添置多杆大秤,用于大米、活猪等过秤,由管墟人确定重量后,收一筒米(约1市斤)过秤费。此项收入相当可观,每墟大米就有300~500担,可收400斤左右供管墟人食用。因高增墟管理有序,交易量大,土特产多,成为民国后期永安最热闹的农村墟场,墟头张秀葵也成了永、明、清、宁诸县有名的富婆、女强人、岭后女杰。

九、永安贡川首富——严国材

严国材(1898—1954年),本名叶梓,号大花,字国材,以字行之,永安贡川人。与明万历进士、岳州知府严九岳(1574—1621年)同族。严国材从小跟随父辈经商买卖,年轻时即介入笋干生意,协助严家笋栈,将笋干出口海外。因有家族资本,又有胆识,商务发展很快。在福州、上海先后开设进益行商号(笋干行),经营的进益牌笋干享誉海内外。严氏在贡川收购当地和途径贡川的笋干、药材以及其他土特产,装船运往福州、上海贩卖,获利颇丰。数年后,即成贡川首富。25岁时回贡川,在进士街大兴土木,建筑一栋土木、砖石、洋灰(水泥)混合结构的洋楼。该楼仿上海石库门建筑样式,采用圆拱门、百叶窗等新设计,虽仅两层,但独门独院,样式新颖,成为当地一景。新中国成立后,严国材将洋楼捐献给当地政府,先后成为区、乡政府、人民公社办公处所,现为贡川镇文化站。

十、清流工业先驱——王琼

王琼,清流城关人,从小好学,青年时期赴北京城参加清末最后一次科举考试,考取拔贡,不久满清政府被推翻,通过科举而进入仕途的梦想破灭,王琼返乡后从事地方教育,还担任了清流县第一任劝学所所长(相当现在教育局长)。

清流自古以来是农业县,地处山区交通十分闭塞,一切日常用品全靠外运。民国初年,王琼创办了全三明地区最早职业学校,分初级班和高级班,共40余个学生,学生年龄小的十一二岁,大的十六七岁,学生除学习一般的国语和算术外,半年后即参加学校兼办的织造厂劳动,这所职造厂的师傅是由长汀请来的技师,他负责指导学生操作机器,生产布袜和毛巾这些产品。职业学校校办厂的毛巾、布袜产品供不应求。这所校办厂坚持办了五年左右,因技师离开清流,工厂停办。

十一、清流大商——罗善森

罗善森,清流城关人,生于清朝末年,因家境贫穷,少年时在城里帮人当店员。民国初年,他开始自己经商,立志要赚钱改变贫困家庭面貌,几年后,在城关生产街买得两间店面,经营日用百货和食杂,店号"万盛森"。

那时的清流交通闭塞,货源要靠人工挑担从长汀送过来,一些商品如酱油之类不便挑运,罗善森就到福州请来师傅到家里传授黄豆制作酱油的技术,在城里办起第一家酱油厂。罗善森用毛竹截成单节,去青皮,制作成酱油筒,相当于现在的玻璃瓶。在外贴上"万盛森"的招牌,从此清流有了一家"万盛森"酱油行。

随着商业规模扩大,罗善森安排长子罗友高负责总店经营生意,派第三子罗鸿高到长汀开设货站,负责两地货物对运,派第四子罗联高到嵩口开办分店。随后,罗联高又先后在嵩溪、嵩口、温郊等盛产毛竹的山区与当地村民合股办起多家造纸厂,同时也对各地零星个体手工作坊加工的纸料进行收购深加工,统一打上万盛森的牌号,除了在本县销售外,还通过水路运输,销往永安,陆路运输至长汀、江西,生意相当红火。

时值民国初期,军阀混战,地方政府时常强抓壮丁为军队补充兵源,一些人丁不旺的家庭,往往因此而陷入绝境。罗联高暗中帮助为此逃到深山躲藏的年轻人,凭其实力实施庇护,把这些人招到纸厂当工人,这些人中后来有些成了工厂的管理人。

凭着两代人的勉力经营,罗善森家族逐渐成了清流县城的望族,在鼎盛时期更是从同姓族人手中购得县城中心坳上的大片房屋,举家迁入居住,人称"罗家府堂",商业领域涉及日用百货、造纸、木材贸易、货物运输,万盛森成为民国时期清流最有实力的商家,对清流早期的商业发展发挥了较大的作用。

十二、清流纸业名人——曾维祖

民国时期清流城关主要有五家造纸大户,离城关二十五华里的大横溪占了三户,即曾维祖、曾仰镜、雷有恒,另两户是严坊的彭九养和苦竹坑的李其成。而只要是盖了曾维祖或曾能和的四方红印的纸货,一运到长汀或福州就被当地的纸业经销商抢购一空,到后来,有些纸厂老板把一些不够等级的纸也转卖给曾维祖,由他盖上印记,同样在市面上十分畅销。

曾维祖,又名曾能和,清流龙津镇大横溪村人,生于1890年,从小家境贫寒,14岁即到当地土纸厂打工谋生,以维持家庭生活。由于身体强壮,吃得了苦,头脑又灵活,几年之后他已经掌握了土纸生产的各流程,对何时砍竹,如何打浆,石灰、碱水的配制量可谓掌握得一清二楚。同时也逐年积累了一点资金。20多岁时,曾维祖开始一边种田,一边批地垦种竹林,开始了自办纸厂的准备,经过十多年的努力,他不仅自办了纸厂,还在其他人的纸厂投有股份。紧接着又逐年兼并了其他纸厂,使宁化安乐、清流田元廖武和本村的十余家纸厂都成了曾维祖名下的产业。安乐乡铜盘村黄桶岭规模较大的纸厂成为他重要的毛边纸生产基地，10余个造纸工人一年到头不停生产，连过年也不停产，发给加年班工资。仅这个厂每年就生产300余担优质毛边纸。其他如横溪半坑的两处纸厂，肖坑延、陈坑、小坑、猫子坑等处的纸厂也生产出大批的纸货。

曾维祖对各厂纸张的质量很重视，由于他自己当过造纸工，因此他懂得管理方法。他名下造纸作坊生产的玉扣纸、毛边纸、春纸一律在纸边上盖上他的红色或蓝色方印，运往宁化、长汀和福州。

由于每年纸业收入很可观，而曾维祖家庭开支又十分节俭，他成了横溪村的首富。可是树大招风，他成了一伙土匪抢劫的目标，在一次卖完纸回家的途中，土匪在半路上截住了他，由于他穿着土气，衣服破旧，腰里扎着一条草绳，就像是一个乞丐，土匪不相信这人就曾维祖，把他放了过去。这伙土匪没捞到便宜，后来绑架了曾的家人，几乎把曾维祖多年积蓄全部掏空。他在安乐建了一座规模较大，相对较时新的住房加货栈，解放后被没收分给10多户农户。

1960年曾维祖这位清流纸业界名人，以节俭出名的乡间富豪，在贫病交加中走完了人生的历程。

十三、清流桥牌皂商——邹保林

清流自古以来农业生产为主，加以交通不便，解放前大部分生活日用品靠肩挑，由外地运入。肥皂作为日常必需品，在这个山区小县，过去也很难看到，大部分民众浆洗衣服使用一种榨茶油后形成的茶粉渣饼，敲成一小块，在需要浆洗的衣服上反复揉搓，也有一定的去污功能。另一种是当地称为肥珠夹树每年秋季长出的肥珠仔仔，外壳是橙黄色如蜜枣式的一个圆球，里边是黑色的硬核，把外壳打碎成糯糊状，用浆抹在衣服上，反复搓动，会产生大量的泡沫，同样有去污的效果。

邹保林是第一个引进制皂技术，在本地办起肥皂厂的人。1928年，邹保林因平时做小本生意较多在长汀、连城一带走动，因此萌生了在清流家中手工制作肥皂的念头。他到长汀请了两位制作肥皂的师傅，在家中的院子里砌起两个长4米，宽2米的浆池，购进了用于生产肥皂的牛油、烧碱等原料。这两位请来的师傅有较好的制皂经验，因此，邹保林的肥皂厂第一次生产就获得成功，成块肥皂的硬度、色泽、效果基本与外地运进来肥皂无多大区别。邹保林在肥皂印模上设计了桥的模子，并命名为志诚号桥牌洗衣皂，很快该厂生产的肥皂通过小商小贩在城、乡的民间使用起来，而通过几年的生产，邹保林也积累了一定资金，并且又开了一个志成记百货店。

十四、沙县热心公益——黄尔康和黄颂慈

黄尔康（1880—1943年），又名黄载禄，沙县城关兴义坊人。民国十六年（1927年），黄尔康独资办黄正茂京果店，除在福州霞浦路（后迁往马祖道）设有分行外，上海、天津、台湾、漳州、永安等地亦有分支机构或代理商行，经营笋干、纸、菇、木材等土特产品，同时

又创办联吉盐业公司,为沙县巨商之一,连任商会会长达10年之久。黄尔康热心地方公益,任商会会长期间,凡有摊派款额或公益支出,无不带头承担,尽量减轻其他小商的负担。平时则扶贫济困,悯老恤幼,深得乡人赞许。

黄颂慈(1909—1976年),沙县城关兴义坊人,黄尔康的长子。民国三十二年黄尔康逝世后,黄颂慈独力主持黄家在沙县、永安、福州、上海等地的业务。黄颂慈主持商务后,亦热心于地方诸如资助清寒学生、修桥筑路、赈饥救荒等事。民国三十三年创办尔康小学,开沙县独资办学风气之先。并赞助闽北学者沙县的陈绍源、建瓯的陈培光等出国留学。民国三十六年黄颂慈出任闽北文化促进会常务理事。1949年5月,他亲自赴台湾省基隆市整顿店务,后留居基隆。1950年,他与华泰行合资经营杉木,1951年在基隆开办光正商行,经营中药材和香茅油等进出口业务。后因受人诱骗,从事证券买卖和经营彰化毛菇均告失败,与人合资经营爆竹工厂又受挫折,此后一蹶不振。1976年10月病逝,终年68岁。1986年1月,其长子黄邦彦遵照父亲生前遗嘱,将他的骨灰送回沙县,安葬在石牌祖坟内。

十五、沙县开明商人——潘伊铭

潘伊铭(1873—1951年),字立勋,沙县城关和仁坊人。光绪二十一年(1895年)前后,潘伊铭在西门外后黄桥开办潘铭发南货店,光绪二十九年(1903年)前后,在福州上杭路万隆巷开办金裕铭庄,专营双凤商标茶叶。第二年,金裕铭扩大规模,从小巷子迁到台江文虎路3号。民国三年(1914年),因为第一次世界大战的影响,海运不通,大批茶叶囤积滞销,金裕铭庄大伤元气。潘伊铭根据沙县盛产木材、笋干,且这两种东西保存期较长的特点,转做木材、笋干生意,不久打开局面。金裕铭代办的沙县、永安一带的木材、笋干,经沙溪抵福州,转口上海、天津等地,并销往海外。沙县笋干还曾在巴黎国际博览会上展出,在国内外市场享有一定声誉。民国十三年,潘伊铭集股创建沙县电灯股份有限公司,从德国购进一台23千瓦火力发电机,在县城南门设厂发电,创办沙县最早的电力工业。随后,又办起锯板厂、碾米厂,奠定了沙县最早的工业基础。民国十七年,购置"新捷裕"、"新捷凤"两艘汽船,丰水期来往于沙县、南平、洋口、建瓯之间,开沙溪汽船航运之先。不久,参与组建"闽江上游延(平)建(瓯)沙(县)洋(口)四线轮船营业联合办事处",即"闽江轮船股份有限公司"的前身之一,潘伊铭占有其中的1/8股份。民国二十七年初,潘伊铭已经装船就绪准备运往上海的四千多担(每担65公斤)笋干被驻守福州的国民党军队用于填塞五虎口航道,以防日本军舰入侵,数十万银圆的资本毁于一旦,金裕铭从此一蹶不振。民国三十五年经营纸、木业,牌号潘裕记,任木业常务理事,资金2000元。

潘伊铭热心地方公益事业。宣统元年(1909年),他主动从上海买回一架救火水龙,并承担大部分的费用。民国二十五年,他带头捐献银圆600元,筹建沙县卫生院。此外,诸如试种木薯、引种美国柑橘、引进沙县第一台织袜机、赞助沙县籍人士求学等,都显示出潘伊铭关心家乡经济建设的热忱和善于接受新鲜事物的眼光。

潘伊铭先后担任沙县木、笋商业同业公会监事、理事,曾二度出任沙县商会会长(理事长),并担任过全国商会联合会执行委员、农商部咨议、福建国民经济建设分会委员、闽北水利建设委员会委员等职。

十六、沙县勇拓市场——邓景霞

邓景霞,沙县夏茂人。民国时期经营毛边纸、笋干等。在沙县城关设"裕源纸笋行"、福州设"元亨省庄"、上海设"元亨申庄"。在富溪一带开办纸厂300多槽(处)。此外还收购现货,笋干全系收购。营业额月均毛边纸二三万刀(每刀200张)、笋干20多万斤,销往上海、天津、香港及新加坡、日本等地。二十世纪三十年代后期,日军侵华时,海上被封锁,货物不能外运,丢失二三十万篓(毛边纸6.5刀为一篓、笋干50多斤为一篓),从此破产,改营小本生意。

十七、大田爱国爱乡——李发课

李发课(1907—1966年),大田县文江乡大中村人,在民国三十一年(1942年)左右出洋谋生,在妻子全力协助下,返南洋办铁厂、织布厂、橡胶厂,成为大富。李发课爱国爱乡,经常给家乡汇款资助家乡建设和兴建学校。李发课对家乡充满眷恋之情,1965年10月特带长子、长媳返故乡举行婚礼,并从尤溪县找回母亲遗骸,在老家大中村安葬。1966年,他在香港病故,享年58岁。

十八、清流能工巧匠——黄维熙

黄维熙(1903—1952),字宗焕,清流县群英乡(今灵地乡)人。黄维熙爱琢磨各种工艺,凡摸过看过的东西都能仿制。为施展一技之长,他到厦门购买百余件工具,在家里自办工艺作坊。他会打铁、打锡、钉秤,能制造各种农具,还能修造枪支、钟表、留声机、缝纫机,做衣服,而且都是精工细制,达到出神入化的地步。人们对他的工艺赞不绝口。

十九、将乐药材大商——黄煊

黄煊,名秋桂,字延馥。1913年出生于江西南城。清光绪年间,其祖父黄锡龄在将乐创办"黄大成药店",看病兼卖药。1944年,由黄煊接手经营。他从四个方面管好企业。一是改变店容店貌,突出招牌建设。将"黄大成"的招牌顶上塑造一尊"牡丹采药像"以示药材全真无假。店内柜台摆设也加以改造,并设立茶水供应点,老顾客来进货还给予午餐招待,取得了顾客的信赖。二是抓好进货关,选好进货点。当时中药材的集散地北为安徽亳州,南为江西樟树。由于战乱,黄煊选取了樟树。药材采购好后用船运于南城,再由陆路运抵光泽,再由船运经顺昌到将乐。较少的则用人工挑过黎川、泰宁到将乐。省内药材以福州下杭路致远药房为依托,需要的物资由其筹备船运至将乐,而回去时将将乐采购的地产药材及土特产运往福州进行结算。向上海市正泰药房、元康药行进的货也是由致远药房中转。三是严把质量关。饮片加工有专人负责,并由过硬的切片师傅操作。粉制以碾槽细碾精筛,再严格按方剂炮制。当时丸散类的参茸、十全大补丸和蜜制党参等深受广大顾客的欢迎。四是灵活经营,扩大销售,做到信誉第一,顾客至上,童叟无欺。对农村有困难的病人来买药品,一时无钱取药者,允许赊销挂欠,待到农民农副产品收成时以农副产品抵还。实在无法偿还者还允许来年偿还。顾主未进货时,一时手头紧缺可允许第二次进货时再行结算,或者赊欠一批,结清一批。这样一来,生意越做越活,由零售为主逐步转为批零兼营。周围各县同行以及本县各乡、镇药铺都来进货。

抗日战争胜利之后,黄煊抓住机遇,与湖北汉口市"大成庄"纸行订立协议,他们在将乐采购毛边纸的资金由"黄大成"垫付,"黄大成"在汉口购药材及其他货物的货款则由"大成庄"纸行垫付,双方省却了汇兑的费用和时间,取得了双赢。"大成庄"也因此介绍"黄大成"与上海市大成庄办事处联系药材与纸张生意。从此,"黄大成"不仅经营药品,而且兼营毛边纸生意,从收购、加工、捆扎、装篓到成品出售都成立了一套人马,招牌号为"大成福",字号为"馥记"。由于以诚信和质量取胜,"黄大成"药店和"大成福"纸行享誉省内外,为活跃当时的将乐经济和繁荣市场做出了一定的贡献。

115

第五章

过渡时期的商人与商业发展

新中国成立初期,国家为了恢复国民经济及稳定政治局势,对各种形式的经济采取了扶持的政策。但是随着经济的发展,政治层面的要求逐渐取代了经济运行本身的规律,在国家经济生活中占据了主导和支配地位。这段时期,国家采取了"限制、利用、改造"的方针。在实施的过程中,由于客观形势的变化及国家发展的需要,在不同时期政策有不同的侧重点。从新中国成立到1952年"五反"运动开展之前,国家采取了"公私兼顾,劳资两利"方针政策指导下的"利用"政策;从"五反"运动到1953年6月过渡时期总路线公布之前采取的是"限制"为主的政策,但是并没有放弃"利用"政策;从过渡时期总路线公布到1956年社会主义改造完成时,在急于消灭资本主义生产方式的影响下,采取了"改造"的政策,在1956年社会主义改造完成时,资本主义经济成分在我国已经消灭殆尽。

过渡时期的三明经济先是获得恢复和发展,而后个体经济和私营经济等私有制经济经历了从被限制到被改造的过程,最后随着改造的完成,私有制经济实际上已经消失。

第一节 过渡时期商业发展背景

一、稳定的政治环境

1950年1月27日,永安县城解放。31日,在福州组建的中共福建省第七地方委员会(后称永安地委)、第七行政督察专员公署(后称永安专署)各机关人员进入永安城。接着,地委和专署组成接管委员会,对国民党第六行署及永安县政府进行全面接管,其他各县的接管由当地政府负责进行。全区的接管工作均由城市到农村,自上而下全面展开。2月下旬,接管工作圆满结束。

专区建立之初,辖有永安、大田、宁洋、宁化、明溪、清流、三元、德化等8县。永安地委和专署建立之后,各县也相继建立了人民政权。其中,永安、大田、宁洋、宁化、明溪、清流、三元、德化(不久划归晋江专区)隶属永安专属;沙县、尤溪、将乐、建宁、泰宁划归第二行政督察区(南平专属);1956年3月撤销永安专区,7月,三元、明溪县合并称三明县,隶属南平专区,大田县划归晋江专区,永安、清流、宁化、宁洋县划归龙岩专区(同年撤宁洋县,部分地划归永安县)。人民政权的建立,为这个时期三明商人的发展创造了稳定的政治环境。

二、不断增长的人口数量

新中国成立后,经济迅速恢复发展,人民生活水平逐步提高,人口出生率上升,死亡率下降。1953年6月作的第一次人口普查显示,三明全境域总户数256364户,总人口942399人,家庭户平均每户3.68人。1957年,全境总人口达到104.79万人,比1950年增加15.32万人,增长17.12%;人口出生率年平均为26.2‰,死亡率年平均为11.0‰,年平均自然增长率15.2‰。人口总量大幅度地增长,使人的消费需求不断增加,从而拉动了社会商业的发展。

三、获得恢复和发展的经济

1950年春,三明财政收支接近平衡,物价趋向稳定。但是,国民经济的恢复面临着许多问题。为此,中国共产党七届三中全会之后,三明人民政府调整工商业,进行"三反"、"五反"运动,使三明国民经济在短短的三年时间里得到恢复,各项经济指标达到或超过了历史的最高水平。1953年底,三明人民在各级党委的领导下掀起深入学习、宣传和贯彻过渡时期总路线的热潮,揭开了对农业、手工业和资本主义工商业改造的序幕。1957年,顺利完成了社会主义改造的任务,国民经济获得初步发展。

1950年,三明境域国内生产总值8567万元(当年价,下同)中,第一产业6401万元,占74.7%;社会总产值9738万元,农业8301万元,占85.2%;到1952年,三明境域农业生产仍然以种植为主,农业总产值9707万元,比1950年增长17.6%。其中,种植业占57.1%,林业占15.2%,牧业占12%,副业占15.5%,渔业占0.2%。1952年8月土地改革运动之后,翻身农民焕发出巨大的劳动热情,使粮食生产在1952年获得34.88万吨的高产,比1950年增长18%。由于生产关系的变革,地区财政在"一五"期间支援农业生产支出额达216.7万元,年递增率14.9%,有力地支持了三明农业基础设施建设。1957年农业部门完成基建投资额达45.23万元,在沙县、建宁、尤溪等县建立了水库和渠道,改善了农业生产条件。1957年农业总产值比1952年增长26.47%,粮食总产量达到43.94万吨,比1952年增加25.9%,人均占有粮食427公斤,烟叶、茶叶、水果等经济作物产量比1950年分别增长230%、53.7%和42.8%,年末生猪存栏数比1950年增长47.4%。

新中国成立初期,三明境域的工业处在一个起步阶段,生产结构比较单一,大多为一些小型的作坊式加工企业。但工业生产的恢复和发展比农业更快。1950年,三明境域国内生产总值中,工业318万元,占3.7%;社会总产值9738万元中,工业523万元,占5.4%。1952年,三明工业总产值比1950年增长15.8%,工业企业由92个增加到115

个,全民所有制企业由7个增加到26个。1952年,三明境域共有手工业从业人员9575人,从事诸如打铁、建房、编制竹箩、草席、缝衣、染布、加工金银首饰、加工锡器等直接为农业生产和人民生活服务的手工业制作。1957年,三明境域内建立了全民(包括公私合营)所有制企业119个,乡及乡以上集体所有制企业399个,工业总产值7027万元,比1953年增长2.17倍,工业投资达301.94万元,兴建了松焦厂、发电厂、榨油厂、酒厂、机器修配厂等,与1952年相比,重工业比重由3.1%上升到14.8%,轻工业比重由5.7%上升到9.8%,而农业比重由91.2%下降到75.4%。1957年手工业改造完成之后,三明境域共组织了453个合作社(组),如裁剪社、缝衣社、棕棉社、建筑社、理发组、铁器社等,入社(组)的手工业者8445人,占总人数的88.2%。

1957年春,国家"一五"计划进展顺利。为了解决农业生产急需的化肥和我国工业发展中钢铁严重不足的困难,主持中央财经工作的陈云副总理提出在各省建设一批钢铁厂和化肥厂,发展地方工业的设想。同年6月,省委书记叶飞正式传达了中央发展地方工业的精神,决定在第二个五年计划期间建设一个省级重点工业基地。三明县由于地势平坦、地处福建的中心区域,交通运输方便、资源充足,省委确定将三明县作为省重工业建设基地。此后,全国各地3万余名建设大军,汇集三明钢铁厂工地,三明重工业基地就此形成。

四、较为顺畅的水路运输条件

民国时期,三明境域公路运输尚未普及,域内的木、竹及农产品、土特产品大都靠水路运出,所需食盐、百货、煤油、化肥等物资也要靠水路运入。水路运输是山区运输的主要方式。据1952年统计,用木、竹排流放的方式,年运出毛竹2305万根、木材3988万立方米,用木帆船等工具运输其他物资的年运量在2.77万吨,占三明境域全部水陆货物运输量的12.47%,年运输周转量达198.51万吨公里。同时,水路也是运输旅客的主要客运方式。1952年,客运量达0.66万人次,运输周转量76.98万人次公里。

金溪、沙溪、尤溪三河流域蕴藏着丰富的森林资源。在公路运输未普及之前,木材、毛竹主要通过这三大溪流水运出口。金溪上的木排、竹排多数流放到福州,少数流放到南平;沙溪上的木、竹排多流放到福州,少数到南平;九龙溪流域的宁化、清流两县以及永安部分地方的木、竹排,传统的航线都是沿沙溪流放到南平转运福州。

中华人民共和国成立初期,省人民政府为协调水上运输,于1951年5月成立省闽江上游木帆船联合运输社。1953年2月,改组成立省闽江木帆船联合运输社,各县设立派出机构,称"联运站"。50年代初,延沙永、永大德公路恢复通车后,木帆船运盐逐渐被汽车所代替。金溪运出的土特产品以茶叶、笋干为大宗,其次为土纸、莲子、香菇、薏米、泽泻、大豆;在九龙溪运出的土特产品中,以香菇、禽、猪、土纸为大宗,其次为笋干、劈柴(片)、茶叶;尤溪运出的土特产品中,以劈材、土纸为大宗,其次为笋干、香菇、瓷器。1951年,沙县运出的主要土特产品有毛边纸(11万刀)、木材(10万筒)、笋干(8万斤)、烟叶(1.5万担)、香菇(6万担)、红菇(2万斤)等;运入主要日用品有棉布(5600)匹、食盐(36

万斤)、糖(9万斤)、肥皂(450箱)、火柴(900件)等。三条航线木帆船运进的物资除食盐外,还有布匹、海产、京果、五金、煤油等。沙芜至安砂航线,木帆船下行运输的物资还有煤。至1955年,三明境域共有木帆船1290艘,计4678吨位,年运量达7.63万吨。1956年底,省闽江木帆船联合运输社撤销,省交通厅航管局在南平设立航管处,在永安设立航管总站,三明境域除大田外各县也成立其辖下的航管站。这一年,三明境域木帆船减为245艘,计3831吨位。1953—1956年,组织木帆船支援鹰厦铁路建设。在金溪航线,有将乐县上百艘木帆船轮番为铁路沿线运送枕木。这些船顺金溪而下,到闽江后再转沙溪口上行。永安至沙溪口一段航线,还有永安、沙县、尤溪、清流等地的500多艘木帆船来往运输枕木、水泥、条石、块石等建筑材料以及民工所需生活用品,年运量在3万～5万吨之间,年周转量近600万吨公里,创历史最高水平。

第二节 过渡时期商业发展状况

　　1950年1月专区建立之初,政府对工商企业部门,一面接管,一面恢复生产,让工商企业照常营业。1952年1月起,三明全区响应中央《关于在城市中限期开展大规模的坚决彻底的"五反"斗争的指示》,开始了历时7个多月的反对行贿、反对偷税漏税、反对偷工减料、反对盗窃国家财产,反对盗窃国家经济情报的"五反"斗争。全区有683户私营工商业者偷税漏税,共补交税款32.5万元,泰宁县对情节严重的5户私商给予监禁或罚款,全县共补交税金和罚没金52608元;大田县最大的一户补交税款达3.2万元。经过"五反"斗争,私营工商业得到健康发展。1953年全区12县有私营工商业7804户,从业人员8668人,资本约200万元,有食品、粮食、文具、日用百货、建筑器材、五金、医药、杂货、饮食、轻工和运输等行业。

　　1954年永安地委和各县由党政领导及有关部门领导组成"对私改造领导小组"和"私有商业及饮食业普查办公室",组成工作队,对资本主义私营工商业进行改造。1956年底,全区资本主义工商业改造基本完成。接受改造的工商户达7724户,占总户数的98.97%,其中被批准"一步登天"过渡到国营厂、店或供销社的有936户,占已改造总户数的12.12%,公私合营的厂、店有1560户,占已改造总户数的21.20%,组织合作厂、店、组的有4504户,占已改造总户数的58.31%,保持经销代销的店、组有724户,其余80户则实行登记管理,独立经营或转入农业合作社。1957年,全区社会商品零售总额比1950年的2120.86万元增长了近3倍,商业购销业务与工农业生产相适应,起到了为生产和人民生活服务的作用。1952年,将乐县人民政府以接收资产和私营厂欠国家税收及部分现金作为投资,对私营企业逐步实行公私合营。1954年,私营将乐自来水厂成为公私合营企业。1956年,采取"迁、并、带、合"等办法,实行全行业公私合营。是年底,全县公私合营工业企业36家,地方国营企业新建增至8家。

　　解放后至1953年,沙县私营商业在数量上有所发展。1950年有私商651户,资金3.35万元;饮食服务业156户,资金0.18万元。1951年12月私商发展到1044户,资金

11.71万元,全年营业额193.36万元,全年纳营业税6.84万元,纳所得税4.35万元,有工商人口:男2293人,女1961人。1953年私商发展到1147户,资金19.35万元;饮食服务业251户,资金1.04万元。但在社会商品销售方面,由于人民政府在政策上加强对国营和集体商业的扶持,对私营商业采用"利用、限制、改造"政策,1953年私营商业退出批发领域,商品零售额所占比重也由1952年的70.8%降为66.8%。随着生产资料私有制社会主义改造运动的深入开展,至1955年,私营商业户数减少到318户,拥有资金7.28万元,私营饮食服务业减少到141户,资金0.77万元。1955年1月,沙县县委成立对资改造领导小组,对资本主义工商业的社会主义改造从个别行业转为统一规划、全面安排阶段。5月,中共中央七届七中全会做出《资本主义工商业改造问题的决议(草案)》,沙县全面开展公私合营运动。

1956年,生产资料私有制社会主义改造进入高潮阶段。2月1日,县人委召开大会宣布批准全县私营商业转为公私合营、地方国营和合作企业。之后,进行清产核资、人事安排、核定工资、调整商业网点等一系列工作。所有私营商业、饮食业全部改造为国营、公私合营或集体企业。其中,棉布、百货、文具、屠宰、粮食、菜馆、鲜鱼、京杂小组陆续直接过渡为国营公司或供销社,供销社的门市部全部从业人员转为国营、供销社编制人员,其他行业有几十人被吸收到国营公司、供销社工作。烟丝、酒商、国药、京果、照相等业全行业实行公私合营;蔬菜、豆腐等业组织合作商店或合作小组。改造资金总额达19.43万元,实现了历史性的转变。在农村集镇,除国药业直接进入医药公司或保健院,绝大部分行业都进入供销社。1957年,允许少部分不适合集体经营的零售商业和饮食业开业,全县恢复了私营商业33户、私营饮食业93户,私营商业零售额只占全县零售总额的2.6%。1962—1963年,政府允许私人经商,县内私营商户有数百户,1964年又严加限制。1966年后,严禁私人经商,仅有个别人从事无证贩卖。

一、主要商品资本

1953年后,国家对生产资料和生活资料进行计划统配,统购统销。这时期各地的商品资本还是比较丰富的,满足了境域内人民基本的生活需要。梅列的私营、个体手工业主要从事铁业、竹器、缝纫、木器、瓷器、棕棉、雨伞、鞋帽、打锡(做酒壶等器皿)、修补等行业的手工加工。1954年6月,各地进行手工业社会主义改造,促进和组织广大私营、个体手工业户走合作化道路。1950年三元在莘口设置商店,经营棉布、百货、香烟等工业品。将街头的一处旧庙(现莘口供销社社址),修缮为收购粮食、笋干、香菇、毛边纸等农副土特产品之处。宁化从1953年开始,国家对生产资料中的主要物资实行计划统配。其中农业生产资料丰富,主要有铁、竹、木小农具、耕牛、化肥、种子、农药、水酒、烟、苹果、香蕉、雪梨、柑橘、蔬菜、猪肉等。在工业品方面,主要有手表、缝纫机、针织品、石油、医药等。1953年,泰宁县的医药、杂货、烟丝、糕饼、文具、百货、京果、棉布、西药、土产、饮食服务加工等商品资本比较丰富。清流极具特色的是高地贡米、遍布各村寨的茶油。早在清代、民国间,优质茶油、茜坑晒烟、赖坊大蒜、林畲淮山已享誉闽西。中华人民共和国成立后,政府重视农业产品的生产,通过良种培育、果树栽培、蔬菜种植、家禽家畜饲养,农产品质量有新的飞跃,也给粮油加工业带来较大的发展空间。长校、灵地手工制作的米粉,以其独特水质、传统工艺、质量上乘驰名。清流森林资源丰富,属国家重点保护的树种有南方红豆杉、钟萼木、金毛狗、香樟、闽楠、浙江楠、花榈木、野大豆、喜树等。林副产品以桐油、乌桕、竹荪、土纸、红菇、笋干为最。乌桕产量位居全省第二位。木制品、制材业、土纸是清流主要的经济支柱。将乐的木材产量丰富,1956年全县年采伐木材18348立方米;1957年达23334立方米,实现产值830万元,占工农业总产值的20.1%。1950年,将乐县毛边纸产量为294.1吨,1951年增加到644.1吨,1952年达1232.1吨,1953年达1357.0吨,1954年达1058.8吨,1955年达1025.5吨。将乐还是福建省的主要产粮区,以水稻为主要粮食作物。1957年粮食总产达29759.35吨,一半以上销往县外。同时,将乐的毛竹、笋干、香菇、红菇、龙池砚、碑、陶瓷、石灰、纺织、服装等商品在这期间已很有名气。永安县刚解放时,农副产品有木材、笋干、香菇、土纸等;工业产品有电力、机械、汽车维修、松香等;手工业产品有家具、竹藤、铁器、贡席、煤制品、日用五金、雨伞、肥皂、弹棉等;食品饮料中的酱油、吉山老酒等也很出名。这些商品,主要在三明境域内互通有无,满足当地人民的需要。但在当时不断得到改善的交通条件下,有些商品也转运销售到福州、杭州、上海等地,成为外地人喜欢的生活用品,也成为不少地方重要的工业原料。

沙县主要农林产品有木材、粮食和毛竹、棕片、土纸、笋干、香菇、木耳等农副产品。1955年,按照第一次森林资源调查的统计口径,全县林木蓄积量为1102.97万立方米,其中可伐量为408.18万立方米。1958至1959年,由于大量伐木烧炭以供大炼钢铁和原木采伐"大跃进",林木蓄积量急剧下降。"文化大革命"中,因无政府主义思潮泛滥,乱砍滥伐成风,森林资源尤其是楠木、樟木等珍贵树种资源再次遭受严重破坏。县内传统的农副土特产品笋干、香菇、烟叶、茶、毛边纸均由各商号自行经营。1957年增加了毛竹、棕片等产品。1953年受国家委托代购的农副产品有稻谷、黄豆、小麦、土纸。1955年粮油移交粮食部门统一经营。1957年大宗农副产品如笋干、毛猪移交国营商业经营,供销社农副产品收购转向小宗土产收购和开发运山毛竹资源。1958—1960年,供销社与国营商业合并。农副产品收购,执行国家统购、派购政策。统购物资有粮、油、棉,派购物资有毛竹(竹类半成品)、笋干、香菇、土纸、茶叶、生猪、蛋、家禽、席草、铜、铁、锡。收购方法采取突击性与经常性收购相结合和开展大购大销活动,提出"生产什么,收购什么,生产多少,收购多少,哪里有生产,哪里就有收购"。1951年县供销合作社成立后,农副产品生产恢复、发展很快。但市场一度呆滞,许多农副产品销路得不到解决。县工人消费社派专人常驻上海推销毛边纸、笋干、香菇。1952年县社先后在夏茂、城关、高砂、洋溪、南洋、郑湖、南坑仔、富口等地设十个圩场,召开冬季、夏季及供销系统的各种物资交流会21次,推销农副产品。参加交流会人数达12万人次,农副产品成交额56万元。夏茂晒烟销往本省将乐、永安等19个县(市)和江西省的宜川。富口、郑湖等基层社也帮助社员推销笋干、毛边纸、油茶籽等农产品。1957年主要农副产品实行归口管理,统一调拨,当年上调晒烟338吨,毛边纸80175刀,粗纸44.5吨,茶叶3.1吨。

二、商业发展形式

(一) 1950—1952年的多种所有制形式

中华人民共和国成立后,在"公私兼顾、劳资两利、城乡互助、内外交流"的政策指引下,三明境域鼓励和支持私商正当经营,调整税率,放宽贷款,私营商业得以恢复和发展。为了恢复国民经济,活跃城乡市场,由各县、区政府主持,境内普遍举办城乡物资交流会。

中华人民共和国成立初期,经济实行计划管理。在发展国营和集体商业的同时,对私营商业实行"利用、限制、改造"的方针。流通领域开始发展国营商业,但仍存在不少个体、私营商业。个体经济主要经营蔬菜、粮食,自产自销。1950年,明溪个体手工业得到恢复和发展。全县除了以铁器、木器、竹制品和棕棉为四大支柱行业外,还有圆木、修车、白铁皮加工等26种行业。这年,全县私人手工业有125户,从业人员156人,总产值3502.66元。私营经济在当时较有规模。1951年1月,明溪的曾桂育在原木织机织布作坊的基础上创办私营手工业协兴纺织社,有职工5人,主要纺织白洋布、线袜。1949年12月,沙县全县共有私营商户286户,1951年12月发展到1044户商户,1952年12月发展到1418户商户。1953年城区有575户商户涉及32个商业行类,其中国营11户,占总户数的0.02%,集体经营5户,占总户数的0.01%,私营559户,占总户数的99.97%。1955年底城区有481户商户,乡区323户。三元全县私营商业共有布业、饮食服务业等222户,从业人员300人,全年营业额5472440元(旧币)。其中布店12家、杂货店73家、京果店90家、香烛店80家、国药店21家、西药店5家、桶店4家、肉店20家、酱油店5家、金银首饰店1家、理发店9家、缝纫店4家、刻印1家、排摊10家、饮食点心店37家。经营范围广、资金雄厚的是布业,有张兴记、建昌、永聚、广记、吉兴成;医药业有荣生、李隆记、元寿号等几家富商,资金约占全县资金三分之二强。到1950年末,三元全县私营商业共有247户,其中有布店11家、杂货店74家、京果店9家、神香店8家、国药店20家、西药店3家、酒店4家、肉铺20家、酱油店3家、金银首饰店2家、糕饼店15家、豆腐店25家、饮食店33家。服务业有理发店9家、缝纫店6家、刻印1家、照相1家、旅社1家。全年营业额达8100000元(旧币)。梅列在中华人民共和国成立后,在"公私兼顾、劳资两利、城乡互助、内外交流"的政策指引下,鼓励和支持私商正当经营,调整税率,放宽贷款,私营商业得以恢复和发展。为恢复国民经济,活跃城乡市场,由各县、区政府主持,境内普遍举办城乡物资交流会。三明历来是粮食贸易的集散地。新中国成立初期,粮食市场比较杂乱。1954年根据中央及华东区指示精神,境内各县4月份起在主要集镇及广大农村迅速建立起由国家领导的有私商参加的粮食市场73个,其中粮食部门管理的粮食市场42个,合作社管理的8个,粮食部门、合作社联合管理的2个,区乡政府管理的21个。分布于永安、明溪各9个,大田21个,清流9个,宁化16个,宁洋3个,三元6个。当年,境内73个粮食市场共成交粮食278吨。

这一时期,各地纷纷成立商会和工商业联合会组织商业经营。这个时期的商会起到了互通经济信息,促进商品经济的发展,商议商品价格,接受业务咨询,举办公益事业,调解私商之间纠纷,承办上级交办的事务等职能。在商会的和工商业联合会的推动下,各商业形式发挥了满足人们生活、生产的需要,促进三明经济的恢复和发展的作用。

(二)高度计划集权形式

1953年商业社会主义改造以后,个体、私营经济成分逐渐减少,商品流通逐步实行纯计划管理。商品实行统购包销,并与生产挂钩。50年代后期至60年代初,不少工业日用品、副食品凭证(票)供应,物资比较匮乏。

1952年,我国进入第一个五年计划时期,党提出过渡时期的总路线和总任务。党中央提出对私营工商业采取"全面安排,积极改造"的方针政策,走合作化道路。在总路线的指引下,国家对资本主义工商业进行社会主义改造,采取"利用、限制和改造"的方针政策,逐步把资本主义工商业改造成为社会主义国营经济,使资本主义所有制变为社会主义所有制,以适应国民经济的发展和需要。对中小型资本主义企业的生产资料,则实行"和平赎买"政策,并按"四马分肥"(即将利润分为国家所得税、企业公积金、工人福利费、资方红利四个方面进行分配)的方式处理利益关系。对小商小贩,在全行业公私合营的高潮中,国家根据他们的资金、经营方式等实际情况,采取不同的改造方法。对于资金较多,经营规模较大的小商小贩,在自愿的基础上由几户或十几户组成统一核算、共负盈亏的合作商店。对于资金很少的摊贩和肩挑小贩,则推动他们组成分散经营,各负盈亏的合作小组。在改造私营商业的同时,对国营企业、供销社在商业业务和经营管理上做好全面规划,密切配合。在寻找资源,开拓流通渠道方面,尽量减少流转环节,并结合合作化的发展情况,调整批发网、收购网。到1956年,三明商业不断发展,市场日趋繁荣,社会购买力成倍提高,社会商品零售总额不断增加,最终建立起以国营商业为领导,合作社商业为辅导,个体商业(包括集市贸易)为补充的社会主义商品流通体系。这标志着对私营商业的社会主义改造和对资本主义自由市场改造的任务已顺利完成。

这一时期的工商联组织在三大改造中起了重要作用,并在改造完成后,逐步退出舞台。各地工商联组织,对教育私营工商业者遵守党和政府政策法令,改善经营方式,引导生产发展,整顿私商组织,调解纠纷,开展"三反、五反"运动(反贪污、反浪费、反官僚主义;反行贿、反偷税漏税、反盗窃国家财产、反偷工减料、反盗窃国家经济情报),同时,他们对私营工商业实行社会主义改造方面,也起了积极作用。

经过社会主义改造,国营商业和供销合作社在城乡市场占主导地位,从而形成了以国营商业为主导,国营商业、供销合作社商业、公私合营商业、合作商店、小商小贩、集市贸易等多种商业形式的商业网络。

三、商品经营方式

过渡时期商品流通主要采取店铺模式,商业市场还是比较活跃的。

(一)供销合作社经营

50年代初,三明境域各地在工商联的倡议下,办起了消费合作社和供销合作社。基层合作社基本由市、区、县的供销合作总社管理。到1957年底,供销合作社成员和股金数量逐步增加。1954年,明溪的手工业从工商业联合会分离出来,有铁器、棕棉、缝纫、竹木等10个生产合作社,职工275人,年产值4.7万元。1955年2月手工业联合社成立,组织生产合作社13个,有职工167人,年产值7.53万元。1951年2月,沙县总工会建立工人消费合作社,社员658人,股金860元(旧币860万元);1952年有社员1673人,股金1457元;1954年社员发展到3433人,股金5813元,主要经营社员急需的生活必需品,为社员的生产、生活服务。1955年6月,工人消费合作社与城东、城西供销合作社合并为城关区供销合作社。1951年7月,成立沙县合作总社筹备委员会。同年12月正式成立沙县合作总社,作为全县供销系统的领导机关,对基层社实行组织上的领导和业务上的指导。1951年6月成立夏茂供销合作社,1952年全县共有17个基层供销社,共有入股社员27966人,股金3.09万元。1954年10月县合作社联合社改称沙县供销合作社。供销联社的主要宗旨之一是扶持商品生产。1952—1978年主要是从物资、资金上帮助社队发展粮食生产,壮大集体经济。1953年至1965年,沙县供销联社经营方式实行"拨货计价实物负责制"的经营管理制度,各基层社均建立业务员、采购员、营业员、仓管员、收购员、会计员、统计员、物价员和盘点委员会岗位责任制。财务管理抓"五项定率"(利润率、费用率、商品周转率、资金周转率、劳动生产率即定员定额)的执行。1957年,县社和基层社的商品流通费率分别为4.3%和7.5%,资金周转天数分别为40天和34天,为历史上最高水平。

1951年冬,由宁化县总工会和县人民政府工商科倡议,先后办起城关、湖峰、安乐、治平4个工人消费合作社及中山、双虹2个乡(即现在的村)供销合作社。1952年春,成立县供销合作社筹建小组,由县财政拨给"合作事业基金"150吨大米(折合人民币17700元),银行贷款2万元,7月正式成立宁化县合作总社。各乡镇相继建立基层供销合作社,全县共有社员18743人,股金25245元。1953年3月召开宁化县合作社第一届第一次社员代表大会,选举理事会和监事会,实行民主管理。年底全县共有合作社社员20962人,股金37050元。1954年总社更名宁化县供销合作社,县社设综合经理部,基层社设综合门市部、17个分销店,同时由供销社领导组织手工业合作社。1956年8月召开全县第二届第一次社员代表大会,选举监、理事会及出席省社员代表大会的代表,批准1955年6.6万元盈利分配方案。1957年底,全县社员增加到30532人,股金59104元,基层社增加到13个,经营网点扩伸近10倍。全县共设140个零售门市部、175个分销店、115个代购代销店。1952年,泰宁商业环境得到很大改善,全县私营商贩发展到301户,其中坐商达到215户。同年成立供销社,开始在农村建立商业网点,城关、朱口、弋口、新桥、大布五区开设7个集体所有制供销商店,行业店铺383家,其中纯商业145家,呈现出一派欣欣向荣的景象。1952年5月15日明溪县合作总社正式成立。1954年6月,私改办配合工商联对城区十一家私营百货业店主做思想、动员工作。私商从业人员愿意接受政府改造。1954年4月,县里贯彻对私人资本主义工商业改造政策,全县400多户小商小贩按行业分别组织起"合作商店"或"合作小组"。6月,县手工业联社成立,下属铁器、竹器、木器、棕棉、缝纫五个分社。县合作总社改名为"明溪县供销合作社"。其他各县区在此期间也大都以供销合作社店铺模式进行经营。到1956年底,将乐县有136户私营商业过渡为国营商业和供销合作商业,合作商店74个85人,合作小组11个102人。

(二)国营商店经营

1956年在对私营工商业进行社会主义改造时,宁化私营商业有京果业12家、棉布业2家、百货业3家、医药业2家、饮食业12家,共计41家实行公私合营。经过清产核资,私股总额26931.83元,其中固定资产13381.86元。从业人员75人,职工11人。1950年成立福建省贸易公司永安分公司宁化支公司,经营粮食、食盐、棉布、百货、卷烟、土纸等批零业务。1952年成立百货、粮食专业公司,并成立烟酒专卖处。1953年百货公司又改为永安百货公司宁化营业处,并设专卖处、土产处。1954年成立宁化县花纱布公司。1955年成立宁化县百货公司,与花纱布公司、烟酒专卖公司并存。1956年7月宁化县商业局成立,下设百货、食杂、饮服、食品、医药、花纱布等专业公司。

1951年11月,沙县成立第一家国营贸易公司。1952年成立土产公司、百货公司和中国粮食公司沙县支公司。1952年3月,原由贸易公司木材部经营的木材改由林业部门经营。1953年增办水产、花纱布(纺织品)、油脂、专卖、食杂、食品等专业公司,当年,国营商业批发、零售销售额分别占全县总额的38.9%和5.2%。1956年7月成立商业局,当年国营商业批发销售额占全县总批发额的57.8%,零售额也提高到30.9%,形成了国营商业的主体和主导地位。1957年,国营商业批发销售额已占全县总批发额的76.2%,零售额占32.2%。1959年县计委设立物资股,1962年12月改设物资局,专门经营、管理、分配金属材料、机电设备、化工原料、建筑材料和农机配件。至此,基本形成国营商业在生产资料和城区主要生活资料供应方面的绝对优势。

1956年2月,明溪对私改造工作基本完成,国家实行"赎买"政策,把私人的生产资料收归国有。1957年商业局分为商业局和服务局。1955年,明溪城关棉布业在国家对棉布实行统购统销政策后,进行了全行业清产核资并到国营商业部门,原私商从业人员同时纳入国家职工行列,称为"一步登天"。1956年,将乐县城国营商业机构有:百货、纺织品、专卖、食品杂货、京杂、中药材、医药、福利等8个专业公司。同时,国营商业机构迅速下伸,分别在白莲、万安两镇设立百货、专卖和贸易商店。

此外,这个时期的商业经营还采取赶圩、庙会和展览会的形式。新中国成立初期,三明境域沿用过去的物资交流会、庙会、耕牛交易会等形式,以临时空地为市场,开展食品交易。宁化、明溪等县耕牛多属产销见面,较大的集市每年有两次,每次集会上市交易耕牛都在千头以上。1951年8月20日,永安专区首次举办土特产品展览会,参观者达4000余人,成交额达旧版人民币10亿元。同时,各地还有不少游村串户的货郎担,他们主要经营生活用品,是农村商业阵地中灵活、特殊、不可缺少的商品流通模式。至1956

年,三明境域已逐步形成以国营为主,集体为辅,个体为补充的商业市场。

第三节　过渡时期的主要商人和劳动者典范

一、成立贸易公司、扩大商品购销的刘培新和李春仁

　　1949年初,党中央在决策百万雄师过大江的同时,相应准备了五万三千名干部随军南下,在新区进行接管、建政,以恢复经济,发展生产。我华东南下纵队第七大队,于1949年9月进驻福州,一部分参加军管会接管,一部分在郊区借粮支前。1950年1月上旬,七大队集中所属,经南平向永安进军,并初步拟定了地专机关及各县接管人员名单。刘培新带领十几名南下干部和一批新干部组成了永安贸易公司,于该月末永安解放后,立即挂牌开始营业。

　　永安贸易公司是当时全区唯一的国营一揽子公司,它总揽了全区八县国营商业的全部购销业务。其经营范围,约相当于现在的商业、粮食、供销、外贸、林业等系统的大部分业务。1950年4月,该公司奉命首建了莘口和大田两个营业组,负责开展三元、明溪、大田和德化等县购销业务。

　　莘口是三元县的重镇,是毗邻各县的商品集散地,水陆交通便利,商业发达,被誉为沙溪河畔的明珠。莘口沙溪河的航运是永安专区的主要交通动脉,是出入永安地区的门户。1950年4月,李春仁等人奉命筹建莘口贸易公司。在三元县和莘口区领导的支持协助下,觅了一间店面,经营棉布、百货、香烟等工业品。将街头的一处旧庙(现莘口供销社社址),修缮为收购粮食、笋干、香菇、毛边纸等农副土特产品之处。把小学隔壁的一家祠堂,用来堆放商品,以及办公、睡觉等。营业组十多名新老干部,来自五湖四海,为了一个共同的革命目标,走到一起来了。他们中有南下干部、地方游击队员、福建革大和永安青训班的学员,还有由省商业厅统一招收的知识分子和具有业务专长的人员,其中大学生有两三名。这些知识青年,在老同志的带领下,不怕苦,不叫累,团结一心,为了"发展经济,保障供给",建设新中国,全心全意地为人民服务。

　　1951年初,永安地区在剿匪、镇反、土改等方面获得大胜利,社会秩序基本稳定,经济秩序亟待恢复,公司又奉命在宁化和小陶等地建立分支机构,加强与清流、宁洋的贸易往来。此时莘口营业组升处,并在沙溪和明溪分别建立营业组,全面开展两县的贸易活动,延至1952年8月,莘口贸易公司业务分别划归各专业公司。至此,它胜利完成了在恢复时期活跃三元、明溪的城乡经济,扩大物资贸易,保障供给等光荣而艰巨的任务。

二、积极响应农业社会主义改造的林罗志、周菊珍和张万治

　　林罗志,永安槐南乡西华人。中华人民共和国成立后,他积极参加农会活动,担任村

农会委员和民兵队长。土改时,组织起西洋第一个互助会,后又在西洋乡组织3个互助组。1952年林罗志被评为省劳动模范,同年12月22日办了永安专区第一个农业生产合作社。1954年初,西洋4个初级农业社联合办一个高级农业合作社,林罗志任高级社的社长。

周菊珍,女,沙县夏茂镇儒元村人。1951年2月,周菊珍打破夏茂地区妇女不下田的旧习惯,带领邓美娣、邓素兰等6名妇女成立全县第一个妇女互助组。同年春,互助组规模扩大,当年粮食增产10242斤,比上一年增长二成半。互助组获得县人民政府奖励的水牛1头,儒元乡(相当于1985年的村)被评为全县妇女工作模范乡,周菊珍被评为区、县劳动模范。1952年,周菊珍互助组再创增产三成的好成绩,周被评为福建省农业劳动模范,同年加入中国共产党。1953年春,周菊珍、林宇程两个互助组合并,创办全县第一个初级农业生产合作社,周菊珍任社长。1955年12月,初级社转为全县第一个高级农业生产合作社,周菊珍仍任社长,同年被选为中共沙县委员会候补委员。1956年,周菊珍高级社粮食亩产达488斤,创夏茂地区最高纪录。周菊珍历任儒元乡乡长、党支书和夏茂公社副社长等职。1951年起,周菊珍被选为各届县、省各界人民代表和全国人民代表大会代表,1957年11月被选为全国妇女代表大会代表,1959年评为全国"三八"红旗手。

张万治(1919—1970年),又名旺治,沙县凤岗镇八街(水南居委会)人,曾任八街互助组组长、街长、街党支部书记,农业生产合作社社长、红旗人民公社副社长。1951年任一区八街街长时,积极参加土地改革运动,带头成立由8户贫困农民组成的张旺治互助组,并带动建立8个互助组。1953年,互助组转为五星农业生产初级合作社时任社长,1954年合作社粮食总产比1953年增长14.2%。为改变水南三分之二的土地十年九旱的状况,在县水利部门的支持下,1956年3月成立墩头—洋坊水渠工程指挥部,张旺治任副总指挥,他带领社员夜以继日,紧张施工,至七月底,修通全长11公里的水渠,使3个农业生产合作社受益,五星合作社有效灌溉达1598亩,旱涝保收田增至1640亩,当年粮食总产比1954年增长73%。此后,张旺治带领社员,不断挖掘增产潜力,推广科学种田,合理密植,精细管理,粮食产量持续增长。1951年至1957年,先后4次被评为省农业劳动模范。

正是在林罗志、周菊珍、张万治等劳动能手的带动下,各地农业社会主义改造得以顺利进行,人们的劳动热情高涨,粮食产量得到提高,从而奠定了三明粮食生产的基地作用,为三明商业的发展提供了基础。

第六章

1958—1978年的商人与商业发展

对资本主义工商业改造的完成,为三明社会主义公有制商业的建立与发展打下了初步的基础。在此基础上,伴随着三明国民经济的快速发展,以计划经济为主导的社会主义公有制商业与市场获得了较大的发展。这一历史时期一直延续到1978年党的十一届三中全会召开。在此期间,虽然经历过"大跃进"和"文化大革命"的非常时期,三明商业和市场的发展受到一定的阻碍,尤其是个体商业的发展,基本上处于被遏制状态,但从总体趋势看,以计划经济为主导的社会主义公有制商业和市场仍然是快速、稳步地发展。资料显示:在1978年社会商品零售总额中,通过国营商业和供销合作社销售的商品零售额占91%,真正形成了公有商业的"一统天下"。在这一历史时期,生产资料被认为是"非商品",只能通过计划来调拨,不能进入市场流通,生产资料市场处于"空白"状态。

第一节 1958—1978年商业发展背景

一、1958—1978年商业发展的社会历史条件

1958年4月,三明辟为重工业基地后即成立了三明重工业建设委员会,为党政合一领导机构,负责领导三明工业区的工业建设以及各项市政建设与管理工作,直属省委、省人委领导,并与南平地委、行署双重领导三明县。1959年2月,经中央批准,三明重工业建设委员会与三明县机构合并,成立三明人民公社筹委会(省辖)。1960年1月,三明人民公社筹委会改名为三明市人民委员会(为省辖三明市)。1961年11月,恢复三明县建制,辖区为原明溪县行政区域。同月,清流、宁化、永安3县从龙岩专区划归三明市,辖区扩大为4县。1963年5月,国务院批准设立三明专员公署,将三明市降为地辖市,专署下辖三明市、三明县、永安县、清流县、宁化县、大田县(同月从晋江专区划入),共计1市5县。1964年4月,三明县恢复为原明溪县名。1967年2—3月,三明军分区奉命介入地方执行"三支两军"任务,成立生产领导小组,负责三明地区的工农业生产。同年7月,福州军区党委决定成立三明专区军事管制委员会。1968年10月,成立三明专区革命委员

会,为党政合一的领导机构,行使原地委、专署的全部职能。1970年6月18日,省革命委员会决定将尤溪、沙县、将乐、泰宁、建宁5县划归三明专区,7月正式划入。三明专区辖区扩大为1市10县。同年12月,三明专区革命委员会改为三明地区革命委员会。1978年3月29日,三明地区革命委员会改称为三明地区行政公署,辖区不变。三明政区的变迁是社会稳定的需要,为社会经济、政治的发展进一步创造了条件。

1958年,由于三明进行工业建设,调进大批职工,人口增长速度最快,比上年增长了10.41%。其中非农业人口增长明显,到1960年,全境非农业人口37.35万人,比1950年增加28.63万人,占总人口的28.73%,比1950年上升18.98个百分点。但1961—1962年,工业暂时下马,大批职工被精简回乡务农,全境非农业人口急剧下降。到1970年,全区非农业人口30.88万人,占总人口的18.33%,比1960年减少6.47万人,下降10.4个百分点。第二次人口普查(调查登记标准时点为1964年6月30日24时)时,全境域总户数287653户,总人口1265456人,家庭户平均每户4.4人。但总体上,当时三明境域总人口比解放初人口总数有所增加,有利于拉动三明商业的发展。

二、经济发展状况

1958—1965年是"二五"计划和三年调整时期。工农业生产继续在调整中前进。由于工业基地的建设,三明在"二五"计划的头两年国民经济获得了很大的发展,后三年由于开展大跃进和人民公社化运动,加上自然灾害,农业生产遭受新中国成立以来第一次严重挫折。工业盲目发展,造成人力、物力、财力的巨大浪费,造成三年困难时期,"二五"计划未能完成。在三年调整时期,纠正"左"倾错误,贯彻国民经济"调整、巩固、充实、提高"八字方针,工农业生产得以恢复和发展。8年中,工农业总产值年递增率为5.3%,其中农业年递增2.1%,工业年递增12.4%。1966—1976年十年"文化大革命"期间,由于广大工人、农民、解放军指挥员、知识分子和干部对"左"倾错误的抵制,减少了"文革"对经济建设的破坏,使全区经济建设在曲折中前进。十年间全区工农业总产值年递增率8.6%,其中农业为5.3%,工业为11.1%。1976—1978年各行各业的整顿取得了可喜的成绩。在"工业学大庆"、"农业学大寨"热潮中,全区党员干部和群众大干社会主义的积极性高涨,各条战线克服了"四人帮"干扰破坏造成的严重困难,大型骨干企业重新焕发生机。

(一)农业发展状况

1958年下半年开始的人民公社化运动,取消了社员的副业生产,实行统一的劳动指挥和生产管理,农民没有自主生产积极性,生产力受束缚,生产连年下降。1961年,农业总产值比1957年下降30.1%,粮食总产量下降28.3%,全区人均占有粮食只有246公斤,低于1950年水平,烟叶产量仅相当于1957年的31%,茶叶产量也低于1950年水平。年末生猪存栏数从1957年的34.97万头下降到8.96万头,仅为1950年的38%。1961年以后,全区贯彻中央的"八字方针"和农村人民公社的有关规定,对农业进行了一系列的政策调整，使生产逐步回升。1964年农业总产值恢复到1957年水平，到1965年则比1957年增长17.8%，粮食总产量增长3.4%，水产品产量增长67%，年末生猪存栏数恢复到1957年水平，农民年均收入138元，比1957年增长17元。全区农业生产在这一阶段呈现"U"字形趋势。十年"文革"期间，各地农村大力推广矮秆良种，扩大复种面积，推广先进技术，粮食产量在曲折中增长。但由于政治动乱的影响，生产一直徘徊不前，特别是1968年所谓"停厂闹革命"、派性斗争，严重影响了生产。当年农业总产值比上年下降了7.2%。1970年，提出"抓革命、促生产"后，被严重破坏的经济局势出现了转机。1974年，由于开展所谓"反复辟"及"批林批孔"运动，人心不安，社会秩序混乱，生产又受影响，1975年，批判派性、整顿生产，经济形势好转。1976年开展"批邓、反击右倾翻案风"运动，全面整顿停厂，生产发展又迅速减缓下来。1976—1978年，农业生产狠抓科学种田，落实关键性增产措施，大规模开展农田基本建设，平整土地，改造低产田，粮食获得了大丰收。全区粮食总产量1977年达72万多吨，超过历史最高水平，1978年高达83万多吨，比1966年增长25.66%。

(二) 工业发展状况

在"以钢为纲"的错误方针指导下，1958年全民大炼钢铁，产品质量不过关，劳民伤财。"二五"时期，三明被列为全省工业基地，三钢、三化、重机、农机、青纸等一些骨干企业相继上马，同时从备战出发，支援"小三线"建设，筹建和内迁了一批国防工办企业。但由于大跃进运动和瞎指挥等人为因素的影响，加上资金、技术、资源、材料、设备等客观因素的约束，有时工厂上马不久又被迫下马，有的工厂大裁员，造成不少浪费和损失。这一阶段，乡及乡以上工业企业从1957年518个猛增到1958年的1198个后，又急骤下降到1962年的565个，降幅达53%。在1959—1962年期间，全区关停并转的工业企业就达83个，1962年全部工业总产值比1958年下降4.4%，其中生铁产量下降98.7%，原煤产量下降69%。经过三年调整时期的艰苦工作，工业形势渐趋好转。1965年全区工业总产值达1.78亿元，比1957年增长1.5倍，钢产量增长19倍，松香产量增长2.2倍，全区职工人数8万人，年平均工资583元，比1957年增加20.9%。十年"文革"期间，三明重工业建设已形成较大规模。"三线"战线、国防工办企业相继竣工投产，同时从上海、厦门、福州等地迁入的纺织厂、印染厂等与重工业基地相配套的轻工业也相继建成。各县大上农机、水泥、水电、化肥、造纸等"五小"工业，工业总产值有所增加。但由于政治动乱的影响，十年间工业总产值有时下降，有时上升。1977年，工交战线生产月月突破历史最高水平，上升幅度大、增产面广、扭亏转盈企业多，全区工业总产值达到8.84亿元，到1978年首次突破10亿元。

三、商品流通网络的发展

(一)百货商店等公房的兴建

1958年至1978年,为了对商品流通进行统一安排和部署,三明境域投资建设了一批公房。1958年,国家决定在三明兴建工业基地,至1979年,三明市区建有公房49幢,建筑面积4.4万平方米。1974年,将乐城关建筑生产合作社和万安建筑生产合作社分别更名为将乐县第一建筑社、第二建筑社。1975年,两社合并为县建筑工程公司。1978年,县内建筑企业发展到7家,从业人员630人,年竣工面积0.88万平方米,完成施工产值221.18万元,向国家纳税4.4万元。1951—1978年,宁化县全民所有制基建总投资5887万元,公共建筑1958年、1964年分别做过修整。60年代建有百货商店、食品店、饮食店和新华书店,使用面积429260平方米,占住宅总面积69.59%。60年代沙县先后建有百货商场、食杂公司、贸易货栈、虬江饭店、印刷厂办公楼、红卫饭店、水南汽车站、县影剧院等公共建筑。1963年在沙县府西路师古巷口建起三层砖木结构的百货商场,占地面积约600平方米,是沙县解放后建成的第一家大商店。

(二)商品运输条件的改善

1958年至1978年,为了促进经济的发展,三明的交通状况逐步得到改善,县域之间的物资流通得以改进,商品流通的渠道更为顺畅。1956年,纵贯三明的鹰厦铁路通车,同年,荆(西)谢(清流谢坊)公路建成,陆路运输空前繁荣。解放前,泰宁的交通主要以水路为主,陆路通道虽然在1934—1945年间,断断续续有修筑一些入境公路,但都因为受各种因素影响,而最终未能正式建成。解放后,泰宁的陆路通道主要以公路为主。1952—1957年,将民国时期遗留下来未完工的邵武—泰宁—建宁、南平—顺昌—将乐—泰宁公路彻底修通。同时,城关—下渠—开善公路亦修筑竣工,于1956年通车。1958—1960年,泰宁掀起了筑路高潮。至二十世纪八十年代,全县近90%的行政村,皆有公路相通。其中,县道6条,总长139.97公里。乡村公路112条,总长581公里,基本形成了以县城为中心,以各乡镇为中转站,向四周村庄衍射的平面式交通网络。宁化在60年代初期,境内可通舟楫的总航程达97.6公里。同时大抓公路建设,逐步建成连接县内外的公路网络。1958年成立县交通建设指挥部,任务分配到各乡,抽调民工13700名,采取统一安排,农忙与农闲相结合的办法,掀起修路热潮。1965年,全县先后修通宁化至石壁、安远(营上)、泉上、水茜、治平、济村、淮土等公路,接通宁化至明溪、石城干线,共建成乡村公路22条,总长152.8公里,境内通车里程达354.7公里。70年代初期,宁化再次掀起公路建设热潮,接通了宁化至长汀、建宁的干线,建成乡村公路37条(总长279.85公里),专用公路3条(总长26.2公里),境内通车里程达684.65公里,16个乡镇已全部通汽车,大部分村庄也可通汽车。1958—1978年,将乐尽管经历了"大跃进"和"文化大革命",但是由于广大人民群众深受交通闭塞之苦,同时也看到通了公路之后给乡村建设带来的巨大变化,形成了"要想富,先开路"的迫切愿望和自觉行动,排除各种干扰,坚持修路建桥,促使将乐县的公路建设能持续发展。这时期,全县共建设公路36条404.5公里,并于1969年实现社社通公路,与沙县、明溪、泰宁、顺昌公路结成网路。永安在1959—1965年,投资4.27万元,对安砂至溪口和永安北的河道进行整治。1966年以后,每年投入6000～7000元疏浚沙溪河航道,1971年新辟三明梅列至永安14公里汽船航道。1958年开始修建乡村简易公路,至1960年修道24条,总共151公里。1974年境内205国道开始铺竣油渣路面,1977年实现桥涵结构改建成双车道。省道后茅线,从1965年起多次改建。1959年城关至坑边路段建成通车,1972年永安至安砂全线进行改造。厂矿公路修建10条。1976年永安至加福地方铁路通车。

70年代起,随着三明交通条件的改善,经多次调整,作为粮食集散地的三明,境域的粮食等商品的运输流向大体确定。建宁、泰宁县粮食运往邵武,经邵武调出;将乐县粮食输入顺昌,转运福州,其中余坊的粮食流向邵武;尤溪县粮食经尤溪口运往福州,部分到莆田,其中管前、新桥粮食按规定经沙县中转;明溪县粮食由荆西中转外调,其中胡坊调往永安;清流县粮食大部分流往永安,其中城关大米、嵩溪和林畲的粮食调三明;宁化县粮食大部分由荆西中转,其中曹坊、安乐的粮食调往永安;大田粮食调永春;沙县粮食调往厦门转泉州;永安粮食调往厦门转泉州。

在当时的交通条件下,三明各地的商品流通通过多种运输方式进行。

第一,独轮车、板车运输。沙县常用的板车为胶轮板车。载重250～500公斤。养路公区于1954年首先使用。1956年,搬运站购置12部板车,成立手板车运输小组。1958年,出现修路和车子化高潮,板车数迅速增加。1960年,全县有1555部板车,各公社都成立了以板车为主要运输工具的运输队伍。伐木场也开始用板车取代部分拖辘,1973年,全县板车数为4591部。1984年,仅农用板车就达12816部,平均约三户有1部,成为农民最主要的运输工具。1985年,县搬运公司和凤岗镇板车运输队分别拥有板车160多部和20多部。1959年底,沙县出现专门从事畜力运输的队伍,1960年,发展到牛拉车38部,马拉车15部,并从山东、安徽请来45名饲养员和驭手。个别伐木场也试用黄牛拉车运木,当年全县驮力最高达56头,此后因不适应环境逐渐减少,1964年全部淘汰。1958年宁化县供销社曾购进一部分独轮车,并从山东引进一批独轮车工人,专门送货下乡。本县农民亦在"大跃进"中制造木质独轮车并用其送肥下田。60年代起,木质车轮逐渐被滚珠轴承胶轮所代替,运载能力提高一倍。板车运输始于1958年。60年代后使用胶轮滚珠轴承板车,全县有384辆。70年代起,板车多为水库建设工地所用。1958年泰宁"大跃进"实行"车子化",农村用土法自制板车,因制作粗糙,使用起来很费力。1960年推广使用胶轮车,车轮直径减至70厘米,此标准后来一直沿用。1970年后,胶轮板车发展迅速,大多数农家都具备,在用它进行必要的生产劳动的同时,亦用作城乡之间贸易的载货工具。在路况好的情况下,一部胶轮板车可载货500多公斤。

第二,自行车、三轮车运输。解放初,沙县县政府有两部自行车。1956年后渐增,1958年全县有370部自行车,1960年增至1478部,1978年自行车达全县4772部。部分自行车主要用于邮政投递。1972年用于邮政投递的自行车达46部,至1985年仅剩37

部。营业性的脚踏三轮车始于1963年3月,1964年10月成立三轮车服务队,分水南、琅口、城关3个小组,共有十余部车子。1985年在县交通管理站办理营业许可证进行运输的有16部。1987年发展为63部,其中个体运输户有56部。1988年增至86部。1964年,莆田县有11个三轮车工人来宁化创建三轮车服务站,开办短程客运业务。1968年又有本县群众加入,三轮车发展到22辆。70年代后,三轮车不再用作专业运输,只在一些单位、家庭作短程搬运之用。

第三,畜力运输。泰宁利用畜力进行货物运输始于1955年。该年,县交通局、粮食局联合从江西横村雇来骡马50匹,将大田乡多年的陈粮驮运到小溪口码头,每日两趟,每趟每匹骡马运粮120~200公斤,一年内共运出粮食约200万公斤。之后,骡马返回江西,驮运停止。1958年,县搬运公司从外地购进3匹马,仿制了两部马车,分别由江苏籍和江西籍人氏驾驭,承担由城关—朱口—上青—新桥,城关—下渠,城关—梅口的短途货物运输。年运货130吨,货运周转量990吨/公里。1963年,3匹马先后死去,马车运输停止。1958—1960年,宁化县利用农闲季节训练耕牛作短途运输。1960年8月份全县有牛力车875辆,9月份增加到1657辆。各公社中尤以曹坊为最,计有牛力车450辆,经训练能拖运的耕牛528头,仅1959年就运输各种货品428万公斤,秋收运谷210万公斤,日常运肥212万担。随着动力车辆的增多,畜力运输逐渐淘汰,现已少见。

第四,拖拉机运输。1959年,梅列开始使用拖拉机运输,共有各型拖拉机5部,总动力115千瓦。1973年,梅列境内参与运输的小型拖拉机有146辆。大、中型拖拉机可耕作、运输两用。1971年,梅列境内参与运输的大、中型拖拉机有2辆。1958年宁化县拖拉机站建立时置有2台拖拉机。当时每年参加农田机耕仅一个半月(春耕一个月,夏耕半个月),其余时间均参加社会运输。在正常情况下丰收27型(载重2.5吨)、35型(载重3吨)每辆每月货运周转量分别为3000吨公里、4000吨公里。1966年有丰收27型拖拉机10台。1969年大、中型拖拉机增加到20台,1978年增到126台。

第五,摩托车运输。1971年邮电局开始开办摩托车送信业务。1978年以来,城乡摩托车迅速增加,从国产"嘉陵"到进口"铃木"、"雅马哈"等各种车型均有。1969年7月,沙县邮电局开始使用二轮摩托车传递邮件。同年底,县农械厂购置1部三轮摩托车,用于短途运输。1979年,全县已有47部摩托车,其中二轮33部,三轮14部。1985年,出现改装的有篷盖的三轮摩托车,专门从事客运。1988年,全县摩托车达325部,其中二轮182部,三轮143部。个体联户拥有169辆,占总数的52%,在县交管站办理登记审批手续从事客、货运输的摩托车有55辆,计29.8吨位。

第六,汽车运输。汽车运输主要有货运和客运。随着公路通车里程的增加,丰富的物产资源逐渐得到开发利用,将乐县的土特产要运出去,外地的机器设备要运进来,促使汽车运输行业开始兴旺起来。1973年,县里成立第一个国营专业运输汽车队。县里汽车从1959年只有一辆,增加到1978年的98辆。1954年后,随着公路逐步修通,泰宁汽车开始参与运输,并逐步取代原始的人力运输。此前,县内大量的粮食、木材及农副土特产品等大部分是通过金溪航道向外输出的,部分从陆上肩挑运至江西黎川。1956年鹰厦铁路修通后,物资流向改由公路汽车运至邵武,经铁路中转,再运往全国各地,结束了传统上的"盖江木"(亦称"上江木")用人工扛至黎川,经鄱阳湖入长江至南京、镇江等地的历史。1954年2月,延建公路(南平—建宁)通车后,福建省运输局在泰宁县建立汽车站。1960年,将乐汽车货运量0.58万吨,货运周转量106.69万吨公里。

第七,船运。宁化河流以东西两溪为主,东溪由中沙溪、水茜溪、泉上溪组成,西溪由淮土溪、方田溪组成。东西两溪在城区东郊汇合,经横锁流入清流县。本县航道从东西两溪汇合处起,东溪达下沙17.5公里,达谌坑桥20公里;西溪上溯达陂下17.5公里、武层10公里。总航程为65公里,汇合处至出县境20.1公里。1978年,将乐全县水路通航里程有90公里,木帆船21条。1956年,泰宁县内船只增加到149艘,总载重552吨位。1958年后,公路得以发展,汽车运输逐渐取代水路运输,船只锐减。1966年,县内船只47艘,载重85吨位。1967年为39艘,载重69吨位。1970年为23艘,载重63吨位。1971年为15艘,载重45吨位。1975年后木船运输基本停止运作,县内仅有水库、渡口等为数不多的几艘木船。1952年11月到1953年1月,将乐县船民分二批成立了运输组织和工会。整治了金溪航道,开辟龙池溪(光明至龟山桥)、池湖溪(白莲到水口)、安福溪(万安至三涧渡)、赖口溪(赖地到赖地口)、漠村溪(漠源至下村)航道,水上运输成为全县粮食、木材等物资的运输要道,到1957年,全县通航里程长达135公里,有木帆船127条,年货运量1.84万吨,周转量100.31万吨公里,客运量0.52万人次。泰宁由城关至大布航线,上行货物主要是粮食、木材、毛竹、煤炭等,下行货物主要是化肥、水泥、百货、食杂、日用品等。水电站大坝蓄水之后,水流停滞不前,顺水流放的竹木,须经机船拖运至坝前过坝。由大布乡江家岭至池潭航线,安排有专门的拖运机船,至池潭过坝后,再顺水运至顺昌、南平、福州等地。1965年乌龙峡水电站拦河坝建成后,截断通往清流、永安的主航线,对外船运基本结束。1973年东溪拦河水电站建成,全县船运遂告终结。

第八,筏运。1958年前,城关外运的木材运至清流交货,以后直接运达永安贮木场。1961年后,除安远至顺昌、治平至长汀外,大量木材排筏均运至永安贮木场,最大年流量达18.5万立方米。专用材(造船材)则直接筏运至南平。随着公路运输的发展,70年代各处水上木、竹转运站相继撤销,排筏运输终止。解放后累计筏运木材70.17万立方米。

(三)邮电信息业的兴起

随着交通事业与经济建设的发展,邮电机构不断完善,队伍从小到大不断发展,设备逐步增加更新,邮政、电信业务成倍增长,为商业的发展提供了较先进的信息技术条件。1959年2月24日,清流、宁化并县,成立清宁县邮电局。1961年9月,清宁县分署,复名宁化县邮电局。1967年,邮电局由县人民武装部实行军事管制。1969年12月,邮电体制改革,析为宁化县邮局、宁化县电信局,邮局于1970年7月迁至原手工业管理局旧址。1973年10月,邮局与电信局再次合并为邮电局。1958年,县城至主要公社都有自行车邮路,本年自行车邮路达801公里。此外,又增开由大队邮递员投送的农村邮路1440公里(行程公里)。至此实现队队通邮。1962年增开宁化至泉上、宁化至安远委办汽车邮路95公里。是年通过贯彻调整方针,全县邮路调整为582公里(其中自行车邮路247公里、步班邮路250公里)。1970年4月,三明专区邮电局决定:4月16日开始将三明至宁化委办汽车邮路改为自办汽车邮路。从此,宁化出口的邮件、报刊除石城、建宁外,全部交邮车运送。1975年6月1日,省邮电管理局在宁化进行农村摩托化投递试点,开辟摩托邮路5条330公里,投递17个大队、106个生产队。邮局到车站的邮件交接,原用肩挑。1958年始置两轮铁架手拉车1辆。1960年自制三轮脚踏车1辆。1971年,购置幸福牌摩托车1辆,跑递革新(02)、建设(01)两厂的机要文件。1975年,省局拨来两轮摩托车7辆、边三轮摩托车1辆,开辟通往各公社(乡)的摩托车邮运投递线路。1958年,将乐新辟县城至红专公社常口村水上邮路60公里,每日班;大源至余坊、万安至八里桥自行车邮路27公里,每日班。1963年,发展农村邮路121公里,投递路线增至678公里,通邮大队上升为85.7%。1966年底至1973年7月,县城至白莲、万全、余坊、漠源等4条步班邮路先后改为汽车邮路。1971年,邮电部门自办顺昌经将乐至建宁汽车邮路,以邮车交接邮件,境内全长80公里,逐日班。1977年,新辟县城至邓坊采伐场摩托车邮路1条,单程55公里。次年,全县摩托车邮路增至6条共240公里,送投28个大队,125个生产队。1961年后,县内经办邮函件业务有信函、明信片、印刷品(盲人读物、报刊及其他)、挂号邮件、特种挂号信函、保价邮件和航空邮件等项。收寄包裹量也逐年增加,1978年寄出包裹达2.32万件。1958年12月起,开始执行新的汇兑业务制度。"文化大革命"开始后,停办汇款回帖、代兑等业务。1974年1月起,各邮电支局(所)开办电汇业务,但不久停办收汇,只办兑付业务。1963—1966年上半年,邮电部门开展登门征订、零售业务,协助公社、大队组织读报活动,扩大农村报刊发行量。"文化大革命"前期,报刊种类减少,发行数量限额控制,主要发行《人民日报》、《福建日报》和《红旗》杂志。1973年,发行工作回升,并开始建立"红小兵"送报站。中共十一届三中全会后,报刊种类增多,发行量迅速增长。

1961年,县内发往县外的电报电路6条。1965年调整为:将乐至南平人工电报、无线电报各1路,将乐至顺昌、泰宁实线话传电报各1路。1976年,增开将乐至三明电传电报电路1路。1965年,长途电话明线5路;1970年,新开将乐至三明载波电路;1977年,全县电信主干线改为载波线路。1958年,全县农话杆路总长440公里,明线总长609对公里,分别比经1957年增1.33倍和2倍。1972年起开始铺设电缆线,至1977年,县城至11个农话交换点已铺设电缆22.76皮长公里,芯线83.8对公里,实现载波化。1960年永安实现县到公社电话载波化,1975年开通长途自动电话,1977年实现县到公社自动拨号。1976年自办汽车邮路1条,单程53公里,城区邮件投递设段道,农村投递到生产队。1959年,三明市内电话电缆皮长增至1.84公里。1977年进行全面整治和改造,电缆皮长增至3.8公里。

总之,邮政生产场地,既是邮件封发场所,又是投递组活动场地。随着邮电事业的发展,各县局邮政生产场地不断扩大,区(乡)邮电所全部建起新楼,均有相应的生产场地。邮政业务主要有:信函、包裹、汇兑、报刊发行、机要、电信、电报、电话(长途电话、市内电话、农村电话)等,为三明商人的发展提供了较为发达的信息条件,三明商人也在信息技术的推动中逐步走向现代化。

第二节　1958—1978年商业发展状况

随着社会主义制度的建成,三明人民的国家主人翁意识很强,劳动积极性高涨,生产的劳动产品和商品在品种和总量上都得以增加。这期间,三明商人活动主要围绕国家政策和经济体制要求运行,三明境域人们的商品需求虽有曲折,但基本得到满足。同时,商品在得以改善的交通条件下较为顺畅流通。

一、主要商品

虽然这一时期三明境域的商品生产和销售基本实行统一规划,但是各地的商品资本还是比较充足的。

60年代,梅列境内主要的农副产品加工机械以饲料粉碎机、碾米机为主。1963年,梅列境内共有碾米机13台。1970年,境内有各种类型碾米机118台,1961年开始使用。60年代开始引进榨油机,用于油菜籽、油茶籽等榨油用,取代老式油坊。1970年,梅列境内有榨油机4台。1968—1969年,梅列先后引进茶叶杀青机和烘干机,实现揉茶、杀青、烘干全套机械化操作。1970年以后,随着茶叶面积的发展,茶叶机械也相应发展。1975年,梅列境内茶叶机械有2台。1956年以后梅列的商品化肥与日俱增。1960年宁化县物资局成立后,采取条、块的直接计划分配和市场间接调剂的供应办法,管理金属材料、机电设备、化工原材料及建筑材料的购销。在农业生产资料方面,1953—1985年,宁化商业部门销售的铁、竹、木小农具达300万件。60年代还从江浙等省引进耕牛700多头参加调剂。1960年起宁化商业部门开始销售六六六、一六〇五、乐果、敌百虫、敌敌畏、西力生、异稻瘟净、克瘟散等农药,销售水稻种子,兼营花生、大豆、小麦等农作物种子。1958年起,宁化商业部门还调进果树、蔬菜、禽畜等良种。在食品副食品方面,60年代起宁化由外地购进大量苹果、香蕉、雪梨、柑橘,70年代后宁化开辟柑橘、水蜜桃、西瓜等种植,从沿海购进咸鱼、冰冻鱼、虾米、海带、紫菜等多种海产品。1958年"大跃进"中,宁化生猪饲养量大幅度下降,三年困难时期猪肉供应十分紧张,有时城乡均无猪肉供应。1965年国家取消保本价格,平价敞开销售,食品公司先后从外地购进大量盐渍猪肉和冰冻猪肉销售。1976年宁化土产公司请来师傅指导试栽烤烟,并出资选送农村知识青年往龙岩农校跟班学习烤烟专业,后又拨款无偿支持禾口、淮土等公社新建烤房。

对工业品实行购销。50年代中期,热水瓶开始在农村普及。70年代末期,手表、缝纫机几乎家家都有。1987年,宁化商业部门销出主要商品:火柴5389件、肥皂13706箱、保温瓶25200个、缝纫机4013台、手表15400只、皮鞋14600双、胶鞋308100双、机制纸68吨、钢笔37400支、铅笔614700支。1960—1963年,农民每人发布票2.5尺,另有部分奖售布票。后来又同量供应。1960年县商业局统一印发购货证,凭证供应针织品。1961年3月施行针织品凭票供应。60年代起增销自行车、板车胶轮。70年代随着电力工业发展,电工器材、家用电器销量直线上升。1960年开始销售柴油和汽油。1974年先后对柴油、汽油实行统一分配,凭证供应,柴油年销量从1975年起为1000多吨。1978年成立石油公司专营石油。1958年县商业局设饮食服务公司门市部,供销社也在各乡设饮食门市部。当时宁化具有特色的菜点和风味小吃就有鱼生(生鱼片)、烧卖(用芋子和地瓜粉作皮)、韭菜包(米作皮)、萄子冻、炒三冬、马鞍鳝、凉拌粉(冷菜)、灯盏糕、印盏糕(碗糕)、仙草(冷食)、辣豆腐等。当是风行一时的水煎包(面粉作皮),是安徽人王陛臣首先在城关制作经营的。这些特色小吃,其做工、选材、味道等一直保持到现在。此外,宁化还有理发、照相、修理等其他服务业。

明溪的商品资本也比较丰富。生产加工类有锯材、人造板、家具、生产用具等竹木加工。有竹制太师椅、竹睡椅、长竹椅、竹制幼儿椅、竹摇篮等竹制生活用具。商品类有肉脯干加工、粮油加工、粉干、面制品、豆制品、饮料酒、雪糕、制茶、酱油、酱瓜、五香豆腐干、豆豉、豆酱、酸蓓子、腌菜、豆腐、萝卜干等酱菜和酒类、糕、饼、糖等副食品,砖瓦制造、水泥、原煤、钨矿石、脱谷机、碾米机、粉碎机、链条、医疗器械、保险箱、木螺丝、变压器等设备制造,松香、松节油、松轻油、松焦油、碳氨等化工产品,晶体管、烟丝加工、缝纫、制鞋等工业,铸锅、铁制小农具等五金日杂,戒指、项链、手镯、簪、耳环、天官锁、帽饰、牙挑、项等金银首饰加工,聚氯乙烯薄膜、化肥袋、塑料回收再制品及海绵产品等塑料制品,棕衣、棕绳、棕裙、棕床、棕刷等棕制品,藤椅、藤床、躺椅、独椅、藤枕、坐垫、单车小椅、藤制沙发等藤制品,草席等草制品,酒壶、碗、茶具等瓷器。

将乐在这一时期的木材、毛边纸、粮油、石灰、铁、煤、轴瓦、机床、农业机械、化肥、松香、松节油、砖瓦、水泥、印刷产品、龙池砚、碑、酒、糖、布等商品的生产能力进一步加强。

永安的传统大宗商品笋干等仍然较有名气,但由于当时"左"的思想干扰和"大跃进"、"文化大革命"的影响,市场商品严重匮乏,笋山荒废,笋厂破坏情况严重,笋干收购量大为减少。又由于这一时期中央、省、地属企业相继在永安建成,因此工业产品,诸如森工采掘、维尼纶、化工、汽车、建材水泥等,成为当时的一大亮点。

其他各地的商品也比较丰富,既满足了消费者自身生存和发展的需要,也满足了国家统购统销的需求。这一时期,商品资本虽然受到抑制,但是商品的种类没有减少,民间流传的商品制作工业没有灭绝,这为改革开放后商品经济的发展和市场经济商品的活跃和繁荣奠定了基础。

二、商品的计划管理

1958年至1978年是典型的计划经济时代。1956年商业社会主义改造以后,个体、私营经济成分逐渐减少,商品流通逐步实行纯计划管理。根据商业部门的政策,居民必须凭购物证购买电灯泡、肥皂、胶鞋、皮鞋、面盆等18种工业品;单位凭购物证购买铁丝、皮线、胶质线、自行车等16种工业品,以及居民凭票定量供应猪肉、鱼、蛋、食糖、豆腐等六种副食品。1960年商品严重缺乏,商品供应有所松动,香烟、酒也可以凭票供应,胶鞋凭发票供应,元钉等五金凭批条供应,大大扩大了商品计划管理范围。随后食糖、葡萄糖等商品凭医生证明实行特需供应。1961年大多数紧缺食品实行高价供应,不再凭票。1962年起商品计划实行双轨制,由商业部门与专业公司分别上报下达,各基层社根据上级下达计划,与农业生产队订立收购合同。1963年后,商品流转贯彻当年平衡留有余地的方针。1966—1969年"文革"十年期间,由于将过去行之有效的规章制度当作修正主义的"管、卡、压"来批判,集市贸易当作资本主义尾巴来割,商品市场十分萧条。在派性武斗十分严重的1968年,社会商品零售额比1964年下降15.6%,肉、糖、酒等又一次实行凭证定量供应,肥皂、香皂、牙膏、暖水瓶、糖果等商品紧张,工业品等如收音机、缝纫机、自行车、手表、毛线等实行分配到单位,凭证供应的办法。集市贸易虽然从1971年起重新开放,但限制上市商品过多,成交额增长不大。"文革"十年中,社会商品零售总额年递增率只有6.3%。1976年10月至1978年12月,在粉碎"四人帮"以后,各行各业的整顿取得了可喜的成绩,商业战线比"文革"期间有较大增长。1970年后,商业体制实行以地方行政领导为主的双重领导,商业部门管理的商品除百货、文化用品、棉、纱、布、石油、猪肉等外,改为统一计划、差额调拨、保证上调、超产留用、一年一定的办法,但因各环节之间衔接欠佳,调拨和进出口都有因各自为政而产生的失误。

商品价格实行计划管理。1959年与1950年相比,收购价统一提高的有:生猪、中等玉扣纸、中等毛边纸、晒烟、香菇、棕片、桐油;零售价格统一降低的有:龙头细布、力士鞋、食盐、硫酸铵。1960—1961年,为稳定市场及回笼货币,对部分商品(糖果、糕点、白酒、猪肉)实行高价销售。当时集市物资特别是食品副食品奇缺,价格失控。1963年,集市贸易始趋正常,商业部门也随着取消高价,供销社商品计划价平均调低。

商品财务进行计划管理。1958年7月起,全市商业系统财务管理实行"统一核算,分级管理,多样形式,以单代账";基层营业所则实行批零合一;门市部实行简易核算;乡社、供销部实行商品定额管理。1961年,供销社与商业局分开,都实行"分级核算,各负盈亏,基金调剂"的财务管理体制,向国家缴纳所得税。1965年,县以上商业实行"分级核算,统一盈亏"的方针。1966年改上交所得税为上缴利润,实行利润留成,基层社仍实行"分级核算,各负盈亏,基金调剂"管理体制。1972年8月,三明贯彻《福建省商业财务管理试行办法》,并根据县以上商业财务实行"分级核算,统负盈亏"的指示,对大类商品实行单独核算。1973年开始,县以上商业企业实行"按行业核算,分级管理,全省统负盈亏"管理体制,县以上企业收入一律纳入省级财政预算管理,基层单位仍实行交纳所得税办法,同时执行县革命委员会关于门市部营业短款一律自赔的通知。1976年,实行"统一计划,分级管理,分级核算,资金调剂"的管理体制。1978年实行"统一经营,分级管理,独立核算,利润留成"的管理体制。

商品储运实行计划管理。1958年供销合作社与国营商业合并,储运工作已积累了实践经验,长途运输计划的编制逐渐接近客观实际,仍由县级商业运输机构统一向运输部门统一办理。各县商业局组成运输大队,承运系统内县内周转商品运输。乡村间少量短途运输仍由各营业所雇请人力肩挑运输。1959年分别设立荆西、水茜、中沙、下沙、谌坑桥、禾口、清流、灵地、沙芜、嵩口等转运站办理水陆商品转运。商业局运输队下伸,在基层营业所办起运输队。1960年初实行"行企合一"、"储运合一"的管理体制,县商业局运输股、荆西转运站、下赖转运站、运输大队合并组成储运经理部,统一管理、统一核算。1961年后,因公路运输发展,运输大队解散。商业局所属企业因商品进出量增加,运力与运输量的矛盾突出,又恢复"行企合一、储运合一"的管理体制,集中办理运输,统一使用仓库。1964年县供销合作社全面推行工业品必备目录,制定合理库存定额,加强仓储管理责任,提高服务质量。并在安全管理方面提出"八做到、八不准"要求,增加防火器材设置。

三、国营商业独揽商品流通渠道

1957年,三明进一步对商贩进行改造安排,按归口管理,分别过渡到国营、合作社、公私合营,并将尚未改造的小商贩进行安排,1958年全国掀起了"大跃进"热潮,绝大多数公私合营企业国营化,大部分小商贩的合作商店和服务业实现了"一步登天",将铁器、木具、园木、铸锅生产合作社合并为国营县农械厂,竹器、棕棉、五金、棉纺、修理生产合作社合并为国营县手工业综合厂,建筑、砖瓦改为国营建筑公司,服务行业则划归商业部门,各乡镇手工业全部下放属公社办企业,出现了国营商业独揽商品流通渠道局面。三钢在梅列开工建设以来,陆续迁进和建成配套企业包括:创建于1958年的三明重机厂、创建于1965年8月的三明机床厂、创建于1966年的福建省三明齿轮厂、1966年迁建三明的上海立丰染织厂(后改名三明印染厂)、1970年迁到三明的原是上海市第二十六棉纺织厂(后改名三明纺织厂)、三明食品厂等等,这些企业都是落户梅列的国营企业。1956年,明溪地方国营工业企业发展到3个,职工23人,总产值38.84万元。1958年大办地方工业,实行人民公社化,盲目搞"提前过渡",原手工业的铁器社、木器社、竹器社、棕棉社、铸锅厂等行业合并成立三明县地方国营农具厂雪峰分厂,其他行业分别划归工业科或人民公社管理。1959年,明溪辖区地方国营工业企业11家,比1957年的4家增长1.75倍,职工人数83人,比1957年的29人增长1.86倍,总产值80.75万元,比1957年的33.67万元,增长1.4倍。宁化1958年私营商业占6.79%,后来私营商业人员有的下放到农业社参加生产,有的由商业局组织到畜牧场、伐竹场劳动,实行"商业国有化、私商劳动化",有的被允许从事代销代购,也有的公私合营后成为国营商店职工。

1956年7月,沙县成立商业局,当年国营商业批发销售额占全县总批发额的57.8%,零售额也提高到30.9%,形成了国营商业的主体和主导地位。1957年,国营商业批发销售额已占全县总批发额的76.2%,零售额占32.2%。1959年县计委设立物资股,1962年12月改设物资局,专门经营、管理、分配金属材料、机电设备、化工原料、建筑材料和农机配件。至此,基本形成国营商业在生产资料和城区主要生活资料供应方面的绝对优势。1960年成立沙县农业机械局(农机局),专营农机配件;1961年2月又归物资局(1978年9月重设)。"文化大革命"中,机构名称、级别屡有变更,但国营商业始终在县内商品流通中发挥主导作用。1958年4月,沙县供销社与国营商业第一次合并为商业局,改为全民所有制,实行一个机构,两块牌子,两套账的办法。1961年7月,实行商业部商业工作条例（试行草案），恢复沙县供销合作社。1969年，县商业局与县供销社革命领导小组合并，称沙县商业供销工作站。1970年3月，供销社与商业局、粮食局并入县革委会商业科，1972年12月，商业科改设商业局。1976年3月，再次恢复县供销合作社。

1961年，永安贯彻"调整、巩固、充实、提高"的方针，形成国营商业和供销商业分立，城乡分工的商业体制。1964年，国营商业有百货、食杂、食品、饮服、五金、医药、外贸7个专业公司，29个营业网点。1971年，商业局与供销社再次合并，商业网点减少。1977年11月，又恢复国营与供销商业分社的体制。

1958年4月1日，将乐县人民委员会决定：县供销社、工商局、服务局和商业局合并成县商业局，撤销专业公司，实行政企合一。在商业体制上，大搞所有制"过渡"，把所有私营商业人员，全部"一步登天"，转入国营供销商业，私营商户绝迹。同时，关闭了集市贸易，变多种经济成分为单一国营经济，形成"大锅饭"、"铁饭碗"，商品流通渠道不畅，商业网点减少，服务质量下降。由于农、轻、重比例失调，市场供应紧张，主要商品不得不采取凭证、凭票定量供应。"文化大革命"开始后，集体、个体商业的恢复被斥为"所有制大倒退"，各种规章制度被斥为"关、卡、压"，大批县以上"业务第一"、"利润挂帅"供销社再一次被国营商业合并，基层供销社统于公社"服务部"，合作商店（组）被当作"资本主义尾巴"割除，商品供应出现紧张局面。

这期间私营企业的生存很艰难。1959年供销社与公私合营商店、合作饭店等合并，限制小商贩经营活动，停止农村集市贸易。1961年三明调整商业政策，开放农贸市场，允许小商贩在市场经商。但1966年"文化大革命"后，开始把个体商贩视为资本主义再一次加以取消，特别是70年代初期，连农民自己种的菜也得向国营"菜市场"交售。从1957年到1978年的20多年里，由于中国始终处于单一公有制和计划经济的体制之中，并且对资本主义的否定和批判不断升级，即使城乡个体经济甚至农民家庭副业都曾经被作为"资本主义尾巴"而遭扼杀，私营经济几乎彻底消亡。梅列曾经有列西村民把自家养的鸡蛋拿到市场上出售而遭到批斗，这就是所谓"割资本主义尾巴"。60年代初到70年代末，三明处在"文革"大背景下，除国有经济按计划经济运转外，非公经济基本停顿，少数人为生计所迫从事个体经济和少量私营业主颇受歧视。当时的"个体户"被视为非主流、不得已而为之的行业。商人，特别是以私营形式存在的商人政策空间极其有限，社会地位低下，有些甚至遭到批判和打压。所以有不少私营企业为了便于开展业务和对外形象的需要，往往挂靠到某一事业单位（如学校等），成为校办工厂而受到政策上的庇护。这就是当时俗称的私营经济"戴红帽子"的说法。"文革"十年动乱期间，照相化妆、理发烫发、饮食店服务员为顾客送饭菜上桌等作为资产阶级被批判，商品中有花鸟图案、人物风景者以及口红、胭脂、香水等商品被禁止出售，农村集市贸易停止。三明三年困难时期，商品一度奇缺，物价暴涨，猪肉一公斤高达16元，商业一度走向低谷。

第三节 1958—1978年的主要商人及其活动

一、创建三明"第一商店"的王磊之

　　1958年7月,王磊之从省商业干校奉命调来三明参加工业基地供应办事处工作。到工地供应办事处报到后,诸葛昌副主任热情地接待了王磊之,向他介绍了工作情况,并谈到了当前的困难,希望王磊之做好吃苦的思想准备。同时还征求王磊之意见,希望由他负责筹办第一商店,并担任店主任。王磊之二话没说,同意组织上的安排,第二天就走马上任了。

　　当时,工地只有一个综合商场,不能满足整个工地的供应需要,根据市区10多里带状的地形和施工点分布情况,办事处先后又增设了四个综合商店。王磊之所在的第一商店设在白沙,三明化工厂、省建一公司的机械运输站和综合加工厂等单位都建在这附近,商店主要负责这些单位上万人的服务工作。

　　商店初办时有职工8人,后来随着业务发展的需要,增加到13人,其中女职工10人,除两人年龄稍大一些外,其余职工都是30岁以下的年轻人。商店分工业品组、副食品组(火箭组)。店里新手多,女职工多。只有潘巧孙和黄金莲二人是分别从莘口供销社和副食品经理部抽调来的老职工,熟悉业务,担任组长。王磊之原在干校做组织工作的,对商业业务也很生疏,所以感到困难很多,压力很大。他当时想,自己是共产党员,不能向困难低头,要鼓起勇气,要为三明早日生产出钢铁、化肥,支援国家建设做出贡献,绝不辜负党组织对自己的信任。于是他暗下决心,边干边学,慢慢地也就学会许多。王磊之针对店里新手多的情况,组织职工开展互帮互学活动。能者为师,以老带新。很快大家都能独立工作了,业务也熟悉了,服务质量也提高了。

　　商店建筑十分简陋,大棚式的商店,毛竹做支柱梁架,油毛毡做房盖,鱼鳞板做围墙,四周透光漏风。白天蒸闷汗淋淋,夜间寒风冷飕飕,机声轰鸣,蛙声四起,蚊虫侵袭,彻夜难眠。晴天,狂风吹得房屋吱吱作响;雨天,外面下大雨,店内下小雨;雨停,店内泥土地湿漉漉。记得一天深更半夜,刚刚入睡,忽然狂风大作,暴雨伴着闪电雷鸣,王磊之被惊醒了,一看,全库上面的大帆布上积满了雨水,流不出去,眼看着全库毛竹架面临倒塌的危险,他当即组织职工护库,和大家一起费好大力气才把积水排除店外,终于保证了上万元的商品没受任何损失。

　　商店一无所有,可谓白手起家。没货架,王磊之他们自己动手用旧木箱堆起来陈列商品;没柜台,他们用旧板皮、毛竹做柜台;没床铺,他们用毛竹片做床,铺上稻草,女职工就睡在商品仓库里,男职工就睡在商店大门边墙角,夜里值班护店。

　　当时,整个工地日夜沸腾,建设大军加班加点,大干苦干,热火朝天,开展社会主义劳

动竞赛。这些动人的场面深深地鼓舞着职工。此时,商业局和工地供应办事处提出了开展学先进、赶先进活动。全店职工热情高涨,人人表决心,个个争先进。全店职工一心,处处为工地的工人们着想,千方百计地克服困难去完成任务。

第一商店的宗旨是:立足三尺柜台,面向工地服务。商店除了正常的营业外,还组织休班的职工主动送货上门,送货到炉到车间,把鱼海产、酱菜等副食品送到工地食堂,深受单位和工人欢迎。他们不论到仓库进货还是为单位送货,全部用板车自搬运。每次他们去城关仓库进货都要经过小山坡、低洼池、沙滩,到处坑坑洼洼,到工地大仓库进货一路上黄泥巴,坡度又大,一不小心就有翻车伤人的危险。但他们每次都能克服这些困难。

人心齐,泰山移。全店职工齐心协力,碰到困难都能主动相帮。有病的同志仍坚持上班,女职工分娩后因小孩喂奶拖累,其他同志就主动代班。王磊之因不适宜山区气候,患了胃病,不能进食,人很瘦,店里的同志见状就为他煮藕粉轮流照顾。

商店里经营500多种商品,有小百货类、干鲜菜、海产品、糖烟酒类等。仅香烟就有10多种,有8分钱一包的"经济"烟,有1角多钱一包的"劳动"、"红霞"烟,也有稍高档每包3至4角的"大前门"、"水仙"烟,适应各种消费者的需要。全店职工尽最大的努力满足工地员工的需求,每天营业时间长达14小时以上,特别是星期日、节假日更为繁忙,经常晚上12点后才能入睡。店里工人来店叫门随叫随开。营业额每天平均都在600元以上,多时上千元以上。

二、为产品研发做出杰出贡献的华侨廖翔鹏

廖翔鹏,将乐人,1948年,他赴美国西北大学留学,攻读化学专业,1952年获苯基博士学位。此后,他先后在美孚石油公司、巴尔的摩FMC公司任化学高级研究员。他是美国科学促进会、美国化学协会、美国营养学会、新泽西州普林斯顿研究会会员,曾主持过"的确良"等多项产品的科学研究,在美国、法国、荷兰、西德、日本等三十多个国家获97项专利。他的名字和业绩被《世界名人录》、《美国工业人物志》收录。廖翔鹏是美国著名的华侨领袖。从20世纪60年代起,他为恢复中华人民共和国在联合国的合法地位和促进中美邦交正常化四处奔走;同时,他十分关注祖国科学事业的发展与进步。1972年,他当选新泽西州美中友好协会主席。1972年,中国政府邀请他到北京参加国庆观光活动,因事耽搁,不能成行。1978年,他到香港讲学,再次受到中国政府邀请,前往北京观光、讲学,还回到阔别30年的家乡将乐,与亲友欢聚。此后,他每年回国一次,在北京、上海、南京、福建、广东等地讲学。他的讲学活动,传播了先进的文化,开拓了中国人,尤其是三明人的视野,促进了明商文化的交流。

三、京果业名商陈发招

陈发招,又名俊标、法招,沙县凤岗镇人。他幼时家境贫穷,以叫卖芝麻饼、蔬菜为生,后来摆摊卖菜。抗日战争时期,省军管区、医学院、省福高等机关单位内迁沙县,沙县

人口大增,副食品需求量剧增。他抓住商机,代销从福州用民船运来虾米、海蜇皮、萝卜干等副食品。随后在南门开京果店,招牌号叫德昌(先后改光进昌、泉昌),业务扩大后(约1948年)改为光茂昌,主要经营日用杂货,后来也兼做闽笋、香菇、木材生意。虾米、海蜇皮、白糖、冰糖、荔枝干、桂圆干等日用杂货从福州采购,用汽船运到南平,再用木船运抵沙县。抗战胜利后,经营土特产生意,兼做木材生意,牌号泉记,从乡下收购木材,将杉木、松木扎成木排,运到福州销售,用卖的钱采购杂货运到沙县。他善于运转资金,为人诚实,待客和气,深得顾客信任和眷顾,积累不断扩大。加之沙县水陆运输较为发达,时有尤溪、梅列、三元、明溪商贩来店采购,光茂昌随之远近闻名,陈发招成为沙县京果行业中较为出名的商人之一。从1941年起陈发招先后担任京果同业公会候补监委、监委、理事。解放后,积极参加公益事业,代购支前黄豆、认购公债、自觉纳税。

之后他又办起酱油厂,经营的品种有:酱油、豆豉油、豆酱、豆豉、豆乳等。1951年10月,酱油作坊与城关酱园行业合并为联营工厂,厂址在建国路罗家祠内,直至1955年公私合营。1955年,陈发招响应国家政策,积极参加公私合营,酱油厂和食杂店先后入股,酱油厂改造为国营企业——沙县酱油厂。

四、农业战线的先进典型谢镇茂、杨福妹、黎凤仙

谢镇茂(1914—1989年),建宁溪口乡人。1950年,他成为县农业战线先进典型,1954年加入中国共产党后任溪口乡桐元村党支部书记,1963年被授予华东地区劳动模范。他在任期间,桐元大队在推广机械化作业,改良水稻品种等方面均走在全县前面。桐元大队成为全县粮食生产跨"纲要"的大队。谢镇茂力主将增产粮全部卖给国家;直到1989年,桐元村都是全县完成征购任务最多的。谢镇茂廉洁、正派在群众中有较高的威信。正是像谢镇茂这样一批批的劳动模范,带动了劳动产品的增加,改进了生产工艺,满足了当地人们基本的物质生活需要,从而为精神、文化方面的发展和提升奠定了基础。

杨福妹,沙县城关人,1932年出生。城关一街互助组组长、合作社社长、红旗人民公社社长。1952年至1959年,先后获省农业劳动模范4次,获全国农业劳动模范1次,被评为全国青年社会主义建设积极分子2次,被评为福建省青年社会主义建设积极分子2次,获农业部爱国丰产奖1次。1951年3月,城关一街杨福妹成立变工形式的农业互助组,和八街张旺治、夏茂儒元村周菊珍互助组成为沙县最早的一批农业互助组。1953年春,城关一街杨福妹、夏茂儒元村周菊珍、夏茂东街洪俊泉组织成立全县第一批初级农业生产合作社(简称初级社)。1956年,城关一街3个初级社和8个互助组共234户联合创办火车头高级农业生产合作社(简称高级社),杨福妹为社长。1955年9月杨福妹被评为省农业劳动模范,赴北京出席全国第一次青年社会主义建设积极分子代表大会。1957年2月,火车头农业生产合作社社长杨福妹赴北京出席全国首届农业劳动模范大会。1958年11月,红旗人民公社社长、全国农业劳动模范杨福妹赴北京出席全国第二次青年社会主义建设积极分子代表大会。

黎凤仙,女,沙县城关人,火车头大队养猪场饲养员。1958年,红旗人民公社火车头大队创办12个集体养猪场,年终存栏数1240头。是年,黎凤仙被国务院授予全国农业社会主义建设积极分子;12月,养猪能手黎凤仙出席全国农业社会主义建设代表大会;是月,红旗人民公社火车头大队获"全国农业社会主义建设先进单位"称号。1959年,黎凤仙被全国妇联评为全国"三八"红旗手。

第七章

改革开放后的商人与商业发展

改革开放以后,三明市政府实行"敞开城门,搞活流通"的政策,多渠道多形式地发展商品生产,有计划地建设交易集市,农贸市场也出现新的生机。80年代中期,改革的重点逐步转向城市,建立起多渠道、少环节、开放性的流通网络,在市、县两级普遍建立一批工业产品贸易中心、农副产品贸易中心、对台对外经济贸易中心和生产资料贸易中心,吸引不同地域、不同层级的商贸机构和个体工商户的商品全部进入市场,进行直接贸易,并在全市范围内撤除一切关卡,以便利于产品的内外互通和协作。这期间,三明打破了交通运输由独家经营的格局,无论公路或水路,市区和长途,全部允许多渠道经营,组建铁路、公路、水运的联营联运,放手发展个体工商户和个体运输户,加快商品流通。此外,还组建10万人的农民购销队伍,外出各地闯市场、促销售。90年代开始,又在与江西省毗邻的宁化、建宁、泰宁3县建设边贸市场,加大开放力度。因此,三明商人获得前所未有的发展。

第一节 改革开放后商业发展的经济社会背景

一、改革开放后商业发展的社会历史条件

改革开放以后,三明全市辖2个市辖区(梅列区、三元区)、1个县级市(永安市),9个县(沙县、尤溪、大田、明溪、清流、宁化、建宁、泰宁、将乐)。

改革开放以来,三明市的人口自然增长率比较平稳,规模和性别结构比较稳定,到2010年全市人口总数为2503388人(见表7-1、表7-2)。随着经济发展,尤其是城镇化建设的推进,非农人口比重自2002年起迅速增加。人口往城镇迁移,不仅改变了传统生产方式、生活习惯,也不断改变着商业环境和商业行为。人口的聚集,吸引了建筑业、餐饮业、零售业等一大批的从业者,从传统农业中分离出来的人,逐渐走进服务业、手工业、工业,并镌刻着这个时代独特的生存烙印。

表 7-1 三明市人口统计表

年份	全市总人口（万人）	非农业人口（万人）	非农业人口比率	农业人口（万人）	农业人口比率
1998	264.96	63.46	23.9%	201.5	76.1%
1999	266.07	64.61	24.3%	201.4	75.7%
2000	266.72	66.85	25.1%	199.8	74.9%
2001	259	58.66	22.7%	199.4	77%
2002	260	106.86	41.1%	153.14	58.9%
2003	262	108.99	41.6%	153.01	58.4%
2004	263	110.72	42.1%	152.28	57.9%
2005	264	111.14	42.1%	152.86	57.9%
2006	264	114.31	43.3%	149.69	57.7%
2007	262	113.44	43.3%	148.96	57.7%
2008	263	116.51	44.3%	146.49	56.7%
2009	264	117.22	44.4%	146.78	55.6%
2010	250.3	111.88	44.7%	138.42	55.3%

数据来源：根据《三明市统计年鉴》整理。

表 7-2 2010 年三明市各县区人口分布

地区	人口数（人）	比重（%） 2000 年	比重（%） 2010 年
三明市	2503388	100.00	100.00
梅列区	176539	6.09	7.05
三元区	198958	7.00	7.95
永安市	347042	13.01	13.86
明溪县	102667	4.24	4.10
清流县	136248	5.27	5.44
宁化县	272443	11.59	10.88
大田县	311631	12.86	12.45
尤溪县	352067	15.26	14.06

续表

地 区	人口数（人）	比重（%） 2000年	比重（%） 2010年
沙 县	226669	8.88	9.05
将乐县	148867	6.16	5.95
泰宁县	110278	4.44	4.41
建宁县	119979	5.20	4.79

数据来源：三明市2010年第六次全国人口普查主要数据公报。

二、经济发展情况

十一届三中全会以后，三明市经济乘着改革开放的春风，农业、工业、服务业从规模到结构都发生了深刻的变化，社会经济得到迅猛发展，城乡居民的生活水平有了明显的提高。

(一)农业生产状况

1978年中共十一届三中全会后，三明在农村推行落实按劳取酬、实行小段包工、定额计酬和包工到组、联产计酬的生产承包责任制。生产联产责任制极大地释放了农村的生产力，激发了农民的创造力，农业生产水平得到了迅速的提高。三十多年来，三明市的农业生产规模和结构都有了极大的提高和改善，这从根本上增强了农村的财力、提高了农民的收入，也改善了农民的生产生活条件，为商业经济走入农村打下了坚实的基础。商业零售终端，如现代超市等开始走进农村，而家电、网络、通讯等逐渐普及，反过来促进了农民视野的改变，市场经济的理念开始深入人心。

"七五"时期，三明境域粮食播种面积1976.22万亩，总产量590.25万吨，其中，稻谷播种面积1754.98万亩，产量568.50万吨，平均亩产324公斤。"八五"时期，三明境域粮食播种面积1985.12万亩，总产量639.81万吨，其中，稻谷播种面积1615.71万亩，产量569.75万吨，平均亩产353公斤。"九五"时期，三明境域粮食播种面积2016.21万亩，总产量693.1万吨，其中，稻谷播种面积1524.51万亩，产量607.46万吨，平均亩产398公斤。"十五"时期，由于城镇化占用农田和大批农民工进城务工，粮食种植面积有所下降，2002年，全市粮食播种面积349.69万亩，总产量124.63万吨；其中，稻谷播种面积为245.94万亩，总产量104.12万吨，平均亩产423公斤。

(二)林业发展状况

1988年，三明市被列为全国南方唯一的集体林区改革试验区。1999年7月，中共三明市委、市政府出台《关于深化集体林经营体制改革的意见》，各县(市、区)围绕"明晰产权,分类经营,落实承包,保障利益"的内容,全面开展集体林经营体制改革。至2002年6月,三明市共完成改革山林面积2337.5万亩,占应改革山林面积的97.1%,基本完成集体林经营体制改革的任务。1993年12月30日,永安市正式组建永安林业(集团)股份有限公司,成为全国首家以森林资源为主要经营对象的综合性股份制林业企业集团,这是三明集体林区改革的重大突破。2001年,由三明市明溪县水电实业公司与复旦大学合作组建的南方红豆杉产业建设有限公司从南方红豆杉中提纯加工抗癌药物紫杉醇获得成功,并投入试产。1988年4月经国务院批准,沙县成为国家南方集体林区改革试验区。县内萝卜岩楠木种源自然保护区是全国唯一以楠木为保护对象的自然保护区。2006年有林业用地221.7万亩,占土地总面积的82.2%,森林覆盖率75.9%,活立木蓄积量1230万立方米,竹林储量6300万株,年产商品材20多万立方米、商品竹600万根,2006年全县实现林业产业总产值35亿元,比增15.51%。2006年,沙县被评为"中国竹子之乡"。2010年,全县林业用地223万亩,占土地总面积的82.6%,森林覆盖率75.5%,林木蓄积量20.53万立方米,全县林业产业总产值96.54亿元,其中,竹业产值13.34亿元。2002年3月,将乐县被"中国特产之乡"组委会命名为"中国毛竹之乡"。将乐县共有毛竹林面积43万亩,总立竹量6450万根,年产竹250万根;按全县农业人口计算,人均毛竹林面积3.3亩,人均竹收入640元,约占全县农民人均纯收入的20%。

(三)工业发展状况

三明市是福建省著名的老工业基地,工业基础好,依托丰富的矿产资源、林业资源、水利资源,三明市工业经济在改革开放后稳步增长,一批老国有企业通过改制、重组等产权改革焕发生机,生产能力不断提高。而民营企业的迅速崛起和三资企业的涌现,进一步改善了三明市的产业结构。

经过"小三线"建设和改革开放以来的发展,三明市目前拥有冶金、化工、煤炭、机械、纺织印染、塑料、造纸、森工、建材、电子、医药等门类齐全的工业企业5083家,形成了具有一定规模的冶金及压延、林产加工、机械及汽车制造、矿产加工、生物医药及生物产业等"4+1"重点产业集群,其中冶金及压延、林产加工产值超百亿。区域主轴有以三明高新核技术产业开发区金沙园、尼葛园为主的省级开发区4个,总规划面积175425亩,两翼各县均有开发规模不等的工业园区。2008年,三明市工业企业实现工业产值947.15亿元;规模以上工业877.88亿元。

(四)交通运输业发展状况

改革开放以来,特别是二十世纪九十年代福建省提出建设"道路先行工程"以来,三明的公路建设发展很快,完成公路建设1000多公里,其中二级公路470公里,干线公路交通拥挤现象有所缓解。2003年至2007年,三明市公路建设共投入资金139.34亿元(其中获得部、省资金支持44.24亿元),超过1949年到2002年交通建设投资总和,公路建设投资居全省第一位。至2007年末,全市公路通车里程12921公里,比2000年增加3880公里,增加42.9%,其中高速公路218公里,二级公路791公里。从2003年全省实施"年万里农村路网工程"建设以来至 2007 年末,全市共建成农村公路水泥路面 5660 公里,已有 1684 个建制村实现了公路路面硬化,通村公路路面硬化率由 30% 提高到 97.3%,提前三年实现省政府下达的硬化路面通村率 95% 的目标,梅列、大田、尤溪、明溪 4 县(区)实现硬化路面通村率 100%。

目前,三明市基本上建成了以高速公路和国道为主构架,以省级干线为重要通道,以农村公路(包括县级公路、乡村公路)为补充的三级道路网,至 2007 年末,三明境内的干线公路主要有 1 条高速公路、2 条国道、7 条省道。

铁路建设方面,2004 年 12 月 17 日铁道部与福建省人民政府签订了《关于加快福建铁路建设有关问题的会议纪要》,2007 年 11 月 23 日铁道部与福建省人民政府签订了《关于加快海峡西岸经济区铁路发展的会议纪要》,2008 年 3 月 8 日铁道部与福建省人民政府签订了《关于推进海峡西岸经济区新一轮铁路建设的会议纪要》,为此,三明市的铁路建设进入了加速发展的新时期。

航运工程建设方面,在"十一五"规划中,沙溪、尤溪已列入福建省"十一五"闽江航运工程建设项目。三明市编制了"港口总体规划",提出了分三个港区,以沙县港区为主,三明市区、永安、尤溪为补充的总体发展格局。目前已实施沙溪五级航道航运工程,至 2008 年 9 月,沙溪二期航运开发已全面完工,300 吨级船队可以从三明市梅列码头直达福州马尾港。据预测,沙溪全线通航后,每年可形成约 350 万吨的货运量,相当于鹰厦铁路电气化改造前的货运量。

以国家把三明作为一个国家公路运输枢纽城市为契机,围绕省里提出的发挥三明"前锋、基地、枢纽、支撑"作用的号召,三明立足区位优势,结合实际,在区域发展重点上,强化主轴、壮大两翼、"块状"推进、连片发展,大力构筑交通综合枢纽,增强区域集聚和辐射能力。将来,三明将成为海峡西岸东出西进、南连北接、沿海连接内地省份的重要枢纽。

(五)通讯和数字信息技术发展状况

改革开放三十年,三明市信息建设从无到有发生了翻天覆地的变化。一个覆盖全市,连接全省、全国,以光缆为主、数据微波为辅,集数字传输、程控交换、光纤接入的高速率、宽带化、大容量、多媒体、交互式的现代通信网络已形成规模。

三明电信公司在从传统基础网络运营商向现代综合信息服务提供商转变的同时,发挥信息化主导作用,大力推进"数字三明"和"平安三明"建设。积极响应福建省及三明市委市政府号召,掀起社会主义新农村信息化建设新高潮;积极推进为民办实事项目工程,努力配合公安、综治部门加快推进"平安三明"社会治安动态视频监控系统建设;此外,通过召开"商务领航"推荐会等方式,积极推动中小企业信息化建设。三明电信公司在经营上,力求聚焦客户,树立"我的 e 家"和"商务领航"两大客户品牌,加快宽带和号码百事通、广告传媒等新兴业务发展。在投资建设上,加快"光进铜退"步伐,加大转型业务的投入,以适应未来家庭、商企客户 IP 化、数字化和带宽化业务发展需求。在维护上,成立政企客户 VIP 保障中心,提升大客户服务等级,积极做好应急通信保障预案及演练,加强交换、传输等网络的升级与改造,不断推进宽带和小灵通的网络优化。在精确化管理方面,加强成本项目管控,积极推进企业节能降耗工作,加快业务合作步伐和人员岗位结构梳理,不断完善内控制度建设;中国移动三明分公司以"坚持主导地位,提升运营能力,努力开创全业务经营新局面"为工作主线,开展各项经营工作。2010年新建移动基站250个,扩容基站761个,新增载频2500块、光缆2205公里,网络支撑能力得到持续提升;围绕"夯实基础服务、强化优势服务"两个着力点,开展5+1服务提升工程、G3服务保障工程和服务示范点工程;在全区建设36个片区营销中心、96个乡镇营业部、1528个农村服务站,加大农村区域通信普及推广工作,全年净增农村客户13万户,客户总量达到160万,市场主导地位得到巩固提升;开展"新客户、新话务、新业务"拓展工作,探索新模式,拓展新领域,全面推进TD业务发展和无线城市建设,拉动收入稳步提升,全年收入总量突破10亿大关,企业影响力进一步扩大。

全市广播电台有11座,中短波发射台和转播台1座,广播人口综合覆盖率达95.6%;电视台1座,3千瓦电视转播发射台1座,县级电视转播发射台63座,电视节目2套,电视人口综合覆盖率达98.6%;有线广播电视网络干线总长1.10万公里,有线电视入户率达42.9%。

根据省建立"数字福建"的总体部署,三明市成立了"三明市信息化工程建设领导小组",全面统筹规划、组织实施全市信息化重大工程,为推进全市信息化创造了良好的机制,政府信息化取得了长足的进展。因此,1999年,三明市政府门户网站开通;2007年,三明市数字三明建设办公室成立。

企业信息化成效显著,CAD、CAPP等信息手段走入企业,并为企业的数字化生产管理创造了条件。大部分大中型企业都已建立了办公自动化管理系统,提高了企业管理效率。

农村信息化建设步伐加快,电话、电视、广播和网络开始逐渐普及,一批服务于农村和农业生产的网站、短信通平台等建立,缩小了城乡信息沟通的障碍。

(六)旅游业发展状况

三明山川秀丽,风光独特,旅游资源丰富,是光荣的"红土地"。其中,红色旅游资源有:宁化县红军医院旧址,长征集结出发地,北山革命纪念园,泰宁县红军街,建宁县红一方面军总司令部、总前委、总政治部旧址等。主要旅游风景区有"天下第一湖山"泰宁大金湖、犹如"神仙洞府"的将乐玉华洞、永安桃源洞—鳞隐石林、明溪滴水岩、宁化天鹅洞、沙县淘金山、清流七星岩等。其中泰宁大金湖、永安桃源洞—鳞隐石林为国家重点风景名胜区。名胜古迹有尤溪的宋代理学家朱熹诞生地遗址,泰宁国家文物保护单位明代尚书第,永安安贞堡等古建筑和宁化石壁村客家祖籍地等。三明素有"绿色宝库"之誉,是那些渴望回归自然的"绿色旅游者"的天堂。

1986年6月起,为了发展本地的旅游事业,三明市相继成立市、县两级旅游局,充分发挥旅游资源优势,发展旅游经济,旅游产业逐渐成为三明新的经济增长点。至1987年,三明市接待海内外游客1144人次,旅游收入达27.68万元。

从 90 年代开始,三明旅游业朝着特色更突出、市场更活跃、管理更规范、功能更齐全的旅游产业方向发展。1992 年,三明各县(市、区)旅游部门积极抓住"92 中国(三明)友好观光年"的契机,开辟了境域外旅游线路 48 条,以"旅游搭台,经贸唱戏",吸引大批海内外游客到境域旅游观光。近年来,旅游业发展有着欣欣向荣之趋势,为三明市旅游经济发展增添了新的亮色。根据《2012 年三明市国民经济和社会发展统计公报》公布的数据,2012 年全市有风景名胜区 7 处,其中国家级风景名胜区 3 处、省级 4 处,风景名胜区总面积 2.77 万公顷,占全市土地面积的 1.2%(不含其他类型的旅游景点)。入境旅游、商务、探亲等人数 4.86 万人次,比上年增长 20.1%,国际旅游外汇收入 0.41 亿美元,增长 20.4%。全年接待国内旅游人数 1257.41 万人次,增长 16.1%;国内旅游收入 78.50 亿元,增长 16.9%。旅游总人数 1262.27 万人次,增长 16.1%,旅游总收入 81.09 亿元,增长 16.9%,占全市生产总值的 6.05%。

第二节　改革开放后商业发展状况

中共十一届三中全会后,三明实行改革、开放、搞活的政策,促进了商品生产的迅速发展,城乡市场得以繁荣活跃。至 1992 年底,三明市社会商业、饮食服务业机构共 49616 个,从业人员 96939 人,比 1979 年的 5132 个网点 24729 人,分别增长 8.67 倍和 2.92 倍,社会商品零售总额 26.4 亿元。2000 年,全年社会消费品零售总额达 91.84 亿元;2002 年,全市社会消费品零售总额达 109.24 亿元。全市限额以上批发零售贸易企业 79 个,购进总额 39.84 亿元,销售总额 46.63 亿元,年末库存总额 3.56 亿元。全市共有餐饮企业 10151 家(其中限额以上企业 18 家),营业总收入 13.62 亿元(限额以上企业 7659 万元),商品零售额 13.5 亿元(限额以上企业 7518 万元)。2012 年全年社会消费品零售总额 319.16 亿元,比上年增长 17.1%。按经营地统计,城镇消费品零售额 283.56 亿元,增长 17.7%;乡村消费品零售额 35.59 亿元,增长 13.2%。按规模统计,限额以上批零和住餐业零售额 138.82 亿元,增长 23%;限额以下批零和住餐业零售额 180.34 亿元,增长 13%。在限额以上企业商品零售额中,日用品类零售额比上年增长 39.3%,汽车类增长 34.6%,食品饮料烟酒类增长 33.7%,服装鞋帽针纺织品类增长 21.2%,金银珠宝类增长 17.5%,文化办公用品类增长 16.7%,家用电器类增长 16.3%。

一、商品和商路

(一)商品

改革开放后,随着人们对社会主义本质问题的逐步深入理解,商品市场规模逐渐扩张,商品市场体系迅速扩大和不断完善。三明是农业基地,也是工业基地和旅游胜地。三明的商品生产在市场的指引下,商品生产走上了现代化的道路,商品供应处于历史上最好的时期,资源优化配置,商品流通顺畅,不少商品在世界经济一体化趋势下,不仅占有地方市场,而且以国内和国际市场为目标,迅速流向全球。

1. 农副产品

三明市农业资源具有四大优势:一是农田优势明显,稻田水面广阔;二是山地面积大,森林资源丰富;三是矿产品种类多,储量大,有利于乡镇工业加快发展;四是水力资源丰富,开发有潜力。

根据农业生产地域分异的客观规律,三明全市可以划分为三大农业类区:一类区西北部高丘为粮、林、牧多种经营区,该区包括建宁、泰宁、将乐、宁化、清流、明溪6个县、72个乡镇、732个村,土地总面积1676.32万亩,是全市幅员最广的一个区。该区内农业人口人均占有土地面积18.43亩,其中人均占有耕地面积1.77亩,属地多人少的山区;二类区中部丘陵盆谷为果、林、牧、渔城郊农业发展区。该区包括永安、三元、梅列、沙县4个县(市、区)、34个乡镇、460个村,土地总面积889.44万亩。该区内农业人口人均占有土地面积12.83亩,其中人均占有耕地面积1.41亩,是人口多、交通方便、温湿条件适宜区,为发展林业、茶、果和多种经济作物提供了有利条件;三类区东南部低山丘陵为林、果、茶、能源开发区。该区包括尤溪、大田2个县、33个乡镇、518个村,土地总面积856.89万亩,是全市幅员最小的一个农业区。该区内农业人口人均占有土地面积13.19亩,其中人均占有耕地面积1.05亩。农产品生产旺盛,农业商品流通充足。

大米 2008年1月,河龙贡米被确定为全国第六批农业标准化生产示范区项目,同年确定并建立河龙贡米标准化生产示范区26万亩,2009年增至33.6万亩,2010年达到36.7万亩。如今,河龙贡米经过专家的规划设计,准备发展为股份公司并上市。明溪县盖洋镇姜坊永强粮食加工厂生产的"溪禾香"牌优质大米通过国家绿色食品认证委员会评审,获得国家绿色食品标志使用权。该品牌大米是目前我省粮食加工类企业唯一一家获得国家绿色食品称号的企业。该企业年产五百万公斤"溪禾香"牌优质大米,销往厦门、泉州等地市场。2012年全市粮食种植面积316.33万亩,粮食产量112.62万吨,其中稻谷89.25万吨。

烟草 1984年5月后,三明成立烟草分公司和烟草专卖局,各县(市)也相继成立烟草专卖局,对烟草实行专卖管理。1985年宁化县在早季稻田试验烟—稻耕作制获得成功,解决了烟粮争地的矛盾,形成"进单上山"的烤烟种植模式,1988年在全市大面积推广,烤烟种植面积17.88万亩,产量10787吨,收购总量达7378.9吨。1990年,三明市烤烟种植面积降至16.60万亩,产量却达14807吨,跃居全省第一位。1990年始,三明烟叶出口国外。1992年三明市烤烟种植面积39.5万亩,产量38311吨,收购量29649吨,产品质量和信誉极大提高,当年烤烟全部销往云南、湖南等20多家烟厂。1997年,三明市农民售烟收入5.97亿元,比上年增收近1.6亿元。至2001年,全市烟叶合计种植面积已达到39.64万亩,产量达4.40万吨,平均亩产111公斤,总产值达4.44亿元(现行价,下同),占全市农林牧渔业总产值的4.1%。宁化县被列为全省烤烟生产的主要产地之一,当年烟叶种植面积达146453亩,产量15045吨。2002年,全市烟叶播种面积46.57万亩,总产量4.77万吨,平均亩产102公斤,总产值4.71亿元。2012年全市烟叶种植面积46.96万亩,烤烟产量6.33万吨。

1985年,沙县夏茂晒烟被列为制造混合型卷烟的原料,当年种植面积扩大为3800余亩,年产35.3万公斤。1988年发展到5122亩,总产量54.3万公斤,平均亩产106公斤。2005年,沙县烤烟首次作为青岛烟厂的厂办基地。政府鼓励农民发展烤烟,对烟叶特产税进行调整。全年合同种烟面积87667亩,收购烟叶1.83万担,收购金额1018.85万元,完成烟叶特产税224.15万元。2007年,沙县烟草专营中的两烟经营、专卖管理均取得历史性的突破和跨越。截至12月底,全县共收购烟叶20173担。其中上等烟比例达65.957%,担均价为589.765元。2009年,落实种烟面积11617亩,收购烟叶3.35万担,超计划收购995担,超产比例为3%。全县烟农售烟收入2656.3万元(含品种补贴105.9万元),同比增加27.5%;烟农户均收入5.76万元,增加0.53万元,增幅为10%;实现烟叶税561万元,同比增加103万元,增幅达22.5%。全年投入烟田基础设施建设立项资金720万元,烟基项目79个,涉及8个乡(镇、街道)、40个种烟行政村,受益农户3612户,受益基本烟田保护区面积约8788亩。2010年,沙县制定奖惩的烟叶生产和管理目标责任制,全年烟叶播种面积1.26万亩,户均47.4亩,总产量4.48万担,实现烟叶税842.4万元。

2002年5月,三明市完成《金三明烤烟综合标准体系(试行版)》编纂工作,标志着三明烟区作为全国烟叶综合标准化示范点之一,向标准化进程迈进了一大步。该标准体系分为基础标准、种子品种标准、生产技术标准、产品标准和服务标准5个部分,共有标准65个,其中国家标准5个,行业标准13个,企业标准47个,涵盖了"金三明"烤烟的生产、收购、加工、质量、品牌、销售、农资、服务等内容,是一套贯穿产前、产中、产后全过程,涉及技术、管理、营销多方面的综合标准体系。

莲子 1986年,国家工商行政管理局批准建宁通心白莲以"建莲"牌商标注册。1990年,"建莲"又荣膺第十一届亚运会标志产品称号。1992年,福建省标准计量局颁布了《建莲综合标准》,将"建莲"的生产、加工、销售纳入了规范标准的轨道。1993年8月,建宁县举办首届"中国建莲节",共签约合资项目11项(其中,合同6项、协议4项、意向1项),总投资额2292万元;内、外贸易成交额达2720万元,其中现货交易额1400多万元,期货交易额1320万元。1995年3月,建宁县被中国特产之乡组委会命名为"中国建莲之乡"。2001年,三明全市种植莲子47971亩,总产量2060吨;其中,建宁县种植45200亩,产量达1934吨,分别占全市总量的94.22%、93.88%。2002年,建宁县莲子播种面积37293亩,总产量1672吨,平均亩产45公斤。近10年来,建宁县推进建莲产业化新模式,通过依靠科技力量,研发新工艺、培育新品种、运用新技术。以国家级创新企业福建文鑫莲业食品有限公司为代表的企业重视科技创新,每年投入科研经费占到企业全年销售收入的6%以上,获得3项国家发明专利,拥有对莲叶、莲梗、莲芯等莲子附属物进行深加工的技术。同时,通过科技创新技术,采用新工艺,不断提高产品的科技含量,从莲子米粉到荷叶、莲梗中提取黄酮类化合物,再到机械化生产休闲即食莲子。到2010年"建宁通芯白莲"获中国驰名商标,2011年被认定为绿色食品AA级产品,2012年"建莲"荣获国家地理标志,"建宁通芯白莲制作技艺"被列入福建省非物质文化遗产名录,

"建莲"产品种类达几十种,远销海内外。2012年,建宁全县莲子种植面积4.5万亩,亩产量高达80公斤,年产量3600多吨,仅莲子一项,就给农民带来人均收入1000元以上。该年建宁县共出口建莲1169.4吨,出口额首次突破千万美元,达到1263.5万美元,同比分别增长36.3%、41.1%。"建莲"出口增幅连续3年保持30%以上,更成功打入美国、日本、新加坡等国市场,实现了出口市场的多元化。

水果 20世纪90年代,三明市根据不同区域的自然资源、生产条件和特点,科学地划分果园发展区划:西北部低山高丘为以落叶果为主的多果类发展区,该区有建宁、泰宁、宁化、清流、明溪5个县,土地总面积1376.1万亩,种植全国著名的黄花梨、翠冠梨、锦绣黄桃、猕猴桃、西瓜等绿色水果。中部丘陵盆谷有永安、三元、梅列、沙县、将乐5个县(市、区),土地总面积1225.6万亩,是以甜橙为主的柑橘产区。东南部低山丘陵是常绿果树为主的多果类开发区,该区有尤溪、大田2个县,土地总面积856.9万亩,是金橘生产基地。2001年,国家林业局公布《第二批中国名特优经济林之乡名单》,尤溪县在全国四大金柑基地中脱颖而出,成为"中国金柑之乡"。2002年,三明市果园年末实有面积112.09万亩,采摘面积87.51万亩,当年新植面积3.07万亩,水果总产量达60.1万吨。2012年全市水果产量100.81万吨。

茶叶 三明是多茶类产区,主要有绿茶、青茶(乌龙茶)、红茶三大茶类,还生产少量白茶、黑茶,各种造型茶花色品种齐全,品质优异,其中针螺茶产量占全省65%以上,金观音茶品质为全省最优,红茶品质独特。至2010年,全市茶园面积29.35万亩,产茶2.74万吨,毛茶产值约7.68亿元,面积、产量、产值分别比2005年增长36.9%、44.6%、202.6%,涉茶产值约25亿元,涉茶人员达27万人,因此,三明成为全省发展潜力最大、优势突出的产茶区。2012年,全市茶叶产量3.12万吨。

目前,尤溪、大田、宁化、永安、沙县、明溪、清流、泰宁等8个县(市)茶园面积超万亩,其中尤溪、大田超过6万亩。大田、尤溪、沙县、永安、明溪、宁化、清流等7县(市)于2007年列入福建省乌龙茶地理标志产品保护区域,乌龙茶生产是后起之秀,其中,铁观音是继泉州、漳州之后的第三大产区。

2010年10月,中国茶叶流通协会根据2009年茶叶生产情况调查结果,授予大田、尤溪、沙县、永安、清流、宁化等6县为全国重点产茶县。大田县2005年列入全国茶叶优势百强县,2009年被授予"全国绿色食品(茶叶)原料标准化生产基地县",2010年被国家林业局经济林协会授予"中国高山乌龙茶之乡"。2010年,大田吴山乡获"福建产茶明星乡镇"。尤溪县列入全国第二批无公害茶叶生产示范县,2010年"尤溪绿茶"被授予地理标志集体商标。

全市茶园在50亩以上的专业户或茶厂有480余个,年加工规模在2.5吨以上的茶企业有500余家。注册茶叶商标品牌50多个,其中,"崇圣岩"等5个品牌被授予"福建省名牌产品"称号,"蓬莱商标及图形"等6个商标被授予"福建省著名商标",有8个商标获得"三明市知名商标"。

竹木材 "十二五"期间,全市有竹类资源120多种,竹林面积达405万亩,居全省第二位,其中毛竹373万亩,中小径竹32万亩。全市竹林资源沿沙溪河东岸、金溪河流域上源,依地形地貌变化,呈条带状区域分布。竹林面积40万亩以上的县(市)有:永安、尤溪、沙县、将乐、泰宁等5个县(市);5万亩以上的乡(镇)有27亩。2004年全市笋竹产业产值达到27.4亿元,其中笋竹加工产值16.8亿元,比2000年的4.86亿元,增长235.7％。笋竹制品从2000年前以竹筷、竹香蕊、清水笋等低附加值的初级加工产品,发展到附加值较高的软装笋食品、竹胶合板、竹地板、高档竹凉席、竹工艺品以及竹炭等六大系列、百余种产品。2004年全市生产清水笋6.1万吨,软包装笋4.2万吨,笋干1.2万吨,竹胶板7.2万立方米,竹地板成品27.55万平方米,竹地板半成品58.34万平方米,竹凉席586万平方米,竹炭5074吨,竹工艺品6.7万件,竹香芯竹串、竹花枝4.7万吨,土纸、竹浆纸2.3万吨。

"十二五"期间,全市有笋竹加工企业775家,其中产值千万元以上的规模企业22家,国家级龙头企业1家、省级龙头企业6家,其中丰产竹林基地13.5万亩,笋竹加工企业54家,竹业总产值84.6亿元。期间,三明加快林产精深加工,促进竹木材产业转型升级。2011年全市共生产人造板299.5万立方米、比增7.2％,家具78万件、比增8.3％,木竹地板2029万平方米、比增393.2％,纸及纸制品116.7万吨、比增55.1％,活性炭、竹炭等产品9.7万吨、比增15.6％,松香松节油系列8.4万吨、比增10.5％。尤溪三林木业"龙杉及图"和永安大地竹业"家丰及图"跻身中国驰名商标行列。

2000年以来,三明市连续举办沙县竹藤交易、永安笋竹节以及各种招商交易会,搭平台、树品牌、促流通。已有"明通"、"永兴"、"沙阳"(竹胶板),"天河"(竹凉席),"三和"(笋食品),"孟宗"(笋干)、"尤溪绿竹笋"等20多个地方知名商标,永安、将乐、泰宁等获得了中国"笋竹之乡"称号,沙县被授予"中国竹席之乡"。据调查,全市竹胶板和竹凉席的国内市场占有率分别为10％和26％,笋竹加工基本实现订单生产,产品畅销国内外市场。2004年笋竹产品出口产值六千多万元。2011年三明市建立林产品出口联席会议机制,推进林产品出口工作,全市林产品自营出口1.4亿美元。

2002年10月18—22日,福建省林业厅、三明市人民政府在永安市联合主办"2002福建·永安笋竹节"。这是福建省举办规模最大的一次集笋竹、旅游、民俗文化为一体的竹业盛会,来自国内外的1600多名专家、学者、客商参加了活动。

2002年5月17日,三明(福州)林业投资洽谈会在省城福州的三明大厦举行。来自美国、日本、加拿大、韩国、马来西亚、印度尼西亚以及省内外180多名从事林、竹产业投资的客商参加了洽谈会。会上共签约37项;其中,利用外资768万美元,利用区外资金2.2亿元。

三明市现有林业用地2812.7万亩,占土地总面积的81.7％。在林分中,以马尾松为优势,其面积和蓄积量分别占林分总量的53.6％和53.8％,其近、成、过熟林每亩平均蓄积量10.3立方米,中龄林每亩平均蓄积量6.8立方米。杉木面积和蓄积量分别占18.7％、11％,其近、成、过熟林每亩平均蓄积量9.4立方米,中龄林每亩平均蓄积量5.01立方米。阔叶树类面积和蓄积量分别占27.7％、35.2％,其近、成、过熟林每亩平均蓄积量9.5立方米,中龄林每亩平均蓄积量6.5立方米。

此外,三明市珍稀林木种类较多,属国家重点保护的野生植物有34种,占福建省重点保护总种数的 2/3；还有成片的格氏栲、楠木、长苞铁杉、柳杉等珍稀树种。列为国家一级保护的有：秃杉、银杏、水松、南方红豆杉、钟萼木、香果树 6 种。

酿酒 1971 年，三明市酒厂在原基础上新建年生产能力万吨啤酒生产线，1986 年，三明市啤酒厂建成投产，当年产量 2810 吨。1991 年啤酒产量突破万吨，达 1.10 万吨，销售收入 1330.54 万元。税利在全国 800 家啤酒厂中名列第 25 位。该厂生产的"日月星"啤酒，采用国外先进啤酒酿制工艺，以进口澳大利亚大麦为原料。积极开发 12°普啤、11°清爽型、特制啤、10°干啤、黄啤、特制珍品及扎啤系列产品，均达到国家啤酒一级品和优质品标准，"日月星"商标获福建省著名商标称号。1992 年啤酒产量达 1.64 万吨。1999 年三农股份公司兼并三明市啤酒厂。2002 年，福建雪津啤酒集团公司完成了对三明啤酒厂的收购和改造，把原年产 6 万吨的生产线扩大至年生产能力为 10 万吨，技改后实现产销两旺。至 2004 年 4 月 10 日，福建雪津啤酒有限公司三明分公司累计入库税款 1441 万元。

宁化名酒有水酒、酒娘等。水酒、酒娘均选用糯米、酒糵、矿泉水酿制而成，甜美味醇，不加任何防腐剂、色素，酒度 5%～8%（V/V），初饮甚甜，后劲较大。宁化"石壁酒娘"（易拉罐）产品畅销省内外。1992 年，生产水酒、酒娘共 418 吨，产值 96 万元。沙县酒厂沿用并发展传统酿制"玉露酒"工艺，选用糯米、白糵和一定比例的红糵，经二道工序酿制的甜型黄酒，呈褐红色，清亮透明，醇香爽口。1956—1958 年被评为省甲级酒，1985 年被评为省优质产品。

1985 年永安市吉山老酒获省优称号。吉山老酒始产于清代。清康熙年间，连城酿酒技术传入吉山。当地村民取廖溪清水，选用纯净糯米，以红糵加适量药糵，外加几味地道中药材，经杀菌、陈酿、储存等工序，酿制成的"吉山老酒"气味芳香，醇和爽口，具有健身、舒筋活络之功效。

泰宁尚书酒历史悠久。尚书酒俗称酒酿，相传是南宋状元邹应龙在朝廷户部、工部、礼部尚书时，从宫廷带回秘方，结合地方酿酒工艺制作而成。尚书酒色泽淡黄，纯清透明，醇和可口，营养价值高，有益身体健康。

沙县名酒有"虬凤牌"玉露酒、吉山官邸酒等。据康熙《沙县志》记载，宋代即在县内收"酒店税"，足见沙县酿酒业早在宋代即具备一定规模。清康熙年间（1662—1722 年），沙县玉露酒在县内颇负盛名。沙县玉露酒系采用糯米酿制的甜型黄酒，呈褐红色，清亮透明，醇香爽口。1955 年之前，县内有私营酿酒作坊十余家。1956 年，沙县玉露酒厂创建，为国营酒产。该厂沿用并开发传统酿制玉露酒工艺，选用糯米、白曲和一定比例的红曲，经二道工序，即以酒酿酿制玉露酒。1956 至 1958 年被评为福建省甲级酒。1959 年，沙县酒厂生产的"虬凤牌"玉露酒被福建省人民政府定为福建名酒，1985 年评为福建省优质产品。2007 年 5 月，沙县沙阳春酒业有限公司的"虬凤牌"商标荣获第一批"福建老字号"称号。全省仅有 5 家酒业有限公司获此殊荣。沙县吉山红酒业有限公司生产的低度清爽型黄酒口感柔和、淡醇鲜爽，风味独特。在全国红曲黄酒品鉴会上，公司生产的"吉山官邸"黄金酒获中国酿酒工业协会黄酒分会授予"优秀创新产品"，公司生产的 12 度"吉山官邸"酒获中国酿酒工业协会黄酒分会授予"创新产品"，公司生产的 16 度"吉山官邸"酒获中国酿酒工业协会黄酒分会授予"优秀创新产品"。

茶籽油 三明境域内,油茶林种植面积,目前尤溪县、永安县、大田县等县域均有一定的规模,县油茶林面积发展到了 23 万亩,尤溪县成了福建省油茶生产的第一大县。2012 年 3 月 26 日,"中国油茶之乡"尤溪县"尤溪茶籽油"商标,获得国家地理标志集体商标。2012 年全市油料种植面积 17.58 万亩,产量 2.51 万吨。

渔业产品 改革开放后,三明境域的渔业生产得到很大发展。1992 年,三明全市渔业总产值达 1.06 亿元,比 1978 年增加 20.51 倍;同年,三明全市水产品养殖面积 15.15 万亩,产量 1.62 万吨。1995 年,三明市渔业生产抓住机遇,外引内联,强化管理,全年全市渔业产量突破 4.3 万吨,创历史最高水平,比上年增长 18.5%;当年,全市水产品人工养殖面积达 20.27 万亩,产量 4.33 万吨,总产值达 4.62 亿元。2001 年,全市渔业产值达 8.59 亿元,比 1992 年增长 483.35%;淡水产品产量达 7.5 万吨。2002 年 2 月,三明市畜牧水产局、明溪县畜牧水产局、三明顺达养殖场联合兴办福建省三明名特优水产良种场暨明溪县鱼种场,开展道氏虹鳟、金鳟、太平洋鲑、挪威鲑、鲟鱼等名特优水产良种繁育。2002 年,三明市渔业产值达 8.77 亿元,比上年增长 3.2%。三明市素有稻田养鱼的习惯,永安县称为"榫尾豆腐大湖鱼"。1983 年始,福建省农科院和建宁县水产技术推广站合作,开展"水稻垄畦栽及稻萍鱼体系开发"的研究。1985 年,其研究成果"稻萍鱼立体共生种养综合丰产技术"通过国家农业部、省、市组织的验收鉴定,受到国际水稻研究中心、联合国粮农组织的重视。

禽畜养殖及加工 三明境域农家饲养牲畜的历史也十分悠久。至 1995 年,三明逐渐形成了"竹山养羊、庭院养兔、果园养鸡、水面养鸭"的四大养殖模式。2001 年,三明全市畜牧业产值 18.933 亿元,年末生猪、羊、家禽存栏数分别为 109.66 万头、13.62 万头、1212.17 万只,当年出栏数分别为 129.56 万头、11.71 万头、2507.75 万只。2002 年,三明市畜牧业产值 19.87 亿元。大牲畜当年出栏 1.26 万头,期末存栏 11.36 万头;猪、羊、家禽、兔当年出栏数分别为 147.45 万头、12.36 万头、2726.41 万只、247.8 万只,期末存栏数分别为 110.83 万头、13.58 万头、1235.58 万只、126.79 万只。家禽家畜的养殖业发展,为三明市名优土特产的生产打下了坚实的基础,大田的糟兔、明溪的肉脯干等著名的土特产品远销省内外,创造了极大的经济利益。1999 年 3 月,永安市贡鸡科技成果产业化项目被列入 1999 年国家星火项目计划。这个项目计划总投资 5980 万元,将重点抓好优良种鸡的选育、优质饲料配方的研制、科学饲养方法及防疫技术的示范推广。1997 年,贡川镇成立了贡鸡产业领导小组,发展贡鸡饲养;并于 1998 年引资创办了省级龙头企业"永安融燕禽业有限公司"。2000 年 3 月,在第三届中国土特产文化节上,永安市贡川镇被农业部授予"中国贡鸡第一镇"的荣誉称号。2001 年 1 月,融燕公司培育的"Ⅱ号"三黄鸡荣获省农业名特优产品展销会金奖。2002 年,贡川镇贡鸡业总产值达 5775 万元,仅此一项贡川镇人均增收 617 元。贡鸡已成为贡川农民致富的支柱产业。

食用菌 1977 年,三明吉口农场等单位首先建成种植食用菌基地,培育成功白木耳、香菇、凤尾菇等菌种,扩大了食用菌的生产品种。80 年代开始三明境域推广袋料栽培食用菌。1981 年,明溪县农资公司菌种站从省农科院土肥所引进菌种,用稻草生料畦栽,获得成功。1984年,三明真菌站选育成功金针菇优良菌株,得以推广种植。1992年,三明全市食用菌生产占用耕地面积达4617亩,总产量达1.85万吨。1995年,尤溪县食用菌产值位居全国第四,产值达1.25亿元,成为全国产值超亿元的11个县之一。2001年,三明全市食用菌生产占用耕地面积1.2万亩,蘑菇种植面积达202.43万平方米,总产量达5.67万吨。同年,将乐县食用菌产量达1.85万吨,产值1.3亿元,仅此一项增加农民收入470元,占全县农民人均纯收入的15.7%。2002年4月,在全国第六届食用菌学术研讨会上,将乐县被授予"全国食用菌先进县"荣誉称号。2002年,三明市食用菌生产占用耕地面积1.39万亩,蘑菇种植面积188.63万平方米,总产量达6.06万吨。2012年食用菌产量9.04万吨。

食品罐头 三明市利用丰富的水果资源,开发出品种繁多、口味独特、绿色环保的食品罐头,越来越受到消费者青睐。著名的品牌有建宁县的莲子深加工系列罐头、沙县清水笋罐头、建宁县猕猴桃系列罐头等。

建宁县闽江源绿田、文鑫、福鑫、莲蓉等一批生产莲系列产品的省、市龙头企业,生产"速冻鲜莲"、"莲子糊"、"婴幼儿莲子米粉"、"莲芯雪茶"、"鲜莲汁"、"莲心含片"等建莲系列深加工产品。鑫达公司生产的莲芯雪茶是获国家药监局批准的福建省第一个保健清咽饮料。鑫达公司的速冻鲜莲、鲜莲汁、莲心雪茶和文鑫公司的即食莲子、婴儿莲子米粉,分别于2002年和2004年获得福建省名牌产品称号。

1988年12月,沙县清水笋罐头在北京首届中国食品博览会上获铜奖,畅销日本和东南亚地区。沙县2950g铁听大罐清水笋获省"武夷奖"。其产品营养丰富,风味独特,笋香浓郁,色泽洁白,肉厚嫩脆,味道鲜美。

1988年,由建宁县猕猴桃制品厂生产的猕猴桃果酱获福建省"武夷奖"。猕猴桃果酱以猕猴桃鲜果为原料,富含多种维生素,有生津保健、消食健胃之功效。

建宁孟宗笋业有限公司创建于1995年,系"省级农产品加工业龙头企业"。产品主要有金丝笋、凤尾笋、冬笋片、玉兰片、闽笋丝、春笋片等十几个系列品种。"孟宗"商标先后获得"三明市知名商标"和"福建省著名商标"称号。

2. 工业品

冶金工业产品 三明市冶金产业基础雄厚,主要涉及有色、黑色金属矿采选业和冶炼及压延加工业,拥有一批在省内外具有较大影响的规模企业。2007年,全市共有规模以上冶金及金属深加工企业97家,重点骨干企业有三钢集团有限责任公司、三钢劳动服务公司、三钢小蕉轧钢厂、明光新型建材有限公司及闽光冶炼有限公司、闽光新型材料有限公司、三菲铝业有限公司、永安闽鑫钢铁制品有限公司、宁化行洛坑钨矿公司、三明市钢岩矿业有限公司等。

福建省三钢(集团)有限责任公司(简称三钢集团公司)前身为福建省三明钢铁厂,建于1958年。2000年4月,经福建省人民政府批准改制设立福建省三钢(集团)有限责任公司。三钢集团公司有上市公司——福建三钢闽光股份有限公司、全资子公司——三明化工有限责任公司以及9家控股子公司。公司(不含三化公司,下同)有在岗职工11100人,其中专业技术人员1981人(高级职称223人、中级职称728人)。2007年,公司总资产达115.34亿元;成为有炼焦、烧结、炼铁、炼钢、轧钢全流程生产线以及动力、运输、机械制造、建筑安装等配套齐全的大型企业集团。公司主导产品为"闽光"牌螺纹钢筋系列、钢筋混凝土用线材系列、拉拔用线系列,并成功开发出冷镦铆螺钢系列、优质碳素结构钢系列和中厚板等多种产品。螺纹钢筋、热轧圆盘条和SL2拉拔用线产品均为福建省名牌产品,其中螺纹钢筋、Q235热轧圆盘条均为国家产品质量免检产品,螺纹钢筋产品还荣获国家"金杯奖"、"全国用户满意产品"称号。2012年全市冶金产业增加值总量66.76亿元。

电力工业产品 三明市有丰富的水力资源,沙溪、金溪、尤溪三条流域均建有不等的梯级电站,为三明市电力发展贡献了力量。

1994年9月28日,新中国成立以来福建省投资最大的内河建设工程沙溪河航电综合开发项目——沙溪官蟹航运枢纽工程开工。该工程位于沙溪河沙县城关下游17公里、沙溪口电站上游33公里处,上下游引航道各长225.77米,均为4级建筑物。枢纽设计通航一顶二300吨级船队,年通过能力307万吨,与沙县官蟹航运枢纽配套的官蟹水电站于2000年9月竣工。

1994年12月12日,福建省最大的乡级水电站——尤溪县青印溪二级水电站工程在尤溪县管前乡林源村正式开工,1997年10月竣工并网发电。总投资2717万元,装机容量6400千瓦,年发电量3089万千瓦时。2001年,尤溪县水电装机容量达20.54万千瓦,居全省县级第一位,全国县级第二位。

从1993年开始,三明市大力开展沙溪河航电综合开发项目,至2004年,共有永安安砂电站、永安丰海电站、永安鸭姆潭电站、永安西门电站、永安贡川电站、三元竹洲电站、三元台江电站、梅列斑竹电站、沙县城关电站、沙县高砂电站、沙县官蟹电站11个梯级电站。沙溪河梯级电站总装机容量11处,46.71万千瓦,其中已建成电站8处,37.71万千瓦,在建电站3处,9万千瓦。

至2003年,三明市已建成投产的变电站107座(不含企业变电站),主变压器144台,容量238.27万千伏安。其中,220千伏变电站4座,主变压器6台,容量78万千伏安;110千伏变电站26座,主变压器40台,容量115.82万千伏安;35千伏变电站77座,主变压器98台,容量44.45万千伏安。

至2004年,金溪流域共有泰宁池潭电站、泰宁良浅电站、将乐大言电站、将乐黄潭电站、将乐孔头电站、将乐范厝电站、将乐高唐电站7个梯级电站。金溪梯级电站总装机容量7处,31.35万千瓦,已建电站4处,21.15万千瓦,在建电站2处,6.2万千瓦,未建电站1处,4万千瓦。尤溪梯级开发共有大田六角宫电站、尤溪街面电站、尤溪坂面电站、尤溪水东电站、尤溪汶潭电站、尤溪沈龙电站、尤溪雍口电站7个梯级电站。尤溪梯级电站总装机7处,54.6万千瓦,其中:已建电站3处,15.5万千瓦,在建电站2处,30.6万千瓦,未建电站2处,8.5万千瓦。2012年全市发电量114.69亿千瓦小时。

化学工业产品 中共十一届三中全会后,三明市化工行业通过外引内联,创办三明市明孚硅业有限公司、三明市明盛化工有限公司和永安县智美电热化工有限公司等化工"三资"企业7家,新建大田、明溪年生产能力5000吨的合成氨厂和大田县前峰硫铁矿。

至1992年，三明市有乡及乡以上的化学工业企业183家，包括12家制药企业，年工业总产值达10.622亿元（按现行价格计算），实现利税总额9941.8万元。全市化工、制药产品获国优产品称号1项，部优产品9项，省优产品27项。1993年三明市化学工业总产值达12.73亿元，至1998年化工行业利润普遍下降，规模以上企业亏损由1997年的3家增至7家，其中三明制药厂由于新产品的开发投入巨资，1998年亏损4500多万元，被福建省三农化学股份有限公司兼并。

1987年4月，清流县合成氨厂与香港百孚有限公司合资成立明孚硅业有限公司。该公司结晶硅年生产能力5000吨，成为全省最大的结晶硅出口基地。

1988年，泰宁县第二化工厂生产的轻质二氧化硅（白炭黑）获全国"星火计划"成果展览交易会奖银奖，该产品填补了省内空白。

1989年，三明农药厂被列入化工部30家农药重点调度企业之一。1992年，该厂组建为福建省三农化学股份有限公司。1992年，年生产能力为4980吨（折100%，下同）。1997年1月，三农化学股份有限公司生产的"白菜牌"系列5个产品，在福建省农药行业首例获省名牌产品殊荣。2001年3月，中国第十六大民营企业——西安飞天科工贸集团有限公司入主福建三农集团。核心企业占地面积25万平方米，员工1552人，其中各类专业技术人员322人，具有年产农药原药1.2万吨及年产化工产品1万吨的生产能力。

1993年8月中旬，福建省首家生产人造水晶石的台资企业——将乐闽港水晶有限公司从广东梅县收购同类企业后安装完毕8个高压釜，生产规模由1991年建厂初期的年产水晶10吨扩大到年产34吨，成为华东地区第三大人造水晶生产厂家。该厂产品已于1993年5月通过省电子工业局产品设计定型鉴定，产品质量达到世界先进水平。

1994年12月30日，三明化工厂尿素工程通过验收并正式投产。该项工程是当时全省最大的化肥工业生产投资项目，总投资2亿多元，建成后尿素年生产能力可从11万吨提高到24万吨。

1999年，泰宁县陶金峰牌系列高岭土通过ISO9002国际质量体系认证。福建省泰宁陶金峰高岭土有限公司是国内最早进行高岭土深加工的高新技术企业，拥有国内最先进的超细气流粉碎、煅烧、活化、改性等生产工艺设备，公司研制开发生产的水洗、超微粉碎、活化、煅烧和表面改性5大系列、10多个品种产品，其中有二项达到国际水平，三项属国内首创，多次获国家级铜奖、银奖、金奖，科技之光进步奖。

2000年12月30日，福建三明医药股份有限公司正式成立。该公司拥有净资产达3200万元，在全国1.8万多家医药商业批发企业和500家大中型医药商业企业中销售排名为97位，利税第56位，在全省同行中效益居第三位。

2002年，世界500强企业之一的中国化工进出口总公司，与永安智胜化工有限公司合资成立"福建中化智胜化肥有限公司"。该公司注册资本为4700万元，其中中国化工进出口总公司的全资子公司中化国际化肥贸易公司出资人民币2500万元，占注册总资本的53.19%；永安智胜化工有限公司出资2200万元，占注册总资本的46.81%。该项目是中国化工进出口总公司在福建省投资的第一个复合肥项目。

2002年，三明市共有规模以上化学原料及化学制品制造业35家，工业总产值达19.98亿元（按当年价计算），工业增加值达5.36亿元。2012年全市化工产业增加值总量69.53亿元。

机电产业产品 至1992年，三明市乡及乡以上机电生产企业达303家，工业总产值达8.03亿元，产品销售产值达7.43亿元。2002年，全市规模以上机电企业达69家，总产值达15.75亿元。

1984年，由沙县水轮发电设备厂与三明化工机械厂联合开发普通三角带颚式硫化机，产品有大小11种规格，其中4种为省优产品，2种为部优产品。产品远销泰国等地。1997年6月，三明双轮化工机械有限公司为世界著名轮胎制造商美国固特异轮胎制造有限公司生产的9台硫化机顺利运抵固特异在澳大利亚、德国、新西兰的子公司。这是我国制造的硫化机首次出口欧美国家。

1984年，三明重机厂引进美国7吨振动式压路机和瑞典11吨振动压路机样机，在进行吸收的基础上，开发出YZY8Q（机重8吨）和YZJ12（机重12吨）两种型号的振动式压路机。该机于1987年通过技术鉴定，质量达到国家先进水平。至1992年，三明重机厂共生产各种型号的压路机1129台，其中1992年生产79台，948吨。

1987年，泰宁县农机修造厂研制了NZJ-10/8.5型联合碾米机，于1988年获省优质产品称号，1990年获部优产品称号。该机提高了出米率和质量，每小时可加工稻谷500～650公斤。

1989年，宁化矿山机械厂生产的新型曲向旋流选金器，1989年12月，通过省新产品投产技术鉴定，定为一类新产品，为国内首创，并获1989—1990年度福建省科技成果三等奖。

1989年，由明溪县无线电二厂生产的声表面波滤波器被评为省优产品。1990年获全国同行业评比一等奖，并获国家机械电子工业部颁发的部优产品奖。

三明市电子工业围绕"深化改革，强化管理，开拓市场"做文章，取得丰硕成果。1995年工业总产值达2.04亿元，是1990年的3.2倍，其中直属企业产值达1.05亿元，是1990年的2.8倍；全行业赢利460万元，比上年增长4.80倍。2002年，三明市电子及通信设备制造业企业共6家，工业总产值1.73亿元。

1997年1月，由三明福兴机械厂（三明造船厂）自行生产的JZC350.200锥形反转出料混凝土搅拌机，在国家科委和广州市政府联合主办的第八届中国新技术新产品博览会上获得金奖，该产品具有拌料均匀、出料快等优点，填补了三明市建筑机械设备领域的一项空白。

建材工业产品 从70年代末开始，为了加快三明经济建设的步伐，大田、明溪、宁化等8家县属水泥企业先后创办。1987年11月，经省经委批准，三明组建以福建水泥厂为龙头的福建建明建材企业集团公司。至1992年，三明市建材行业获得国优产品（银质奖）1项，部优产品7项，省优产品16项。先后有福建水泥厂、三明水泥厂、大田县水泥厂、大田县第二水泥厂被省建材工业总公司授予全优企业称号。全行业拥有固定资产原值6.48亿元，从业人员3.48万人，实现工业总产值7.07亿元，实现利润总额1.75亿元,上缴税金8500万元。2002年,全市规模以上的非金属矿物制品企业达81家,工业总产值达14.78亿元(当年价格)。全市全年水泥生产达590.76万吨,人造板26.74万立方米。2012年全市建材产业增加值总量53.23亿元。

1982年7月,永安水泥厂注册燕江牌商标。1985年12月,燕江牌425♯普通水泥获省人民政府颁发的省优产品称号,当年水泥产量达53.44万吨。1986年4月12日,福建省永安水泥厂更名为福建水泥厂。1988年1月,该厂启用建福牌新注册商标,当年水泥产量87.53万吨,销售收入首次突破亿元大关,名列全国建材及非金属矿物制品业第十四位。1989年1月,该厂生产的425R复合硅酸盐水泥通过国家建材研究院新产品鉴定,属国内首创新产品。1989年8月,福建水泥厂通过国家二级企业考评,成为全省建材行业第一个国家二级企业。

1985年,三明市石棉水泥制品厂与国家建材局苏州水泥制品研究院、上海及嘉兴石棉水泥制品厂、福建维尼纶厂等单位开展科研攻关与协作,以纤维尼纶丝替代30％石棉纤维原料获得成功。这一科研成果为三明市石棉水泥制品厂减少生产过程中的石棉粉尘污染,改善工人的劳动环境和条件,并最终实现无石棉生产纤维水泥制品,取得突破性进展,对中国石棉水泥制品工业实现无石棉化生产做出重大贡献。1991年12月,三明新型建材总厂主导产品金宫牌纤维增强硅酸钙板及轻钢龙骨等系列产品通过省级鉴定,各项技术指标达到或超过ISO/OP1896国际标准,属国内首例,被福建省经委确认为省新产品。1997年6月,三明新型建材总厂历经6年攻关,在全国率先开发出具有国际水平的新型绿色建材产品——无石棉硅酸钙板。

1991年,大田水泥厂生产的425R普通水泥荣获国优产品称号;该企业先后荣获省先进企业和部级质量管理奖;连续5年被评为国家建材局质量优胜企业和全省质量标兵企业的称号。1993年1月,大田县水泥厂与石牌乡联营创办的年产6万吨水泥粉磨厂点火投产。至此,该厂水泥年生产能力增至25万吨,且各项经济技术指标达到国家中型企业的先进水平,成为福建省建材行业县属厂首家跨入国家中型企业的厂家。

1994年,在福建省第二届工业博览会上,大田县第二水泥厂生产的石凤牌425号R普通硅酸盐水泥和三明新型建材总厂生产的金宫牌纤维增强硅酸钙板荣获金奖,三明水泥厂的三三牌425号普通硅酸盐水泥和三明第二水泥厂的山溪牌425号R普通硅酸盐水泥荣获银奖。

1995年,三明市散装水泥事业再上台阶,全市共完成散装水泥供应量103566吨,县(市)水泥企业完成省下达计划103.62％,供应量比上年增长50.4％,全市辖区完成使用散装水泥43048吨,收取散装水泥专项资金100万元,新增水泥发放库3座,容量达1800吨。

1992年11月16日,福建水泥厂改制设立福建水泥股份有限公司。1998年兼并福建省顺昌水泥厂(现炼石水泥厂)。1999年,该公司生产水泥213万吨,完成工业总产值3.27亿元,实现净利润7523.29万元。2001年荣获全国首批国家免检产品称号,成为当年福建省唯一获此殊荣的水泥企业。至2003年福建水泥股份有限公司水泥年生产能力已达300万吨。

福建省最大生产能力的水泥磨——3.8×12m 康必丹磨,于 1998 年 8 月在福建水泥股份有限公司联动试车成功。这台康必丹磨投资 2000 多万元,采用开流工艺,自动化程度高,台时产量 60 吨,年水泥粉磨能力可达 40 万吨。

煤炭工业产品　三明境域省属矿区有永安矿区、上京矿区;境域内主要县办煤矿有永安市曹远煤矿、永安市洪田煤矿、大田县广平煤矿、大田县大竹林国营煤矿(即大田二矿)、清流县罗口煤矿、将乐县煤矿、宁化县煤矿、明溪县煤矿等。乡村煤矿共有 58 家,其中大田县 20 家、永安市 15 家、清流县 10 家、将乐县 7 家、尤溪县 3 家、宁化县 2 家、三元区 1 家。2012 年全市原煤产量 802.18 万吨。

1970—1992 年,国家和地方共投入三明市县乡煤炭建设资金 6779 万元。至 1992 年,全市建成各类煤矿 69 处。其中,省属矿务局 2 处,县办矿 9 处,乡镇办 58 处。1970—1992 年产原煤 3153 万吨。2002 年,全市规模以上煤炭采选企业有 15 家,工业总产值 4.43 亿元(按现行价格计算),原煤生产 268.3 万吨。

1990 年,清流上坪煤矿被评为部级质量标准化矿井。同年,永安矿务局在创建质量标准化矿井活动中,全年达标项目 18 个,成为全省煤炭系统第一个实现机电质量和通风质量标准化的甲级局。

1994 年,由省煤炭工业总公司和三明市、大田县、尤溪县煤炭工业公司 4 家股份合作投资 380 万元,在尤溪西滨兴建全省第一座内河煤炭转运码头。

永安矿务局是福建省最大的煤矿企业。至 1990 年末,全局累计探明地质储量 16630.1 万吨,其中工业储量 12345.5 万吨;矿井保有地质储量 10356.6 万吨,其中工业储量 7678.7 万吨。

福建省永安煤业有限责任公司于 2000 年 12 月由原福建省永安矿务局和上京矿务局联合重组新设成立,公司总部位于永安市安砂镇水东,是省重点煤炭生产企业之一,所辖矿区跨永安、大田两县市。

造纸　青州造纸厂是全国大型造纸厂之一,位于福建省沙县青州镇。1984 年,该厂从美国贝洛依特公司引进了具有当代世界先进水平的技术装备,对原纸机进行重大技术改造;采用电子计算机控制浆网速比和纸张的定量、水分,保证了纸张具有良好的匀度和稳定性,纵向伸长率比相同定量的普通纸袋纸高 5%～7%,该项技术填补了国内的空白。1987 年,该厂青山牌 80 克/平方米纸袋纸被评为轻工部优质产品,1990 年获国家银质奖。70 克/平方米低定量高强度纸袋纸和 90 克/平方米伸性纸袋纸经省级鉴定为国内首创新产品,1989 年均获全国轻工业优秀新产品称号。1993 年成立福建省青山纸业股份有限公司。2002 年 2 月,福建省青山纸业股份有限公司通过 ISO14001:1996 环境管理体系认证,成为福建省第一家通过 ISO14001 认证单位。同时,青纸生产能力已达到 25 万吨浆纸,总资产 40 亿元,是我国生产浆纸的现代化特大型企业。2012 年全市造纸及纸制品业固定资产投资 10.74 亿元。

服装鞋革　1980 年,三明市衬衫厂"金鱼"牌衬衫获省优产品称号,并连续十年保优,1992 年产量达 121.8 万件。1983 年,三明市皮革厂开始研制 PU 底国际旅游鞋。1984 年投入生产,次年,投入批量生产,产量 11.51 万双,其中出口 3.53 万双,1987 年获得省优产品称号。

1983年,三明塑料厂生产的贴布仿胶革,填补了国内空白。于1986年被评为福建省优质产品。

1984年10月,三明植绒革厂试产成功植绒革;同年12月,投入生产。植绒革产品又名舒美绒,具有手感厚实柔软、立体感强的特点,是一种兼具皮革、丝绒优点和国内先进水平的新产品,应用广泛。

2012年,全市纺织服装和服饰业固定资产投资12.98亿元,皮革、毛皮、羽毛(绒)及其制品业固定资产投资7.79亿元。

塑料 三明塑料厂是国家经委和省、市推行全国改革的大中型试点企业之一。1993年,经省人民政府批准改制为福建宏明塑胶股份有限公司,筹集资金6000万元。1995年,塑料制品总产量为2.89万吨,实现产值3.22亿元,居全省同行业之冠,完成销售收入4.13亿元,居全国塑料行业第4位。2001年4月,福建宏明塑胶股份有限公司通过ISO9001:2000质量管理体系,该公司成为国内塑料加工行业和三明市第一家通过ISO9001:2000版认证的企业。2002年,该公司国有资产退出转让给福建缔邦集团公司,成为缔邦集团控股的福建省较大的塑胶行业的高新技术企业。2012年,全市塑料制品产量18.71万吨。

纺织印染 三明纺织厂1982—1990年,9年累计出口交货值4358.86万元,最高年份1989年达1139万元,出口品种有纯棉纺、涤棉纱、纯涤线、纯棉坯布、涤棉坯布等。1984年后获得省优以上产品称号11项,1990年优质品产值率达58.78%,96.2号(6S)纯棉起绒用纱1984年获得纺织工业部部优产品称号,是福建棉纱第一个部优质产品,9.8×3(60S)本色纯涤纶缝纫线1988年获国家质量银质奖。2000年9月改制为福建三明纺织有限公司。至2003年公司生产规模为:棉纺纱锭4.83万锭、气流纺1672头和牛仔布绳状染色生产线一条,年产纱1万吨、牛仔布500万米,工业总产值2亿以上。三明纺织厂生产的9.8×3(60S)纯涤纶缝纫线1988年获国家银质奖,是福建省纺织行业第一个获国家奖产品。

1990年,三明市第二纺织厂生产的纯涤纶PVC鞋用发泡革基布,经省级新产品鉴定小组审定,确认为国内首创。PVC鞋用发泡革基布以纯涤纶经纬纱为原料织造而成的新型化纤织物,具有晴雨二用,防腐蚀程度高,抗折皱性好等优点,产品布面平整、洁白、光泽好、强度高、耐折皱,深受用户欢迎。

至1992年,三明市纺织企业生产的产品,获国家银质奖2个品种,获纺织工业部优质产品称号5个品种,获福建省优质产品称号37个品种。通过省级鉴定新产品计59个品种,其中达国际水平5个品种、达国内首创7个品种、达国内先进水平43个品种、达国内平均先进水平4个品种。其中,三明纺织厂生产的金雀牌纯棉96.2号(6S)起绒纱,于1984年获纺织工业部优质产品称号;福建化纤化工厂生产的双轮牌维纶纤维,于1988年荣获纺织工业部优质产品称号;三明印染厂生产的金兰牌4511T/C漂白布、杂色布1989年获纺织工业部优质产品称号,三鹰牌21×21纯棉花绉布1987年获纺织工业部优质产品称号;1990年12月,永安市纺织总厂开发的新产品厚重型PU革基布,经省级鉴定,达到国际水平,1991年获全国产业用布纺织品年会最高奖——开发创新奖。

福建化纤化工厂是福建省最大的化纤化工企业,1975年成功地生产出合格的电石和聚乙烯醇。至此,本省维尼纶生产实现了从电石到抽丝的"一条龙"生产。该厂建设速度与经济效益均居全国同期建设的9个维尼纶厂之前列,被誉为"九龙之首"。1988年更名为福建化纤化工厂,1997年12月,经改制成为国有独资公司,更名为福建纺织化纤集团有限公司,是福建纺织化纤集团核心企业。公司总资产8.85亿元。主导产品聚乙烯醇、维纶纤维、涤纶纤维多次被评为省优、部优、国优称号。其中聚乙烯醇是国优产品,并被评为首批"福建省名牌产品";涤纶长丝多次荣获"福建省地产最畅销产品";"双轮牌"(聚乙烯醇)商标获"福建省著名商标"。

三明印染厂前身为上海立丰染织厂,1966年迁建三明。年产值迁厂初期为3000万元,1981年达1.132亿元,成为福建省首家产值超亿元的企业。从1979年以来,该厂生产的三鹰牌21×21纯棉花绉布、三鹰牌4511T/C杂色布、漂白布3个产品获得纺织工业部优质产品称号;金兰牌110×76T/C杂色布、漂白布、4511T/C花布、13/2×28杂色涤卡、三鹰牌21S纯棉漂白纱卡等9个产品获得福建省优质产品称号。1980—1990年有18个产品获得福建省行业优质产品称号。至1992年生产印染布5405万米,完成工业总产值2.048亿元,实现销售收入1.703亿元,创利润335万元,上缴税金421万元。该厂是国家二级企业,1993年4月改制为福建省立丰印染股份有限公司。2001年7月25日,该公司2561万股国有股权转让给福建福联股份有限公司,2003年4月30日,国有股权又转让给福建联众集团有限公司。2012年度全市纺织业增加值总量68.31亿元。

医药 2007年,三明市被列入福建省三个海西生物医药产业园之一,迎来了医药产业发展的良好机遇,全市登记注册的生物医药企业达57家,已投产的33家、已动工建厂的13家、正在办理建厂审批的11家。通过GMP认证企业8家。全年工业产值11.38亿元,同比增长197%。市医药产业投资1000万元以上新开工和上年结转的医药工业项目有福建省明溪海天蓝波生物科技有限公司金标免疫斑点试剂生产线、三明市丰润化工有限公司药用白炭黑生产线等15项。

列入福建省工业内涵深化技改提升工程重点项目计划有6个:一是福建南生科技有限公司(大田)工具酶系统及生物活性因子原料系列产业化项目,二是福建文鑫莲业食品有限公司(建宁)多梯度建莲有效利用及产品综合开发,三是明溪天馨香料有限公司纯种芳香樟产业化项目,四是福建省利科生物技术有限公司(明溪)氢溴酸加兰他敏和医药级茶多酚系列产品项目,五是福建省天健制药有限公司(三元)注射用PEGα—干扰素生产线改造项目,六是三明华健生物工程有限公司(三元)废弃烟叶高效综合利用产业化项目。

截至2007年底,全市共规划了五大生物医药园区,即三明高新区金沙园、荆东生物医药工业集中区、闽西北现代药都产业园、宁化翠江生物产业生态工业园和闽台(泰宁)生物科学园。"十二五"期间,五大园区正处在建设之中。2012年全市生物医药产业增加值总量19.72亿元。

三明市在培养产值超亿元企业方面取得突破。福建省麦丹生物集团有限公司主要产品为"L—苯丙氨酸",年产值达1.2亿元,实现利税1000多万元,生产规模居全国第一。

3. 地方特色小吃

三明市地方特色小吃闻名海内外,各种小吃做工精细,营养丰富,味道纯美,成为人们旅游观光必须品尝的佳肴,不少外地游客因慕名地方小吃而来。三明各地的风味小吃既有三明地域的共性,又有当地各自的特色。

沙县小吃源远流长,历史悠久,在民间具有浓厚的文化基础,尤以品种繁多、风味独特和经济实惠著称,是中华饮食文化百花园中的一朵奇葩,早已享誉大江南北和国外。传统沙县小吃大约有240多个品种,其中传统名点就有近百种,其中获得全国品牌有30种、福建省名牌小吃品种63种、福建名菜10种。至2005年,共有"沙阳"板鸭、"麦丹"味精、"茂溪"冬酒、"原家小吃"等与沙县小吃产业相关的注册商标45个,形成一个沙县小吃业"商标集群"。沙县小吃主要有煨豆腐、馄饨、南霞泥鳅粉干、烧麦、夏茂芋包、豆腐丸、鱼丸、夹饼、夏茂泡爪、南瓜饼、甜汤、卤鸭掌、鲜肉虾仁扁肉、飘香拌面、仙草冻、水晶糕、烙粑、八宝饭、米冻和米冻糕、板鸭等。

宁化客家人勤劳俭朴,生活上不贪口腹之欲,饮食上不讲花色品种,就地取材,因此,其菜肴小吃独具地方风味,经济实惠,主要有:烧麦、韭菜包、松丸、生鱼片、大卷、老鼠干、客家擂茶等。

永安小吃均以米、麦、豆、蕨为主要原料加工而成,其风味以甜、咸、香为主,特别喜欢蒜头辣味,做工尚称讲究,食之回味久留,其中最具特色的小吃有:煨豆腐(烫嘴豆腐)、叉叉果、粿条、米冻峰、糍粑、芋包、艾果、活肉、套肠、鸭血、咸豆花、煎米冻、炸春卷等。

泰宁小吃历史悠久,独具魅力,主要有:魔芋豆腐、暖菇包子、韭菜糕、仙草糕、白条鱼、春糍粑。

将乐小吃做工考究,主要有:擂茶、海棠砚、大卷、鸭肠、洋棠熟笋干等。

大田小吃品种繁多,名气逐渐上升,主要有:九层粿、武陵烤兔、石牌骨头肉、猪脚干饭、口水粉等。

尤溪传统风味小吃,酥香可口,深为当地群众所喜爱,主要有:油卷、锅边糊、粿饺、煎卷、卜鸭、泥鳅煮粉干、九肠等。

明溪县小吃独具风味,主要有:肉脯干、蕨须包、薯子羹、卷蒸、漾豆腐、糯米肠等。

清流小吃地方特色浓郁,主要有:盐水河虾、爆炒地猴、淮山海棠、八宝葫芦鸭、蕨粉包等。

(二) 商路

由于历史和地理条件等原因,三明市对外交通在改革开放以后的较长时间里仍然比较不便。作为福建省的"林海"、"粮仓"的资源优势和"老工业基地"的经济潜力未能充分发挥,经济总量从原来位居全省前列退居中下游位置。直至2004年11月,三明市第一条高速公路福(州)银(川)高速公路三明至福州段建成通车,三明市的交通条件开始有实质性改善。

2004年前,三明市商业发展和商品运输主要依赖于公路、铁路等交通方式。随着高速公路的通车,内河航运的初步建成,三明市商品贸易的方式逐渐多样化,形成了水陆联动的运输格局。三明机场正在建设中,也将为三明市商品运输与贸易带来更多的商机。

1. 公路运输

三明市农产品贸易主要依赖于陆路运输。建宁、泰宁县粮食运往邵武,经邵武调出;将乐县粮食输入顺昌,转运福州,其中余坊的粮食流向邵武;尤溪县粮食经尤溪口运往福州,部分到莆田,其中管前、新桥粮食经沙县中转;明溪县粮食由荆西中转外调,其中胡坊调往永安;清流县粮食大部分流往永安,其中城关大米、嵩溪和林畲的粮食调三明;宁化县粮食大部分由荆西中转,其中曹坊、安乐的粮食调往永安;大田粮食调永春;沙县粮食调往厦门转泉州;永安粮食调往厦门转泉州。

国道205线贯穿三明市境域,形成3条连接福建沿海、2条连接龙岩、2条连接江西、3条连接南平的普通公路进出通道。在通往区外的普通公路方面,已经按二级公路改造了三明经明溪、建宁至江西广昌的出省通道(局部路段为三级路)、永安至漳平公路、将乐至顺昌公路及部分区域内的连接通道,按二级公路标准基本建成尤溪至德化、三明至江西石城、清流至连城、宁化至长汀的干线公路。

三明市的高速公路建设是构筑"两横一纵三联"的快速通道。这些通道建成后三明高速公路总里程将近700公里,境内将有三条出省快速通道,四条到达沿海发达地区的快速通道,贯通我市的长深高速公路将成为连接"长三角"和"珠三角"最便捷的通道。福银高速公路(三明段)、泉三高速公路(泉州—三明),实现三明市3小时达到闽南经济圈。永宁高速公路、永武高速公路(永安—武平),通车后实现4小时到达"珠三角"经济圈。建泰高速公路(建宁—泰宁)、厦沙高速公路(厦门—沙县)计划"十二五"期间建成,将进一步缩短我市与沿海港口及"珠三角"经济圈的距离。

2009年,完成公路客运量3492万人、旅客周转量18亿人公里;公路货运量6000万吨、货运周转量49亿吨公里。公路运输是目前的主要客货运输方式。至2015年,三明市将基本形成"两纵三横三联"的高速公路网。同时,普通公路网不断完善,目前境内有国道2条,总长169公里;省道干线7条,境内总长1336.31公里;公路路面硬化通乡率达100%,通村率达99.5%。

2. 铁路运输

长期以来,三明市境内的铁路交通主要是鹰厦线。三明的木材、钢铁、化肥等资源通过荆西、贡川等中转站运出省外。近年来,三明市重视铁路建设规划,向(塘)莆(田)铁路、长(沙)泉(州)铁路、建(宁)龙(岩)铁路、长(汀)三(明)铁路四个项目的开建,连接鹰厦、赣龙两条国铁干线,将逐渐改变三明市铁路发展格局,形成了梯级建设大能力通道。

3. 水路运输

改革开放后,国营、集体、民营船运齐头并进,尤其是民营、私营船运业迅速发展,促进三明市机动船业的发展。至1988年,三明市拥有各种机动船356艘4013吨位,并且连续数年都保持高位。1991年,全市拥有机动船311艘4667吨位,其中货船238艘,净载重4512吨位,年运输量9万吨,年周转量1430万吨公里;客船28艘,客位1080个,年载客量达17万人次,年周转量达215万人次公里;拖船2艘、121千瓦功率;货运驳船43

艘,净载重155吨位。1992年,全市有机动船310艘4739吨位,其中货船230艘,净载重4580吨位,年运输量8万吨,年周转量1276万吨公里;客船35艘,客位1392个,年载客量20万人次,年周转量为241万人次公里;拖船1艘,为147千瓦功率;货运驳船44艘,净载重159吨位。

二、商业组织的发展

改革开放以后,随着我国经济体制改革步伐的日益深入,三明的经济体制也走上了以公有制为主体,多种所有制经济共同发展的道路。各种所有制经济在发展中不断改变内涵和形式。他们自主经营,自负盈亏,相互竞争,相互支持,以市场为导向,生产了各种各样的商品。企业和商业组织在获取利益,增加财政收入的同时,为满足本地、国内和国际市场对商品的需求贡献了巨大的力量。

(一)多种所有制形式共同发展

1. 国有经济进一步壮大

三明是福建的老工业基地,具有较扎实的国有经济产业基础。三明建市以来,国有企业始终是全市经济的支柱和主体,也是地方财政收入的主要来源,在三明地方财政中具有不可替代的地位和作用。2007年,三明市国有及国有控股企业有183户,产值达2亿元以上的工业企业有21户,资产总额为89.68亿元,实现营业收入19.18亿元,实现利润总额16222.59万元。市国有企业产权构成日趋多元化。近年来,绝大多数国有企业以租赁、承包、售出、改制、重组、参股等方式向产权多元化转变。

表7-3 三明市国有企业区域分布情况统计表

辖属地	国有绝对控股	国有相对控股	比重	合计
市区	435	26	34.9%	461
永安	164	7	12.94%	171
沙县	87	6	7.11%	94
尤溪	69	3	5.45%	72
大田	98	1	7.49%	99
宁化	87	1	6.67%	88
清流	105	4	8.25%	109
明溪	73	0	5.53%	73
将乐	89	4	7.04%	93
泰宁	29	0	2.2%	29
建宁	32	0	2.42%	32
合计	1268	52	100%	1321

注:数据来源于福建省地方税务局税收业务管理信息系统——税务登记模块。

2. 乡镇集体企业异军突起

十一届三中全会以后,随着农村产业结构的调整,乡镇集体企业得到迅速发展。从1993年起,三明市把推行股份合作制作为乡镇集体企业经济体制改革的突破口,乡镇企业增势迅猛。1994年,开始实行产权制度改革,三明市有3253家乡镇集体企业推行股份合作制,募招股金4.1亿元,组建了10个集团公司。2000年,根据国家产业政策,加大乡镇集体企业结构调整力度,淘汰了一批资源浪费较大,能耗高,污染较重的小煤窑、小水泥、小造纸等企业,而农副产品加工企业的发展则成为乡镇集体企业新的经济增长点。至2002年,三明市乡镇集体企业有72377家,年末从业人员29.79万人,总产值达267.37亿元(当年价计算),增加值为53.16亿元。

至2000年,三明市共有乡镇工业企业17281家,占全市乡镇集体企业总数的23.88%;从业人员13.85万人,占全市乡镇集体企业从业人员总数的46.49%;工业总产值达125.88亿元,占全市乡镇集体企业总产值的47.08%。乡镇农业企业有2261家,占全市乡镇集体企业总数的3.12%;从业人员1.49万人,占全市乡镇集体企业从业人员总数的5%;总产值16.37亿元,占全市乡镇集体企业总产值的6.13%。乡镇建筑企业有4053家,占全市乡镇集体企业总数的5.6%;从业人员2.56万人,占全市乡镇集体企业从业人员总数的8.59%;建筑企业总产值达18.31亿元,占全市乡镇集体企业总产值的6.85%。乡镇交通运输企业有14063家,占全市乡镇集体企业总数的19.43%;从业人员2.66万人,占全市乡镇集体企业从业人员总数的8.93%;交通运输业总产值33.75亿元,占全市乡镇集体企业总产值的12.62%。乡镇商饮服务业有34719家,占全市乡镇集体企业数的47.97%;从业人员9.24万人,占全市乡镇集体企业从业人员总数的31.01%;商饮服务业等总产值73.06亿元,占全市乡镇集体企业总产值的27.33%。

3. 个体经济迅速发展

1979年,三明境域恢复个体经济登记,换发个体工商证照。至1983年,三明全市个体工商业共登记发证12211户。1984年后,三明市积极发展第三产业,政府大力扶持个体工商业。至2002年,三明市共有个体工商户4.99万户,注册资金7.49亿元;个体社会消费品零售总额达66.68亿元,占全市社会消费品零售总额的61.04%。2007年1—6月份,个体工商户43347户,注册资金15.65亿元,从业人员7.97万人。

4. 私营经济逐步壮大

改革开放后,中共三明市委、三明市政府为了鼓励和扶持私营工业的发展,出台了35条优惠政策,私营工业企业得以发展。1985年,三明市非公有制工业企业有3家,总产值330.2万元。至2002年,三明市具有一定规模的私营企业发展到146家,工业总产值达19.59亿元,工业销售产值达18.66亿元,工业增加值达6亿元。2007年1—6月份,全市私营企业总户数达7780户,注册资本166.56亿元,从业人员13.65万人。

5. "三资"企业不断涌现

永安市复合包装厂与三明华福公司、香港华闽公司于1984年8月合资创办三明市二轻系统首家与香港合资的企业——永安永华塑料有限公司,注册资金1198万元人民币。

香港许有超先生与8450厂共同出资60万元人民币,于1984年12月创办三恒企业有限公司。公司分设:三恒电子印刷设备有限公司、三恒丝印机械有限公司、三恒移动辅料配件有限公司、恒立金属制品有限公司、三恒电子设备厂、三明科灵电脑技术有限公司、三恒高等自考学校等。生产经营"三恒"牌移印机、丝网印刷机、商标印刷机等系列印刷机械。"三恒牌"印刷机械曾荣获"省优"、"部优"和"国优"产品称号,并获首届中国国际食品加工和包装机械博览会金奖。1992年,工业总产值达千万元。1997年成立三恒集团公司。2002年该集团公司注册资金1900万元,销售总额1413万元,利润160万元。

三明塑料厂与省轻工进出口公司、香港廖华昌有限公司和香港海盛贸易公司于1988年11月合资创办三明福昌塑胶有限公司。该公司注册资金711.35万元(人民币)。其中,三明塑料厂占45%,省轻工进出口公司占20%,香港廖华昌有限公司占25%,香港海盛贸易公司占10%。该公司引进台湾四辊贴合机及西德二辊涂复机等设备,主要生产贴布革,年生产能力达2000万平方米。1989—1992年,该公司获得"中国最大外商投资企业500家"称号,产品获"省优"、"部优"产品称号及北京国际博览会银质奖。

三明纺织厂与香港协和机械工业公司于1989年合资创办三明明和化纤有限公司,生产聚丙烯PP纱。该项目总投资241万美元(流动资金41万美元),注册资本200万美元,其中三明纺织厂出资130万美元,占注册资本的65%(以企业现有的公用设施、部分固定资产折价和自筹解决);港方出资70万美元,占注册资本的35%。1990年该项目建成投产,当年产聚丙烯PP纱1200吨。

1995年10月,沙县完善外商在沙县投资的优惠政策,成立沙县外商投资服务中心,为投资者在项目审批、土地批租、工程建设、职员招聘、工商登记、税务登记等提供一条龙优质服务,投入巨资加快工业园区开发建设,增强外商来沙县投资创业的吸引力。1992年9月,在县城水南创建城南民营科技工业园;2001年4月在县城北郊开工建设三明高新技术产业开发区金沙园(与市政府联合开发);2003年5月,在沙溪河北岸古县村开工建设金古工业园区。至2005年,已初步形成城南生化产业集中区;金沙园食品加工,电子、机械制造及轻纺、建筑材料生产等各具特色产业集聚的工业园区;金古园板材深加工、钢结构制造、钛金属等系列产品生产的金属深加工特色园区。至2005年,在沙县正常经营的"三资"企业有15家,侨资分别来自美国、澳大利亚、阿根廷等国家。1989—2005年,共批办"三资"企业109家,合同外资6900万美元,实际利用外资4860万美元。至2007年年底,金沙园入园企业累计达91家,项目总投资58.5亿元,已建成投产42家,在建31家,合同项目18家,其中投资亿元以上项目2个,分别是福建省嘉能光电科技有限公司、深圳三丰鑫电子有限公司。机械制造、轻纺服装、林产加工、生物医药四个产业粗具规模,特别是金沙机械工业园基本建成,有入园企业23家,项目总投资达23.6亿元,投产7家,全部建成投产后年产值达38亿元。园区大力推进标准厂房建设,新建多层标准厂房13万平方米,土地集约利用度和用地容积率进一步提高,用地容积率达1.0以上。

(二)商业组织形式

当代商品的经营都有确定的商业组织形式。改革开放后,三明的商业组织形式在政府及商人的努力下,依靠发达的商品信息网络,日趋丰富和活跃。商业组织形式实行商品代理、批发和零售,互通有无,使三明形成了全国甚至全球商品交易网络中一个重要的节点。

1. 供销社

改革开放政策后,供销社企业把立足点转移到发展农村商品生产上,坚持把供销社办成农民的合作经济组织,发挥农村重要流通渠道作用。

1992年全市供销社商品购进总额7.21亿元,商品销售总额8.11亿元,占全市社会商品销售额的26.3%,上缴税金835万元,实现利润43万元。在市场经济体制改革中,供销社企业受到很大的冲击,自身也在体制上、经营机制上实行改革,通过改革使企业更适应市场经济发展,更好地为"农业、农村、农民"服务。

2001年农资市场已基本开放,全系统近百个市、县(市)供销社直属企业,106个分布在各乡镇的基层供销社仍保持绝对的市场占有率,销售额达2亿元。2000年、2001年购销总值均达16.7亿元以上,年交纳国家税费700万元以上。至2002年市供销社系统主要经营门类有:(1)农业生产资料中的化肥、农药;(2)农副产品中的竹柴炭、土特产品如菇类、笋干、水果;(3)土产日杂品中的陶瓷用具、鞭炮;(4)农村生活用品中的百货、副食品、食盐;(5)水产品类、废旧物资收购及农副产品加工等。

2. 农村合作经济组织

为了促进特色产品营销,三明市尤溪县建立各类农村专业合作经济组织。农村合作经济组织联合会服务范围涵盖了茶果、蔬菜、食用菌、制种、养殖等产业及其储运、加工等领域,它的成立将进一步促进当地农业产业化经营水平的提升。据统计,2005年全县以农村专业合作经济组织为主,实现农产品订单生产2.7万多亩,订单销售2.87万吨;实现销售收入13896万元,增加农民收入980万元,约占农民人均增收总额的10%。

3. 商业企业集团

"十二五"期间,三明市仅有的商业企业集团是夏商商业企业集团,是原三明市商业企业集团公司于2005年并入夏商商业企业集团股份公司而成,下辖厦商百货列东店、厦商百货三元店、厦商百货沙县店和越洋书城等四个连锁商场,经营场所面积4万多平方米,年销售总额近4亿,是三明市集批发与零售与一体的商业企业。

4. 连锁商店

"十一五"以来,三明市的连锁超市发展迅速,仅市区就有大型超市有20多家,主要品牌有:新华都超市、沃尔玛超市、佳嘉惠、家德福、好多多、万福隆、夏商百货列东分店、新百姓超市、好当家、厦商百货三元分店、大三元超市、米兰春天等,其中不少品牌具有多个连锁经营店。新华都超市于2007年、2009年、2010年分别在永安市、三明市、沙县等开设了多个连锁店;2011年,沃尔玛超市进驻三明。其他本地品牌如好多多、万福隆等也都开设多家连锁店,在城区开始形成了较为密集的购物、休闲、娱乐、餐饮购物中心。

5. 商会

自2002年三明组建首个地域性商会——三明市南安商会以来，三明地区先后成立了11个市属地域性商会和7个异地三明商会，会员达4500多人，投资项目涉及机械、林产化工、建材、医药、纺织、房地产、商贸流通等各领域。各商会组织在建立之初，有部分具有一定的老乡会成分，随着全市其他商会组织相继建立和发展及商会经济影响力日增，各商会组织着手加强自身建设，以会员为根本，以发展为主题，强调服务理念，为会员企业项目建设牵线搭桥。日益活跃的商会经济在全市经济发展中扮演着越来越重要的角色，为三明经济发展增添强劲动力，有效拉动全市非公有制经济快速增长。三明闽西商会、三明江苏商会、三明山东商会和福州三明商会、苏州三明商会将陆续组建，南京、杭州、海南等地三明商人也将开始筹建异地三明商会。

三、商品经营方式

改革开放以来，随着商品总量的增长，人们消费需求的增加，市场活跃程度明显增强。三明商人及各种商业组织依靠日益开放的市场政策，把三明传统的市场和现代市场结合起来，通过多种经营方式，把各种丰富的商品提供给消费者，满足了广大消费者的需求。三明商人活动达到空前繁荣。

1. 集市和墟市

1979年后，随着农村商品经济的发展和集市开放、搞活，三明市各县区内墟集贸易日趋繁荣，墟集主要经营肉食品、水产品、蔬菜、日用杂货、土特产品、小五金等，很大程度上解决了山区交通不便造成的物流难题，成为城镇商品流通的重要补充。

1990年，将乐县就有集贸市场15个，个体摊位1554个，其中边贸集市有白莲、余坊、长甲、泽坊、高唐等5个；宁化县的安远圩历史悠久，曾被誉为闽、赣、湘、浙、粤等省的第一圩市。农历七月二十五日，宁化湖村乡店上山交易的各种耕牛总数不下五六千头，颇为壮观。沙县每个乡镇都有1个集贸市场，大的乡镇有2个。为便于商品交易，乡镇（村）集市每五日一集（墟），各乡镇（村）墟日交错进行。20世纪90年代始，农村集市（墟）贸易品种不断扩大，除交易农副产品、手工业品外，五金、百货等产品也大量进入集市交易。

2. 商品交易会

商品交易会是三明市名特优产品推介与营销的重要渠道之一。三明市具有丰富的自然资源、旅游资源和文化饮食资源，通过这个平台，各种资源逐渐绽放出夺目的光彩。海峡两岸林业博览会暨投资贸易洽谈会（简称"林博会"）是全国唯一设立的海峡两岸林业交流合作与综合经贸活动的国家级展会，由国家林业局和福建省人民政府共同主办，国台办、商务部为支持单位，每年固定于11月6—9日在福建省三明市会展中心举办，自2005年以来，已连续成功举办五届，逐步形成以林业为基本特色，具有博览、投资、贸易三大功能的综合性会展，以林为媒，架构两岸桥梁。展会影响力不断提升，受到海内外特别是海峡两岸业界的普遍关注。此外，建宁县举办的"中国建莲节"，把建宁莲子打出了地方市场;省林业厅、三明市人民政府在永安市联合举办的"福建·永安笋竹节",集笋竹、旅游、民俗文化为一体,吸引了来自国内外的许多专家、学者、客商参加这个盛会;三明(福州)林业投资洽谈会汇集了来自美国、日本、加拿大、韩国、马来西亚、印度尼西亚以及省内外从事林、竹产业投资的客商;三明市沙县举办的"中国沙县'12·8'小吃文化节",把沙县小吃文化推向了全球,也为沙县小吃从业人员在全国各地经商铺平了道路。2001年6月8日至10日中国(三明)首届竹藤产品交易会在沙县隆重举办。参加交易会的有联合国工业发展组织和国际竹藤组织官员,孟加拉、肯尼亚、贝宁三国驻华大使,美国、日本、捷克、泰国、印尼、韩国、葡萄牙等7个国家竹藤协会代表、公司商务代表30多人,以及全国20多个省(区)、市的生产商、经销商、投资商和技术开发商等共610多家,计3000多人。交易会设展位183个,国际标准展位158个,招商引资项目243个,投资金额37.28亿元。交易会期间共达成投资合作签约项目103项,投资金额8.6875亿元,销售竹藤产品8.3404亿元。

3. 商业街

在商品贸易中,各县区立足本地独特的产品、土特产、文化、旅游等品牌,推出特色各异的商品街,成为商业贸易中一道美丽的风景。当前有影响力的商业街主要有:

三明市小吃一条街。该街位于三明市梅列区东安路,南面长50米,北面长200米,共有18家饮食店,店面36间。主要经营沙县小吃、永安小吃、大田骨头汤、尤溪草根鸭汤、北京涮羊肉、水煮活鱼等系列风味小吃。

沙县小吃文化城。2007年6月动工,建设年限三年,总投资2.6亿元,占地面积38245平方米,建筑面积75000平方米。该城采用中国古典徽派园林设计手法,形成"一场(一个中心广场)、四区(即小吃美食区、休闲娱乐区、旅游购物区、星级宾馆区)、五轴(五条通道相互交叉)"的系列景观,集吃、住、行、游、购、娱为一体。小吃文化城以饮食文化为主题,为仿沙县明清古民居风格,空间布局以商业街道为特色,分为餐饮小吃、旅游会议宾馆、小吃产品超市、聚会博览等功能场所。主要建筑有:聚友堂、观演台、小吃酒楼、商业街道、庭院广场、停车场、员工公寓、四星级宾馆等。小吃文化城汇聚了获国家、省、市、县"名小吃"称号的数百种沙县小吃,向八方游客现场制作销售,展示"中国小吃之乡"、"中国小吃文化名城"的各种绝艺。

三明市水果批发街。它位于三明市区白沙路,由三元城关水果批发街搬迁而来,商铺林立,每年在这里交易的水果品种繁多,四季不断。

沙县步行街。2000年开始建设的沙县商业步行街,总投资1.3亿元。步行街总长540米,新建建筑面积12万平方米,形成综合商业店面2万平方米,设计风格为欧陆风情的新古典风格,具有较高的建筑文化品位。步行街融旅游、购物、休闲、美食为一体,是当地居民休闲购物的好去处。

建宁莲品一条街。建宁县为了发展莲产业,兴建了莲品一条街,数十家以"莲、荷"为名的宾馆、商铺坐落其中。这里交易的商品有莲子、莲子汁、莲心雪茶等特色产品,深受消费者欢迎。

大田石牌"骨头肉"一条街。大田县家猪养殖远近闻名,在此基础上,饮食上也形成了富有特色的地方文化。位于大田石牌镇的"骨头肉"一条街,颇受欢迎。

吴山茶叶一条街。近年来,大田县茶产业发展迅速,正在毗邻泉州的吴山镇筹建"吴山茶叶一条街",并出台了一系列优惠政策。

梅列区"茶文化一条街"。它位于列西水榭坊处,目前已有30家企业入驻茶街,其中茶文化店铺已达13家,营业面积达3400平方米。具有央企合作背景、总投资1000万元,经营面积达1200平方米的三明市最大茶业会所——新颐和茶业会所试营业。

4. 购物中心

购物中心是城市商业发展的高级形式之一。2009年开办的阳光城购物中心已具有雏形,这里集中了新华都百货、新华都超市、苏宁电器、阳光城家具城及众多的饮食、服装企业,是一站式的购物场所。沃乐玛超市建成后,也初凝人气,周围的梅园国际等五星级宾馆,为高档商业购物中心的发展奠定了一定的基础。始建于2003年6月,并于2004年12月26日开业的三明市闽中汽车城,总投资近6000万元,占地面积55亩,广场面积近4000平方米,展厅面积约6700平方米,维修区面积2600多平方米,餐饮、住宿区6300平方米,含有新车销售展厅、4S专营店、维修保养区、配套服务项目区、商务办公区等五个功能区,是一座现代化的集汽车信息咨询、新车销售、保险、美容装修、二手车交易、担保、餐饮、住宿于一体的大型综合性汽车专业服务市场。

5. 旅游观光城市

旅游观光城市也是商业发展的重要形式。三明市是国家著名的文明城市、旅游城市,有丰富的旅游资源和深厚的文化积淀,朱子文化、客家文化、红色文化,都为三明市开拓旅游观光城市创造了文化底蕴。

6. 边界贸易

三明市多个县区与江西省、广东省接壤,边界贸易繁荣。1995年9月,三明(宁化)边界贸易暨投资合作洽谈会召开,这是三明市首次举办的大型闽赣边界经贸活动。这次贸洽会共吸引了13个省(直辖市)、68个县(市)及香港等地的770多位客商参加,共签约外引项目182项,总投资3.37亿美元,合同外资1.25亿美元;内联项目180项,总投资8.8亿元人民币,合同客方投资3.85亿元;进出口贸易5731万美元;内贸成交额5.81亿元人民币。

7. 对外贸易

中共十一届三中全会以后,中共三明市委做出"加快改革,扩大开放,大力发展外向型经济,走国际大循环之路"的重大决策,加强出口产品基地建设,扩大外贸货源。1978年后收购出口商品的品种增加到7个门类、53个品种。1987年出口商品收购增至12个门类、160多个品种。1988年经省政府批准,三明市获得对外贸易经营权。1992年,市对外贸易公司收购出口产品共有11类、165个品种。随着国际市场的开拓,在外贸部门的扶持和组织下,三明市出口产品从无到有、从小到大,不仅产品品种大幅增加,而且有一部分产品已形成基地生产和出口的拳头品种,主要有松香、白笋干、水煮笋、茶叶、塑料拖鞋、结晶硅、重晶石、香菇、纺织品、胶合板等商品。2002年,三明市出口商品共有20大类508种。在劳务和技术交换方面,1984年12月17日,三明市政府正式批准成立中国福建省国际经济技术合作公司三明分公司。1986年分公司选派三批134人参加福建省组织的劳务输出,创汇95万美元。1984年7月,三明市召开国际经济贸易洽谈会后,福建省第一建筑公司首次承包中国建筑总公司伊拉克经理部的四项工程:多拉预制厂、法鲁加供水站、纳荷纳旺工业中心一期工程及二期工程。四项工程总建筑面积为1.18万平方米,参加施工人员107人,历时两年半,各项经济技术指标都相当国内同期建筑业最高水平的3倍,实现施工产值为139.20万美元,为国家创汇53.58万美元,创利15.07万美元。1983年全市出口产品收购总值达5610万元,比1978年增长165.12%。1988—1992年,三明外贸公司累计出口创汇2526万美元;1984—1992年,三明全市"三资"企业累计出口创汇9096.5万美元。其中,1992年,全市出口总值3057万美元,比上年增长16.3%。2002年,三明市进出口总值1.67亿美元;其中,出口总额达1.18亿美元。在出口总额中,外贸企业出口额4714万美元,占39.97%;生产企业出口额4669万美元,占39.59%;外资企业出口额2410万美元,占20.44%。

在进口方面,80年代初期,全区外经贸企业均未获得进出口权。当时三明地区投资企业公司利用留成外汇,委托省有关部门代理进口第一笔业务,委托省华福公司进口飞利浦电视机1000台、机械手表10万只投放市场,获得较好的经济效益。随后,市对外贸易公司也开展委托进口业务。1980—1992年,市投资企业公司、市对外贸易公司和其他外经贸企业进口用汇3384.1万美元。其中,1986—1992年"三资"企业进口的生产设备和原辅材料共使用进口外汇2109万美元。1992年,三明市国际经济技术合作公司进口用汇200万美元。2002年,三明市进口商品总值达5483万美元,品种达11类82种,其中主要进口产品进口总值及其与2001年比较情况如下:矿产品65万美元,增长6.26倍;化学工业及相关工业产品2270万美元,增长1.1倍;纸浆、废纸2099万美元,增长48.6%;纺织原料及纺织制品218万美元,增长66.6%;机电产品573万美元,下降45%;车辆63万美元,增长15.2倍;贱金属及制品67万美元,增长8.5倍。

1994年11月15日,福建省政府批复同意三明市设立三明二类陆运口岸。1999年3月1日,三明陆运口岸正式启用,作为内陆山区二类陆运口岸,通过与福州、厦门、深圳等沿海口岸建立密切合作关系,将沿海口岸的功能延伸到内地。2003年,三明市对外贸易稳步发展。据海关统计,全市全年进出口总额2.11亿美元;其中,出口总额1.45亿美元。

第三节　改革开放后的主要商人及其活动

改革开放以来,三明市场经济飞速发展,一批以知名企业家为代表的三明商人群体迅速崛起,他们以敢拼敢为、宽容相济、诚信为本的商业精神,敢为人先,善于吸收现代管理理念,在国内外市场攻城略地,由小变大,由弱变强,塑造品牌,走向全省、全国乃至全球,成为三明市场经济的领航者。

一、演绎工农兵学商角色的创业者连锋

连锋,1960年9月出生,三明市明溪人,福建立丰印染股份有限公司董事长兼总经理,福建省工商联(总商会)第九届、第十届执行委员会副主席,三明市工商联(总商会)第六届、第七届执行委员会主席(会长)。

连锋年轻时候下过乡、当过兵、务过工,历经30年的打拼,从一名普通工人成为管理近10亿资产、3000多名员工的企业老总,为人们演绎了一个兼具工农兵学商品质的成功创业者的形象。在国企担任几年的"领导"后,连锋"下岗"创业,租用明恒染整车间,做起了PU革基布,先是一条生产线,后是一个车间,到1993年他"吃掉"了整个"明恒",挖到了第一桶金、建立了自己的创业团队。2002年,连锋和他的团队开始二次创业,出资6000万元收购了江西抚州最大的国企棉纺织厂,次年,又买下福建立丰印染股份有限公司的国有股权。通过几年的努力,工厂易地重建,"立丰"原址则奇迹般地生长出一片茂密的建筑森林。接手"立丰"以后,连锋就琢磨着企业第三次转型升级,有了新的思维模式,于是就有了"退城入园"和通过资本运作来搞房地产开发的系统思维,"立丰"公司经营重点逐步转向房地产。2005年"立丰"迁往沙县,地产项目"阳光城"和"时代广场"为其转型创业拉开了序幕。"立丰"在三明的房地产市场上,率先推出市场上缺乏的强势品牌,即中高档房子,现实后来居上者的目标。

2007年担任市工商联主席以后,连锋发挥工商联构架政府和民营企业家之间纽带和桥梁的作用,使市工商联(总商会)呈现出全新景象:一是10个直属商会影响力日增,商会经济独具特色;二是抓住龙头企业,引导商会企业做大做强,营造众星捧月的格局;三是经常牵头主持政企会议,邀请市领导和民营企业家们参加,企业家们汇报企业发展的情况,政府帮助企业解决发展中的问题,给予政策指导。

连锋的创业经历积累资金、资本扩张和产业升级三个阶段,这个过程包括一个企业家的经营方式、经营理念和思想观念的升华。在进入第三阶段后,他不再单纯是为了追求个人财富,而以追求社会财富和社会效益为目标,实现资本和人格的同步升华。他是生活在改革开放年代的创业者,也是这个年代的受益者,更是这个年代的奉献者。

二、科技兴企的女企业家王秋阳

王秋阳,女,1970年10月出生,福建省南安人,现任辉煌重工集团有限公司董事长,兼任第十届福建省政协委员、三明市工商联副主席、三明市女企业家联谊会会长。

1984年11月28日,她的父亲王秀成刚结束小作坊式的经营方式,租用三明三中的一处场地,成立三明市辉煌机械厂。2001年,王秋阳开始协助父亲管理企业的全面工作。2006年1月,王秀成将辉煌重工集团董事长的重担放在了王秋阳身上,王秋阳成为辉煌重工集团二代掌门人。

成为掌门人后,她重视人才队伍建设,坚持走科技兴企之路。2013年辉煌重工集团

发展成为一家跨二省三市（地区）的企业，拥有员工1086人，其中博士1人，高级工程师、高级经济师、高级技师30人，工程师、经济师69人，工程技术管理人员87人，并与清华大学、福州大学、东南大学等高等院校建立了产、学、研校企合作关系。充足的人才队伍加快了企业技术创新，增强了新产品科技含量。2004年斥资了8000万元在三明市高新技术工业园区——金沙园创建了福建东方重型精密机床有限公司，自主研发生产出具有国内领先水平的"高精度数控轧辊磨床"，使辉煌重工集团有限公司在产品研发上做到生产一代、储备一代、研发一代，"辉煌"牌商标成为福建省著名商标。之后，公司还先后被评为"福建省高新技术企业"、"全国守合同重信用单位"、"三明市非公有制经济龙头企业"、"三明市私营企业纳税大户"、"三明市十佳非公有制企业"、"国家高新技术企业"。

王秋阳积极推行成本核算法，加强财务管理，减少浪费和各项资金占用，实现企业利益的最大化。在企业的生产经营活动中，她始终坚持以人为本的思想，为给职工创造一个良好的工作环境，减轻工人的劳动强度。她投入大量资金对落后设备进行更新改造，在企业开展清洁生产活动。辉煌重工集团有限公司被中国机械工业管理协会授予"机械工业企业管理基础工作规范达标企业"，2011年度荣获全国就业与社会保障民营企业先进单位称号。王秋阳把依法经营、诚实守信作为自己的基本信条和立足之本，多年来在公司开展"爱岗敬业、诚实守信、遵纪守法"教育活动，倡导员工通过诚实劳动，优质工作，与广大客户建立良好的合作关系。合同履约率达99.8%，深得客户好评。企业发展了，王秋阳不忘回报社会，近年来为济贫助困、捐资助学、抗洪救灾、修桥铺路、繁荣社区文化捐款100多万元。她先后获得第五届"三明优秀青年企业家"，三明市"优秀创业女性"，"三元区十佳诚实守信之星"，"海峡春雨三明光彩行动突出贡献奖"等荣誉称号。

三、三明餐饮业的引领者朱庆添

朱庆添，1961年3月出生，莆田市仙游人，现任三明市工商联副主席、梅列区工商联主席、福建省餐饮烹饪行业协会副会长、三明市餐饮烹饪行业协会会长、三明市旅游协会常务副会长、三明市兴化商会会长、福建省第十二届人大代表、梅列区政协委员等社会职务。

两岁时，他随着父母移民三明，16岁开始闯荡"江湖"。2002年，朱庆添组建了天元集团，注资1117万元，持70%股份，参与了三明宾馆的重组，并出任董事长兼总经理。2009年，三明宾馆进行规划重建，新的三明宾馆总建筑面积将达6万多平方米，拥有客房500间/套，大中小餐厅（贵宾包厢）餐位数1400～1500个，其中多功能宴会大厅餐位数1000个左右；配套大中小会议厅、夜总会、KTV包厢、桑拿浴、健身房、羽毛球场、游泳池、商场、旅游团队接待大厅等服务项目。

从一个饭店的小厨到三明烹饪协会会长，从承包一个小餐馆到拥有五星级酒店，在短短的几十年里，朱庆添打造了一艘集餐饮、宾馆、服务于一体的商业巨轮，以一个"草根"企业家的身份演绎了精彩的创业传奇。为了肯定他为区域发展做出的贡献，2013年福建省政府为他颁发了"闽商海西建设突出贡献奖"。

荣誉与责任并重，成功以后他持续承担起各项社会责任，积极参与公益活动。2009年，他为清流县温郊乡桐坑村修路捐赠150万元，2011年为梅列区慈善总会捐赠100万，2012年为三明市扶贫帮困开发协会捐赠10万元。特别是在2012年举办的"第二十五届世界客属恳亲大会"期间，他先后以天元集团的名义赞助并牵头主办了"天元杯"客家美食烹饪大赛和"天元杯"第25届世客会形象大使总决赛暨颁奖盛典。作为三明市兴化商会会长的他，不仅个人带头为此次世客会捐赠40万元，还发动商会力量筹措了50万元的活动经费。

从一穷二白的农民成长为优秀的企业家，朱庆添成为一代人艰辛创业的缩影。经历不可以复制，经验却可以传承。"做生意一定要'诚'字当头，勤劳致富，否则是不可能长久和兴旺的。"这是他的名言，也是天元集团不断成长的坚实基石。

四、现代城市理念的践行者陈民和

陈民和，1952年出生，福建省宁德市周宁县人，大学本科学历，高级工程师、高级经济师，任三明市政协委员、三明市工商联副主席、福建省房地产业协会副会长等职。1982年至1994年间，陈民和曾任三明市多家大型国企领导职务，1986年被评为"福建省优秀青年厂长经理"，1988年被评为"三明市职工劳动模范"。

陈民和于1995年下海经商，先后在福州、三明成立多家企业。2000年创办展旺地产（福建）有限责任公司，2010年参股绿田（福建）食品有限公司，同时担任这两家公司的董事长、法定代表人。

陈民和是一个有着完美主义人文情怀的商人。十几年来，他以人为本，将人文因素融入到人居环境，把人文精神作为出发点，把实现宜居、安居、怡居的和谐人居作为最终目标，率领展旺地产人先后开发了"文笔花园"、"文光小区"、"移动通讯大厦"、"崇桂九九"、"上河城"等房地产项目。在开发"文笔花园"楼盘时，他提出了封闭式管理、智能化小区概念。如今，文笔花园住宅小区作为三明是第一个封闭式小区，被列入福建省级园林绿化小区之一，优美的环境为业主们所乐道，多次被评为文明小区。"上河城"住宅小区占地面积511亩，是三明市迄今为止最大的生态住宅小区，在首届中国建筑文化年巡礼活动中荣获"中国经典人居十大名盘"称号。公司先后多次被建设部等有关部门和中国房地产业协会授予"中国房地产品牌企业"和"中国房地产诚信企业"荣誉称号，被省房协、省消协、省工商局、省诚信促进会和省质协授予"诚信企业"、"守合同重信用企业"、"诚信经营先进单位"和"质量管理优秀单位"等荣誉称号。陈民和个人也先后被建设部中国建筑文化中心和省房协、省消协授予"中国地产文化卓越人物"、省房地产开发经营企业"优秀经理"和"协会先进工作者"等荣誉称号。

绿田（福建）食品有限公司是国内集莲子基地种植、研究、产品开发、深加工和销售一条龙的科技型食品经营企业。公司现有商标"绿田"、"闽江源"、"莲芯雪"等类别共56个，且在台湾、新加坡、日本、香港、美国均有注册，拥有13项国家发明专利产品。产品销售已在全国各地铺开，并且远销美国、日本、欧洲、东南亚等国家。公司先后获得"全国绿色食品示范企业"、"国家农业部农产品加工示范企业"、"高新技术企业"、福建省农业产业化"省级重点龙头企业"、福建省"知识产权优势企业"、福建省"质量管理先进单位"等荣誉称号。公司主导产品"建宁通心白莲"和"莲芯雪"为"绿色食品"和"保健食品"。公司是迄今国内唯一一家同时拥有"绿色食品"和"保健食品"的企业。

陈民和积极履行社会责任,近年来为社会公益事业与慈善事业捐赠善款468万元,以感恩的心回报社会。先后荣获"爱心助残先进单位"、"慈善之星"、"福建省2007—2013年度光彩事业贡献奖"等荣誉称号,获得了社会各界的一致好评。

五、建筑行业的带头人林敦凤

林敦凤,1960年6月出生,福建福清人,大专学历,工程师,现任华盛置业集团有限公司法定代表人、董事长。2005年,由林敦凤控股的华盛置业集团正式成立,是三明市第一家无行政区域集团公司,标志着林敦凤近三十年创业从此转入规模化发展和集团化运作,此后公司走势"全线飘红",他也由此成了三明工商界最耀眼的明星之一。

1980年林敦凤从福清来到三明,从一名工人做起,挖过土,砌过砖,拉过车,尝尽人间沧桑。1992年他拥有三明市建筑工程公司分公司、三明市工商企业发展装潢有限公司等公司。1995年林敦凤组建了三明市首家房地产私营企业——三明市华厦房地产有限公司。此后,他积极投入到市区旧城改造的项目工作中去,承建了华厦公寓一、二期,华厦商城,逸居花园,三明市区沿沙溪河两岸的防洪堤等工程项目,公司迎来了发展黄金期。

2004年,林敦凤兄弟联合在三明做养殖的福清籍商界人士,组建了福建华盛集团有限公司,注册资金为15800万元,旗下拥有11个控股子公司,集房地产开发、工业与民用建筑、商业贸易、物业管理等诸多业务为一体,他出任集团董事长,并团结带领在三明的福清商人,形成一个很有战斗力的团队。卓越的经营成就为他赢得多项荣誉:2000年5月被评为"三明市优秀青年企业家"、2003年被三明市政府评为"优秀的社会主义建设者",2004年荣获福建省首届"福建青年创业奖"、2006年荣获福建省"第二届福建青年创业成就奖"。

六、工业节能的先行者郭联新

郭联新,1959年6月出生,福州市福清人,福建闽新集团有限公司董事长,兼任三明市人大代表、三明市政协委员、三明市工商联(总商会)副主席、三明市福清商会会长等职务。

福建闽新集团现拥有9个紧密型子公司,以建材行业为主,兼营房地产业,同时进行资本运作。集团连续多年被三明市人民政府授予"重合同守信用单位"、"三明市年度私营企业纳税大户"、"质量管理先进单位"、"十佳非公有制企业",被行业与省有关部门授予"二十一世纪最有影响的建材企业"、"高标准、高质量企业"、"标准、计量、质量技术完善企业"、"节能先进企业"、"福建省私营企业 100 强"等称号。公司党支部被评为"先进基层党组织"。集团发展壮大后不忘报答社会各界的关怀,不忘关心和帮助困难群众和弱势群体,自 2002 年至今,向社会捐款 174.1285 万元,捐献水泥 680 吨。他个人荣获"2005 年度全省节能先进个人"、"三明市循环经济、清洁生产、资源节约先进工作者"、"福建省优秀中国特色社会主义事业建设者"、"三明市杰出企业家"等荣誉称号。

二十世纪八十年代初,郭联新是来三明"淘金"大军中的一名"普工"。郭联新从建材产品销售开始,有一定资本后逐步介入到国企并购,成为三明最早一批私营企业家。

1993 年,郭联新挂靠市工商联,办了一家企业,专业从事建材产品的流通和贸易。这一年起,郭联新真正步入了三明"企业家"行列。此后,他的企业逐步发展,不断壮大,目前集团年产值已超亿元。与水泥交道打多了,久而久之就结上了"缘"。当一些生产水泥的国企经营陷入困境的时候,郭联新意识到,这将是一个发展良机。于是他参加到国企改制中来,一举承包永安的两家水泥企业,在短时间内恢复生产实现赢利。之后,他成立闽新建材贸易有限公司,以经销商的身份,向国家商标局申请注册商品商标,向品牌经营迈出了步伐。

随后国家出台鼓励发展散装水泥政策,郭联新在市区率先投资 2000 多万元,建设两条全电脑控制混凝土生产线,年产混凝土 48 万立方米,满足了市区商品混凝土数量、不同混凝土强度和其他特殊需求。此举"一箭三雕":一是为创建文明城做了贡献,二是调整了产品结构,三是为企业发展增添了后劲。为了提升产品档次,"闽新"与福建水泥股份有限公司共同投资 2 亿多元,新建新型干法旋窑水泥生产线,可日产 2500 吨水泥熟料,年产旋窑水泥 100 万吨。

2007 年起,国家逐步限制传统砖生产,转而支持节能砖发展,而三明节能砖市场还完全未被开发,郭联新认为,这是一个具有很大发展潜力的市场。几经考察和论证后,他制定了一个年产 30 万立方米加气混凝土砌块和 8000 万块灰砂蒸压砖计划。2008 年,郭联新将项目逐级上报,被列为 2008 年新增 1000 亿中央投资十大节能工程、循环经济和重点流域工业污染治理工程项目,并获得 800 万元中央补助资金。经过一年多时间的建设,两条全自动生产线已安装完毕,产品试产成功,项目全部完工后解决 100 多人就业,年产值可达 8000 多万元。

致富之后的他,总是主动关心和帮助困难和弱势群体。梅列区慈善基金设立时他出资 100 万元;三明市光彩事业基金成立时他捐出了 15 万元,成为首批赞助光彩事业的企业家;每年他还安排 10 多万元的"光彩行动"资金开展扶贫济困和支持新农村建设;当汶川发生地震后,郭联新不仅以个人名义捐款,也动员企业员工伸出慈爱之手……

七、闽江源造纸人高晓明

高晓明,1961 年 11 月出生,三明市建宁人,高级经济师、高级工程师、特种纸制造业专家,第十一届全国人大代表。

2002 年 12 月高晓明创立饶山纸业集团公司,生产规模从 1 万吨快速发展为年产 15

万吨,产值10亿元,公司产品从单一的拷贝纸发展为拷贝纸、薄页纸、半透明纸、炊蒸原纸、影摹纸、防油纸、密胺纸、彩色纸八大系列五十多个产品品种。铙山纸业集团公司也成为2013—2015年福建省百强重点企业、2015年工业企业质量标杆企业、2015—2017年福建林业产业化龙头企业、2015年度省级工业和信息化高成长企业、福建省造纸产业集群重点单位、福建省最强的5家造纸企业之一等。铙山纸业集团公司也是中国高档薄型特种文化用纸产销量及出口量最大的企业,产品质量、性能指标在国内同类产品中均处于领先地位,产品在市场上具有绝对的竞争力,产品的国内市场占有率达到40%,产品50%以上出口欧美、东南亚地区。

铙山纸业集团公司全力倡导"人人爱品牌、人人护品牌、人人创品牌"思想意识,使"铙山"商标2006年荣获"中国驰名商标";"铙山品牌"连续十二年被世界品牌实验室授予"中国500最具价值品牌",品牌价值达到89.85亿元;"铙山"牌高档薄型包装纸荣获"国家免检产品"称号;公司拷贝纸、薄页纸、半透明纸、炊蒸原纸、影摹纸获福建省名牌产品称号。

铙山纸业集团公司自改制以来,高晓明带领研发团队果断制定了"生产一项、储备一项、研发一项"的新产品滚动式科技进步发展战略,先后开发、承担了若干省重点科技项目、省科技厅创新基金项目。公司目前知识产权上已获得省级企业技术中心、省特种纸工程研发中心、博士后科研工作站、1个中国驰名商标、5个省名牌产品、4个发明专利、3项与造纸生产有关的软件著作权、41个实用新型专利、2个省优秀新产品奖、1个省科技进步三等奖等。铙山纸业集团也先后被评为"全国守合同重信用企业","福建省节能先进单位","福建省减排先进单位","三明市十佳民营企业","三明市纳税大户"等荣誉。

铙山纸业集团公司全体员工也积极主动参与社会公益活动,为援建村的贫困户、学校、特困户捐赠捐物。公司结合"十百育人计划",6年来共资助60余名贫困大学生入学,公司改制后虽然成为民营企业,但近年来为均口镇车头村、高家岭村、特困户、希望工程赈灾助学、结对单位等捐赠资金达300多万元。

八、三明建筑行业的杰出代表林月官

林月官,1958年2月出生,福州市长乐人,硕士研究生学历,华宇(福建)置业集团董事长,兼任三明市人大代表、三元区工商联主席、民建三明市委企业研究委员主任,曾任三明长乐商会会长。

林月官领导企业走的改革之路是三明市第一家集体所有制改制为非公有制有限责任公司的成功典范。1996年,华宇集团前身三元区建筑工程公司属于股份合作制集体企业,由于体制混乱经营管理不善,公司经营活动无法正常开展。林月官临危受命,开始他的企业改制和创新之路。

在林月官带领下,2011年企业升级转型为多元化发展的集团型企业。集团总资产3.05亿元,注册资本2亿元,净资产1.05亿元。目前,集团已有多家子公司:福建省华悦文化科技有限公司、福州市华宏动漫有限公司、三明市明宇建材有限公司、福建省闽龙贸易有限公司、三明华宇房地产开发有限公司、三明市宇悦物业管理有限公司、三明市华宇培训学校。行业涉及文化产业、特种建材、贸易产业；建筑、房地产等多个领域。到2015年为止，集团累计完成投资10亿元，交税收超过1亿元。

多年来，华宇集团本着"诚信经营，以人为本"的经营理念，收获了不少业绩，集团先后荣获了福建省产业经济龙头企业、福建省房地产开发生产经营诚信企业、省市先进企业、安全生产先进单位、重合同守信用单位、讲诚信 重质量企业、全省民营企业文化建设优势企业、模范职工小家等称号。林月官本人也获得了闽商建设海西突出贡献奖、"思源工程"和"海西思雨行动"先进个人、福建省建筑业优秀民营企业家、福建省建筑业企业优秀项目经理、福建省房地产开发经营企业优秀经理、民建福建省委员会抗震救灾优秀会员等荣誉称号。

"来源于社会、服务于社会、回报于社会"是林月官的人生宗旨，也是他的终极目标。他热心回报社会，主动参与光彩行动。2009年11月，集团向三元区中村中心小学捐资23万元人民币，用于改善学校的办学条件；2010年6月林月官个人通过慈善总会向三明洪涝灾区捐款10万元，并以企业名义通过三明市光彩基金捐款50万元。截至目前，华宇（福建）置业集团有限公司的公益慈善捐款达400多万元。

九、水泥行业的佼佼者黄承鸿

黄承鸿，1968年2月出生，三明市永安人，福建永安万年水泥有限公司、永安燕江国际大酒店、永安市万年小额贷款担保有限公司董事长，兼任福建省政协委员、福建省建筑材料工业协会副会长、三明市政协常委、三明市工商联副主席、三明市水泥协会副会长、三明市企业与企业家联合会副主席，永安市人大常委、永安市工商联主席、永安市水泥行业协会会长、永安市农村信用合作联社理事、永安市慈善总会副会长、永安市关心下一代工作委员会副主任。

20世纪80年代末至90年代初，黄承鸿在永安从事煤、水泥等贸易，并于1993年注册永安市鸿腾有限公司。从1997年起，他在永安、江西、南平等地投资创办了10多家企业，产业涉及建材、担保、地产、酒店等。

黄承鸿恪守"诚信为本、福传万年"的方针，坚持"诚信铸就实力、合作创造共赢"的理念，以"质量求生存、管理出效益、技术谋发展"为目标，以"为股东创利益、为员工谋福利、为企业求发展、为社会做贡献"为宗旨，立足实际，依托资源，顺应时势，锐意进取，顽强拼搏，把企业建成建材产业升级换代的排头兵。

兴办企业、带动产业、富裕群众。经过数十年拼搏奋斗，黄承鸿从一位普通农民成长为优秀企业家，企业实现低成本扩张，成为水泥行业的佼佼者。致富后他不忘回报社会，以各种形式投入公益事业，回馈社会，先后以企业和个人等名义为公益事业捐赠500多万元，用于扶贫济困、助学、救灾和道路建设等。在市司法局的指导和支持下，他还成立了永安市首家"两劳"安置帮教基地，先后吸纳安置刑释解教"两劳"人员20多名。

十、后发先至的地产企业家罗焕集

罗焕集,1957年12月出生,三明市人,易达(三明)房地产综合开发有限公司总经理,兼任三明市工商联副主席、梅列区工商联副主席、三明市第十一届和第十二届人大代表、三明市城区商会会长。

2003年,有着丰富建设投资管理经验的罗焕集,辞去大型国企管理人员职务,进入易达房地产公司,并主持三明公司的工作,成为我市著名地产企业的实际运营者。罗焕集本着"高起点规划、高标准建设、高服务管理"和"以诚为本、誉从信来"的经营理念,并将这一理念贯穿于项目开发建设的每一个环节中。在三明市列西龙岗旧城改造中,罗焕集将水景住宅的概念引进三明,"水榭坊"楼盘开创了三明第一个高品质水景楼盘,并被国家建设部房地产协会授予"精品楼盘"称号。此后,又相继成功开发了"水榭丽景"、"水榭新学府"、"水榭新城"等经典楼盘,把一个污水横流、居住环境极其恶劣的棚户区建成高品质花园式住宅小区,成为沙溪河上一道亮丽的风景线。2013年,易达地产在福建省房地产百强评比中,名列第42名,居于三明市入围的4家地产企业的首位。

2009年1月18日,罗焕集高票当选三明市城区商会首任会长。他积极投入商会的公益事业中,如:走访会员企业、反映会员诉求,当好桥梁与纽带,争取获得各级政府职能部门的支持;在法律、信息、培训等方面采取有力措施,热情服务会员;引导会员企业积极参与社会公益事业,在捐资助学、扶贫赈灾、慰问孤寡老人等光彩慈善事业上都发挥了表率作用。他还把眼光放在商会的长远发展上,为发送会员企业的办公条件,提升企业形象,他在市、两区政府部门的支持下,尽心尽力集资筹建"城区商会大厦"。该大厦以较大的建筑规模、合理的业态和功能配套齐全的城市小型综合体而成为三明市区一座地标性建筑。

十一、爱拼敢赢的慈善企业家黄维谋

黄维谋,1968年10月出生,泉州市南安人,现任三明市安顺房地产开发有限公司董事长兼总经理、三明众祥房地产有限公司董事长,兼任三明泉州商会会长,三明市政协常委、福建省工商联执委、三明市工商联副主席、市光彩事业促进会副会长、三明市慈善总会常务副会长、三明市诚信促进会副会长。

黄维谋先后创办了三元金属材料公司,三明市安顺地产、众祥地产、双龙实业等多家企业,开发建设安顺、三水、丁香小区、吉祥福邸等地产项目,总投资达36亿元。2008年8月,黄维谋当选三明泉州商会首任会长,并连任第二届会长。八年来,在黄维谋带领下,商会事业蓬勃发展,总投资1.5亿元、28层约5万平方米的三明泉州商会大厦于2012年投入使用。商会会员企业开工建设项目有158个,总投资215亿元,已竣工投入使用和生产项目135个,完成投资180亿元。商会企业团结奋进、开拓进取,拼搏共赢;先后有168家企业被评为省、市重合同守信用诚信企业,86家企业是三明市纳税大户或纳税先进单位,55家企业产品被评为国家、省、市名牌、优质或专利产品企业。商会致富思源、扶贫济困,走光彩路做慈善事,会员企业为四川汶川特大地震捐款捐物5750万元,为玉树、舟曲、鲁甸地震和三明市特大洪涝灾害捐款110万元,其他公益慈善捐款410万元。黄维谋本人为三明慈善总会设专项基金和冠名基金610万元,为家乡教育、交通、三明慈善、扶贫等社会公益捐款600多万元。

三明泉州商会在黄维谋带领下,各项工作取得了可喜成绩,得到三明、泉州两地党政和社会各界充分肯定,先后荣获市先进商会、先进集体、商会工作一等奖、商会项目工作一等奖、商会优胜组织奖、2008—2013年福建省光彩事业贡献奖、市抗洪救灾突出贡献奖等26个荣誉奖项。黄维谋本人创办的企业三明市安顺房地产开发公司被列为市、区"重点工程先进单位",他先后荣获"南安市捐赠公益事业贡献奖"、"三明市见义勇为事业奉献奖"、"海西春雨三明光彩行动突出贡献奖"、"三明市优秀中国特色社会主义事业建设者"和"三明市建设热心人物"等奖项。

十二、心容乃大的林来发

林来发,1965年11月出生,泉州市安溪人,厦门大学现代经济管理专业毕业。担任三明市闽昇冶金材料有限公司、福建省三发集团有限责任公司、三明市鑫发冶金材料有限公司、三明市三发物业管理有限公司、三明市三发物流有限责任公司等多家企业董事长。历任三明市总商会常委、三明市安溪商会会长等职务。

1994年10月林来发创立三明市闽昇冶金材料有限公司,公司主营金属、冶金材料、机电产品、化工建材、铁精矿、铁矿石、水泥及农副产品收购;自营和代理各类商品和技术的进出口等。现注册资本达2888万元,是福建省闽光集团有限公司的"钢材指定销售单位",连续多年被评为"AA级信用企业"、"纳税百强企业"、"重合同守信用单位"、"信誉第一、质量至上"单位等多项荣誉称号。

2001年林来发创办了三明市三发房地产开发有限公司,2003年更名为福建省三发集团有限责任公司,主营房地产开发建设,同年在位于三明市工业中路东侧(原三明交通机械厂厂址)投资兴建"三发楼",总建筑面积6601平方米,由于设计新颖,位置显要,现已成为三明市的标志性建筑之一。

2003年随着国内物流市场的快速发展,成立了三明市三发物流有限责任公司。公司主营煤炭、锌精矿、生铁、水泥、煤渣、毛竹等多种物资的仓储、货物装卸及代办国内运输。公司在完善有效配送体系的同时,投资改建了10吨装卸门吊一台,新建二千多平方米的办公楼、员工宿舍、食堂,另有2100平方米的高、低站台各一个。公司毗邻京福高速公路、鹰厦铁路、沙溪河畔,服务半径可达南昌、福州、厦门、南平、邵武、三明、尤溪、将乐、泰宁、沙县等多个县市。

他奉行诚信为本的宗旨、心容乃大的精神,使得企业发展沉稳而矫健。从"闽昇冶金材料"到"三发集团"到"三发物流"等,林来发如今已拥有近十家控股公司,形成了一个以钢材经营、物流、房地产、进出口贸易为支撑,高科技、拍卖、担保、金融、证券等多元化投资结构的经济实体。林来发的辉煌成就,为他在业界赢得很高的声誉,他被评为中国最具影响力的企业家。

从安溪刚到三明的时候,林来发"一穷二白"。但是20多年间,他完成了企业资金积累,转入资本运作,成为活跃在三明和闽南的商界明星。林来发富而思源,富而思进,扶危济困,回馈社会,累计捐赠400万元,曾多次被授予"光彩事业突出贡献奖"。

十三、律师业界领袖人物赵曾海

赵曾海,1969年1月出生,三明市清流人,中银律师事务所主任、资深高级合伙人,兼任北京市律师协会副会长、北京福建企业总商会常务副会长兼党组副书记、福建省工商联常委、三明市工商联副主席、北京三明商会会长、福建省第十一届政协委员、北京市朝阳区第十五届人民代表大会代表。

他从中国政法大学毕业后进入律师行业,2003年创立证泰律师事务所,此后经过不断创新,证泰律师事务所快速发展成为中国律师事务所100强。

2008年6月,证泰律师事务所与中银律师事务所合并,赵曾海律师担任新的中银律师事务所主任。在赵曾海律师的带领下,中银律师事务所迅速发展成为中国十大律师事务所之一,并在上海、天津、深圳、南京、杭州、福州、厦门、济南、青岛、长沙、南宁、成都、贵阳、银川、沈阳、西安等大陆25个城市设立了分支机构,拥有律师和工作人员2200余名,业务领域发展成为以金融证券法律服务和法律风险管理为龙头业务,以公司、房地产、国际贸易、知识产权、诉讼和仲裁为主要业务的大型综合性律师事务所。

经过多年锐意进取,不断创新,赵曾海律师迅速成为行业的领袖人物,并担任北京市律师协会副会长,这也是目前福建籍人士在首都律师界取得成就最高的一位。

赵曾海先后被评为"中国十大律师名人"、"全国律师行业创先争优先进个人"、"年度最佳管理合伙人"、"青年榜样——十佳青年政法工作者"、"优秀中国特色社会主义事业建设者"、"北京市优秀律师事务所主任"、"北京市律师行业优秀律师党员"等荣誉称号。他的中银律师事务所2012年荣获"钱伯思中国法律卓越奖",并被《亚洲法律杂志》评为"中国发展最迅速的十家律师事务所之一"。2013年被《钱伯斯亚洲2013》(*The Chambers Asia* 2013)评为"国内领先律师事务所",入选《亚洲法律事务》(ALB)杂志评选的"2013年亚洲律师事务所规模50强"、"2013年中国律所规模20强"。2014年荣获《商法》杂志评选的"资产证券化及结构化融资大奖",《亚洲法律事务》(ALB)杂志评选的"2014年中国最大25家律所"第三名,并被评为"2014年中国发展最迅速的十家律师事务所之一"。2015年荣获"2015年度新三板英雄榜——最值得推荐律师事务所"、"2015年度亚太地区国际贸易和WTO领域的领先律师事务所"。

十四、现代经营理念的践行者乐声平

乐声平,1956年3月出生,三明市沙县人,沙县乐华化工有限公司董事长兼总经理,兼任沙县工商业联合(总商会)主席(会长)、沙县常委政协、沙县光彩事业促进会会长、三明市台属联谊会常务副会长。

沙县乐华化工有限公司是福建省石油化工集团联合营销有限公司在闽西北唯一的经销点。公司成立于1996年7月,属私营有限责任公司,在乐声平带领下,公司从1996年零资产企业发展成为至今资产千万元,年销售数千万元的企业。现有员工26人。经营范围包括批发、零售化工产品及化工原料、建筑材料、纸、橡胶制品、矿产品、竹制品、人造板、针织品、纺织品、大米。目前主要经营批发、零售液体烧碱、液氯、盐酸等危险化工产品及化工原料。

乐声平凭着对事业的无限热爱和追求,以实际行动践行职责与使命,全身心投入到工作中,勇挑重任,任劳任怨,把一个濒临破产的企业发展成为资产千万元的企业。公司本着"以人为本"的管理理念,提倡"诚信、激情、创新、团队"的企业精神,建成强大的管理、市场销售和服务团队,以优质的产品、合理的价格、良好的服务,广泛吸引四面八方的客户。在产品经营方面带领营销一班人马,采取"走出去、请进来"的策略,进一步密切与兄弟市、县和有关新老客户的联系,增进交流沟通需求信息,做到供货月有计划、季度有目标,并且都以合同形式落实下来,在经营品种上广泛深入市场调查、根据市场需求情况,适实增加品种,不断发展新客户、积极开拓外面市场,建立适应市场的营销机制。经常性组织业务人员赴各地市征求用户意见,积极处理用户的质量反馈。做到质量保证、供量满足;客户不分大小、不分新老,一视同仁。仓库24小时有专人值班,方便客户随时提货。为了不断满足顾客个性化需求,公司开展送货上门服务,深受广大客户的好评,抓服务、重质量、促业务,使公司营销工作有了很大的发展。

公司始终秉持"以人为本"的管理理念,实行人才创新战略、逐步建立完善用人机制,彻底打破人员能进不能出、干部能上不能下、报酬能多不能少的僵化管理模式。健全和完善激励、考核、分配机制、理顺工资分配关系。员工工资与其实际贡献、责任大小、质量高低、工作效率、公司效益直接挂钩,使工资分配真正体现多劳多得。人事管理实行"能者上、平者让、庸者下"的聘用考核制,加强人员的流动性,适时调整和补充人员,进而振奋了员工精神,激发了员工热情。

在安全经营方面,加大安全知识宣传、学习和培训次数,开展"安全经营宣传月"活动,通过政策宣传、图片展览、安全常识教育等活动,提高了员工的安全意识,努力营造"人人关注安全、人人关爱生命"的氛围。加强安全经营的检查、监督和考核力度,发现隐患及时进行整改,对安全检查中发现的违章行为坚决予以纠正,对违章操作造成的事故严厉处罚,对清除重大事故隐患的予以重奖。通过程序化、标准化的预防管理,确保了公司从经营至今未发生过重大危险化学品泄漏、火灾事故、人身事故、交通事故,实现了安全文明经营。

同时,公司积极推进人文管理理念,加强企业内部员工之间的人文关怀,深入基层了解、解决员工的实际困难和问题,不断增强企业的凝聚力和战斗力,呈现出和谐奋进的企业文化。公司先后多次被三明市、沙县县委、县政府评为"营销工作先进单位"、"平安企业"、"热心公益捐资助学先进单位"、"挂村帮扶工作先进单位"。他也多次被三明市评为

"三明市营销先进工作者"、三明市"关心下一代工作先进工作者"、三明市"服务企业年，先进个人"，被县委、县政府、县工会授予"双文明建设,先进工作者"、"热心公益,捐资助学先进个人"、"挂村帮扶工作先进个人"、"爱职工的优秀经理"等称号。

十五、以医立德的药商苏水池

苏水池，1977年7月出生，泉州市安溪人，苏世唯信（福建）药业有限公司、福建省正大生物医药有限公司董事长，兼任三明市人大代表、三明市企业家联合会副会长、三明市慈善总会副会长、三明市泉州商会常务副会长、三明市工商联副主席、三明市安溪商会会长。

1994年8月，苏水池承包了市工商联门诊部，聘请资深医师坐诊，开始介入对医药产业的投资。不久，他陆续创办了三明百年诊所、百年大药店和万宁药店等企业。2005年，苏水池筹资500万元，注册成立福建省正大生物医药有限公司。2008年8月，苏水池独立投资550万元在三明市繁华的列东街注册成立苏世唯信（福建）药业有限公司。

苏水池把"诚以立德，信而致远"作为自己的经营管理之道，他注册的"苏世唯信"商标获"福建省著名商标"称号，他经营的公司先后获得"中国3·15诚信企业"、"药品质量诚信店"、"纳税先进企业"称号。苏水池的目标是：稳扎稳打走向全国市场，跻身行业一线品牌，做行业引领者。

十六、勇当社会责任的郑建平

郑建平，福建省三明人，上海浩华化工有限公司董事长、明联信担保有限公司董事长，兼任三明市政协委员、三明市工商联常委、上海福建商会副会长、上海三明商会会长、上海市福建商会副会长。

20世纪80年代，改革开放的浪潮在神州大地慢慢涌动，郑建平敏锐而果断地抓住时机，在上海创办了浩华化工有限公司，凭借诚实守信的经营理念和周到热情的服务，成为上海氯碱股份有限公司产品在福建省的总代理，年销售额一度近5亿元。

2002年5月23日，上海三明商会成立，身为18个发起人之一的他不孚众望当选为商会首届副会长。2007年12月29日至今，他担任上海三明商会第二、三届理事会会长。郑建平带领商会班子着手建章立制。经过几年努力，商会相继制定了《上海三明商会会长办公会议制度（试行）》、《上海三明商会财务管理规定（试行）》、《上海三明商会认捐助学特困生的试行方法》等各项规章制度，使商会工作和各项活动有章可循，有规可依。与此同时，郑建平定期组织会长办公会议，每半年召开一次理事会议，每年度举行一次会员大会，讨论、研究、决定商会的重大事项，实现了商会运作程序化、制度化和规范化。

上海三明商会在郑建平等带领下，为会员单位筹资融资搭建了一个优质的平台，将乐上海商会、上海泰宁商会等与有关银行建立起友好的合作关系。在郑建平的不断努力下，商会与各大银行的合作形式越来越多样，会员企业融资渠道进一步拓宽。

2008年郑建平取得了三明市联信担保有限责任公司的经营权,公司为三明56家企业提供融资担保,总金额达4.6亿元。他还为上海三明商会两家会员企业的投资项目融资3000多万元,为全市下岗职工再就业提供8000万元贴息担保。为了更好地服务三明小微企业,郑建平又发起成立三明市现代金融服务商会,旨在银行与企业之间架起一座桥梁,这也是他继联信融资担保有限公司成功运作后,关爱家乡的又一件实事。

郑建平十分关心支持家乡发展,多次利用山海协作暨农业产业项目对接洽谈会等渠道,以上海三明商会为平台,不断拓展家乡兴业投资发展的空间,通过"9·8"投洽会、2009年"9·17"福建三明(上海)项目投资暨项目成果推介会、"林博会"等平台,在配合家乡招商引资方面取得了明显成效。

郑建平热心公益,捐资助学。据不完全统计,郑建平领导商会共资助家乡贫困学子247人,其中149人已完成相应学业。

十七、莲业领头羊帅金高

帅金高,1957年12月出生,三明市建宁县人,福建文鑫莲业股份有限公司董事长兼总经理,是福建省非物质文化遗产建宁通心白莲制作技艺第三十八代传承人,兼任三明市工商联副会长,全国第九、第十届人大代表,福建省第十一、第十二届人大代表。多次荣获全国劳动模范、福建省劳动模范、全国农业科技先进工作者、福建省十佳杰出青年企业家、全国热心助学先进个人、八闽慈善家等荣誉称号。

帅金高原是建宁县里心镇芦田村的一位普通农民,读完初中后因家境贫困辍学,为了养家糊口,他先后种过田、干过泥水工、学过做衣服、开过拖拉机。改革开放后,帅金高敏锐地发现了建宁莲子中蕴藏的商机,做起了经销莲子生意,从山区到县城,从县城到省城,他一步步地拓展了市场,终于让建宁莲子走出国门,远销东南亚等地。

1996年,帅金高投资了50万元,成立了"文鑫莲业食品有限公司"。他意识到,建宁莲子要走出国门,迈向世界,建莲产业链发展一定要走科技创新的产业化之路。他与中国农林大学、省中医药大学、省农林大学食品系专家教授进行技术合作。经过精心研究,成功开发了"文鑫"牌即食莲子、婴儿莲子米粉、莲子糊、莲藕粉等系列产品,获得国家发明专利。随后几年,帅金高在莲GAP认证、建宁产业化深加工发展及中药材基础建设上不断推进,公司业绩逐年提升,2015年,文鑫莲业登陆"新三板"市场(证券简称:文鑫莲业,证券代码:832692),是全国中小企业股份转让系统挂牌上市的全国第一家以莲资源为主营业务的公司。

帅金高长期以来热心投身于公益事业、扶贫帮困。自1994年开始,帅金高与建宁一中结对子,每年出资3万多元,帮助来自边远山区乡镇品学兼优、家庭贫困的60名初、高中学生;多年来为修建建宁县里心镇卫生院、建宁县悬索桥、双溪村水泥桥、芦田村小学、溪源乡引水工程以及省见义勇为基金会等公益事业捐资累计达300多万元。

十八、行业认证的坚守者罗增寿

罗增寿，1953年出生，沙县凤岗镇人，高级经济师。福建省沙县宏光化工有限公司、沙县宏盛塑料有限公司、福建宏光实业有限公司董事长，兼任全国氨基模塑料协会理事长，市、县工商联副会长，三明市人大代表。

1979至1986年任大洲村党支部书记兼电木粉厂厂长，1987至1994年任沙县电木粉厂厂长，1990年被评为"福建省优秀农民企业家"，1993年被评为"福建省优秀乡镇企业家"，1999年被中共福建省委评为"福建省优秀共产党员"，2002年被省委统战部、省工商联、省光彩事业促进会评为"福建省光彩事业先进个人"，2003年被福建省人民政府授予"福建省劳动模范"称号，2003年被省委统战部、省工商联评为"优秀中国特色社会主义事业建设者"，2003年被三明市政府评为"三明市拔尖人才"，2005年被国务院授予"全国劳动模范"称号，2006年被全国总工会、全国工商联评为"关爱员工优秀民营企业家"。

罗增寿创办的宏光企业成立于1984年，企业注册资本人民币1亿元，拥有固定资产2.3亿元，年销售收入1.8亿元，现有员工480人。公司酚醛模塑料年生产能力6万吨、氨基模塑料1万吨、甲醛2.5万吨，销售额1.8亿元，连续多年产销量、国内市场占有率、出口创汇额均居全国同行业前列。

企业设立运行高效的管理机构，建立严格的生产和保障支持体系。企业已通过ISO9001质量管理体系、ISO14000环境管理体系、ISO10012测量管理体系、OHSAS18001职业健康安全管理体系等认证，公司生产的产品通过美国UL安全认证并达到欧盟ROHS指令要求。公司是全国塑料标准化技术委员会热固性塑料分技术委员会氨基模塑料工作组秘书处承担单位，负责氨基模塑料领域新标准制修订工作，同时参与全国酚醛模塑料、氨基模塑料、酚醛树脂国家标准的制修订工作。企业注重科技创新和技术进步，引进先进的设备与工艺，采用国际标准并执行国家标准，实行优良售后服务，注重环境保护和治理。公司秉承"以人为本、技术创新、规范管理、争创效益、持续发展"的经营理念；积极开展产学研协作，先后与清华大学、厦门大学合作并分别成立"新材料试验基地"和"新材料研发中心"。充分利用高校先进信息、技术人才和研发能力，推进产学研结合，加快科技成果产业化进程。在原材料探索、工艺优化、产品改性等方面，取得了较好的效果。经国家知识产权局批准，已获得17项发明专利和实用新型专利，公司申报的省重点项目"窄分子量分布的热塑性酚醛树脂技术研究项目"、省区域重大项目"腰果壳改性酚醛树脂及其模塑料的研究项目"，目前已分别通过了省科技厅的专家组验收，公司企业技术中心被省科技厅、省经贸委等7家单位确认为省级技术中心。2014年3月福建省总工会授予"罗增寿劳模工作室"称号。

"宏光"牌酚醛模塑料产品和"宏光"牌商标分别荣获"福建省名牌产品"、"福建省著名商标"、"中国名牌产品"和"中国驰名商标"，公司多次被各级党委、政府和有关部门授予"福建省五一劳动奖状"、"质量管理先进单位"、"十佳非公有制企业"、"纳税先进单位"、"创汇先进单位"、"AAA级信用企业"等荣誉称号。

企业的财富来源于社会,社会是企业发展壮大不竭的源泉和动力。罗增寿富而进取、念本思源、回报社会、回报人民。怀揣着这样一份感恩的心,罗增寿把关心社会公益事业建设、关爱老年人、资助贫困学生、帮扶边远贫困山区农民发展经济视为己任。自2008年以来,扶贫济困捐资达1760多万元,深受社会各界的好评。

十九、善抓机遇的王竹水

王竹水,1958年10月出生,泉州市南安人,现任福建省三明明竹机械有限公司董事长、三明市总商会副会长。

1976年,他高中毕业后来到三明发展,起初在三明光学仪器厂当工人,后来转入三明铸造厂,并升上经营部经理一职。1990年,怀揣梦想的他下海创业,创办三明市化工矿山设备厂。伴随改革春风的进一步深入,他的事业日益扩大。1994年5月,三明市机械制造总公司成立,公司采用先进设备和技术,走出一条科技创新的发展之路。企业也进入快速发展期,并于2001年改名为三明明竹机械有限公司。发展至今,明竹机械已拥有金加工、铸钢、铸铁、金属结构等5个分厂和1个贸易公司,具有成套开发及制造各类机械产品能力,集铸钢、铸铜、铸铁、冷作及机械加工于一体,并成为三明市最大的铸造、机械加工企业之一,总资产达到8000余万元。王竹水正带领明竹机械以前所未有的速度向国内一流企业迈进,并力争在更加广阔的舞台上绽放更加夺目的光彩。

二十、注重"电商"与技术研发的邓忠华

邓忠华,1977年出生,三明市永安人,硕士研究生学历。现任永安市宝华林实业发展有限公司董事长兼总经理、中国产业用纺织品行业协会副会长、中国混凝土与水泥制品协会纤维混凝土工程材料分会第一届理事会副理事长,福建省工商联(总商会)第九届执委会执委、省轻工业联合会副会长、省纺织行业协会副会长,三明市工商联副主席,永安市政协委员、市工商联副主席等。

邓忠华是"创二代"、"商二代"的成功典范,他懂技术,又留过学,早在2002年就率先试水"电商",利用阿里巴巴等平台开展业务,接收在线订单。2009年,他接过父亲邓如宝的接力棒后,面对市场的新需求和激烈的竞争,他率领团队相继完成了多项新产品、新技术、新设备的研发和升级换代工作,申请发明专利6项,实用新型专利4项,其中多项项目技改工作被国家和福建省列为重点项目,他的主打产品低溶点水溶无纺布、水溶性纤维、特种水溶纱、超高强高模维纶等畅销40多个国家和地区。邓忠华关爱关心职工,每位职工不仅有"五险一金",还有意外险和职工医疗互助险;还设立专门基金,慰问困难或重病职工,奖励考上大学的职工子女。

二十一、化工行业的耕耘者孙文斌

孙文斌，泉州人，永安市丰源化工有限公司董事长、三明市丰润化工有限公司董事长。

2002年，孙文斌投资创建永安市丰源化工有限公司，主营白炭黑系列化工产品。公司投产以来稳步增长，每年上缴税费从200多万增至500多万元，公司是永安市纳税大户及出口创汇大户，企业产品荣获了福建省名牌产品称号。孙文斌被誉为三明市化工行业默默的坚守者、耕耘者和优秀的化工行业带头人。

2005年孙文斌投资兴建三明市丰润化工有限公司。三明市丰润化工有限公司是三明市人民政府扶持培育"百亿十亿重点工业企业"之一，生产品种包括鞋用、硅橡胶用、轮胎用、医药载体用、饲料用及食品用六大类白炭黑。近年来，公司每年出口千万美元以上，年纳税1000多万，被评为三明市纳税大户及出口创汇大户，并荣获了福建省名牌产品称号。公司成立以来，坚持"团结创新、诚实经营"的原则，以科技为先导，以开拓创新为方向，迅速发展壮大，精心将自身打造成为"具有自主知识产权和知名品牌的全球优质二氧化硅的供应商"。

孙文斌热心公益事业，常年不辍，坚持每年资助"春雷女童"，为企业赢得良好社会声望。

二十二、花为媒电商肖裕长

肖裕长，1973年4月出生，清流县春舞枝花卉集团董事会主席，兼任中国花卉协会零售业分会副会长、中国林业产业联合会林业电子商务分会理事长、福建省花卉协会鲜切花分会副会长、三明市工商联（总商会）副会长、三明市电子商务行业协会副会长、福建省闽东商会的常务副会长。

2012年，他在清流县创办春舞枝花卉有限公司，以崭新姿态承载着行业使命，积极进行花卉全产业链的拓展与资源整合，先后在清流县兴建海西花卉电子交易中心及春舞枝总部大楼、花海温泉养生苑、玫瑰精油加工厂，在龙岩建海西（连城）农产品电子商务中心，在三明市建花卉苗木市场电子商务基地，在广西横县建茉莉花等深加工项目，在南平建延平百合花卉交易中心，并建设多个"淘宝特色中国"地方馆。

做大做强花卉产业的同时，春舞枝还注重拓展花卉旅游文化产业，如生态农业观光园——清流温泉花海温泉养生苑、武夷山花世界花卉旅游产业园。春舞枝注重花卉深加工产业发展，积极研发精油、护肤产品、花果茶、鲜花休闲食品及干花加工等相关产品，融合花束、绿植、租摆、多肉等系列产品，完美实现一二三产业链的拓展与延伸。

发展至今，春舞枝在全球共有18家全资子公司，创建了"531314"、"全球鲜花速递中心"、"我订花"、"花漫天"、"花语天下"、"萌肉肉"等品牌，建立与京东、天猫、苏宁、中国电信、中国移动等20多家合作平台，整合全国8000家花店的鲜花配送物流点，实现覆盖全国 2800 个县级以上城市 2~4 小时内无缝式配送,同时还与美国最大鲜花连锁销售商 1800Flowers 签订战略合作协议,配送范围扩展覆盖到全球 190 个国家和地区。2014 年 8 月,公司在德国证券交易所主板挂牌上市,成为中国第一家鲜花上市企业、福建省第一家电商上市公司。春舞枝自主创建的花卉电商平台,也成为全国花卉行业首家最大、最有影响力的电子商务平台,在花卉电商、花卉旅游领域取得了领导品牌地位。

事业的发展为肖裕长带来荣誉,他先后入选"2012—2013 福建省花木产业年度人物"、第四批福建省引才"百人计划"(创业人才)、"2014 年度福建十大新锐闽商"、福建省"双创之星"。

二十三、搏击商海的多面能人黄永和

黄永和,1963 年 3 月出生,泉州市南安县人,厦门市加州投资管理有限公司总经理,兼任厦门市三明商会会长。

黄永和 1980 年在永安林业车队驾驶员、车队调度。在改革开放的浪潮中,1984 年年仅 21 岁的他毅然辞去让人羡慕的国营企业——永安林业车队公职,只身一人来到深圳学习经商之道,在一家家具厂里学习管理。1985 年在德兴发家私(香港)集团深圳公司任厂长。

1986 年,他带着特区的思维回到永安组建车队,在这里他看到了商机,于是果断借钱成立贸易公司,随后又开了一家胶合板厂。组建的车队主要用于水泥厂原材料供应及水泥销售运输,他瞄准契机,承包多个水泥厂的生产经营,有了自己的生产基地和运输车队,再加上学到的先进管理方法,水泥事业蒸蒸日上。

为了把事业向南扩展到闽南,2002 年黄永和来到泉州,在这里深入体察闽南风情,感受闽南人的思维和做事方法,创办了泉州汇达物流有限公司、泉州诚慧建材有限公司。在泉州试水之后,2004 年黄永和来到厦门,又组建了厦门市加州投资管理有限公司。江西"万年青水泥"驰名中国,他抓住机遇和上市公司江西万年青水泥集团实现战略合作,在泉州、南安、惠安,厦门杏林、海沧、漳州铁路车站,建立自己的水泥货物仓储中转基地。目前已拥有多条公铁水泥运输仓储专用线,所经营的加州投资管理有限公司一举成为福建水泥物流辐射区域最广、运输量最大的龙头企业。2012 年起,又试水金融投资领域,与厦门国有海翼集团、翔安国投共同出资组建厦门海翔小额贷款公司。同时跨业参股厦门国货奥迪 4S 的经营。

经多年的拼搏和苦心经营,企业资产总额达 1.2 亿元,总产值 3.5 亿元,每年上缴税利达 500 多万元。企业安排了 50 名社会待业人员,在承包大田石牌岩城水泥厂时,还提供 15 名当地残疾人就业岗位,解除残疾人亲属的后顾之忧,承担起构建和谐社会的社会责任。他在企业中建立了工会组织,加强企业文化建设,为员工创造一个公正、公平的工作环境,实现企业社会价值。

在担任厦门市三明商会会长期间,他认真履行会长职责,做好商会工作,全面推进和谐商会的建设。以"服务企业、服务会员"为宗旨,打造大三明商会格局,努力把在厦三明各县、市商会组织起来,达到信息互通,资源共享,实现会员企业抱团发展。同时充分利用商会组织这一平台,做好党和政府联系非公有制经济人士的桥梁纽带,围绕党委、政府的中心工作,主动参与招商引资,扶危济困、认真履行社会责任。在担任会长期间,发动商会及会员企业捐助社会慈善事业款 20 多万元,厦门市三明商会为建设和谐社会,服务厦门、三明经济和社会发展做出积极贡献。

二十四、从特区成长起来的明商代表林和平

林和平,1975 年 5 月出生,三明人,荣昌香港集团有限公司董事长,兼任三明市政协委员、深圳市福建商会会长、深圳市三明商会会长、世界福建青年联合会副会长、深圳市巾帼闽商商会名誉会长等职。

1997 年,林和平来到深圳开始从事电子产品销售工作。改革开放后的深圳发展一日千里,林和平敏锐地察觉到产业升级换代的机遇,于 2000 年创办了深圳市柯玛电子有限公司,介入了产业链的上游生产开发。此后,他陆续于 2007 年成立深圳市汉鼎酒店有限公司、2012 年成立荣昌香港集团有限公司、2014 年成立深圳市前海当下资产管理有限公司、2014 年成立深圳八闽仁聚酒店管理咨询有限公司等,不断打造和延伸产业链,形成了集生产、投资、资产管理、私募基金和财富管理为一身的企业集团。

林和平十分热心于明商商会的建设与运营,致力于打造一个凝心集力的企业家联盟。他希望通过建立健全会长轮值制度和轮值会长走访会员企业制度,加强会长与会员沟通交流,不断提升商会的社会影响力和凝聚力,积极引导会员参加各类慈善捐赠公益活动,回报家乡和社会。

二十五、打造闽西北建筑业龙头的陈绍华

陈绍华,1973 年 4 月出生,大专学历,三明市佰氏控股有限公司、福建省磐石房地产开发有限公司、三明市天成物流有限公司、福建融通物流有限公司董事长,兼任三明市南安商会会长、三明市泉州商会秘书长、梅列区人大常委、梅列区政协常委、世界第七届南安青年联谊会理事会副主席、福建省收藏家协会三明分会名誉会长、三明市慈善总会副会长等职。

陈绍华于 1996 年成立了三明市冠华贸易有限公司,经过多年的艰苦奋斗和拼搏于 2000 年收购昌盛路桥混凝土公司之后更名为磐石混凝土公司,从当初的一年仅有一万多方混凝土销售量的小公司到如今已成为福建省混凝土行业标杆企业。2007 年佰氏控股企业进入房地产领域开发盛景嘉园,相继开发了盛景嘉园综合楼、九中书香世家项目、省一建后山水舞半山郡项目。如今佰氏控股企业已发展成为涉及房地产、建筑施工、混凝土、物流、金融、贸易、服务等领域的企业集群。回顾企业发展的经历,离不开陈绍华的坚苦创业、创新理念、良好企业文化素质和闽商敢拼才会赢的精神。自创业以来,公司始终坚持"市场化、规范化、专业化"的经营方针,以鲜明的"不提困难,只讲方法"的经营管

理风格,"求精求强、力创名牌",讲质量、讲效率、讲水平,为客户提供更优质服务的经营核心理念,将佰氏企业打造成为闽西北建筑业配套一体化的龙头企业。

陈绍华不忘自己的社会责任和回报社会的慈善胸怀,多次以企业名义为公益事业、贫困大学生、乡村扶贫、灾区重建捐助,累计200多万元。

陈绍华用聪明才智和创新的经营理念为三明经济发展、慈善事业做出自己应有贡献,社会也给予他个人和企业众多荣誉:省经贸委授予三明磐石混凝土工程有限公司先进单位、投资三明十大风云人物、梅列经济发展先进个人奖、梅列经济发展突出贡献奖等。

二十六、冷冻食品的先驱者李成文

李成文,1974年8月出生,大专学历,福建天清食品有限公司董事长、福建天清冷链物流有限公司董事长、福建天盛肉业发展有限公司董事长,兼任三明市长乐商会会长、永安市工商业联合会(总商会)第十一届副会长、永安市政协委员、长乐市工商业联合会(总商会)第九届副会长,荣获永安市第二届十佳优秀青年企业家。

他开创的企业"福建天清食品有限公司"创建于1996年,通过近几年的发展,公司已成为三明地区最大的冷冻食品生产企业及食品储备调剂库。公司通过了ISO9001质量管理体系和ISO22000食品安全管理体系以及测量管理体系的认证,这得益于对食品安全的用心筑守,天清公司也收获了不俗的成就。不仅产品受到消费者的极大青睐,公司先后获得"全国农产品加工示范基地企业"、"福建省农业龙头企业"、"福建省讲诚信 重质量企业"及"福建省重质量 讲效益企业"、"福建省诚实守信示范单位"等称号,"天清食品及图"商标被正式认定为中国"驰名商标"。

创建"福建天清食品有限公司"之初,李成文带领一支优秀的团队,把握机遇,引进先进设备和优秀人才,锐意进取,勇于创新,顺应改革形势,不断完善企业制度,完善内部经营管理机制;始终坚持以质量求生存,以扩大规模求发展,强调以人为本,承担社会责任。经过几年奋斗与打拼,他引领公司的资产从建厂之初的近千万元增加到现在的一亿九千多万元,年产值由建厂初期的几百万元增长到现在的近3亿元,企业员工也从当初的二十个人增加到现在的几百个人,公司业务由原来的单一的速冻食品生产、销售发展到现在的公司+基地+农户→生产→物流→销售为一体的大、中型规模企业。近年来,公司不断加大研发投入,年投入研发资金始终保持在100万元以上,并组建了一支5人的研发团队。目前,公司共获得6项实用新型专利和12项外观包装专利,每年新品开发都在5个以上。2015年,天清公司入选福建省"创新科技型企业"。

二十七、巾帼不让须眉的叶青萍

叶青萍,1961年8月出生,江西人,民进党派,大专学历。三明市青海湖大酒店、三明市青海湖文化体育传播有限公司、三明庐山大酒店、福建省三明必晟包装有限公司、三明海西尚品电子商务有限公司董事长。兼任三明市总工会(工商联)执委、三明江西商会会长、三明市民营女企业家协会副会长、三明市企业与企业家联合会副会长、梅列区巾帼创业联谊会副会长等社会职务。

其所属的三明海西尚品电子商务有限公司主要经营经销台湾食品、保健品、化妆品、洗涤用品,兼销知名地产农林商品,集网络销售、网络推广、品牌代理及相关仓储、物流配送等为一体。三明市青海湖文化体育传播有限公司从事文化艺术交流、文艺演出、体育、商业文化活动、文艺人才培养、品牌推广,与国内外众多文化艺术交流机构有广泛联系。

叶青萍所经营的公司秉承诚以待人、以诚行销、诚实守信的文化内核,植入生产经营各环节与流程,不断提升服务质量和水平;坚持品质为先,健全质量检测监控体系,重视产品的全过程监控,为客户提供质优价廉的超值商品和服务;重视人才培养,关怀员工成长,满足客户个性化需求等经营理念,使公司获得长足发展。公司非常重视技术创新,福建省三明必晟包装有限公司分别于2012年5月30日、9月5日,先后两次荣获国家知识产权局颁发的实用新型专利证书(实用新型名称分别为:一种能防止酒液回流的防伪酒瓶、防伪酒瓶);2014年10月1日,荣获国家知识产权局颁发的发明专利证书(发明名称:防伪酒瓶)。2016年4月,福建省三明必晟包装有限公司被省科技厅评为"福建省科技型企业"。

叶青萍及其公司热心公益事业。2006—2015年共资助残联23名残疾贫困大学生31.5万元;2008年向四川汶川大地震捐助3万元;2010年向三明"6·18"抗洪救灾捐助3万元;2010年向梅列慈善会捐赠10万元;2010年向三明市慈善总会认捐50万元;2012年向三明市第22个全国助残日助残活动捐赠5万元;2015—2016年资助春雷儿童10名等。叶青萍热心公益、关心教育、扶危济困的品格,得到社会各界的好评。2007年被授予"第六届三明市优秀青年企业家",2008年至2014年被福建省评为"省扶残助残先进个人",2008年12月被市政府授予"爱心大使"光荣称号,2009年至2010年度被市委统战部、工商联评为"服务企业年"先进个人,2010年被福建省评为"省杰出创业女性",2005到2015年连续十一年被残疾人联合会评为"爱心助学"先进个人等。

二十八、擅经营重责任的管理行家程聪

程聪,福建省三明市交通建设有限公司董事长、福建省三明市经发工贸有限公司董事长,兼任福建省闽东商会会长、福建省交通施工企业协会常务副会长、中国国际商会福建商会理事、福建省三明市乒协副主席、三明市工商联(总商会)常委。

程聪1999年下海创办了三明市经济技术发展公司,2004年改制了三明市交通建设有限公司,使一个负债累累濒临破产的国有企业扭亏为盈,走出了困境,不断创造新的纪录。

"三明交建"前身是交通部公路总局第三公路工程局,1958年转战福建省,列为省属企业,1972年下放到三明,更名为"三明市交通建设公司"。由于国有企业产权体制上的一些痼疾,加上管理不善,曾经资不抵债,陷入困境。程聪受命于危难之中,2004年出任

企业领导。程聪制定出了一个基调：稳步推进，逐步发展。2004年，他注资两千多万元，清偿了部分债务，补发了拖欠员工的工资，解决了暂时的难关。对于未能偿还的债务，程聪与他们签订了分期付款协议，以诚心得到了谅解和支持。在顺利解决了外部问题后，程聪开始了内部管理体制改革。在制度管理上，程聪以人为本，奖惩分明，不因人废事，做到人尽其才。凡事变则通，立则顺。程聪以一个"外行汉"，带领一个大型企业走出了困境，走上了发展之路。2005年，"三明交建"实现产值1亿多元，税收600多万元，并开始有能力偿还自身债务。到2008年，企业全部清还了债务。2011年，"三明交建"在北京人民大会堂荣获"十一五"中国交通运输企业创新贡献奖，程聪本人也被授予"全国交通工程建设企业管理十大杰出人物"荣誉称号。

程聪有着极强的社会责任感，在汶川地震灾后重建项目中，他带领工程技术人员在国旗下庄严地宣誓："重安全，保质量，促进度，不辜负党和人民的重托。"不到6个月的时间完成了6.8公里（包括两座桥梁）的准一级道路。他积极回报社会，资助贫困大学生、残联、福利院、体育社会事业及新农村建设等，因此受到国家、省、市级等各种表彰八十余项。

社会给了程聪展现才能和履行责任的舞台，凭借卓越的经营才能和强烈的社会责任感，他的每一次华丽转身都那么精彩。从老师到机关，再从机关到企业经营者，再担任商会领导，每一次转身都实现了人生价值的提升。

二十九、目光远大的木业明星黄志平

黄志平，1970年12月出生，漳州芗城区人，大专学历，福建捷鸿木业有限公司董事长，兼任三明市漳州商会会长、三明市工商联常委。

福建捷鸿木业有限公司成立于2008年12月，位于清流县嵩溪镇金星工业园区，是一家集生产刨花板、木制品加工及造林等多种经营的企业，交通便捷，占地300亩，员工150多人，年产刨花板5万立方米，公司引进了大量的高级管理人才，聘请了拥有丰富管理经验的职业经理人以及中层管理人员，为公司未来的发展创造了良好的条件。在上海、浙江以及省内各大中城市均有健全的营销网络体系，能同时为公司提供准确的市场信息，更好地加强了与客户间的沟通和合作，巩固和提高了市场份额。

黄志平除了不断壮大自己的企业外，还积极参与公益事业，如在汶川地震中捐款46.7万元，玉树地震捐款4万元，2012年资助贫困大学生3.9万元，2015年捐赠宁化、清流"5·18"水灾3万元等。

三十、来闽投资兴业的化工大亨顾正中

顾正中，1947年10月出生，福建新德福化工有限公司董事长，福建康得利树脂有限公司董事长、福建阿兰士新材料科技有限公司董事长，兼任福建省三明市江苏商会会长。

顾正中曾是江苏一家国有企业的老总，曾荣获全国"五一劳动奖章"，两次获选"江

苏省劳动模范"。2002年来到福建投资兴业,先后在泉州市、三明市兴办多家化工企业。主要经营范围是生产和销售聚氨酯树脂、聚氨多元醇、革用架桥剂、促进剂等,年生产能力7万吨。产品主要供应广东、福建、浙江和江西等地皮革和服装面料生产厂家。

旗下的福建新德福化工有限公司创建于2007年10月,2008年10月正式开业投产,公司坐落在福建省永安市尼葛工业园区内,总投资为人民币1亿元,其中注册资本1688万元。现有职工60多人,拥有一支实力雄厚的高中级技术人才队伍和职工团队。公司每年保持20%以上的增长速度,到2011年底已发展成为年销售额超过4亿元,年利税超过千万元的企业,成为永安市的骨干企业,获得"纳税大户"称号。2010年10月,公司在尤溪经济开发区合资新办福建康得利树脂有限公司,项目总投资1.05亿元,注册资金2600万人民币,年产聚氨酯树脂等7万吨。该项目已于2011年11月投入生产。2011年11月他又在永安市尼葛工业园区投资8000万元新建福建阿兰士新材料科技有限公司,2012年10月建成投产,生产环保型增塑剂。

三十一、顺应时代潮流的郑昌贵

郑昌贵,1977年出生,福建永春人,福建省万翔网络科技有限公司董事长,兼任三明市食品行业商会会长。

1993年他职于三明华田商行,1997年起任三明酒类销售联合体负责人。2005年后他先后创办厦门古藏营销企划有限公司、宁夏香飘飘乳业有限公司、三明市郑家铺子商贸有限公司,并于2011年全资收购宁夏历之源清真食品有限公司。2014年11月,他顺应国际国内电子商务市场的发展,投资创办三明市万翔网络科技有限公司,研发电商平台,开拓电子商务业务,扩大商品营销品种和范围。目前,该电商平台的业务已初具规模,正进入发展快车道。他也不忘回报社会,从汶川地震至今,累计为灾区、学校、贫困残疾人士捐资捐物达130余万元。

从华田商行到如今的万翔网络,郑昌贵实现了从一个销售员到企业家的人生嬗变。把最好的产品奉献给社会,这是郑昌贵的奋斗目标,也是他对社会的承诺。

三十二、谱写创业之歌的吴孝满

吴孝满,1963年2月出生,浙江庆元人,三明市光明建筑机械有限公司总经理、三明市三元环保净水设备厂厂长。

1986年7月,吴孝满从福建省建筑工程学校毕业后就职于省第一建筑工程公司,1996年他成立了三明市三元光明建筑机械厂,主要从事金属结构件的加工与制造,并于次年成立预应力工程施工队。

与众多创业者一样,吴孝满也经历了创业的艰辛。十余年来,筚路蓝缕,艰苦奋斗,他带领乡亲从无到有、从小到大、从弱到强,一路风雨兼程,谱写了一曲雄壮高亢的创业之歌。创业时,国内建筑机械行业刚刚起步,他主动出击,积极进取,逐渐打开了本地市场。2009年7月,光明建筑机械厂(集体企业)改制为三明市光明建筑机械有限公司,主要从事预应力工程专项施工、滑模工程专项施工、工程模板设计制造与施工等。公司秉承"诚实守信,规模经营"的理念,不断进行技术创新,并于2009成功开发出第三代滑升模板系统,较好地解决了该项施工中常出现"粘模"、"拉裂"等问题。该系统引入激光技术,成功实现"激光对中、激光调平",满足施工过程"实时跟随性"问题,经三明水泥厂(荆西)、永安万年水泥厂、福建水泥安砂水泥厂、安溪三元集发水泥厂及多处粮食储仓等混凝土库群实际施工检验,是可靠、安全、实用、先进的施工装备。随着第三代滑升模板系统的运用,吴孝满的事业也由此进入快速发展阶段。

三十三、追求卓越的化工人林光耀

林光耀,2000年11月创办福建宇通工贸有限公司,是一家专营焦化化工产品生产、贸易、运输为一体的综合性民营股份制企业,公司下设福建宇通精苯厂、宏通运输有限公司。精苯厂年生产能力近3万吨,仓储5000立方米;自有化学危险品运输车18辆;产品种类有纯苯、甲苯、混合苯、二甲苯、重苯、粗苯、轻苯、煤焦油等。"诚实守信,开拓创新,求真务实,追求卓越"是宇通企业的宗旨,"品质卓越、顾客满意"是宇通人永恒的追求。经过八年励精图治,企业管理水平、产品质量、市场竞争力和职工的整体素质都在不断地提高。公司项目被"福建省经贸委列为产业升级重点建设项目";2015年评为"福建省级成长型工业企业"。

三十四、勇立船头的弄潮人周国辉

周国辉,1963年10月出生,三明市人,毕业于厦门大学经济管理系,温州市克达化工有限公司董事长、福建东立化学工业有限公司董事长,兼任温州三明商会会长、温州福建商会常务副会长、南平合成革产业协会常务副会长。

1997年,周国辉怀揣自己的创业梦想,毅然辞去令人羡慕的国有轻纺企业销售经理职务,独自一人前往温州创业,并开始进入PU合成革产业领域。在国企工作的十余年间,他积累了丰富的实践经验,深知如何以小搏大,以弱胜强。1999年,他与友人一起创办安徽淮北天发布业有限公司,取得了初步的成功。2000年至2005年,他先后创办个人独资公司——杭州圣艳化工有限公司、杭州捷雅化工有限公司。

"俱怀逸兴壮思飞,欲上青天揽明月",周国辉有着更高的梦想和追求。经过深思熟虑,他决定整合资源,做强做大企业。2005年,他在龙湾工业园区创建了温州市克达化工有限公司,成为行业中的佼佼者;2007年,他抓住机遇在广西北海进行房地产开发和酒店投资;2009年,他又与温州合成革产业的二十家企业共同组团在福建浦城投资创办福建浦城荣华轻纺产业园;他自己创建的企业——福建东立化学工业有限公司也朝着规范化、品牌化、规模化方向快速发展。

2013年起,他开始担任温州三明商会会长,在商会的几年时间里,他全心全意地为乡亲服务,脚踏实地,全力以赴,在济贫、助学、救灾、招商引资等方面做了大量的工作。他为大大小小的各种公益活动奉献爱心,累计捐款数十万元,受到社会各界和政府部门的好评。

三十五、商业明星冯钢

冯钢,1979年2月出生,三明市永安人。海南千石斋实业有限公司董事长,兼任海南三明商会会长。2004年至2008年底在云南股份投资矿山,学习投资经营之道。2009年在海南投资并成立海南千石斋实业有限公司。公司本着诚信为本、诚实发展的理念,在建材、装修和地产的经营上,为海南岛的发展战略做出自己的贡献。

三十六、朱子故里的山茶油郎胡凤翔

胡凤翔,1971年9月出生,尤溪县汤川乡人,大专学历,福建省沈郎生物科技集团公司董事长,兼任中国青年企业家协会会员、福建省油茶产业协会会长、福建省农产品市场协会副会长、福建省经济林协会常务理事、福建省质量管理协会常务理事、福建省林学会理事会理事、福建省名牌协会会员、厦门(尤溪)经济文化促进会副会长、三明市青年企业家协会常务理事、三明市青年创业促进会顾问、三明市第十二届人大代表、尤溪县人大代表大会常务委员会委员、尤溪县工商联副主席、尤溪县慈善总会副会长、尤溪县青年企业家理事会理事等职务。

以朱熹小名"沈郎"为企业命名的福建省尤溪县沈郎食用油有限公司自2003年创立以来,在总经理胡凤翔的带领下,秉持"以人为本"的经营理念,实现了企业从小到大,进入规模经营发展轨迹的辉煌业绩,成为目前福建省最具规模及拥有国内领先技术的专业生产油茶的企业,是全国油茶产业重点企业,是福建省首批省级农业重点龙头企业、首批国家林业重点龙头企业、科技型企业、十佳民营企业。

胡凤翔立足农村,心系农民,献身农业,依靠科技创新,注重质量创优,借助营销创牌。通过文化兴企,他在短短10年间,将沈郎公司发展成为一个年产值一亿多元、年纳税额400万元的现代农业企业,为当地经济发展做出了积极的贡献。

他心系山乡百姓,艰苦创办油茶生产企业。2003年12月,他多方筹集资金800万元,注册成立了尤溪县沈郎食用油有限公司,在福建尤溪经济开发区埔头工业园征地8100平方米,建设一家年生产茶籽油1000吨、年产值达千万元以上的专业生产山茶油的企业。他怀抱"全国一流,走向世界"的企业愿景,提出了"公司+院校+基地+农户+市场"的产业化经营方略,严格执行"质量赢得市场,诚信铸就品牌"的经营思路,朝着"一粒小小油茶,带动一项产业,致富一方百姓"的发展目标稳步前进。目前,公司已与尤溪县境内近1800户农户签订了订单和农业合同,甚至还辐射到福州、莆田、南平、沙县、大田等市(县),大大地促进了山乡林农的增收增效。

他坚持科技创新,积极争创农业龙头企业。公司始终坚持科技创新的道路,除聘用技术人员,运用科技成果抓好生产技改外,还积极借助外部力量,通过技术嫁接,提高产品的科技含量,促使公司生产技术全面进步。公司建立技术研究中心,组建了一支较强的研发队伍。公司与福州大学、福建农林大学开展长期技术合作,与高等科研院校进行"产学研"联姻,为公司提供了强有力的技术支撑。公司拥有一支实力雄厚的高级管理团队,其中有中国油茶科学、企业管理与资本运营、工艺与研发、营销及渠道运营、专业投资、农业等方面专家25名。2011年6月,公司与福建农林大学签订协议,双方共同出资(其中本公司出资1000万元)建立全国首个"海峡两岸油茶科技研发中心大楼"。公司都定期组织专家或技术人员对农户进行技术培训,让他们实地观看与操作,提高他们的技术水平,帮助他们进行油茶林低产改造及建设低改油茶林示范片,提高油茶质量和产量,使原来每亩产油25至30公斤提高到每亩产油35至50公斤。

他真情回馈社会,关注关爱困难弱势群体。他始终坚持把回报桑梓当作一种社会责任,真心实意地关注关爱困难弱势群体。近年来,他个人及公司积极参与捐资助学、新农村建设、帮扶济困等光彩公益事业,捐赠累计达500多万元。油茶产业开辟就业渠道,广泛吸收下岗职工和农村闲散富余劳动力就业,带动农村产业化经营。他与县内各乡镇1800多户油茶种植户签订联营种植协议,直接提供5000多人就业,间接带动农户一万多户约四万余人就业,户均增收万元以上;12万亩油茶基地因加强科学管理,农民增收4800万元;运输业和包装业等关联产业的发展,间接增收约500万元。

三十七、铸就气动王国传奇的黄立群

黄立群,1967年7月生,泉州市南安市诗山镇人,福建斯特力气动工具有限公司董事长兼总经理,兼任明溪县第十六届人大常委会委员、明溪县工商业联合会(总商会)第十届执委会主席、明溪县南安商会常务副会长、明溪县气动工具产业协会常务副会长。

早在2000年,黄立群在福州创办了"福州晋安气动工具厂",自己当厂长,根据市场需求,生产销售气动工具产品。至2006年,黄立群带领着他的销售大军,拿下了全国气动工具销售行业的"半壁江山",国内外气动工具销售代理权有60%份额掌握在明溪人手中,从业人员已达1500多人,遍布除西藏以外的全国各大中城市。21世纪初,明溪县委、县政府推行"回归工程"举措,大力召引本县企业家回乡投资兴业。县委县政府主动登门,诚心邀请他回明溪置业,并积极帮助他在选址、工程建设配套设施等方面提供优惠政策和相关服务。造福桑梓、服务家乡,这正是黄立群多年来魂牵梦萦的夙愿。2006年9月,他回到了明溪,在十里埠生态工业园区投资5000多万元,建立了"福建斯特力气动工具有限公司",他仅用三个多月时间,兴建了5000多平方米的厂房及相关的办公、生活、仓储设施,拥有3条年产300万件气动工具加工生产线,厂区面积30000多平方米。这是一家集研发、设计、制造、营销和售后服务为一体的中外技术合作型企业,专业制造喷气枪、风炮、风板手、砂纸机、砂带机、刻磨机、螺丝起子、气钻、拉铆钉、砂轮机、铆钉机、隔膜泵等气动工具与涂装工具,年产值达5000多万元。该公司生产的喷漆枪、喷砂枪、自动喷头等气动工具产品,主要用于汽车制造维修、房地产装修装潢、家具制造和五金工艺品行业。公司坚持遵循"品质卓越、工艺精良、技术创新、用户满意"的经营理念,引进国内外先进机器设备,精心生产高质量产品。目前,公司已通过ISO9001(2008年国际质量管理体系认证),主要产品已通过欧盟CE认证,"斯特力"商标被评为"福建省企业知名字号"和"福建省著名商标"。现在,公司拥有28项自主知识产权的商标及专利,其中一种改良型喷枪获2009年省林博会金奖,还先后获得省市"守合同重信用企业"光荣称号。2010年1月,公司气动喷枪生产标准被福建省质量技术监督局批准为省地方标准。十多年来,公司以良好的信誉、优质的产品、快捷完善的服务获得业内和客户的一致好评。公司的销售网点遍布全国各大中城市,在国内外气动工具市场领域处于领先地位,系列产品远销欧美及东亚等二十多个国家和地区。

黄立群回归办企业是成功的。他为明溪每年增加了可观的税源收入,提供了就业岗位,还给工业基础相对比较薄弱的明溪带来了工业强县的契机,也为这个县发展气动产业集群带来了希望。2007年2月,在黄立群倡议下,明溪县成立了福建省内首家气动工具行业协会,100多家会员单位和2000多名个人会员入会。这个协会互通信息、交流经验,掌握商情行情,防范风险,为明溪气动产业发展推波助力。据统计,2011年会员单位总营业额达10亿人民币,在中国气动行业占有举足轻重的地位。

三十八、敢闯爱拼的先行者田光梯

田光梯,1964年出生,大田县上京镇梅林村人,大田县新岩水泥有限公司董事长、三明市鑫融融资担保有限公司董事长,兼任大田县工商联主席等职。

1983年,他被推选为村党支部书记,成为一村当家人。他带领村民开了四个石灰窑,使梅林村成了远近闻名的石灰专业村、"小康村"。他创办加油站,承接三明化工厂销售业务,参与镇办企业上京水泥厂改制、购买60%股份并独自承包经营,注资参与县融资担保公司改制,与台湾商人合作创办福建省仙居山樱花开发有限公司,与伙伴合作建设大田县新汽车站(BT项目)。田光梯经营新岩水泥有限公司以后,大胆进行制度改革、技术创新,扩大产能,实现扭亏为盈。2003年,他谋划新建一条日产熟料2500吨新型干法旋窑水泥生产线,年产水泥100万吨,年销售收入2.8亿元。新生产线于2008年建成投产,时任三明市市长的刘道崎称赞这个项目是大田37万人民的骄傲。

他致富不忘回馈社会,为208个贫困学子捐助180万元,为上京中学教学楼建设捐款36万元,为实验小学捐款5万元,为抗灾赈灾捐款12万元,为村公益事业捐款60万元……他以实际行动践行承担社会责任的企业家精神。

三十九、心系故乡的陈亮

陈亮,1962年8月出生,三明市将乐人,广东惠州市朝鹏运动器材有限公司总经理、福建省瑞奥麦特轻金属有限责任公司董事长兼总经理、福建省金瑞高科技有限公司董事长兼总经理,兼任广东三明商会副会长、广东省福建将乐商会首届会长、广东惠阳秋长外商联谊会名誉会长、将乐县工商联主席。

2002年陈亮与澳大利亚上市公司GLOBE国际集团公司合资成立惠州市朝鹏运动器材有限公司,所生产产品已占全球高级滑板市场的40%,产品质量及销量享誉世界。2008年与瑞典瑞奥金属公司合资成立福建省瑞奥麦特轻金属有限责任公司,利用全球先进的RSF快速制浆技术在中国的独家使用权主攻轻金属新材料半固态成型技术研发及产业化。2013年与金森集团合作投资,成立福建省金瑞高科有限公司,当年投资当年投产,成为将乐县工业企业新亮点。陈亮从瑞奥麦特建厂之初就坚定不移地将半固态产业置于将乐发展,因其发自于内心对故乡深厚感情,他多次婉拒了中兴、华为、苏州春兴等上市企业需外迁产业基地的合作邀请,使半固态产业在将乐县生根发芽。瑞奥麦特公司也已经成为将乐县轻合金产业的孵化企业,吸引并带动了多家企业入驻将乐县发展,逐步形成产业链。

四十、技术创业与慈善并进的陈信华

陈信华,1958年2月出生,泉州市南安人,福建天马彩印包装实业有限公司董事长、建宁县开源鳗业养殖公司总经理,兼任第八届三明市人大代表、三明市第十二届政协委员、建宁县工商联主席等职。

陈信华的公司是建宁县及周边首家专业型包装制品企业,经营范围包括各种塑编彩印包装袋及软包装袋的研发和生产,产品主要有各种规格的普通编织袋、复合编织袋、PP彩印袋、软包装袋等,产品广泛用于饲料、陶瓷材料、化肥农药、日化、卫生用品、食品、文体等行业高档包装用袋。陈信华十分看重技术创新,其公司引进世界先进设备和先进水平的塑编彩印包装袋及软包装生产线和检测设备(现在拥有国内一流水平的拉丝机、圆织机、覆膜机、吹塑机、干复合机及涂膜设备、彩印设备、检测设备等),设计年产各种彩印包装袋2000万条。

陈信华秉承"卓越品质、诚信品格"的经营理念,以创行业一流企业为目标,以循环经济和资源再利用为主线,以节能减排和可持续发展为宗旨,依托先进的设备和完善的交通基础设施及良好信誉,立足于服务高端用户、服务全国的市场导向,努力将公司建成一个管理科学、质量上乘、服务一流、和谐发展的行业领军企业。从1992年创业至今,公司先后成为县精神文明单位、三明市守合同重信用企业、"平安企业"先进单位,将福建天马彩印包装实业有限公司打造成今天市值2200万元的彩印包装企业。

陈信华是一位慈善企业家,1992年至今为建校、建桥、修路、抗震救灾、扶贫助学等捐款总计50万余元,获得三明市十佳见义勇为事业奉献先进个人、第三届三明市见义勇为工作协会荣誉副会长。

四十一、诚信为本、敬业感恩的高红华

高红华,1966年9月出生,三明市宁化人,宁化客家典当有限公司董事长、福建省宁

化亿丰小额贷款有限公司董事长,兼任宁化县工商联(总商会)主席(会长)、宁化县政协常委、三明市工商联执委。

高红华经营稳健,管理顺畅,服务追求卓越,发展追求永续。1988年从商以来,企业不断发展壮大,目前对外投资达近亿元人民币,各投资企业经营状况良好。目前公司共有员工80余人,上交国家税收4000多万元。2008年9月创办客家典当有限公司,共发生典当金额1000余万元。2011年投股创办亿丰小额贷款有限公司,注册资本3亿元,开业以来,为闽赣建材市场等180多家个体工商户、私营企业发放贷款3亿多元,缓解了县中小企业贷款难的问题。

高红华自觉履行社会责任,积极参与社会公益事业。近几年,为捐助贫困生、修桥铺路等社会公益事业捐资15万余元,其中2008年为四川汶川大地震捐资3万余元,助学捐资4万元,扶持贫困生2人。

第八章

三明商业组织

商会是商品经济的必然产物,是市场经济条件下实现资源优化配置不可或缺的重要环节,是实现政府与商人、商人与商人、商人与社会之间相互联系的重要纽带,被经济学家称为地方经济发展的第三推动力。无论是早期的商会——行会、商帮,还是新式商会,都是以乡情、亲情、友情为纽带,凝聚会员合力,在集聚民资、整合资源、开拓市场、联合投资中发挥着重要作用。三明地区的商会组织有着悠久的历史,在新时期更呈现出独有的特点,对三明地区经济的发展产生了重大影响。

第一节　三明商业组织的发展历程

比起其他历史悠久的文化名城,三明的历史并不算长,但在这片山多林密、河流交错的土地上,仍有着明显的商业地域环境和相当的商业文化传统。这里生活安静、闲适,虽然没有沿海大城市那样强大的商圈,但在历史上,由于得天独厚的自然环境和资源条件,这片土地并不缺乏热火朝天的商业集市和畅销四海的货物特产,商人们一样忙碌,商业一样繁荣。而三明地区的商业组织,也正是在这条商业文明的历史长河里得到充分的孕育和发展,并展现出独特的山乡气质。在漫长的岁月里,静静的沙溪河水见证着在这片美丽土地上演绎的商业传奇,自然而和谐。

一、传统商帮和行会的兴起

如同历朝历代的很多商业组织一样,三明的商业组织也经历了从小到大、从无到有、从分散到联合的发展历程。史书里的记载已模糊不可辨,但从许多留存的历史遗迹里似乎仍可以感受那车水马龙、蹄声杂沓、灯火通明的景况。

秦汉到隋唐时期,或因战火硝烟、天灾浩劫、交通不便,或因小农经济自给自足的局限性,或因传统重农抑商思想的影响,三明地区商品经济的发展如履薄冰。北宋泰宁籍状元叶祖洽在其文《诏改泰宁县记》中提到,泰宁"处深山穷谷之间,有山林鱼稻之乐,人自足用,无所外求",且"邵武四县,惟泰宁为最僻,不与四方之商贾交",说的就是典型的小农经济模式和因交通闭塞造成的商贾不通。另外,商人于封建时期地位始终偏低,而当时最让人看得起的职业就是通过刻苦攻读考取功名。由此形成风气,日日计较于锱铢的商贾,受各种条件制约,很难在三明地区立足。凡此种种,造成这一时期,不可能出现大的商业经营模式和有影响的巨商大贾。

随着历史的变迁,中国的经济重心逐渐南移。大批中原汉人为了躲避战乱和自然灾荒,经过长途跋涉来到闽粤赣边地区。伴随客家先民的大量迁入,中原地区先进的农耕、建筑等技术在三明地区播衍开来。所谓"逢山必有客,无客不住山",客家人扎根山区,披荆斩棘、艰苦创业,除了开垦农田、耕耘作物外,他们很早就学会就地取材,利用大山提供的林木、烟草、茶叶等资源发展经济,他们把热闹带进了千沟万壑,把繁荣带进了穷乡僻壤,把文明带进了蛮荒山野。

五代时,南方地区的经济文化得到进一步的发展,并开始取代黄河流域而成为全国经济中心。在人口增加、农业与手工业发展的大背景下,三明地区也渐渐得到开发,商品交换日益活跃,形成了许多繁华的集镇和商品集散地,而随之也出现散布于乡村集镇的手工作坊和游走四乡的小贩。

到了明清时期,我国商品经济进入发展的高峰期,三明地区的商业也有了长足进步,并出现以地域或行业为纽带、以互助为宗旨的商人团体——商帮、行会。当地许多人走出大山,向外开拓,以商贸积攒财富。明代清流人氏裴镒便为其一,他放弃科举,在江苏、浙江、广东及本省沿海从事商品交易。山区与外界经贸往来,以输出土纸、茶油、笋干、香菇等土特产品为主,并输入布匹、食盐、海产、日用百货等产品。货主在产地收购货源,分门别类装运,所需资本采用客家人常用的标会、邀会等融资渠道获得。而且长途贩运离不开帮伙,非一人所为。为了维护共同的利益,同行业的商人们互相联合,充分利用各自优势,取长补短,共商价格,同出收购,意谋大计,实现了产供销的一体化,商会的雏形——商帮、行会便在这种商贸活动中应运而生。商帮、行会的出现,是商人竞争下的产物,为商业的繁荣增添了划时代的一笔,标志着古代三明地区商品经济发展的高峰。

这一时期,三明地区最具影响力的商帮是"笋帮"。顺治年间,贡川堡内有两个青年男子,一个叫杨宫,另一人叫严然。他们都学至贡生,满腹经纶,却不思功名利禄,袭父业往来于沙溪、闽江一带经商做买卖。当时许多外地人在贡川开设笋干收购店,为了占领贡川笋市场,他们肆意哄抬笋价,一时间贡川笋价与日俱增,若任其发展,笋业买卖必然会被外人垄断。杨、严二人有鉴于此,决定组建贡川笋帮,入股集资,集体经营,风险共担,赢利同享。经过多次酝酿,终于在顺治二年(1645年)春成立贡川笋帮商会,杨宫成为该帮第一任帮主、榕城笋行总代理,严然则为笋帮商会总管。这一举措惊动了当时贡川各行各业的老板,一些有远见卓识的人,开始向笋帮靠拢,参与笋帮股份,一时间"贡川笋帮"名声大振,贡川笋行也逐渐被笋帮占领。到康熙年间,笋帮的生意开始做到江浙等地,永安贡川成为当时东南各省中最大的笋干批发市场。贡川、上坪两地的货源已满足不了市场的需求,于是笋帮老板们纷纷前往沙县大洛、南阳、富口等地承包竹林做笋,会同当地大户组成"沙县笋帮"。

随着笋帮的不断发展和壮大,其帮规经前后几次的修改和补充,最终形成严格的制

度,并一直沿用到清末。笋帮的管理制度包括如下十条内容:

(1) 年产闽笋千斤以上的笋户,可加入笋帮。
(2) 凡股金在五百两银以下者,不能在笋帮内任职。
(3) 入股金不到一年者,不能参与分红享利。
(4) 股金可以继承、转让。
(5) 笋帮收支账目公开。
(6) 帮主任期为三年,可以连任,无德能者,中途可免。
(7) 笋帮就职人员玩忽职守,以致酿成人为损失,理应承担赔偿。
(8) 拟定每年农历三月二十三日为颁价日。
(9) 笋帮同仁一律信仰道教,供奉"仁慈天上圣母"。
(10) 设立慈善基金,济国救危。

为了维护其垄断经营的地位,笋帮人统一信仰水神"天上圣母"。之所以如此,大概有两个原因:一是当时商贸运输以水路为主,供奉"水神"以保平安;二是明清时期,福建较有影响的是兴化商帮。兴化商帮渗透全国,形成强大的势力,他们的宗教信仰也影响到其他商帮,笋帮就是一例。由于分工合理,众心一致,经营有方,笋帮获取了很高的经济效益,笋干年销售量一度达120多万斤。如此巨大的销量,笋帮老板岂能不富?贡川堡内的高、严、刘、张等几座豪华府宅,多建于乾隆至道光年间,而能建造这些豪宅的,均是笋帮的经营者。当时贡川有这样一首歌谣:"乌笋兑白银,转手一瞬间,诸般生意好,哪有笋挣钱"。

二、会馆和公所的兴建

在传统商业组织中,会馆和公所扮演着重要的角色。作为一种以乡土为纽带的社会组织,会馆、公所的形成和明清商品经济的高度发展密不可分,它根植于传统市场经济扩展、人口流动频繁的社会大环境中,是社会政治、经济、文化变迁的特定产物。"其内部之组织,虽有善举之敷设,而实则为商业所创立云","为保护同乡之利益,增长商人之优势,断无疑焉"。在会馆、公所的旗帜下,同一地域的商人相互联合,凝聚成为一个整体,形成一个强有力的竞争团体。

清代的永安即出现了这样的会馆、公所——笋帮公栈(又称笋帮公业堂)。它是迄今为止我国发现最早的笋商会址,坐落于古镇贡川进士巷,始建于清顺治三年(1646年)秋,占地面积97.15平方米,是具有典型江南风格的四合院建筑,两侧防火墙镶有4块"笋帮公业"刻块,门额上刻着"笋帮公栈"四个大字,门厅上方悬挂"正直无私"牌匾,大厅地上正中有一块赤石,称为"公平石"。

笋帮公栈建成后,笋商云集,收购笋干、签订合同、商讨价格均在公栈进行,成为福建、浙江、山东、江苏、安徽等地笋业商贸组织的中心联络机构。每年农历三月二十三日这天,各地客商云集笋帮公栈,讨论当年的等级笋价、收购时间、交货地点、付款方式。笋帮老板们将这一天作为颁价日,将闽笋按级别分开,定下各等级价格,然后由帮主立于

"公平石"上郑重向各地客商宣布。颁价仪式完毕后,各地商客方可向笋帮订货,这个风俗一直延续到民国中期,历时二百多年。

据《永沙笋帮簿册》记录,贡川笋帮还先后在上海、苏州、常州、无锡、嘉兴、福州等地兴建了富丽堂皇的"永沙笋帮公所"。上海梅园街永沙公所,占地1000平方米,门前临水处建有码头;苏州南濠街永沙公所,占地1500平方米,整幢楼与苏州园林一脉相承,精雕细刻;常州建有西下塘永沙公所、西仓桥古闽会馆,笋帮人在这不仅经营笋干,还兼营竹、木、茶产品;无锡桃枣沿河永沙公栈,最为壮观,占地2000平方米,房间40余间,内设天后宫,供奉天上圣母;嘉兴东瓜坊永沙公栈,占地500平方米,门前建有码头,非常方便闽笋的运输;福州霞浦街延平会馆,占地800平方米,依山傍水,馆内竖着"永沙笋帮"大字招牌。笋帮公栈在六大城市建房造居,安家落户,势力影响之大可见一斑。笋帮公栈的兴建,不仅推动了贡川商业的繁荣——借水路网络和交通要道的优势,贡川"舳舻千里、风涛驾空",一派繁忙,更使笋帮走出贡川、走向全国。

此外,外地商人也在三明各地建立了许多会馆、公所。以将乐县为例,明代便有外地商人前来经营纸业、木材、香菇、茶叶、烟丝等。而到了清末,福州、江西、汀州、兴化等地客商越来越多,并在县城、白莲、万全等地建立会馆,主要有三山会馆、江西会馆、汀州会馆、兴化会馆、六省同乡会、白莲汀州会馆、白莲江西会馆等。

表8-1 明清时期将乐县外地会馆一览

会馆	兴建年代	地址	会员主营业务	会员数
三山会馆	明末清初	金溪门登高巷	粮食、木材、京果	51家
江西会馆	1909年	西门大街关岳路	药材、布匹、京果	69家
汀州会馆	1911年	南门外下府庙路	纸业、烟丝业	19家
兴化会馆	1911年	南大街土地堂巷	布匹	21家
白莲汀州会馆	清末	白莲老街	造纸业	—
白莲江西会馆	清末	白莲老街	纸业	—

会馆、公所"是客籍人士广为联络、加强团结、自我保护、自谋发展、增强实力、开拓商务的乡帮团体"。明清时期涌现出来的大大小小的商帮,就是在会馆、公所的旗帜下不断发展壮大的。它们的出现,对于保护工商业者的自身利益,促进商业的繁荣,起到了积极作用。但后期随着会馆与乡土观念、封建势力的结合,也阻碍了商品交换的扩大和社会经济的发展。

三、新式商会和同业公会的出现

近代以来,中国被迫打开国门,并日益卷入世界资本主义市场。在这一进程中,随着商品经济的发展和西方先进制度的传入,原先的行会组织已经不能适应时代的发展,在政府的主导下,各地纷纷成立以维护会员合法权益、促进工商业繁荣为宗旨的商会组织。随着新式商会的成立,工商业者组织发展程度大为加强,相互间的联系日益密切,形成一个相对独立的整体力量。从某种意义上可以说,商会的诞生是中国资本主义初步发展的结果,是资产阶级初步形成的一个重要标志,反映了社会发展的必然趋势。

清末民初,三明地区商业日渐兴盛,行业增多,事务纷繁,为此政府亟须建立一个既能执行政府指令,又熟识商务活动和商人内部情况的组织。为此,三明地区各县都相继建立了商会组织。

表8-2　三明地区各县新式商会成立时间

县份	成立时间	县份	成立时间
建宁	光绪末年	沙县	1908年
明溪	民国初年	清流	1913年
宁化	1914年	泰宁	1916年
尤溪	1921年	将乐	1934年
大田	1935年	永安	1935年

商会设有理事会、理事长、常务理事、理事等部门和职位,每届任期二至四年不等,均为会员(代表)大会选举产生。商会成立时,需将成员名单、章程一并上报省府部门,经核备案批、复刻印章、缴纳印章费,才能依法成立。商会法规定了商会成员的职称、任职年限。一届任职期满后,须履行法律手续及时成立改选委员会,并报请县党部、县政府派员指导,进行选举,其任职人员的职能及应办理的事务等工作制度,均需按照章程规定行事。

商会一般具有公益性、民间性、自律性、法人性四个特征。作为商人的团体组织,商会当然以"经济方面的职能为主",把"保商利、扩商权、开商智"作为自己的宗旨和任务。其主要职责包括:搜集商业市场信息,研究促进商业发展的方法;调解商会内部人员业务、财务上的纠纷及争议事项;执行政府命令,平抑物价,催缴会费,处理政府的差役和摊派捐款;上报发表关于商业活动的意见和统计情况,协助政府禁止非正式商人经商;遇有天灾人祸,商会常需出面募捐、赈灾,从事公益事业。

由于商会是由政府劝立、得到政府支持、包罗工商各业的,组织范围比原来的行帮广大得多,各地商会间也遥相呼应,形成"层级性联络网络"和"平行性对外网络"两个系统,打破了传统商帮、会馆和公所条块分割的局面,因而这些机构对外联系渠道畅通,在反映工商意愿、维护工商权益、沟通官商关系、协调行帮纠纷、处理涉外事务,甚至在谋求工艺改良、促进商业发展等方面更为便利,更有权威,也更有成效。但新式商会的运行仍然还需要各行帮的配合、支持甚至参与,商会也只有通过会馆和公所才能真正发挥作用。它们之间是相互依存、相辅相成的,而不是互相对立、互相排斥的。

在新式商会纷纷建立的同时,另一种商业组织——同业公会也逐步发展起来。民国十八年(1929年),国民政府公布《工商同业公会法》,规定原有的"公所"、"行会"、"公馆",均改组为同业公会,隶属于商会,职能与商会大体相同。自从法规颁布后,三明地区各县的同业公会蓬勃发展起来。如民国三十七年(1948年),沙县就有京果业、木业、纸业、盐业、酱油业、酒业、糕饼业、烟丝业、丝绸绒呢布业、教育图书用品业、百货业、国药业、屠宰业、笋业、米业、柴炭业、民船业、糖业、五金业、电料业、菇业、粮食业、烟业等23个同业公会,会员达数百人。以烟业为例,沙县夏茂地区烟叶商贩和种晒烟农户曾联合组织"夏茂烟叶商业同业公会"(简称"公同和"),联合收购晒烟,并统一实行包装、保管、转运外销,并先后在沙县城关、南平、福州等地设立烟叶栈房,年经营烟叶少时3000~5000千担,多时万把担。除沙县外,其他县份也都相继建立了同业公会。

表8-3　解放前夕三明地区各县同业工会数量

县份	数量	县份	数量	县份	数量	县份	数量
沙县	23	明溪	14	将乐	11		
永安	21	建宁	12	泰宁	9		
尤溪	17	宁化	12	大田	5		

表8-4　1936年沙县部分同业公会会员人数

名称	会员数	名称	会员数	名称	会员数	名称	会员数
布匹业	17	百货业	8	糕饼业	37	香菇业	17
京果业	16	烟叶业	28	菜馆业	22	杂货业	16
纸业	18	笋业	18	屠宰业	28	转运业	19
烟丝业	34	药材业	13	染业	12		
酒业	28	米业	20	柴炭业	19		

总体而言,商会和同业公会在发展地方经济、维护地方治安、参与地方事务、发动民生救济等诸多方面都发挥了重要的作用,成为地方最具影响力的社会团体之一。以商业较发达的泰宁县为例,清末民初,市场上流通的货币有银圆、银毫、铜圆、铜钱四种,原来比值都是十进一,即十文铜钱换铜圆一枚,十枚铜圆换银毫一角,十角银毫换银圆一圆。至1921年,由于物价上涨和铸币的质量问题,十进的规例被打破,市面上铜钱最高时120枚才值一个银圆(光洋),最低时320枚铜钱值一个银圆。为了稳定币值与物价,泰宁商会根据市场上货币流通情况,召开商民代表会议,议定不同货币间的兑换比例,并报请县政府张贴布告进行调节。泰宁商会的行动,无疑保护了地区经济的发展,促进了商品的流通。

四、新中国成立初期的工商业联合会

莫道浮云终闭日,严冬过后绽春蕾。新中国成立以后,各地纷纷按照政务院规定成立工商业者联合组织的人民团体——工商业联合会(以下简称工商联)。

1950年6月,宁化县工商业联合会成立;1950年11月,将乐县工商界第一次代表会议召开,成立将乐县工商业联合会;1951年1月,沙县工商业联合会成立,下设调解股、组织股、财务股、宣教股、浮桥管理委员会、业务辅导委员会、护税委员会等,全县私营商业由1950年的456户增至1951年的2289户(包括小商贩);1951年6月,永安县成立县工商业联合会(城区私营工商业者组织);1952年12月,清流县第一届工商联代表大会召开,成立县工商业联合会……

解放初期各县工商业联合会的成立,为稳定当地经济、促进工商业的恢复与发展起到积极作用。但是,由于1958年至1978年这段时间是典型的计划经济时代,在以国有经济为主体、集体经济为补充的时代里,私营经济(非公经济)在狭小的空间里艰难生存,只有极少数企业得到发展。

综上而言,因亲缘关系,商人形成以宗族、行业为纽带的商帮组织;因地缘关系,商人的地缘组织会馆、公所得以建立;因业缘关系,商人的行会组织——商会、同业公会应运而生。但不论是传统商帮、行会、会馆、公所,还是新式商会、同业公会、工商业联合会,它们都是工商业发展到一定阶段的产物,都是以开展工商业活动为主的社会组织,都体现工商业发展的程度。"它们应时而生,彼此间的消融并长也就有个历史的自然过程。其间确有'某些相同和互相依赖的社会和经济功能'",后者才能在容纳前者的基础上建立起来。它们之间并非是依次取代的关系,它们既有时间上的交叉并存,也有组织上的相互重叠,是发展与进一步发展的关系。而这种由亲缘组织、地缘组织向业缘组织的演变,正是社会发展的必然趋势和商品经济发展的必然结果。

第二节 独具特色的三明商业组织

三明地处内陆,境内山高林密,路隘苔滑,交通闭塞。典型的山乡环境与独特的经济模式,为三明商业组织的形成、发展提供了条件。三明商业组织从无到有、从小到大、从分散到联合,表现出独具特色的风格,并在三明经济发展的进程中扮演着日益重要的角色。

一、三明商业组织形成和发展的地域环境与经济条件

(一)闭塞的交通环境造就特殊的山乡商会模式

古时福建交通极不方便,素有"闽道更比蜀道难"之说。面对如此不利于经商的自然条件,三明商人们没有退却,他们埋头苦干,水路不通就开凿河道,陆路不通就用肩挑,翻山越岭,披荆斩棘,一步步走出大山。比如宁化,这里木、竹资源丰富,早在隋大业之季(605—618年),黄连人巫罗俊就率众"开山伐木,泛筏于吴"。他们将砍伐的木材,拖运

至横江溪边,春夏之交雨水一来,溪水暴涨,便将木材长尾抛入溪中,流放入石城琴江,再扎成木排,经赣江,入长江,运至扬州一带销售。尔后,继有宁化东部、西部、北部的木材,经东西溪顺流而下,经清流往沙溪,经南平到福州,以及南部地区的杉木,从治平经曹坊入汀江,至梅县等水道筏运。水运的开发,对宁化客家祖地的经济发展起到巨大作用。

即使是道路崎岖,三明在古代也是重要的交通枢纽,驿道、古道都是三明发展的血液,带动了三明当地的经济繁荣。以泰宁、建宁为例,古时泰宁与建宁同属邵武军,故这条驿道也可以看成是邵武—泰宁—建宁的一体式驿道,而泰宁处在中间点,起到了中转站的作用,通往两端的商品周转较为频繁,商贸活动也趋于繁荣。这条驿道从唐朝起,就由官方负责修筑,并在沿途设立驿站(古时称铺)。古时邵武军通向泰宁的驿道线路是邵武水马驿—游源铺—朱口铺—泰宁县前铺,通往建宁县的驿道线路是泰宁金富街—长滩铺—梅口铺—挽舟铺—建宁县前铺。各处驿站,成为商旅汇集与饮食歇脚的地方。

独特的地域环境一定程度上制约了三明地区经济的发展,但无疑也造就了三明商人勤奋开拓、勇于进取的精神。这种精神伴随着沧桑岁月融入一代又一代三明商人的骨髓里,成为明商崛起的精神支柱。无论在瞬息万变的商海中,还是在险象环生的征途上,抑或在艰难困苦的环境里,三明商人守望互助,组织行会、商帮、商会,以"硬气做赢人"的刚强气概,摆脱传统观念束缚,敢作敢为,成为活跃在海内外商界里的一支劲旅。这种特殊地域环境中形成的山乡商会模式,无疑更加具有凝聚力和向心力,并在宗族、乡土观念的影响下,推动着三明商业组织的发展与三明经济的繁荣。

(二)墟市集散促进行会与原始商会的出现

墟市具有促进农产贸易、活泼农村金融、交换市场情报、便利农政推行等作用。早在唐宋时期,三明境域的墟市就渐趋形成,官府不仅在州、县设有固定的"市",以供商品交换,而且乡村集市也大量出现。

以宁化、将乐为例,宁化县治所自后唐同光二年(924年)自黄连冈迁至竹筱窝后,花心街即为最早的集市贸易场所,工商业者同街而居,随地经营。到了宋代,随着城市的扩展,又分为城东、城南(城内、城外)二个墟场。宁化岩前墟周围居住农户有3000多户,街道扩伸,店铺林立,有米行街、粉行街、菜行街、桥北街(专卖猪肉、仔猪),墟期为十天四墟,即逢一、三、六、八日为墟日,赴墟的人群多,商品交易量大,被称为"小福州","京果、食杂、布匹、肉类、鸦片、客店、赌博、逍遥样样有",可见其繁荣景象。

乾隆《将乐县志》也记载:"百工互易,乃无余粟、余布之患,墟集所由始也,亦有别焉。负贩杂沓,终日不辍,谓之市,如治前之十字街市、上下水南之桥头市、东乡高滩市、南乡之池湖市、北乡之万安市、儒林市、大源市是也。其或离城弯远,携取颇艰,爰联乡聚,克期交易,谓之墟,如南乡之南口墟、茶坞墟、村头墟,西乡之光明墟、黄潭墟、万全墟、阳源墟、水口墟,北乡之寨俚墟是也。"可见,至乾隆时将乐已形成8市、9墟的商业网络。

民国时期,三明各县的墟市经济已经有相当程度的发展。城区和各个集镇所在地按各地习俗来确定墟日,或十日一墟,或五日一墟,每至墟日,乡民由四面八方的村落齐聚,有的运来各自生产的鸡、鸭、猪、羊、牛、菜蔬等农产品,有的从外地运来布匹、食盐、糖等到市场贩卖,民众根据各自所需,以及不同的经济能力,购买商品。

表 8-5 民国时期三明地区各县墟市一览

县名	数目	墟市地点
大田	22	城厢、小湖、武陵安、小坑、仁美、西头、畲卿、林兜、龙门、铭溪、龙口、广平、三保、东西坑、奇韬洋、文江坂、四八都、桃源、翁坑、上京、汤头、泰华
建宁	15	衙前街、溪口、黄岭集、均口、官常、半寮、焦坑、澜溪、溪口、渠村、里心、黄泥铺、枧头、双溪口
宁化	13	禾口、中沙、曹坊、安乐、寺背岭、水茜、安远、乌村、泉上、河龙、横锁、店山上巫坊、下巫坊
将乐	10	高滩、漠口、南口、白莲、黄潭、将溪、上墟、万安、安仁、泽坊
清流	9	嵩溪、嵩口坪、林畲、田口、草坪、羊塘、曾家、沙芜塘、掩桑
明溪	9	城内、胡坊、龙湖、沙溪、夏阳、盖洋、扬地、常坪、鳌坑
沙县	15	镇头、高砂、青州、潮阳(南阳)、洋溪、夏茂、富口、墩尾、涌溪、南坑仔、官庄(大洛官昌)、湖源、下湖源(郑湖)、渔溪湾、高桥
永安	7	县城、上坪、西洋、洪田、西华堡、升桥、古口
泰宁	7	县城、大田、朱口、新桥、弋口、梅口、开善
尤溪	4	管前、新桥、石龟、清溪
三元	3	莘口、梅列、沙歪

墟市是三明城乡历千余年而不衰的一种商品交易形式,至今仍有许多地方以墟市形式开展贸易活动,解决本地区人群的生活所需问题。随着经济的发展,特别是商贸往来的日益频繁,墟市逐渐发展成为地区货物的集散中心,吸引越来越多的商人聚集在这些地方。有的墟市还发展成为专业性市场,并出现专业分工的茶行、木行、纸行等商业组织。为了增强竞争力、占领市场、获得更多的利润,他们往往按照地域或行业组成行会、商帮、商会等经济组织。因此,从某种意义上而言,墟市的发展促进了行会、商帮、原始商会的出现。

表 8-6 近代三明境内部分专业市场分布表

县别	茶市	木市	纸市
永安		安砂、县城	县城
归化	县城	梓口坊	梓口坊
清流		嵩口坪	下窠、大横溪、嵩溪
宁化			县城、泉上

续表

县别	茶市	木市	纸市
沙县	富口、琅口、渔溪湾	莘口、琅口、水壁	玉口、县城、富口
将乐	县城	观化楼、水口、积善	水口、县城、高滩
泰宁		池潭	县城、大田、新口
建宁		均口、县城	均口、县城

(三)山乡特色的庙会经济提供了商会发展的环境

庙会也是三明城乡一种特殊的商业模式。历史上的三明地区有着各种庙会,如将乐"东乡二月之高滩会、西乡七月之阳源会、北乡七月之大源会、八月之孙坊会"。清流每年也有元宵节会、金莲会、城隍庙会、镇武庙会、三圣隍庙会、欧阳真仙会、龙舟赛会、樊公庙会等。庙会进行期间,除张灯结彩、舞狮舞龙、迎神赛会外,各地商人也借机开展商品交易活动,"工商辐辏,货贿充仞",成为旧时商品经济的一种特殊形式。比如将乐白莲的妈祖会,每年农历九月初一至初三,沙县、归化、清流、宁化的纸商、牛贩子以及远在福州、江西、汀州的纸行老板都会前来交易。庙会期间,白天,几百米长的小街万头攒动,人山人海;入夜,灯火通明,小曲绕梁。小镇上的汀州、福州、江西会馆和大小客栈皆住满商客。赶会者多达上万人次,久而久之,庙会和集市交易融为一体,形成了一年一度的物资交流会。

庙会经济的发展,增进了地区间商品的流通与交换,促进了地区商业的繁荣。各地经济间的联系日益紧密,商人群体间的交流日益频繁,带动了商会的出现和发展。

二、三明商业组织的历史作用

在商品经济发展的进程中,行会、商帮、商会等商业组织相继出现。无论哪一种组织,在特定历史条件下,都扮演着相当重要的作用,并对三明地区经济的发展与社会的进步产生了积极的影响,具体表现如下:

(一)促进地区经济发展

三明区域内的商业组织自出现以来,就在很大程度上促进了当地商业的发展,为地区经济的整合与提升提供了新的发展机遇。最典型的是永安笋帮公栈,在运行的过程中,通过联合内部力量,组建贡川笋帮,以入股集资、集体经营、风险共担、赢利同享、合理挣钱、各自养家的方式进行笋干经营,形成了集合经营的模式,不仅遏制了外来商人肆意哄抬笋价的不正当竞争行为,更使永安笋产品走向全国,促进了地区商业的稳定与繁荣。

(二)整合经营方式,形成规模效应

民国以前,三明地区的商人就以原籍贯自发性地组织"行会"、"商帮"、"商会"等商业

组织,并以"会馆"、"公所"作为同乡商人联络聚会的场所,通过不断交换商情资讯,提升经营范围和扩大经营实力。同时,很多商业组织内部自发形成了在某一行业的集中经营,例如在尤溪的商人以原籍自成行业分工,福州帮以经营海产京果土产为主,闽南帮以经营棉布针织百货文化用品为主,江西帮以经营中药材为主,尤溪本地商帮则以经营木材、饮食业为主。这样的行业分工状态,整合了分散的资源,更易形成规模效应,促进经济发展。

(三)成为政府和商人间沟通联系的纽带

三明地区的行会、商会自出现以来,促进了经济的发展,同时也带动了官商间的交流和互动。比如,商会常常需要协助政府管理商业活动,上报有关商业活动的意见和统计情况,并协助政府禁止非正式商人经商,帮助商民解决货物被扣等纠纷。商会还要执行政府命令,平抑物价,催缴会费,向商人征收政府的差役和摊派捐款。诸如此类,使商会成为政府和商人之间联系、沟通的纽带。

(四)引进先进技术设备,提升整体技术水平

在经济活动中,商会常常扮演先进技术、设备引进者的角色。例如,民国十三年(1924年),沙县商会会长潘伊铭即首倡集股购置电机发电,从德国购进一台23千瓦火力发电机,用木炭做动力,在县城南门设厂发电,创办了沙县最早的电力工业。此外,在行会、商会内部,还常常举办讲习会,灌输商业常识,交流技术经验,促进了行业整体技术水平的提升。

(五)践行公益慈善事业

新式商会通过捐建道路桥梁、襄办新式教育、赈济受灾乡民、协助革除陋习、参与公共事务等活动,逐渐成为公益慈善事业中一支重要的力量。例如,民国九年(1920年),沙县商会曾集资资助陈绍源(后为学者)赴法国留学,凡出境笋干每篓捐两角,毛边纸每件捐一角,木材每连捐一元。民国三十一年(1942年),日寇侵占江西南城,难民纷纷涌向建宁,最多时一天入境三千多人,建宁商会即动员商人募款筹粮,募得三百多担大米,以救难民之急。可见,商会对社会的稳定、进步与发展起到积极的作用。

第三节　新时期内外兼容勇于开拓的三明商会

改革开放以来,一批又一批勤劳智慧的三明人迈出家门,走南闯北,在广东、上海、江苏等地经商办企业。三明商人靠着自强不息、开拓进取的精神,敢入不毛之地,敢闯绝域之墟,不畏波涛汹涌,形成了独特的明商群体和明商精神。与此同时,古老的三明也以更加文明、包容、诚信的姿态,吸引了无数的国内外客商前来经商办企业。随着他们事业的不断发展、壮大,各种商会组织如雨后春笋般破土而出,在经济社会发展中发挥着重要

作用。

一、新时期三明商会组织概况

改革开放带来的蓬勃商机,使三明市商业迅速发展、企业不断崛起。其中,类似或直接以行会形式出现的各区域、各行业商会,发挥了不可替代的作用。商会的发展,成为三明地区的经济发展和商业繁荣的直接动力之一。

作为首个提出"商会经济"概念的城市,三明商会组织发展迅速。2002年8月,三明市第一个地域性商会——三明市南安商会成立。此后十年间,浙江、长乐、福清、江西、闽东、兴化等地商人先后组建地域性商会。与此同时,许多走出三明的明商,本着搭建"联谊、交流、合作、发展、回归"平台,自发联合起来,组建异地三明商会。截至2012年9月,除三明市总商会和各县(市、区)工商联(商会)组织外,三明已先后成立22个市属地域性商会、7个国内异地三明商会、3个行业商(协)会,拥有会员近万名,会员企业投资项目涉及机械、冶金、化工、纺织、建材、食品、商贸、林产加工、生物医药、房地产开发、旅游服务等领域。

(一)市工商联(商会、总商会)

工商联是中国共产党领导的面向工商界、以非公有制企业和非公有制经济人士为主体的人民团体和商会组织,是党和政府联系非公有制经济人士的桥梁纽带,是政府管理和服务非公有制经济的助手,在促进非公有制经济健康发展、引导非公有制经济人士健康成长中具有不可替代的作用。

三明市工商联(三明市总商会)成立于1963年3月,"文革"期间一度停止活动,1985年12月又重新恢复。1992年3月,为适应经济性、民间性的需要,三明市工商联加挂三明市商会牌子。2001年12月,为了更好地发挥工商联的作用,最大限度地适应三明发展格局的需要,根据中国工商业联合会章程有关规定,三明市商会更名为三明市总商会。从昔日的商会过渡到今天的总商会,一字之增,体现着三明市工商联与时俱进、开拓进取、讲求实效、完善机制的理念。

表8-7 三明市工商联(商会、总商会)历届主要领导名单

届别	职务	姓名
第一届 (1963—)	主委	曾七俚
	副主委	陈文泉、何朝钦
第二届 (1985—1992)	主委	曾七俚
	副主委	潘忠玉、庄泰清
第三届 (1992—1997)	主委	周莱
	副主委	王海文、徐金芳

续表

届别	职务	姓名
第四届 (1997—2001)	会长	王秀成
	副会长	陆育家、王海文、徐金芳、黄朝基、邓如宝、帅金高、许有超、戴荣昌
第五届 (2001—2007)	会长	王秀成
	党组书记、副会长	毕宪初
	副会长	王海文、邓如宝、帅金高、朱庆添、陈建(女)、陈海滨、林敦凤、罗增寿、戴荣昌
	秘书长	陈文强
第六届 (2007—2011)	主席(会长)	连锋
	党组书记、常务副主席(副会长)	谢家芹
	副主席	王秋阳(女)、方则江、帅金高、朱庆添、杨玉金(女)、何金户、陈建(女)、陈文强、陈民和、陈映哲、林敦凤、罗增寿、胡建忠、赵逸平、郭联新、彭根发
	秘书长(兼)	陈文强
第七届 (2011—)	主席(会长)	连锋
	常务副主席(副会长)	谢家芹、林星人(2012年接任谢家芹)
	副主席	张德乾(2012年调出)、陈映哲、王秋阳(女)、王竹水、王荣平、朱庆添、何金户(2016年免职)、陈民和、林敦凤、赵逸平(2016年免去)、郭联新、彭根发(2016年免去)、高晓明、林月官、黄承鸿、罗焕集、黄维谋、林来发、赵曾海、周道芳(2016年免去)、乐声平、苏水池、连期望(2012年增补)、郑建平(2013年增补)
	副会长	帅金高、罗增寿、王竹水、邓忠华、孙文斌、李应春、肖裕长(2013年增补)。2016年增补:黄永和、邱宁江、林和平
	秘书长	林熹

三明市工商联(总商会)下设办公室、会员科、经济科,有 21 个直属区域性商会(三明市南安商会、三明市浙江商会、三明市长乐商会、三明市福清商会、三明市兴化商会、三明市江西商会、三明市闽东商会、三明市安溪商会、三明市泉州商会、三明市城区商会、三明市漳州商会、三明市江苏商会、三明市山东商会、三明市客家商会、三明市惠安·泉港商

会、三明市广东商会、福建省湖北商会三明分会、三明市闽北商会、三明市永春商会、三明市福州商会、三明市山西商会)、7个异地三明商会(上海三明商会、北京三明商会、广东三明商会、深圳三明商会、厦门三明商会、温州三明商会、泉州三明商会)和3个行业商(协)会(三明市机械行业协会、三明市钢材行业协会、三明市食品行业商会),会员的人数也在不断上涨。

(二)各县(市、区)工商联(总商会)

改革开放后,新的市场环境和更为便捷的交通设施,推动非公经济快速发展,各地工商联和商会组织在经济社会发展中的作用愈发明显。目前,全市12个县(市、区)都有工商联(商会)组织。

1. 梅列区工商联(总商会)

梅列区工商联成立于1994年1月8日,已历经四届,目前拥有会员217个,其中团体会员2个,企业会员215个。梅列区工商联自成立以来,在服务非公有制经济上始终用心、尽心、贴心,积极引导会员和非公有制经济人士为三明经济的发展添砖加瓦。

2. 三元区工商联(总商会)

三元区工商联成立于1992年12月31日。自成立以来,三元区工商联始终以科学发展观为指导,拓展服务职能,创新服务形式,以服务促发展、树形象、聚人心,在助推企业参与农村建设、引导企业投身光彩行动等方面发挥着重要作用。

3. 永安市工商联(总商会)

1951年6月,永安县成立永安县工商业联合会(城区私营工商业者组织);1953年3月,成立永安县工商业联合会。十一届三中全会后,工商联焕发了新的生机,基层组织得到恢复和发展,到2008年全市已在15个乡镇、街道组建商会11个、区域商会6个、行业商会3个,发展企业会员217个、团体会员10个、个人会员1981人(含原工商业者)。

4. 明溪县工商联(总商会)

明溪县工商联成立于1951年4月,1988年4月恢复活动。明溪县工商联现有会员179名,有1个直属地域性商会(明溪县南安商会)。近年来,明溪县工商联结合实际,创新思维,扩宽渠道,在"回归工程"、光彩事业、服务企业等方面做了大量卓有成效的工作。

5. 清流县工商联(总商会)

清流县工商联成立于1952年,是由该县工商界组成的人民团体和民间商会,现有会员700人、企业会员65家、乡镇分会2个、行业商会3个、异地商会3个。多年来,清流县工商联积极引导会员参加经济建设,为地区经济发展贡献了力量。

6. 宁化县工商联(总商会)

宁化县工商联于1950年6月正式成立,"文革"期间停止活动,1985年7月重新恢复。宁化县工商联现有乡镇商会5个(泉上、湖村、安远、安乐、治平),异地商会4个(北京、泉州、上海、厦门)、直属商会2个(永春、浙江),会员603个,其中企业会员127个,团体会员14个,个人会员462个。

7. 建宁县工商联(总商会)

建宁县工商联于1988年恢复成立,当年5月乡镇企业局以团体会员形式参加工商联,1992年11月个体劳动者协会加入工商联,1994年12月组建里心镇商会,1997年1月成立县工商联党组,2006年8月该县首家异地商会——建宁福清商会成立。至2010年,建宁县工商联共有企业会员90个,个人会员88个。

8. 泰宁县工商联(总商会)

泰宁县工商业联合会于1951年6月7日正式成立,1987年恢复工作。目前,泰宁县工商联有企业会员56个,个人会员110人,团体会员2个,异地商会1个。泰宁工商联立足促进"两个健康"、发挥"五个作用",推动泰宁非公有制经济实现新发展。

9. 将乐县工商联(总商会)

将乐县工商联成立于1950年11月,1987年恢复并召开了第六届会员代表大会,1992年第七届会员代表大会后正式与商会并称。目前,将乐县工商联有企业会员115个,个人会员350人,团体会员5个,异地商会4个。

10. 沙县工商联(总商会)

沙县工商联(商会)系解放后接收旧商会,按政务院规定而成立的人民团体。从1951年至1966年已历四届,1985年9月恢复活动时为第五届,现为第十届。目前已成立直属商会6家,异地商会1家。2010年,在金沙园建设商会大厦,将有101家会员企业入驻。

11. 尤溪县工商联(总商会)

尤溪县工商联成立于1953年11月,1985年6月恢复活动,迄今已是第七届。截至2011年6月底,尤溪县工商联共有会员605个,有新阳、坂面、西滨、梅仙、洋中、管前、中仙等7个乡镇商会和福州分会。

12. 大田县工商联(总商会)

大田县工商联1988年11月恢复活动,至2010年,有基层商(协)会4个,会员279个,其中企业会员124个,个人会员152个,团体会员3个。

(三)直属商会

三明是典型的"移民城市",外来人口众多,大部分外地人来三明投资兴业,勇于拼搏,守信经营,有所作为,有所发展。他们主动融入当地社会,融入各个行业,生根发芽,开花结果。2000年以来,商会经济盛行,祖籍闽南、福清、长乐、兴化、闽东、浙江、江西等地的工商界人士竞相按地域组建商会组织,为三明经济发展奉献一分力量。截至2012年9月,三明已先后成立22个市属地域性商会,商会组织建设与发展达到一个高峰。

1. 三明市南安商会

三明市南安商会成立于2002年8月,是三明市第一个市属地域性商会,现有会员单位350个,会长周文博,常务副会长兼秘书长苏秋阳。商会成立以来,在凝聚乡情合力、服务会员企业、招商引资、发展三明经济建设、参与光彩行动等方面做了大量工作,促进了三明与南安的交流与合作,有力助推了三明经济的发展。至2009年止,商会累计上项目 370 个,总投资 229.62 亿元,实际投入 79.91 亿元。商会两度被市政府授予"发展三明经济先进商会",连续 5 年获得市工商联"项目竞赛活动优胜奖"。

2. 三明市浙江(温州)商会

三明市浙江(温州)商会成立于 2003 年,由在三明的浙江(温州)籍工商业企业家发起成立,现任会长刘小敏。目前,商会有会员企业 340 多家,投资项目涉及建材工业、食品加工、机械制造、化工、矿产开发、竹木加工、房地产开发、餐饮服务、商业贸易等领域。商会坚持"和谐是兴会之本、发展是第一要务、服务是立会宗旨"的指导思想,积极推动三明、温州两地的交流合作,为三明经济发展做出贡献。

3. 三明市长乐商会

三明市长乐商会成立于 2003 年 11 月,现有会员企业 165 家,现任会长林月官,常务副会长高美贵。会员企业主营五金机电产品、房地产开发、钢材贸易、化工原料、木制品加工、建材产品等。商会以项目建设为载体,用乡情、友情、亲情和商情,吸引更多的企业家来明投资,商会及会员企业累计实施项目达 80 多个,总投资近百亿,为发展三明经济做出贡献。

4. 三明市福清商会

三明市福清商会成立于 2003 年 12 月 28 日,商会理事会每届任期 3 年,现任会长林敦凤,常务副会长郭联新。商会现有会员 178 人(以市区为主体),投资项目涉及建筑、房地产开发、建材、养鳗等领域。近年来,商会积极配合会员企业调整产业布局,优化产业结构,增强自主创新力度,不断提高优势产业的竞争力。同时,商会热心公益事业,累计向慈善机构、光彩事业和社会各界捐款达 1300 多万元。

5. 三明市兴化商会

三明市兴化商会(莆田市工商联三明分会),成立于 2004 年 4 月 9 日,隶属莆田市总商会、三明市总商会,现任会长翁兆东,常务副会长游开辉。商会现有会员 200 多名,投资领域涉及啤酒、餐饮、房地产、化工机械、医药卫生、物流、粮油加工等产业。自商会成立以来,广大会员开展项目投资竞赛活动如火如荼,总投资达 40 多亿元,为三明海峡西岸经济区建设做出积极贡献。

6. 三明市江西商会

三明市江西商会于 2004 年 6 月 26 日正式成立,是三明市第一个真正以省为单位组建的地域性商会,现任会长万松青。商会现有会员 253 人,企业会员 139 家,分布于建材化工、房地产、文化传播、酒店、旅游、电子通信、矿产开发、木材加工、机电设备等行业。商会成立以来,为国家和地方创造税收达 3 亿元,为各类公益事业捐款捐物 1600 多万元。

7. 三明市闽东商会

三明市闽东商会(宁德市三明商会),成立于 2005 年 6 月 8 日,是由闽东籍在明企业界人士组成的区域性民间商会,现任会长陈民和。商会现有会员、乡贤 300 多人,非公有制企业 92 家,主营房地产、机械铸造、交通建设、设备安装、教育培训、商贸流通、建材装修、饲料加工、矿产、养殖等。商会以"维权、引导、服务、发展"为宗旨,积极推动三明和闽东两地经济交流和发展。

8. 三明市安溪商会

三明市安溪商会成立于2005年11月19日,现任会长林来发,监事长王水成,秘书长许铁环。商会现有会员268名,会员投资领域涉及机械制造、水电、矿山、茶叶、林木、药业、物流、商贸、担保等,在三明项目实际投资总额17亿多元,引进区域外资金4亿多元。商会以"交流信息、增进友谊、互相促进、共同发展"为宗旨。

9. 三明市泉州商会

三明市泉州商会成立于2008年1月9日,现在会员621人,会长黄维谋,监事长林来发,秘书长陈绍华。商会有会员企业367个,主要从事机械制造、房地产、矿产、林产开发、化工建材、纺织医药等行业。商会有近60家企业年上缴税收100万元以上,其中超千万元8家,超500万元16家。近三年来,商会会员企业累计完成投资73亿元。

10. 三明市城区商会

三明市城区商会成立于2009年1月18日,是在原三元城区商会的基础上,由梅列、三元两区本地籍企业界人士共同发起组建的,现任理事会会长罗焕集。目前,商会累计发展会员企业230家,涉及30多个行业,拥有资产约18亿元,从业人员约3500人。三年来,商会会员企业实力不断增强,新上项目38个,总投资约11.2亿元,项目涉及机械制造、建筑业、房地产业、矿产采掘业、轻工纺织、化工业、文化传媒业等领域。

11. 三明市漳州商会

三明市漳州商会成立于2009年12月,现有会员148人,从事的行业涉及房地产、金融业、制造业、建筑建材、汽车机电、商贸物流、纺织服装、农业开发等,现任会长张传海。商会成立以来,充分发挥全体会员的共同智慧,广泛团结在明各界漳州籍人士,带领全体会员主动融入海峡西岸经济区建设大潮,为促进三明、漳州两地经济社会的全面、协调、持续、健康发展做出贡献。

12. 三明市江苏商会

三明市江苏商会成立于2011年4月18日,是由江苏籍在明工商界人士发起组建的,现任会长顾正中,监事长姜连生。目前,已拥有100多名会员,从事行业涉及机械制造、化工建材、商贸物流等领域。商会以"服务发展、服务江苏、服务三明、服务会员"为宗旨,引导会员在更高层次、更宽领域参与三明的建设和发展,为三明科学发展、跨越发展再立新功。

13. 三明市山东商会

三明市山东商会成立于2011年8月19日,现任会长杨文彬,秘书长赵国文。目前,商会已发展会员150多人,会员企业100多家,投资领域涉及纺织、化工、医药、建筑、房地产、餐饮娱乐、商贸物流等30多个行业。

14. 三明市客家商会

三明市客家商会成立于2011年10月29日,由龙岩、三明的客籍工商界人士组成,现任会长游荣生,监事长邱荣清。目前,商会拥有企业会员300多家,个人会员110多人,主要分布在化工、机械、房地产、物流、商贸等行业。

15. 三明市惠安·泉港商会

三明市惠安·泉港商会是顺应三明、沙县同城化发展趋势，在原沙县惠安·泉港商会的基础上组建而来的。商会成立于2011年12月10日，现任会长连利隆，监事长欧阳伟雄。商会目前有128家企业会员、200多名个人会员，会员从事行业涉及汽贸服务、机械加工、房地产建筑、机电设备、商品贸易、纺织产业、交通运输、资讯中介等20多个行业。

16. 三明市食品行业商会

三明市食品行业商会成立于2011年12月21日，是由从事食品生产经营活动的企业单位自愿参加的社团组织。商会现有会员企业157家。会长郑昌贵，监事长李显福，秘书长黄泉荣。

17. 三明市广东商会

三明市广东商会成立于2012年7月1日，会长陈伟忠，监事长方玉书，目前商会会员企业从事行业主要涉及房地产、石油、珠宝、建筑、装饰、石材、五金、医药及医疗器械、休闲娱乐、餐饮、商贸等。

18. 福建省湖北商会三明分会

福建省湖北商会三明分会成立于2012年7月13日，会长陈绪祥。目前，福建省湖北商会三明分会拥有会员100多人，其中企业会员50多家，涉及环保、林业、建材、房产、餐饮、文化、建筑、物业等行业。

19. 三明市闽北商会

三明市闽北商会成立于2012年7月28日，会长叶建华，监事长黄健庭。目前，在三明的南平籍工商界人士达2000多人，投资创办企业700多家，涉及地产、纺织、化工、建材、食品、建筑安装、金融投资、旅游、餐饮娱乐、三产服务业等多个领域。

20. 三明市永春商会

三明市永春商会成立于2012年8月10日，会长林光耀，监事长林国亮。目前，商会共有会员330家，涉及化工产品、矿产业、机械加工、房地产建筑、农土特产、农资流通、机电设备、商贸物流、运输业、纺织、交通运输、咨询中介服务等20多个行业。

21. 三明市福州商会

三明市福州商会成立于2012年8月23日，会长金宁铭。目前，商会有参会企业466家，投资领域涉及房地产开发、建筑工程、机械制造、商业贸易等多个行业。

22. 三明市山西商会

三明市山西商会成立于2012年9月1日，会长宋建斌。目前，在明的山西籍工商界人士有百余人，从业人员达千余人，年产值17亿元，纳税超过5000万元，主要分布在市区、永安、沙县、尤溪、泰宁等地，涉及地产、纺织、食品等多个行业。

(四)异地商会

"善于经营，勇于创新，长于兼容，勤于服务，精于品位，礼于文明"，无疑是明商之道的真实写照。三明虽然位于福建西北地区，没有直接和海洋接触，但是也受到海洋文化潜移默化的影响,所以明商文化又夹杂着海洋文化的气息。这种陆地文化与海洋文化相互并存、相互交融,显现了明商文化既封闭又开放的特性,具有很强的包容性。在经济高速发展的时代,许多走出三明的明商也加快"引进来,走出去"的步伐,自发联合起来,组建异地三明商会,不仅在国内的上海、北京、深圳等大都市,就连海外都活跃着三明商会的身影。

1. 上海三明商会

上海三明商会成立于2002年5月,现任会长郑建平,监事长舒展,常务副会长黄长荣、陈少平。商会现有会员242人,其中团体会员单位5个,分别为上海市福建商会沙县小吃行业协会、将乐上海商会、宁化上海商会、清流上海商会、永安上海商会。会员企业涉及的行业有房地产、化工、建材、金属钢材、电子元件、服装鞋类、食品贸易、现代服务和物流、农林产品加工、印刷电气设备、加盟连锁超市、饮食业、物业管理等,为上海和三明两地的经济建设做出重要贡献。

2. 北京三明商会

北京三明商会于2006年8月26日经北京有关政府主管部门批准成立,首届会长叶明钦;2009年7月更名为"北京福建企业总商会三明商会",会长赵曾海;2016年3月,经北京市民政局批准成立一级法人单位,更名为北京三明企业商会,会长王才福,监事长为庄雪英,秘书长为杨叶春。商会共有会员企业200多家,商会理事会成员29人,副会长以上职务会员26人。会员行业涉及法律服务、医疗、IT、地产、建材、电气化、机械、影视、广告、建筑装饰、茶叶、餐饮、艺术品投资等20个行业。部分会员企业家还担任各级人大、政协委员。商会整合各方资源,聘请65名领导、专家、教授担任商会顾问,努力为会员企业服务,积极扶持会员企业发展,并与全国近百家商会协会保持密切联系、交流。

3. 广东三明商会

2006年10月,中共三明市委统战部、市工商联、市民政局批复同意成立三明市总商会广东商会。商会拥有团体会员3个,企业会员400多个,首任会长李美孝,现任会长陈高刚,监事长魏昌明。

4. 深圳三明商会

深圳市三明商会成立于2008年5月7日,是由三明籍人士在深投资和经商办企业人员等自愿结成的地方性、非营利性的民间商会,首任会长谢国富,现任会长林和平,理事长黄敏强。商会现有会员122人,经营范围涉及电子、印刷、通讯、服装、食品等行业。

5. 厦门三明商会

厦门三明商会成立于2008年9月,由三明籍或曾在三明学习、生活、工作过的在厦企业界人士组成,首任会长陈建群,现任会长黄永和,监事长谢小金。商会现有会员企业215家,这些企业主要从事机械、电子、商贸、物流、旅游等行业,为厦门、三明两地经济发展、社会和谐做出了积极贡献。

6. 温州三明商会

温州三明商会于2008年11月28日成立,会员148人,首任会长黄国庆,现任会长周国辉,常务副会长周国辉、周建强等5人,常务副会长兼秘书长唐乐新。商会以"爱国、敬业、诚信、守法、奉献"为宗旨,成为会员企业融资、后勤服务、信息交流、经贸协作、公益事业的平台。

7. 泉州三明商会

泉州三明商会于2009年9月6日成立,是由三明籍在泉州地区从事企业生产和商贸活动的工商界人士发起组建的。商会现有会员101人,主要从事房地产、贸易、五金家电、广告传媒等行业,不少会员企业在当地已有较大影响力,首任会长谢庭荣,现任会长为谢海态。泉州三明商会的成立,为蓬勃发展的三明商会事业注入了新的生机和活力。

8. 海口三明商会

海口三明商会成立于2012年6月7日,现有会员114人,会长张运发,商会宗旨是"树立三明人的良好形象,为海口的经济技术合作和精神文明建设做出积极贡献"。会员主要从事房地产、酒店、家具、建材、建筑、投资、装修、特产专卖、通信器材、贸易、培训、医疗、水产养殖、工艺品、文化娱乐、社会服务等行业。

9. 南京三明商会

南京三明商会成立于2012年10月21日,目前共有会员单位69家。会长丁明辉,监事长蓝三明,秘书长王小川。

10. 重庆三明商会

重庆市三明商会成立于2013年1月21日,位于重庆市九龙坡区直港大道201号。目前共有会员单位112家,理事以上单位37家。商会会员97％为福建省三明市籍人。商会主要以经营建材行业为主,建材经营范围覆盖重庆市主城区多个市场,另有企业从事不动产开发和投资、电商、高科技等。会长杨宗林,秘书长苏隆科。

11. 福州三明商会

福州三明商会成立于2013年5月23日,目前共有会员单位180多家。会长林敦凤,秘书长陈文强。

12. 漳州三明商会

漳州三明商会成立于2013年11月9日,目前共有会员单位136家。会长黄金水,监事长罗增铨。

13. 长沙三明商会

长沙三明商会成立于2014年4月28日,目前共有会员单位116家,会长邓高礼,秘书长叶振礼。

14. 陕西省闽北商会

陕西省闽北商会成立于2014年7月18日,会员主体为三明、南平两地在陕西投资兴业的工商企业界人士。目前共有会员单位368家,理事以上单位90家。据不完全统计,以民营企业为主,闽北籍在陕从事各行业人士达5万余人,注册企业1800余家,在陕西投资250亿元以上。涉及企业管理、装饰、建材、商贸、科技、电器、餐饮、酒店、消防设备安装、物流、房地产开发等多行业。商会会长吴家兵,执行会长吴凤华、纪泽明,监事长陈凤鸣,秘书长陈奇军。商会内设办公室、会员部、外联部、项目服务部、金融服务部、法律维权部、学生部等多个专业部门。

15. 石家庄三明商会

石家庄三明商会成立于2014年7月30日,目前共有会员单位116家。会长张吉炳,秘书长张兰。

16. 南宁三明商会

南宁三明商会成立于2015年9月23日,是以三明籍在广西投资兴业的工商企业界人士为会员主体,会员单位涉及房产开发、文化传媒、化学化工、建筑装饰、医药医疗、机械制造、餐饮休闲、金融投资等10多个行业,目前共有会员单位120多家,理事以上单位49家。商会宗旨是凝聚乡情、交流合作、精诚团结、共赢发展。会长郑天培,监事长林充壮,秘书长张恩。

(五)异地商会回归组建明商集团

在海峡西岸经济区建设大潮中,作为生态工贸区的三明迎来了前所未有的发展良机。许多在外经商的三明人,凭着诚信勤劳、胆识机缘、宽广胸怀和天时地利,取得了巨大的成功。事业有成后,他们开始把目光投向家乡,纷纷回乡投资兴业,助推了三明经济的发展,并衍生在外明商回归桑梓创业的明商集团。

2010年4月,为响应三明市委、市政府提出的"发展商会经济,实施'回归工程',引导在外明商回乡投资创业"的号召,由全国各异地三明商会和三明市总商会、三明市城区商会联合发起组建的"明商集团"宣告成立,首次募集资金1.86亿元。由此,一个由天下明商代表人士组成的,实力强大、代表性强、思想统一、抱团发展、志在回归、报效故里的大型商业集团呼之欲出。

明商集团短期目标为在3年内完成10亿元以上的总投资额;中期目标为整合会员企业、成立专门产业的子集团,在三明市培育3家以上上市公司,集团资产达百亿元;长期目标为建成全市乃至全省最有影响力的企业集团之一,为发展三明、造福家乡人民尽一分力量。明商集团是"天下明商"共同的信息、人才、资金与项目平台,也是明商联手做大、抱团发展的重要平台。

二、新时期独具特色的三明商会经济

大力发展商会经济,是三明加快发展的必由之路;打造商会经济品牌,是三明经济发展的必然选择。从新世纪初三明市成立第一个地域性商会以来,三明各商会组织不断健全完善,商会企业不断发展壮大——全市非公有制企业从2006年底的7689家发展到2011年底的17730家,非公有制企业总产值(含销售收入)从303.3亿元增长到916亿元,上缴税收从22.25亿元增长到72亿元,非公有制经济的税收占总税收比重由50%提高到70%,出口创汇从4.05亿美元增长到7亿美元。以商会为平台、以乡情为纽带、凝聚合力、抱团发展的商会经济模式,已成为三明经济发展的新动力,并呈现独有的特征。

(一)开展项目竞赛,助力地方经济

为推动商会为地方经济发展服务,三明市工商联组织引导商会和商会企业开展项目竞赛活动,商会成为三明市民间投资的主力。各商会和商会企业你追求我赶,用乡情、友情凝聚合力,成为三明经济发展的特色。2009年,会员企业新上项目502个,总投资达445亿元,实际完成投资286.6亿元;2010年,各市属地域商会共实施项目268个,总投资达407.24亿元,实际完成投资105亿元,列入省、市重点项目的有42项。一个个项目成为推动三明商会经济发展的巨大动力,对促进三明非公有制经济发展起了龙头带动作用。

(二)推进"抱团"发展,打造资本"大船"

"抱团"发展商会经济,一方面可以更快更好地融资,快速集中分散的民间资金;另一方面,也可以增强整体实力,形成优势,做大项目。在三明市委、市政府的助推下,商会会员企业积极加强合作、整合资源,打造资本"大船"。三元区的海西金属制品市场正在建设之中,其中海鑫五金机电城、海鑫金属市场、建材家具城、福建名城股份有限公司的食品综合冷库,就是长乐商会会员企业"抱团"投资的。海鑫五金机电城总投资4.5亿元,面积为13.5万平方米,2010年底竣工,目前已入驻企业200多家;海鑫金属市场占地100亩,总投资9000万元,已签约入驻企业100多家。而三明国美电器、国美大酒店、王朝大酒店等带动当地区域经济的投资项目,便是三明浙江温州商会"抱团"投资的。此外,三明市属各区域商会都在加快建设自己的商会大厦,推进"抱团发展"进程,彰显出三明商会经济的蓬勃发展态势与实力。

(三)实施回归工程,反哺家乡发展

三明市借助异地三明商会平台优势,大力实施"回归工程",引导在外乡亲回乡投资兴业。自2003年以来,异地三明商会累计在三明市实施项目41个,总投资48.5亿元,实际引进资金36.4亿元。上海三明商会副会长周道芳先生创办的泰宁南方林业科技公司2008年在法国上市,他相继又在泰宁、建宁、梅列、大田、永安等地投资24个项目,总投资达30多亿元,实际到资13亿元。广东三明商会副会长林丽珠女士在泰宁先后投资4个酒店,总投资7.5亿元,完成投资近4亿元。

2010年,为贯彻落实三明市委、市政府提出的"发展商会经济,实施'回归工程',引导在外明商回乡投资创业"的要求,市委统战部、市工商联(总商会)牵头各异地三明商会和三明市城区商会联合发起组建"明商集团",利用这一平台聚集更多明商参与,吸引更多资金回归,成为三明市"回归工程"和招商引资的新突破。

(四)政府高度重视,打造良好环境

从2002年三明市组建第一个地域性商会开始,三明市委、市政府和有关部门都高度重视发展商会经济,提出要"壮大商会队伍,做强商会经济",把商会经济作为拉动三明经济发展的新增长点,并对商会组织发展建设在政治上关心、在政策上引导,主动服务企业,做到亲商、安商、富商。对在经济发展中做出突出贡献的非公有制企业和非公有制经济人士,市委、市政府都给予相应的荣誉和政治待遇。市领导还经常深入商会企业,了解企业发展情况,帮助解决发展中遇到的困难和问题。

为了进一步提升商会经济发展水平,2010 年,三明市工商联积极开展深化"服务企业年"活动,继续在政策、项目、融资、科技、培训、维权等方面为企业提供"深化"服务,并联合环保、工商等部门召开"服务企业,共促发展"座谈会,搭建商会和商会企业联系沟通政府职能部门的平台,形成服务企业的合力。

(五)健全组织建设,凸显平台作用

随着三明市商会组织相继建立,商会经济的影响力与日俱增,各商会组织都着手加强自身建设,以会员为根本,以发展为主题,强调服务理念,为会员企业项目建设牵线搭桥。三明市闽东、长乐商会等在内部推行会长轮值制度,每两周由一名副会长驻会上班,处理商会日常事务。轮值制度既调动了副会长的积极性,也使商会会务更加透明,进一步强化了商会与会员的联系,让会员对商会有认同和归属感。各商会还加强人员队伍和硬件设施建设,实施企业家素质提升工程,聘用有一定学识的青年充实商会队伍,配备电脑等办公设备。三明市闽东、长乐、兴化商会等还率先建立商会网站,创新服务会员手段。

随着商会组织建设不断完善,商会的凝聚力和影响力不断增加。商会企业在发展壮大自身的同时,积极履行社会责任,自觉投身公益事业。旨在引导商会和商会企业实施项目、开展扶贫济困的"光彩行动——商会苏区行",自 2008 年以来先后走进清流、宁化、建宁、将乐、泰宁,对接项目 23 个,投资额近 20 亿元;在 2010 年 6 月的特大洪灾中,各商会和会员企业弘扬爱心,慷慨解囊,累计捐赠救灾款物达 3000 多万元,体现了高度社会责任感;"百名执委挂百村,共建和谐新农村"活动,带动近 10 万农村人口脱贫致富,涌现一批"光彩行动"先进人物。作为一个凝聚合力、共赢发展平台,商会组织在三明两个文明建设中发挥着越来越大的作用。

独具三明特色的商会经济,是三明着力培育和打造的经济品牌,在发展的过程中呈现许多亮点,多次受到上级部门的表彰。2006 年 9 月,三明市工商联受到中央统战部等 10 家单位联合表彰,荣获"全国各民主党派、工商联和无党派人士为全面建设小康社会做贡献先进集体"称号;2008 年,三明市工商联先后被评为"海西春雨行动先进集体"、"全国工商联系统先进集体"、"全国工商联系统抗灾救灾先进集体";2009 年,三明市工商联开展的"服务企业年"活动,入选全国工商联系统"十大亮点";2011 年 3 月 15 日,由全国工商联宣教部指导、中华工商时报主办的"2010 年度工商联(商会)工作优秀案例"正式对外宣布,三明市工商联"打造商会经济品牌,助推地方经济发展",在 20 个优秀案例中名列第 8 位。目前,福建只有三明工商联同时获得"十大亮点"和"优秀案例"两项荣誉,而全国工商联系统连续两年相继入选十大亮点工作和优秀案例的单位也只有三明市工商联。

在当代，经济发展中暗藏着巨大的机遇和挑战，三明商会的工作也将更加任重而道远。三明商会将与时俱进、开拓进取，坚持以政治引导把方向、以服务会员为宗旨、以道德建设为根本、以健全组织体系为依托、以增强凝聚力战斗力和创造力为目标，努力开拓新世纪商会工作的新局面，并协力构建三明市"山海协作、对内联结、对外开放"三个战略通道，为实现三明市委、市政府提出的"强市富民、发展三明"的目标贡献力量。

第九章

明商文化

第一节 三明商业发展的历史脉络和特点

三明商业是随着中国社会政治经济变迁而发展的，大致可以分为三个阶段，第一阶段是从魏晋隋唐以来直至民国，商业随着政治经济社会发展自然而然发展，随着外来人口迁入和本地资源开发而展开，沿着内贸—外贸（与外地的贸易）、水路—陆路的线索而逐步形成的，体现了一定的自然性。第二阶段是新中国成立后至改革开放之前，这段时间的总体特点是政治干预性强，三明地级行政区从无到有，在国家计划经济的指令下，打造为一个"工业新兴城市"，完全脱离了过去商业自然发展的轨迹。第三个阶段是改革开放至今，由过去特殊原因所形成的"工业城市"的特色不断弱化，经济结构、商业发展不断回归到本地人文、自然、地理的自有特征，开始了新的征程。

一、三明商业发展的历史脉络

三明商业的发展是随着中原人口的不断迁入和聚集、资源的开发而逐步发展繁荣的，具有悠久的历史，在三国时期（260年）即建县。两晋时期，中原战乱，中原百姓纷纷南渡江淮避乱，散处闽西北各地，使闽西北地区的经济、文化、人口获得迅速发展，市井逐渐繁荣，辟圩设镇。至隋唐宋时期，虽经朝代更迭，但闽西北地区一直社会安定，数百年没有战事，大战乱基本未涉此地，成了中原汉人（客家先民）的避难良所，屡有人口的迁入，至南宋时，南方经济发展水平完全超过北方，形成了南方经济领先于北方的格局，南方成为全国的经济重心。三明地域社会和经济随着当时的经济大潮获得发展，政区地域不断扩大，交通道路更加发达，人口不断增加，农业手工业产品纷呈，商人遍布各地，商业呈现出前所未有的繁华。至元代时，虽经历史的不断变更，三明商业经济仍在不断发展。到了明清时期，三明的农业和手工业有了较大的进步发展，农副产品和手工业产品商品化趋向逐步扩大，农村墟市、圩市和专业集市增多，商品交易会也逐渐形成，与外界商贸往来逐渐频繁，以出口土特产品为主，进口布匹、食盐、海产干货以及日用百货，逐渐涌现出一批专门从事商贸活动的商人,商品经济得到蓬勃发展。进入清朝末年,虽然"洋油"、"洋布"、"洋粉"等舶来品的输入刺激了三明的商品经济发展,但由于清政府的腐败,民族资本主义工商业发展处境维艰。

国民党统治时期,军阀割据,战事频繁,土匪猖獗,社会动荡不安,加之苛捐杂税繁多,经济落后,商业萧条,且货币体系混乱无序,促成了众多工商业者倾家荡产。进入土地革命战争时期,共产党在三明境内建立各级苏维埃政权,商业的发展便具有了社会主义性质,建立公营红军商店、红色饭店、苏维埃中药部队、粮食调剂局和消费合作社等。在抗日短暂时期,由于省府内迁至永安,各种机关、机构、企业随之迁入,三明人口增多,促成了三明短暂的商业繁荣,当时永安县内,各地商贾云集,拥有造纸、布业等30个行业,其他行业如茶店、书店等也应运而生。抗日战争胜利后,省府迁回福州,三明境内经济发展失去外部动力,尤其是国民政府发动内战,抓丁派款,工商税赋沉重,生产力受到严重破坏,市场物资匮乏,再加上滥发货币,导致恶性通货膨胀,国民经济日益衰退,千疮百孔,百业萧条。

新中国成立后,三明经济迅速恢复,人民生活水平逐步提高,各地进行手工业社会主义改造,国家逐步对生产资料和生活资料进行计划统配,统购统销。尤其是在1958年4月后,三明辟为重工业基地,进行轰轰烈烈的工业建设,布局了三钢、三化等一大批重点工业项目,并调进大批职工,奠定了今日三明经济社会发展格局的基础,形成了社会主义独有的商业发展模式,在这一时期,虽不存在传统意义的商人,但却涌现了一大批为三明建设献身的劳动者。

1978年,改革的春风同样吹暖了三明这片山清水秀的热土,个体户、私营企业如雨后春笋般涌现,各行各业迸发出前所未有的活力。国有企业也在国家市场化改革的大政方针指导下进行转型改制,较好地适应了现代市场经济发展需要,各种基础设施改善也为商业发展创造了良好的条件,还涌现了一批敢闯敢干、拼搏创新、既懂经营又会管理的商界精英,推动三明的商业发展进入新的历史台阶。

二、明商发展的特点

在三明漫长的经济和商业发展历史过程中,三明商人的影响力显然不如古代十大传统商帮,也不同于福建省内的榕商、泉商等商帮,但呈现了自身所独具的特点。

(一)商品贸易以特、精求胜

三明山清水秀,资源丰富,有很多山珍异宝,也因此促成了在传统商品经济时代,该地区的商品贸易是输出本地土特产品,这些产品真正体现了地方特色而受到了普遍的欢迎。三明市很多土特产品也因此而声名鹊起。例如:建宁莲子因其稍炖即烂,烂而不糊,汤清不浊,久炖不化的优良品质而受到广泛的欢迎,甚至成为朝廷的贡品。另外,永安笋干也是三明的重要珍品,在海内外享有盛誉。因其具有肉厚节密、色泽金黄、口感脆嫩的特点,实为笋干产品中之珍品,在海内外享有盛誉。早在解放前,永安的笋干就已饮誉江浙及上海等地，当地人士对其喜爱有加，将其作为节日喜庆的重头菜，并作为馈赠亲朋好友的佳品。很多商人就是因做笋干生意致富的。除此以外，三明还有茶叶、林木、红菇等土特产品输出的外地进行贸易，获得了外地顾客的好评。

除了土特产品以外，很多手工业品也因工艺精湛、质量上乘而受到外地顾客的欢迎，成为对外贸易的主要对象。例如：将乐唐宋时期所产的龙池砚观之莹亮有光泽，抚之手感细腻、温凉润滑，敲之发声清越，悦耳动听，呵之顿生潮润，如沾薄露，有"呵气磨墨"之说。盂池盛水，经数日不涸。磨墨不滞不留，发墨匀细，黑亮如油，沾墨顺笔，不伤锋毫，具有很高的使用和欣赏价值。纸也是三明主要输出的商品，造纸在三明，既有原料的优势，也有工艺的优势，就以将乐的西山纸为例，它完整地传承了蔡伦造纸工艺，制作工序十分繁复，需经砍嫩竹、断筒、削皮、撒石灰、浸漂、腌渍、剥竹麻、压榨、匕槽、踏料、耘槽、抄纸、干纸、分拣、裁切等28道工序，每道工序都必须精工细作。所造毛边纸细腻柔韧，光润洁净少疵，吸水性强且久不变形，不腐不蛀，有"纸寿百年，玉洁冰清"之誉，适用于书法、修复印刷古籍。优质的西山纸唐宋以来，饮誉海内外，一直延续至今。列西大厝罗家是沙溪流域著名的造船世家，历时三百多年，在沙溪流域的原住民中享有"造船世家"、"船业鲁班"的美誉。其他如沙县小吃也以其制作简便、口味鲜美、品种多样而成为小吃业的代名词，产品服务遍及世界各地。

（二）商业组织形式因地制宜、灵活多样

商业组织形式是指商品交易是如何来组织的，谁来组织，在什么地方，信息如何沟通，如何维护商业秩序。在传统的商品经济社会，商业交易的组织更多来自于民众自发的交易需要，逐步就形成了一定的惯例，有些惯例延续至今。这些组织形式往往因各地的文化风俗不一样而在名称形式上稍有区别。比如最为普遍的就是庙会和墟市，庙会是客家乡村与外界沟通信息的桥梁，也是经济发展的标志，它不仅进行物质交流，开展互通有无的经贸活动，还是集民俗文化之大成的舞台，活跃山区的物质和文化生活。在墟市上，人们开展物资交流，进行商品贸易，解决生活所需问题。此外墟市的另一种特殊形式是专门经营某一种特定商品的交流会，一般确定在一年中特定的2~3日。除此以外，还有诸如耕牛会、妈祖会、抛鸡会、竹竿节等特殊形式，这些集市形式各有特色，但都是商品交易的集中地。随着商品交易额和墟市集市的增多，逐渐出现了专业的集市。

会馆是传统商品经济时代的一种主要的商业组织，是以乡土为纽带、流寓客地的同籍人自发设置的社会组织，是商品贸易发展的集中表现。在明清时期，三明境内也出现了会馆和商会，对经济发展起到重要的促进作用。它与现代的商会组织有很大的相似性。

尤为值得一提的便是明末清初杨宫在永安设立笋帮公栈，在当时可谓是开创性的举措，对于维护笋干市场秩序、保证笋农利益具有重大的意义，对于现代农林合作经济组织的建立都具有重大的历史借鉴意义。

(三)商业文明随着人口的交融汇合而变化发展

三明早期的经济和商业发展起源于南迁的中原人与当地土著的和谐融合,中原人带来了先进农耕、畜牧、手工业等技术,孕育了三明地区早期的商业文明。当历史走入新中国时代,三明的经济和商业发展又迎来了一次新的高峰,让这座城市戴上了"新兴工业城市"的美誉,这样的辉煌也是来源于本地居民和全国各地的建设大军交融汇合,本地资源与迁入外地工业企业的有机结合。改革开放之后,三明虽然在经济和商业发展上暂时落后于沿海发达地区,但这片热土同样吸引来来自全国各地的客商投资创业,闽南、福清、长乐、浙江、兴化、江西、龙岩等地的工商界人士竞相成立商会组织,形成了今日三明经济和商业发展的新面貌。

第二节 明商文化的渊源与形成

明商文化的形成是一个历史积累过程,既受自然条件的影响,也是各种文化交融汇合的产物。汉武帝平定东越王余善之后,"焚其宫,灭其族,徙其民",中原的官兵和亲人逐渐在闽西北一带定居下来,他们带来了中原的先进文化和农耕技术。"永嘉之乱,八姓入闽",一大批中原士族"衣冠南渡",闽西北是他们比较早到达的地区之一。他们将洛阳、长安文化带入将乐,与当地的古闽越文化磨合交融,形成了独具特色的客家文化。到了宋代,将乐县北龟山人杨时立雪程门,倡道东南,开宗闽学,"四方之士,不远千里从之游",当地商家在经商和做人方面,也深受其影响,形成了讲道德,重诚信,乐于报答社会的良好品格;著名思想家朱熹,集理学之大成,其影响"继往圣将微之绪,启前贤未发之机,辨诸儒之得失,辟异端之论谬,明天理,正人心,事业之大,又孰有加于此者"。受这些因素的影响,三明商人既具有古闽越文化的遗传基因,又有中国传统儒家文化的濡染,还有外来文化的渗透。

一、山清水秀孕育明商文化

一方水土养一方人,三明地处闽西北,以山地地貌为主,植被丰富,有中国"绿都"之称,河流密布,主要河流有沙溪、金溪、尤溪。全市集雨面积在 10 平方千米以上的河流有 250 条,其中集雨面积 100 平方公里以上的河流有 75 条,又全年气候温暖湿润,雨量充沛。域内山清水秀,据史记载,早在 1800 多年前,人们就在这片秀美的土地上生息繁衍,形成了勤劳节俭、淳朴厚道、善良热情的民风,也同样孕育后世了独特的明商文化。

秦汉到隋唐时期,或因躲避战乱、天灾浩劫,或政府组织迁移,或朝廷调兵入闽作战后,随军官兵眷属留住定居,中原汉人不断南迁,闽越族与汉族相互融合。这些人中部分流入闽西北山区,逐渐形成了今天的三明各地以汉族为主的居民。迁入之初,自然条件非常恶劣,耕地严重不足,生产力水平十分落后,恶劣的条件促使人们只能辛勤劳作,有时收成不好,即便是辛勤劳作,也经常食不果腹。很多穷苦人受于生活的压力,迫于无奈,咬着牙从家里走出去,义无反顾地在荒山野岭中跋涉,铸就了他们坚韧的品性。另外受到大山的区隔和大河的分离,交通极不方便,造成了与世阻隔。隔开几个自然村就如同隔开一个世界,大部分的人从来没有看到过山外的世界。长期在这样的一个不流动的社会里进行生产、生活,人们活动就越来越受到地域、交通、方言限制,渐渐地地区与地区之间发生接触就越来越少,人际关系就被束缚于很小的社会圈,逐步形成了一定的自然封闭性和个体的小生产宗族意识。文化的封闭性,一方面阻碍了社会进步,但是另一面又保留了人们朴实无华的本质。地理环境的封闭、语言沟通的障碍,也使出外经商的三明商人相互之间产生强烈的乡土共鸣感,具有强烈的归属感。这种归属感在体现在三明商人身上便是饮水思源的感恩精神,很多商人在经商成功后一般都乐善好施,回馈乡梓。

三明的地理位置和自然环境决定了明商文化是强烈的山区文化,山区文化具有封闭性、稳定性和安逸性,具有山区型性格特点,表现为艰苦创业,安分守己,眼界不高,容易满足;勤劳纯朴而又热情好客,吃苦耐劳而又相对保守封闭,追求实惠、讲究实用而又不怕含辛茹苦、流血流汗,有过战战兢兢、如履薄冰的创业经历和强烈体验,注重祖辈积累下来的经验而对外来事物抱怀疑态度,这些因素形成了山区闽人乐天知命、逆来顺受、狭隘自足的共同文化性格。

三明又隶属于福建,虽然位于福建西北地区,没有直接和海洋接触,但是也受到了海洋文化潜移默化的影响,所以明商文化又夹杂着海洋文化的气息。这种山区文化和海洋文化二者相互并存、相互交融,显现了明商文化既封闭又开放的特色,具有很强的包容性。

二、客家文明滋养明商文化

三明市是世界客家祖地、客家大市,是闽粤赣边客家大本营的重要组成部分。三明所辖宁化石壁是"客家祖地"。还有清流、明溪、将乐、建宁、泰宁、沙县、永安、三元、梅列也都是客家县(市、区),而大田、尤溪也有部分客家乡镇和村庄,全市客家人口近200万,而全市总人口为268万,客家人口占全市人口70%以上。

"逢山必有客,有客必住山",客家人扎根山区,披荆斩棘、艰苦创业,历经千辛万苦。历史上客家的五次大迁移,造成了客家独特的生存方式和顽强的生命力。唐宋时期,中原汉人为了躲避战乱和自然灾荒,经过长途跋涉来到了闽粤赣边,迁入宁化石壁等地。三明地域以中低山及丘陵为主,境内峰峦耸峙,低丘起伏。到处都是高山密林、荒野茫茫。客家先民的大量迁入后,从中原地区带来先进的农耕、建筑等技术。通过伐木垦荒,筑坝造田,把繁荣带进了穷乡僻壤,把文明带进了荒峦山野。客家先民在这片土地上拓荒开垦,建立美好家园,繁衍子孙。

山脉绵恒的结果,使客家地方发生了两种极其明显的特性:其一是耕地的缺乏,粮食的不足;其二为交通的艰阻不便,外力难以入侵,前者可以强迫客家不断向外发展,后者能够比较完整的保存他们固有的语言和习惯,客家的精壮男子多数都出外经营工商各业,或者从事军政学各界的活动服务,向外扩展的精神为国内任何民系所不能。在漫长的历史长河中,客家人不断南迁,经历千百年的奋斗,足迹遍及江西、福建、广东、广西、四川、湖南、台湾等省。18世纪末又远渡南洋、美洲劳工,尔后远涉重洋,足迹遍及世界五大洲。全球繁衍了一亿多客家人及其后裔。海外客家人多半是"扎条裤带出远门",漂洋过海创业。

三明地域最早居住着以狩猎为主,生产力水平极其低下的土著居民和畲族少数民族。客家人迁入后,当地原住民对客家先民也经历从不接纳到欢迎融合的过程。客家先民带来的中原文化在吸收当地土著和少数民族优秀文化成分的基础上,形成了具有自己特点的客家文化。如闽西客家的"神媒"现象正是客家与当地畲族、百越等土著民族在长期融合过程中,吸收了当地少数民族巫文化的传统并发展成的具有自身特色的一种文化现象。同时也正是客家及客家文化在闽西形成和发展的一个很好的缩影。客家群体是客家南下大迁徙长途跋涉中,不断求大同、存小异,不断取舍而形成的具有共同地域、共同语言、共同习俗、共同经济生活和共同心理素质的稳定的共同体。今天的客家,绝不单靠入迁的中原汉人的自身繁衍,而是经过与当地民族融合而发展壮大起来的,也有其他民系迁入客家居地而被同化成了客家人。

客家民系具有很强的凝聚力和向心力。许多海外客家人虽身在异邦,但始终不忘自己是炎黄子孙,时刻想念"唐山"和出生地"胞衣迹",常讲"阿姆话",教导子女溯本思源、寻根问祖,永远不忘祖国与列祖列宗。抗战时不少爱国华侨捐巨款支持抗日斗争,"四化"建设中,又投资国内办实业,热心乡梓,乐善好施,捐建桥梁、医院、学校,善举多多。

客家人尤其是客家商人的优良传统——"善于经营,勇于创新,长于兼容,勤于服务,精于品位,礼于文明",无疑是明商文化的重要源头。

三、理学之风熏陶明商文化

三明诞生了宋代"闽学四贤"中的杨时、罗从彦、朱熹。理学在三明传播和影响是广泛而深刻的。理学的传播更加巩固了宗法制度和宗族观念,而由此衍生的秩序、诚信、守信、无欺、不变的基本理念,便渐渐成为三明商人的经营信条。

客家先贤、宋代著名的理学家、教育家将乐人杨时曾说过:"所谓理财者,非尽笼天下之利而有之也;取之有道,用之有节,各当于义之谓也。取之不以其道,用之不以其节,而不当于义,则非理矣。"理学的集大成者朱熹认为:"诚"与"信"是具有道德与伦理的两个不同范畴。朱熹于其生命的最后时日仍在修改四书之一《大学》"诚意"一章的注释。朱熹注解说:"诚,实也;意者,心之所发也。"真心实意才能言行一致,才能出于善而又归于善,而这是一个人修身、齐家、治国、平天下的前提。《中庸》提出"诚者天之道也,诚之者人之道也",朱熹在注解《中庸》和《孟子》时说,诚即真实无妄,真实无伪,是天道之本然,天地公正无私、不损物利己、化育万物、不偏不倚,"诚"是天地自然的本性,也是其运动变化的原动力;"思诚"或"诚之"则是人道之当然,即人以天道为榜样,通过克己自律的道德修养而达到天道"诚"之公正无私、真实无妄,真实无伪,真实无欺的道德境界。这里

"诚"被认为是实在的理,是对天理必然性的概括,不是抽象和虚伪的,这是对宇宙万物存在的价值肯定,朱熹把"诚"纳入其天理论哲学体系中,把"诚"提升到道德形上本体论的高度来认识。而被孔孟视为立身之本、五伦之一的"信",从朱熹理学来看,也是实在的理,能遵循客观存在的事实或规律,按照事物的真实面目去认识它、体现它,做到表里如一,就是信。人之行为一以贯之,不朝三暮四,人之承诺一言九鼎,不出尔反尔,就是信。凡事有则说,无则不能瞎说,言必有据,言为心声,言行相符,就是信。在朱熹看来,"诚"是"天之道",是天道之本然,是自然界固有的状态和规律。而"信"是"人之道",是人事之当然,是社会中人的行为。说到底,信的本义就是践行承诺,是人类和谐社会关系的一种保证。朱熹对"信"的解释更多是从对人的一种伦理意义出发,强调人出自内心的一种忠诚、信实,重然诺,守信用。所以,朱熹强调"正心诚意","吾平生所学,惟此四字"。

三明商人的灵魂是建立在中国传统伦理道德基石之上的。商人以"仁、义、礼、智、信"等儒家的道德准则作为商德。"穷则独善其身,达则兼济天下"就强调商人的社会责任感,强调一种乐善好施的精神。儒家强调"己所不欲,勿施于人","己欲立而立人,己欲达而达人",说明要以人为本,和气生财。儒学的广泛传播,逐步形成了一种社会意识,三明商人不可避免地受到熏染和陶冶,儒家文学转接到商人价值中,形成了商人的信念与原则。三明商人在经商过程中就与这些原则和信念来规范和处理事情。

秦汉到隋唐时期,或因躲避战乱、天灾浩劫,或政府组织迁移,或朝廷调兵入闽作战后,随军官兵眷属留住定居,中原汉人不断南迁,闽越族与汉族相互融合。这些人中部分流入闽西北山区,逐渐形成了今天的三明各地以汉族为主的居民。中原汉族原本就深受儒家文化的影响,在三明落地生根后与土著人、畲族人的交互融合中,在原有文化的基础上不断吸收异族文化,不断同化异族,并由此形成新的文化,文化中传承了汉族传统文化的精华,使之形成重道义、守礼节、好学问、论伦理、重教育的特点。以客家人为例,客家人对教育的非常重视。客家人办教育的热情源于中原,又极大地超过了中原。客家人办教育是博施于民,只要是同宗同族的子弟,不论贫富一律收授。因为崇文重教,三明客家地域古代人才辈出,三明市境内历史上中进士总人数达720名。就连弹丸之地的永安贡川陈氏,仅在两宋就为朝廷输送了12名进士,受赐"大儒里"牌坊,博得"九子十登科"的美名。

三明的地理环境阻碍了他们的观察世界、感受世界的视线,从而形成了根深蒂固的宗法制度、宗族观念。儒家思想的广泛传播,儒家的仁、义、礼、智、信等理念就慢慢渗透到基层社会中,而后宋明理学的传播使这种宗法和家族制度得到完善,儒家思想就被具体化为大量的家法家训等。这些成文的规范都必须遵守,无论是从事何种职业族人都必须遵守。就这样儒家文化成为中国人做人、做事的准则,做生意自然也不能脱离这个范畴。三明商人传承了几千年的伦理道德观,是千百年来人们做人的准则,它造就了人们特有的气质,赋予了人们正直、诚信、智慧的面容,公平、公正、无私的胸襟。

四、三明精神融合明商文化

明商文化形成与所在城市精神是分不开的,"三明"精神是明商文化形成的重要来源。"三明"即"开明、清明、文明",是对当代三明人在建设三明、发展三明过程中精神特质的提炼。开明,其内涵是开放、务实、创新。开明,指思想开通。三明是新中国成立以后才发展起来的新兴工业城市,三明人来自五湖四海,大家都说普通话,基本上没有"本地人"、"外地人"的概念,体现了三明人的开明、开放、包容、大度。清明,其内涵是依法治市、清廉从政、风正气顺。清明,指政治有法度、有条理,体现了三明良好的政治社会环境。文明,包括物质文明和精神文明,是社会和个人进步到一定阶段的表现,体现在三明人的思想和一言一行上。"三明"不仅内涵丰富,而且相互联系,融为一体。"三明"精神中的开明构成了明商文化的基本理念,是三明商人的包容、开放气质的根源,"清明"精神对三明商人在组织管理企业方面具有较大的借鉴意义,而三明商人的诚信经营、回馈社会则是"文明"精神在商业上的延伸。

第三节　明商文化的内涵

三明商人是闽商的一支,和其他闽商一起活跃在历史的舞台上,推动社会历史的发展。明商文化是闽商文化一部分。特殊的地域环境铸就了明商文化的独特特征。三明最大的特色就是"山",三明商人身上正是展现了山的坚毅、山的踏实、山的担当、山的包容的特质。

一、古代三明商业文化

三明的文明,包括商业文明,是随着中原人口的多次迁入与融合而形成的,从中可以解读出当地人的一些文化品格,能够体现这些品格的一个主要群体便是深刻影响当地经济发展的商人。

(一)和平友善

三明自古是一个移民的城市,是由中原汉人、土著居民和畲族迁移杂居互相通婚,各民族互相学习,相互融合而成。古代中原人口的迁入,多半是这些人为了逃避战乱、爱好和平而迁入这片多山多水的地域,能与当地的土著居民和谐相处也体现了他们爱好和平、友善待人的品格。先民的这种品格深深地植入他们后代的文化基因中,不断地传承下来,成就了明商文化包容性很强的特点,且这种包容性源自于其根基上。

(二)抱团意识

客家有重宗内聚的传统,因为他们深知,在一个新的地方安家立业、生存发展,团队协作特别重要。山区的地形被巨大高耸的山脉切割为一小块一小块的盆地,这种特有的地形也加强了三明人抱团的意识。各种会馆、商会、公栈便是抱团的具体组织形式,在历朝历代著名商人的事迹中,我们也常看到一个英雄式的商人带领家族或地方百姓打拼奋斗、甚至因不满政府的压迫而举义反抗的事迹。

(三)吃苦耐劳

客家人常常以"吃得苦中苦,方为人上人"的古训教育后代。无论对于原有的闽粤族,还有后来迁入的汉人,在科技水平很低的条件下,要在这片"南蛮之地"安家立业都并非易事,衣食住行全都得靠一双手,没有一股子"吃苦耐劳"的精神,是肯定无法开创美好家园的。三明境内崇山峻岭,溪流湍急,古代时交通极不方便,素有"闽道更比蜀道难"之说,如此条件非常不利于经商。但是,三明商人埋头苦干,水路不通就开凿河道,陆路不通就用肩挑,翻山越岭,一步步走出去。自古商贸运输以船运、筏运和肩挑为主。陆行的商旅往来,徒步跋涉,翻山越岭,行旅十分困难,特别是货物运输,肩挑背负,费时费力,异常艰苦。艰苦的自然条件造就了三明先民"吃苦耐劳"的精神。

(四)勇于开拓

一讲到山区,往往就联系到封闭守旧,或许这样描述大多数普通山民是对的,但山区的商人却大多胆识过人,敢于走出大山,大山阻挡不了他们的脚步,他们闯荡世界,把山里的山珍贩出去,把外面的文明带进来,他们对山区百姓生活和山区发展是有贡献的。因此,"勇于开拓"的品格在他们身上显得弥足珍贵。巫罗俊将木材远贩吴楚、晏彪南下广东购潮盐、裴锰商游吴越岭海等都是商人"勇于开拓"的典型体现。

(五)重文重教

三明是理学发源地,绝非偶然,而是"重文重教"传统所结的硕果,"重文重教"在三明商人身上也有丰富的表现。在裴锰行状中有与当地牙侩打交道的文字:"公虽商游,乎用不尽,于商所至,以儒行之,遇贤豪则交,即牙侩下走亦欢,以和无忤色,于是人人善裴公",可见商人身上的儒雅之风。裴锰也非常重视对子女的教育,其四子后来均考取功名。在分析古延祥兴盛的原因时,其中很重要的便是私塾教育为古延祥提供了智力支撑。古延祥自古重视教育,杨氏族人倡导捐资兴建了私塾学堂。据杨氏族谱《家塾志》载,"后人礼祖意,隆师重道,广构书室,文风益振"。良好的私塾教育,除培养考取功名者外,更多的是使百姓受到良好教育,一代又一代受过良好教育的古延祥人,为古延祥积累了文化积淀,为古延祥的兴盛提供了智力支撑。

(六)回馈桑梓

"报效祖国、回报家乡"是中华民族的优秀传统,三明商人也不例外。宋代三明先贤杨时一生爱国恤民、情系桑梓、乐于奉献的故事在三明代代相传,深深教育和影响了一代又一代的三明人。在这种环境熏陶和成长起来的三明商人,也多能以家国为念、乐于奉献。宁化的谢祥昌,虽为一商人,却在崇祯之末天下大乱之际,护乡佑民;泰宁的江钟热心公益等都是其具体的体现。

二、当代明商精神

进入新时代,随着三明商人的发展演变,明商文化有了新的内涵,塑造了当代明商精神。

闽江上游的美丽山城——三明,是新中国缔造的新兴工业城市。若以地级市而论,三明建市也不过55年,但三明却像一方磁场源源不断地,吸引着全国各方人士前来兴业和定居。20世纪50年代末,来自全国各地的10万建设大军云集三明,成为三明建设的新力量。改革开放后,全国各地一批有志之士慕名三明"文明",前来创业兴业,成为三明崛起的新阶层。30年来,三明周边县市或地区的许多农民源源不断地进城务工,成为繁荣三明的新市民。

基于这三大情形,"外来人员"不可避免地成为三明市区人口的主要组成部分,以致本地人口逐渐被稀释,所占比例不超过10%。我们通常所说,三明外来人口众多,是个典型的移民城市,正是由于这三个方面的历史成因。"外来人员"成为主体力量,这个城市必然兼具开放与包容的性格。20世纪70所年代末以来,三明商人沐浴改革的春风雨露而茁壮成长,并形成一个色彩斑斓、生机勃勃的商群,与此不无关系。因此,因三明区域而得名的明商,因其"外来"成分特别显著,这就有别于以本地区域为属性的晋商、浙商、徽商、粤商等商帮。从人口构成来看,明商的主体力量主要包含以下几个板块:一是在三明创业的三明人,二是外出创业的三明人,三是在三明创业的外地人。

最初的三明商人是属于体制外的"边缘人",几乎没有什么优势可言,他们大多数是农民出身,以打零工或做小手工等为生。1978年,已过"而立之年"的王秀成来三明之初,主要从事铸铜加工,为国企做小配件加工或贸易;朱庆添先是养鸡,后开小饮食店;林敦凤是最基层的建筑工人,做过各个工种。这些人后来都成长为三明知名企业家,成为三明商人的优秀代表。

在很大程度上,在一线干过苦活累活,是一代明商成长的共性。同样在一线劳作的人,可说是千军万马,他们一样生活困窘,生活在社会的底层,但他们何以能脱颖而出蜕变为优秀明商代表呢?

从客观上看,三明商人能够成事,至少有三个方面的优势条件。一是三明一大批国有企业建成投产,需要一大批精英人士来对接。二是三明是个移民城市,包容性较强。三是"开明、清明、文明"的城市精神,铸就了三明人豁达、勤奋、务实的性格。

从主观上看,这些草根出身的三明商人,无所顾忌,没有包袱,特别能吃苦,勤于做事,善于谋事,又不失聪慧。有了这样的素质、心态和精神,三明商人走向成功是必然的。

进入20世纪90年代后,虽然三明昔日的辉煌与优势如"昨日之日不可留",代之而起的是闽南金三角地区,但来自沿海地区的三明商人并没有转移阵地,而是选择继续在三明扎根发展,正是由于三明有一个有利于企业发展的好环境。有了好土壤、好气候,好种子自然要发芽生根成长。当三明国有企业因经营不善,进入关停转并之时,三明商人不失时机地抓住了借壳做大的绝好机遇。王秀成先后并购四家国有企业,机床产品一度占领了福建市场份额的70%;郭联新收购三明第二水泥厂,并把永安贡川民政福利水泥厂和明溪沙溪水泥厂纳入"门下";黄祥锋接管沙县味精厂,推出"麦丹"、"侨丹"品牌……

与此同时,三明历届市委、市政府对三明商人的发展采取了"鼓励、支持、引导"的政策,对三明商人在政治上关心,在事业上支持,在政策上引导,为三明商人的发展创造更优更好的环境。于是,明商以一个庞大的商群出现了,特别是在本世纪之初,以地缘为主体的特征尤为明显。标志性事件是2002年全市第一家地域性商会——三明市南安商会宣告成立。在此后的十年间,三明市属、行业和异地商会先后成立30多家,进一步促进了三明商人的聚合。

2009年,三明首次提出明商概念,响亮打出了明商旗帜;2010年,80多名异地明商联合组建明商集团;2011年,以客家人为主体的三明市客家商会和以食品行业为主体的三明市食品行业商会成立;2012年,三明首幢由商会建设的三明市泉州商会大厦落成;2013年,三明首幢县级商会大厦梅列工商联商会大厦交付使用……从这些事件可以看出,明商正不断向平台聚集与融合。

需要指出的是,随着非公经济发展环境的不断完善,交通、通讯发展大大缩小了时空距离,明商的结构也在持续发生变化。特别是进入21世纪以后,从全国各地来三明投资创业的商人和从三明走出寻找商机的明商的"流动"现象十分显著,这样的"互动"进一步突显了明商的多样性。

所以,准确地说,在中国商帮历史上,甚至21世纪的最初10年里,没有明商之说,主要是由于明商成分构成的多样和三明建市时间较晚及缺少对明商群体进行挖掘和研究等缘故。但2009年之初,当我们提出明商概念后,迅速且广泛地得到了认同,实质上是来自不同地域的明商对这个底蕴深厚的文化之城、充满活力的创业之城、风光秀美的生态之城的精神皈依。

明商商群从形成到崛起再到兴盛,是一个从量变到质变的过程,其中起作用的内在密码或因子,就是明商群体所特有的精神,即如莆商的"精、勤、俭、孝",泉商的"务实、敢拼、爱乡、兼容",榕商的"志、勇、谋"。明商群体所体现出来的精神,就是三明经济的优势核心竞争力之一,就是一个群体的力量。传播和弘扬明商精神,必将是未来三明经济发展的潜在动力。据此,所谓明商精神,实质就是明商企业和企业家精神。那么,从企业和企业家的角度,可以读出什么样的明商精神呢?我们认为,明商精神可以用"爱国爱乡、敢闯敢拼、明理明信"这句话来概括和剖析。

(一)爱国爱乡

爱是一种情感,是一种对人或事物亲近、关切、扶助、投入的心理取向,是"给予"或自我付出,并不期待等值的交换。爱可以说是明商精神的核心内容。

闽商精神有句话"恋祖爱乡、回馈桑梓",同样适用于三明商人,每个三明商人都关注着家乡,也被家乡关注着。特别是海外的三明商人,对祖国和家乡更是有一种深植于内心的真实而质朴的情愫。东欧国家是海外三明商人的聚集地之一,以陈建、刘文建、张传联等为代表的在海外创业的三明商人在维护祖国尊严和三明商人权益等方面,团结和带领三明商人挺身而出,不遗余力,多次受到党和国家领导人亲切接见。

企业是市场经济的主体,也是构建和谐社会的中坚力量。一个志存高远的企业家,必将义利兼顾,以义为先。爱,是爱心、关爱,不仅爱国、爱乡,也爱护弱势群体。

2010年成立的"明商集团"是由异地三明商会和在外明商联合发起组建的旨在"抱团回归、回报故里"的"明商集团",是闽商"回归工程"的典型代表。"明商集团"的战略是投资三明、建设三明、发展三明、造福人民。"明商集团"的成立,是对"合群团结、恋祖爱乡、回馈桑梓"的明商精神的最好诠释。"身在厦门,心系三明",厦门市三明商会会长陈建群会长等一行12人专程从厦门到宁化县捐助了37名特困学生。"我们建立了助学档案,要从小学起,逐步扶持他们上大学,直到他们走上工作岗位,成为一个对社会有贡献的人。"在大灾大难面前,三明商人该出手时就出手,无论是汶川地震,还是三明百年不遇的"6·18"洪灾,明商捐献款项均创历史新高,这是大爱精神。每年的同心·光彩助学活动中,全市明商踊跃参与认捐贫困学生,其中通过光彩事业促进会平台,捐助款项已超过1.5亿元。这些都体现了三明商人热爱家乡、回馈桑梓的感恩精神。

(二)敢闯敢拼

敢闯、敢拼、敢为,是明商精神的基石。

敢闯。在旧社会,北方人遇到天灾人祸时"闯关东"、"走西口",主要是给人打短工扛长活,混口饭为生。三明商人则不同,他们以摆脱贫穷、追求幸福生活、创立一番事业为目标。他们从最基层干起,有的打零工,有的经营小作坊,有的从事贸易行业,一旦站稳脚跟,积累一定的资本后,进而开办企业,稳扎稳打,引领一方经济发展。他们以三明为基点,放眼全国,胸怀天下,特别是21世纪以来,三明商人正积极走出三明,甚至发展出国门,有的还成为世界500强企业的合作伙伴。

敢拼。在竞争激烈的市场中,三明商人面对艰难险阻,敢于突破,敢于克服,敢于跟人一争高下,特别是有了一定积累后,他们敢想敢做,善于拼搏,有的收购国有企业,有的向新兴领域进军,有的在北京、上海、广州等大都市扩张。有的在海外开拓一片天地。除了敢拼,三明商人也会拼,虽然三明商人在产业选择上也存在复制,但在手段上已实现了其内涵的提升与转型,这种形态的变化,为三明商人注入了新鲜的血液。

敢为。敢为人先,敢于探索创新。三明商人虽然从经营传统行业起步,但善于抓住全球产业结构调整和经济发展方式转变的重要机遇,立足自身资源优势,在新能源、新材料、新技术等领域勇于创新,抢占新一轮发展先机;他们也敢于大胆走出国门参与世界竞争。近年来,这一趋势更加明显,明商企业的规模越来越大,在转型升级中,注重科技创新,产品科技含量越来越高。

"敢闯敢拼"的例子不胜枚举。大田籍华侨李发课15岁到印尼谋生,起初给人当学徒,因能吃苦耐劳,深得老板赏识。在老板资助下,他独立开店,经过20多年的奋斗,先后开办了铁厂、橡胶厂,又经营石油、小车出租等,终于成了富甲一方的巨商。

在闽西北山区的明溪县,改革开放以来,有大批干部、居民、农民打破了传统的观念,出国劳工和创业。明溪人初次到国外,可以说是到了一个语言不通、水土不适、环境不明、社情不知的"四不"境地,在这样的境地扎根发展是何等的艰难,可是他们不畏艰难,勇于开拓,再苦再累也要闯出新天地,经过拼搏现在许多人买了店面、住房、汽车,开了作坊,办了工厂,当了老板,雇了洋工,甚至成为国际批发商。至2008年12月,明溪县已办理出国护照22688人,实际在外11673人,约占全县总人口的10%,分布在五大洲46个国家和地区,85%的人集中在欧洲的匈牙利、意大利、俄罗斯等国。他们中获得长期或永久居留权有5500余人,占出国人员总数的50%,获得外国国籍的有60余人,侨眷5万人。明溪县已被社会称为"福建内陆新侨乡"、"福建旅欧第一县"。出国务工创业大大地促进了明溪县经济发展,创汇逐年增多,积极为地方经济发展投资。据明溪县人民政府2006年8月统计,近年来,新移民投资的城镇建设、旅游开发、农业综合项目开发等经济发展项目达42个,总投资4170万元。创办了森宝竹木工艺有限公司、珍珍服饰制造有限公司、俞云坂电站等6家企业,总投资2100万元;兴建商业大厦、供销大厦,总投资620万元;投资开发生态旅游项目1个,创办云台生态旅游有限公司,总投资530万元;投资娱乐行业2家,创办飞龙娱乐有限公司、澳客娱乐有限公司,总投资700万元;投资农业开发31家,开发面积4350亩,总投资220万元;正在建设中的"红岗新村"、"雪峰新村",规划建造400套楼房,其中约80%的资金来自出国务工创业者外汇;还广泛投资进行农业综合开发,如胡坊镇就有60多位侨眷投入280万元进行农业综合开发,其他村镇也多有类似情况,推进了农村经济发展。

"世界美食在中国,中国美食在小吃,中国小吃看沙县。""沙县小吃"是中华小吃文化中一朵奇葩。沙县小吃最早只是沙县"标会"逃跑者讨生活的救命稻草,他们架起两个煤炉加只扁肉锅就开始创业。沙县小吃红火起来,越来越多人背起鸳鸯锅拎着木槌,奔向城市开创自己的事业。沙县人就凭借这股开拓的精神,无所畏惧地带着沙县小吃走出家门,攻城略地地占据各大城市,现在的沙县小吃已经遍及全国各地,有的已在日本、新加坡、美国、澳大利亚等国落户。

(三)明理明信

明、理、信,反映了三明商人为人处事的务实原则,谦逊、低调、不张扬、不浮夸,与三明商人所提倡的"做事先做人"的观点是一致的。

明,即精明、开明、文明。精明,指精细明察,处事练达,善于捕捉机会。在世界商业上,犹太人最为精明,所以他们享誉全球;三明商人可以崛起,并成为一个商群,正是他们精于在商海中驰骋,明于在竞争中辨别。开明,即通达、明智、包容,不顽固,不保守。与沿海城市相比,三明可谓地处山区,但三明商人不故步自封,善于接受新鲜事物,消化吸收后化为己用。他们既注重追逐利润,为人处事又豁达而爽快,不搞小团体、小圈子。文明,指一种社会进步状态,与野蛮一词相对立。文明是三明最主要的精神,也是明商的特质。明商群体文明发展,各地明商和谐相处,各凭本事,不欺行霸市,既竞争又合作,他们虽然地域不同,但不影响群体间合作与融合。文明是凝聚明商的黏合剂。

理,即事理、道理,明理,即明察事理,懂得道理,通情达理。理对三明商人而言,有两重深义:一,懂理讲理,在各种商业活动中,三明商人通情达理,懂理讲理,遵守商业规则,相互尊重,真诚友善,和谐发展,不损害对方利益,同时又保持自我形象;二,明察事理,三明商人之所以成功,倍受尊重,实质就是懂得明察事理,并能了解于胸,运用自如,包括企业管理、人脉资源、行业规则等。

信,是指三明商人诚实守信、注重信誉、信守诺言、言行一致、表里如一。信,是三明商人立身处世之本。《说文》认为,信,诚也。《礼记·中庸》说:"诚者天之道也,诚之者人之道也",认为"诚"是天的根本属性,也把"诚"看作是进行道德修养的方法和境界。信包含三层含义:一,对己,人无信则不立,信守诚道和内心之真,不欺人。二,对事,信守承诺,不失信于人。三,对人,待人以诚,以诚为怀。所以说,信是明商精神中的本质与表象的有机统一,既强调将信作为修身底线,也突出体现在个体行为之中。信,使得他们"做事脚踏实地,成事报效桑梓",这种精神增添了三明商人的风度和气韵。

第四节　明商文化的继承与发展

对于传统的文化,既要继承,也要发扬,对待明商文化,同样如此。明商文化是三明宝贵的精神财富,一要准确的归纳阐释,二要广泛宣传,积极实践,引领三明商业和全市经济社会发展。同时,也要认识到明商文化的局限性,要与时俱进,不断丰富明商文化的内涵。

一、明商文化是三明宝贵的精神财富

经济要发展,文化要先行,明商文化是引导三明市经济社会发展的宝贵精神财富。在市场经济条件下,拼搏实干仍是在市场中占据一席之地的重要法宝。实干,意味着创造、意味着行动、意味着有为。在企业的经营管理中,实干意味着扎实的产品质量,意味着坚实的管理基础,意味着厚重朴实的企业风气;在商业贸易中,实干意味着诚实守信,意味着可靠的品牌形象,继承和发扬不折不扣的实干精神将能使三明的企业发展、经济社会发展更上一个台阶。沙县小吃已经开到了全国甚至全世界的大中小城市,明溪的出国务工创业群体也为当地的经济社会发展发展贡献了巨大的力量,但三明的开拓领域仍然大有潜力,这里有着丰富的自然资源,有着富有特色的农土特产品,有着山清水秀的自

然景观,有着厚重的文化底蕴,这些宝贵的资源产品都还有待开拓市场。开拓精神,应由过去的被动开拓变为主动的开拓,要走出山区,面向世界,企业不断开拓市场,商人不断开拓商路,推动三明实现跨越发展。友善与包容是开放胸襟的具体体现,是开展现代市场竞争与合作的重要品质,无论对于企业的竞争与合作,还是对于招商引资,都具有重要的意义。感恩精神体现了商人事业追求的最终目标,感恩家乡、感恩社会,从社会中来,到社会中去,是现代先进商业文化的体现,是商道的最高境界。

二、明商文化的发展

三明商人产生于自给自足的封建社会,明商文化是在生产力相对落后和市场经济发展不充分的背景下形成发展的。由于三明商人当时所处的商业环境和商业条件与其他地区相比,受到的限制比较多,因而明商文化有必要进一步现代化。明商文化的现代化,在于摒弃过去三明商人实践中遗留的缺陷,形成依法治商,以德服务,以文育人的新明商文化。

(一)激发明商的创新精神

明商文化突出"山"的主题,虽然"山"的精神培育出了三明商人的诸多优点,但是由于山的阻隔,阻碍了三明商人养成观察世界,感受世界的习惯。加之明清时期的闭关锁国,进一步阻碍了三明商人对世界的认识。自然环境封闭和过去体制的影响,造成当代三明商人思想比较保守,他们安分守己,甘于现状,求稳怕变,创新精神总体不够强。

创新是一个企业发展的根本,是三明商人进步的灵魂。正如邓小平所说:"没有一点闯的精神,没有一点'冒'的精神,没有一股气呀、劲呀,就走不出一条好路,走不出一条新路,就干不出新的事业。"三明有自己可用于创新的资源,有自己的潜在创造力,可以大有作为,但这种资源的创造力如果没有开发出来,也只能是创新资源的闲置,不能形成现实的创造力。今后,三明的资源主要要用于新的投资、新的技术、新的发明、新的商机上,促进三明经济发展后劲的提升。

(二)促进明商的协作精神

三明商人处在一种山多耕地少的自然环境,又在封建小农经济的条件中成长,这使三明商人在生产过程中形成一种既不协作却又注重自然资源争夺的弊病。在有限的资源、艰难的生存环境下,三明商人渐渐地对利益关系的理解产生了某种偏差,存在一种"此消彼长"的错误认识,出现了某些三明商人注重竞争,却又缺少团结协作精神,生意再小也要自己做老板的现象。当前,明商文化缺乏团结协作的精神造成了明商企业大都为中小企业,规模比较小,竞争力弱的局面,在信息高速发展,竞争异常激烈的条件下,使得三明商人容易遭到淘汰。

历史上的十大商帮之所以能取得卓越的成绩,与其"帮"有很大关系,这些商帮内部都有着非常密切的联系,相互协作,才成就了他们的辉煌。世界上许多发达国家的经济也是靠大公司、大集团支持的。例如韩国的大企业集团十分令人注目。南北朝鲜分开后，整个朝鲜的资源和工业大部分集中在北方，南朝鲜经济十分困难，以后南朝鲜改为大韩民国，简称韩国，采取了一系列符合市场经济发展的政策，经济得到了迅速的发展，特别是它的大公司、大集团发展尤为成功。韩国的大企业集团，列入世界最大100家企业集团的有5家，列入世界最大500家企业集团的有13家。这些企业集团和美、日、德、英、法、意等国的企业集团一起控制着世界经济的命脉。例如韩国现代集团，在韩国排位第一，在世界排位第三，1991年的销售额达510亿美元，营业额达900亿美元，其他如三星集团、大宇集团、乐喜金星集团、鲜京集团销售额都在100亿美元以上，在世界上的排位都在100名之内。此外，美国的通用公司是世界上最大的企业集团，1991年的销售额高达1200多亿美元，超过世界上90%国家的全年国民收入的总和。

当前，明商的多种组织，应该在全国城市化、城镇化的大趋势下，在三明市政府创造的良好投资环境下，加强合作，形成商业发展的规模效应。其中，三明市加大项目发展的扶持力度，就为三明商人发展壮大提供了条件。三明市委书记黄琪玉多次在会上指出：我们抓项目，要一手抓国家重大基础性项目，一手抓全市重大生产性项目；一手抓现有企业、现有项目的培育壮大，一手抓新上项目的引进、开发、建设；一手抓增强发展后劲的重大产业项目，一手抓事关改善百姓生活的重大民生项目。2007年以来，全市共组建调整充实重大项目工作团队54个，负责实施重大项目187个，市重大项目累计完成投资153.44亿元。在这样的项目发展的背景下，明商应该以此为抓手，团结协作，在项目发展中大做文章，带动商业做大做强。

(三)提升明商的经营管理

由于地理环境的影响，明商文化中带着浓厚的稳定、安逸的内陆文化气息，在这样环境中成长的三明商人，形成了一种眼界不高，容易满足，安贫乐道的心理结构。同时，在环境和封建宗族的共同影响下，三明商人更加注重的是祖辈积累下来的经验和自己经营过程中的经验和教训，缺乏现代化的科学有效的经营管理模式和理念。

当前，三明商人应该适应社会主义市场经济体制的要求，以市场为导向，依照法律，把握商品生产、流通过程中各环节的内在因素及其规律，做好内涵建设，树立效益意识和品牌意识，实行现代化的管理。一是要重视企业文化建设。企业文化是一种现代化的管理思想和方法，也是企业实施现代化管理的重要组成部分，它是企业在生产经营活动中创造形成的，具有本企业特色的物质形态和观念体系的总和。企业文化以其对企业职工的高度的凝聚、协调、激励等功能，对企业的发展起着极为重要的作用。美国大多数绩优公司都有一套明确的价值观，它表达了企业的主张，也是企业制定一切政策和措施的前提，又是广大职工的行为指南和精神驱动力，更是商品持续生产和流通的内定力。三明商人已经积淀了属于自己的商业文化，以此为基础，企业要结合现代市场经济发展的要求，着眼于未来，在文化品位中发展自己的企业。二是要全面树立现代市场营销理念。当前的消费者在有限的知识和收入等限定条件下，选择商品时持有两个最基本的指导性概念：价值与满意。价值是消费者对产品与服务满足需要能力的一种评价。消费者在购买时，必然选择那些能够提供最大让渡价值的公司的产品，这些公司的产品能够使顾客得到相对多的利益和支出相对少的成本。满意取决于顾客对产品与服务价值的预想与实际效果之间的比较。三明商人的市场营销要以消费者的价值和满意为宗旨，开拓和占领市场，拥有更多的市场销售份额，使自己的商品在市场上立于不败之地。三是要高度重视质量管理。产品质量是企业的生命，高度重视产品质量管理，是经济发达国家经营管理比较好的企业的共同特点。德国工业界在产品质量管理上历来有严格认真的传统作风，使得德国众多的产品在世界上享有良好的声誉和强有力的竞争力。日本丰田公司自建厂以来，一直以贯彻"优良产品、崇高思想、提高丰田质量声誉"为基本方针，先后实施了统计的质量管理方式、全公司性的质量管理、质量管理审核制度、质量管理（QC）小组活动以及全面质量管理等。明商要立足三明，辐射全国，走向世界，理应把好产品质量关，使自己经营的商品获得广大消费者的认可。

总之，明商文化是博大精深的，它是三明商人实践的理论总结和精神凝聚，也是未来明商发展的强大心理支撑。明商要在中国特色社会主义市场经济体制下，在已有的成果基础上，开拓进取，勇于创新，创造更加灿烂的物质和精神文明。

参考文献

[1]包著彬、王立端、陈祖昆等:《三明史略》,上海:华东师范大学出版社,1995年。
[2]福建史志,http://www.fjsq.gov.cn/.
[3]廖开顺、蔡登秋:《三明客家新移民现象分析》,《三明学院学报》2007年第3期。
[4]三明市地方志编纂委员会编:《三明历史名人》,福州:海峡文艺出版社,2003年。
[5]林子云:《三明姓氏考略》,福州:海峡文艺出版社,2010年。
[6]《明商——三明市工商联(总商会)第七次会员代表大会纪念特刊》,2011年。
[7]三明市地方志编纂委员会:《三明市志》,北京:方志出版社,2002年。
[8]三明市地方志编纂委员会:《三明姓氏考略》,福州:海峡文艺出版社,2010年。
[9]三明市统计局:《2012年三明市国民经济和社会发展统计公报》,2013年3月。
[10]三明市志,http://www.fjsq.gov.cn/.
[11]三明历史名人,http://www.smsqw.cn/.
[12]三明之最,http://www.smsqw.cn/.
[13]三明市情大观,http://www.smsqw.cn/.
[14]三明各县县志。
[15]三明各县文史资料。
[16]市县志书,http://www.smsqw.cn/.
[17]苏文菁:《论福建海洋文化的独特性》,《东南学术》2008年3月。
[18]吴福瑞:《将商发展史》,北京:中国诗词楹联出版社,2012年。
[19]翁绍耳:《福建省墟市调查报告》,私立协和大学农学院农业经济学系印行,1941年。
[20]永安历史文化丛书:《笋帮公栈》。
[21]张燮飞:《闽商文化的特征与现实意义》,《福州大学学报(哲学社会科学版)》2008年第4期。
[22]林志彻:《明商——年轻的商帮》,北京:中国国际文化出版社,2013年。

后　记

本课题组经过五年时间的辛勤研究,终于形成这部成果,较为完整地勾画了三明商人和商业发展的历史脉络,从区域商业发展、商人及其活动、组织制度等角度,反映出商业发展对三明区域的社会、经济与文化等诸方面的影响。《闽商发展史·三明卷》是闽商文化研究成果的重要组成部分,本课题组在探究和总结三明区域商业精神、经济特色和文化个性等方面做了积极努力,力图丰富福建商业文明及其海洋文明发展史的内容,总结三明商人群体在闽商发展史中的地位,并为福建商业文化建设做出我们应有的贡献。

本成果共十章,编写分工如下:李应春负责拟定写作大纲和全书修改,罗金华负责全书的统稿与修改,并完成绪论,与陈会明共同完成第一章和第二章;李金波完成第三章;杜香芹完成第四章;吴细玲完成第五章和第六章;李清水完成第七章;李彬完成第八章;熊华林完成第九章。叶宁参加了部分章节的前期工作。

在本书的编写过程中,得到了中共三明市委统战部和三明市工商联领导的悉心指导和大力支持,各县(市、区)编纂组给予积极配合,提供了大量的原始资料,尤其是梅列区罗焕刚、三元区方建国、永安市陈绍学、明溪县吴西全和张运华、清流县伍耀汉、宁化县刘先民和吴来林、建宁县邓小枚、泰宁县廖健斌、将乐县吴福瑞、沙县胡安群、尤溪县张其兴和陈长德、大田县林凤联等诸位先生,在此一并感谢。

由于作者水平有限,疏漏和错误在所难免,敬请批评指正。

李应春
2016 年 4 月